汽车先进技术译丛
汽车创新与开发系列

车辆动力学及控制

第 2 版

〔美〕拉杰什·拉贾马尼（Rajesh Rajamani）主编

王国业　江发潮　张　露　译

机 械 工 业 出 版 社

本书涵盖了巡航控制、自适应巡航控制、制动防抱死系统、车道自动保持系统、高速公路自动行驶、横摆稳定性控制、发动机控制、被动悬架、主动悬架和半主动悬架、轮胎模型以及轮胎 – 路面参数识别。本书特别介绍了几种在文献中经常采用的轮胎模型。第 2 版增加了侧倾动力学与侧翻预防、混合动力汽车等相关内容，有关电子稳定性控制也做了重要改进。本书适合汽车行业和大专院校里从事控制系统研究的工程师和研究人员阅读使用，本书也可作为车辆动力学和控制方向的研究生教材。

第 2 版译者序言

本书第 2 版增加了第 15 章"侧倾动力学与侧翻预防"和第 16 章"油电混合动力汽车的动力学与控制",对第 8 章"电子稳定性控制"进行了增补,对第 1 章、第 5 章和第 8 章的引用文献进行了更新。

第 2 版翻译工作由中国农业大学的王国业、江发潮和内蒙古大学的张露共同完成,其中新增的第 15 章和第 16 章由张露完成。由于时间较紧且水平所限,在本书中难免有翻译不当之处,欢迎广大读者提出宝贵意见,我们将非常感谢。

译　者
2017 年 2 月于北京

译者序言

本书作者旨在为车辆动力学及控制领域的工程技术人员、研究人员和研究生提供一本既有理论研究意义又有实际应用价值的参考书。本书论述了既简单又足以体现车辆动力学特征的、满足车辆控制系统设计需要的车辆动力学模型的建立，以及车辆动力学控制系统的设计。本书较其他同类论著具有深入、系统和实用的特点。

本书对车辆纵向、侧向和垂向动力学模型的建立进行了深入、系统地论述，对实际应用和开发中的车辆动力学控制系统的综合和设计进行了详细的论述和分析，包括巡航控制、自适应巡航控制、制动防抱系统、车道自动保持系统、高速公路自动行驶、横摆稳定性控制、发动机建模与控制、被动悬架、主动悬架和半主动悬架、轮胎模型以及轮胎 – 路面参数识别等。

本书作者拉杰什教授是明尼苏达大学机械工程系先进控制和微型传感器实验室主任、IEEE/ ASME 学报编委。拉杰什教授长期从事车辆控制技术领域的研究，发表了重要论文 70 余篇，涉及本书内容的主要方面。2006 年在我读博士期间，我的研究生叶阳查到了此书，此书正如其序言中所说"既具有理论研究意义又具有实际应用价值"，对我国从事车辆动力学及其控制领域的科研人员会有实际的指导和帮助，于是有了翻译此书的想法。此书的翻译出版工作得到了机械工业出版社汽车分社的大力支持，在此表示由衷的感谢。

本书第 1 章、第 2 章、第 3 章、第 6 章、第 7 章和第 8 章由中国农业大学王国业翻译，第 4 章、第 5 章、第 9 章和第 10 章由中国农业大学江发潮翻译，第 11 章、第 12 章、第 13 章和第 14 章由侯春敏翻译，中国农业大学李淑艳老师审译了部分章节，北京林业大学樊月珍老师参与了本书的部分翻译工作。全书终稿由中国农业大学余群教授审阅，研究生叶阳、曾蔚英、付燕荣、李元、章娟丽、刘恩托、朱妮、付晓丹和肖龙等参与了本书的部分翻译整理工作，在此一并表示感谢。

由于时间较紧且水平所限，在本书中难免有翻译不当之处，欢迎广大读者提出宝贵意见，我们将非常感谢。

译者

2010 年 8 月于北京

序　言

作为一名车辆工程专业研究生的指导教师，我经常觉得需要一本对有关汽车控制系统的研究成果及其应用进行总结，并建立开发这些系统所需的车辆动力学模型的论著。已经出版的为数不多的几本介绍地面车辆动力学的论著，已远远不能满足当今车辆控制系统工程师的需要。车辆控制系统工程师们需要既简单又能足以体现车辆动力学特征的、还能满足设计车辆控制系统需要的车辆动力学模型，本书将介绍这样的模型和由这些模型开发出的实际汽车控制系统。

本书涵盖了巡航控制、自适应巡航控制、制动防抱系统、车道自动保持系统、高速公路自动行驶、横摆稳定性控制、发动机控制、被动悬架、主动悬架和半主动悬架、轮胎模型以及轮胎－路面参数识别。本书特别介绍了几种在文献中经常采用的轮胎模型。

第 2 版增加了第 15 章"侧倾动力学与侧翻预防"和第 16 章"油电混合动力汽车的动力学与控制"，并对第 8 章"电子稳定性控制"进行了增补。

随着汽车在全球范围内应用日益广泛，发展能够更好地适应公路系统，更节能、更舒适、更安全，同时对环境的破坏达到最小的交通体系就显得更加重要。为了达到这诸多方面的，甚至互相冲突的要求，现代汽车越来越倚重于综合应用传感器、调节器和反馈控制的电子控制系统。

希望本书能够适合那些在汽车行业和大专院校里从事这类控制系统研究的工程师和专家们，同时也希望这本书能够适用于作为车辆动力学和控制方向的研究生教材。

在本书出版后如果发现有排版错误和其他错误将会在下面的网址上及时改正：http：//www. menet. umn. edu/ ~rajamani/vdc. html。

如果读者发现了书中的错误并告知我们，我们将由衷地感激。

拉杰斯·拉贾马尼

2005 年 5 月于明尼苏达的明尼阿波利斯

目　　录

第1章 概 论

汽车工业在世界范围内得到快速发展，1970 年全世界生产汽车 3000 万辆，注册使用的车辆 24600 万辆，到 2005 年，年产量超过 6500 万辆，注册使用的车辆超过 80000 万辆（Powers and Nicastri，2000）。汽车的应用日益广泛促进了汽车工业的发展，优化路网设施和充分利用燃料资源、提供安全舒适的交通运输体系，同时尽可能地减少对环境的影响，满足诸多方面的、甚至是矛盾的社会需要是一个巨大的挑战。

为应对这些挑战，汽车需要不断依赖各种电子、机械系统，更广泛地采用传感器、执行机构和反馈控制。近二十年电子技术、传感器技术、计算机和控制技术的发展推动了汽车电子技术的发展。

本章作为概述，概括性地论述了汽车工业领域和相关研究机构开发的一些主要电子机械反馈控制系统。下列各节述及以下 5 个方面：

1）驾驶人辅助系统。

2）主动稳定性控制系统。

3）平顺性改进。

4）交通拥堵的解决。

5）节能与排放。

1.1 驾驶人辅助系统

在世界一些地区平均每分钟就有一人死于汽车碰撞事故（Powers 和 Nicastri，2000）。2000 年包括汽车碰撞事故的社会代价巨大，其实际经济损失达世界 GDP 的 3%，总计接近一万亿美元。来自美国国家公路安全运输联合会（NHTSA）的数据显示 1998 年美国发生公路事故 600 万起，其中死亡事故 35000 起（NHTSA，2010）。也有数据显示在所有事故因素中人为因素占 90% 以上（United States DOT Report，1992）。

汽车厂商正在开发各种驾驶人辅助系统，用以简化驾驶操作，减轻驾驶人疲劳，以利于减少道路交通事故的发生。以下是正在研发的驾驶人辅助系统的一些实例：

1）避撞系统，自动侦测前方车辆减速情况，向驾驶人发出警告并辅助驾驶人进行制动。

2）自适应巡航控制系统，增强的巡航控制系统，能够自动和前车保持安全距离。

3）车道偏离预警系统。

4）车道保持系统，能够在直行道路上自动保持方向。

5）视野增强/夜视系统。

6）驾驶人状态监视系统，侦测驾驶人瞌睡、障碍物和行人状况，并适时发出警示。

7）安全事故记录、碰撞事故和重大事件自动通告系统。

这些技术将有助于减轻驾驶人的疲劳，尽可能帮助驾驶人避免事故的发生，也有助于减少交通拥堵现象。

避撞系统和自适应巡航控制系统将在第5章和第6章中深入讨论，车道保持系统将在第3章中作详细的论述。

1.2　主动稳定性控制系统

目前，已有数家汽车厂商开发出防止车辆横摆、侧滑和侧倾的车辆稳定性控制系统，并得到商业化应用。防止车辆甩尾、漂移和侧翻的稳定性控制系统已逐步成熟，并在多家厂商得到商业化应用。防止车辆甩尾、漂移的稳定性控制系统通常被称为横摆稳定性控制系统，详见本书第8章。防止车辆侧翻的稳定性控制系统通常被称为主动防侧倾系统，详见本书第15章。可将横摆稳定性控制系统和主动防侧倾系统融合成集成稳定性控制系统。

图1-1为横摆稳定性控制系统功能示意图，图中下部曲线表示当道路是干燥且具有高轮胎-路面摩擦系数时，车辆对驾驶人转向输入进行响应的轨迹，在这种情况下，高摩擦系数能够提供车辆通过转弯道路所需的侧向力；如果摩擦系数较小或者车速过高，则车辆将不能按照驾驶人的意图进行转向，而是在更大的转弯半径（更小的曲率）上行驶，如图1-1所示的上部曲线。偏航控制系统的作用是尽可能地使车辆横摆角速度恢复到驾驶人所期望的正常运动状态的预期值。如果摩擦系数非常小，将不可能完全像在高摩擦系数路面上实现驾驶人期望的理想车辆横摆角速度的转向操作，在这一情况下，偏航控制系统只能通过控制车辆横摆角速度尽量接近预期的理想值来取得部分控制效果，如图1-1中间的曲线所示。

偏航控制系统已经用在产品化车辆上，包括 BMW DSC3（Leffler 等，1998）车上在 1995 年采用的 Mercedes ESP，1996 年推出的凯迪拉克的 Stabilitrak 系统（Jost，1996）和 1997 推出的雪弗兰 C5 Corvette 主动处理系统（Hoffman 等，1998）。

多数产品化的系统是基于差分制动的控制系统，正在研发的横摆稳定性控制系统主要有两类：线控系统和主动转矩分配控制系统。各种类型的横摆稳定

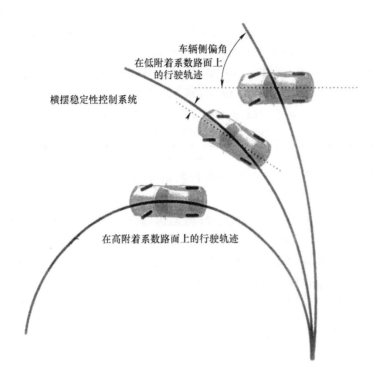

图 1-1 横摆稳定性控制系统的功能

性控制系统将在本书第 8 章中详述。

横摆稳定性控制系统有助于保持车辆在预期车道上行驶，避免驾驶人不正常的转向操作。对于直接主动侧倾控制系统也已开展了大量研发工作，尤其对运动多功能车辆（SUV）和货车。有些系统，如集装箱货运列车侧倾稳定性辅助系统（Freightliner's Roll Stability 7visor）和 Volvo 侧倾稳定性控制系统（Volvo's Roll Stability Control system），利用传感器侦测车辆侧倾状态，当接近危险程度时进行及时纠正。通过差动制动实现侧倾稳定性控制既能降低车辆的行驶速度也有利于增加不足转向，进而有助于减小车辆侧倾角速度。还有其他的防止侧倾的技术如由 Delphi 和 BMW（Strassberger 和 Guldner，2004）开发的主动稳定杆系统（Active Stabilizer Bar systems），可通过调节稳定杆在悬架上的作用力降低转弯侧倾程度。

1.3 平顺性

长期以来，研究人员为显著改善车辆平顺性、操纵稳定性和动力性，对在车辆悬架中使用各种主动调节器构想的追求一直没有停止（Hrovat，1997；Strassberger 和 Guldner，2004）。全主动悬架系统已在一级方程式赛车中实现，例如，莲花工程公司开发的悬架系统（Wright 和 Williams，1984）。在普通的旅行车市场，已有越来越多的装备半主动悬架的汽车产品上市。德尔福的半主动 MagneRide 系统于 2002 年在 Cadillac Seville STS 车上率先问世，目前，已在全系列巡洋舰车型上作为选配部件。MagneRide 系统利用磁流变液减振器使阻尼和刚度具有实时快速响应特性，半主动反馈控制系统即通过改变减振器特性提高平顺性，现行大多数半主动悬架、主动悬架系统的设计通过减小转弯侧倾来改善操纵性能。主动稳定杆系统也已开发成功，例如，BMW 和 Delphi 所开发的主动稳定杆系统减小了转弯侧倾且不会降低正常行驶的平顺性（Strassberger 和 Guldner，2004）。

RoadMaster 系统是用来平衡静态载荷的另一类不同形式的主动悬架系统（www. activesuspension. com），作为可选配置用于货车、厢式货车和 SUV 配套市场。它由两个可变刚度的螺旋弹簧组成，安装在后钢板弹簧上以平衡静态载荷，使车辆满载时不至于造成车身底部严重下沉。

本书第 6、7、8 章将详细讨论被动、主动和半主动悬架的设计问题。

1.4　用于解决交通堵塞的技术

无论城市的大小，交通堵塞问题都变得日益严重，未来十年预计其严重程度还会增加一倍。每年超过 50 亿 h 用在道路上等车（Texas Transportation Institute，2000）。如果为了遏制交通堵塞进一步加剧，大量修建公路和街道则代价会过于昂贵。1999 年德克萨斯交通学会对 68 个城市区域交通状况的研究发现，当增加 2900km 长的公路和 4000km 长的街道时才能抵消 1998 年到 1999 年一年间交通堵塞的增加程度。在可预见的未来，这种建设规模是不大可能的。数据显示，每年通过道路建设增加的交通量远滞后于交通量增加对它的需求量，这就使得交通堵塞状况日益恶化。而公共交通系统的发展艰难而缓慢，建设足够密集的公共交通系统为每个出行人提供点对点的交通通道在美国仍然很难做到。因此，即使交通堵塞似乎抵消掉个人拥有车辆可能的行动自由，个人拥有车辆仍然是一种交通选择模式。

交通堵塞问题并非只有由汽车厂商来直接解决，在许多致力于研究减少交通堵塞的各类大学里也在开展着具有重要意义的相关研究工作，如自动化公路系统研究、"交通友好"的自适应巡航系统研究和窄型工勤车辆倾斜控制研究，这些将在以后章节详细讨论。

1.4.1　自动化公路系统

在加利福尼亚的一条道路上已经进行了大量有意义的关于自动化公路系统的试验研究。在自动化公路系统（Automated Highway System，AHS）中车辆完全由自动化系统控制，紧密地排列着，一起运动（Hedrick、Tomizuka 和 Varaiya，1994；Varaiya，1993；Rajamani，Tan 等，2000），其交通能力达到目前采用普通驾驶车辆交通方式的公路的 3 倍。车辆进入 AHS 公路之前，需要按规定进行一定改装，改装后的车辆既可以在 AHS 公路上行驶也可以在常规公路上行驶。驾驶改装后的车辆，驾驶人可以利用本地道路驾车出门，通过 AHS 公路一旁比较拥挤的城区便道进入 AHS 公路，最后驶出 AHS 公路进入普通公路到达目的地，整个过程驾驶人无须离开车辆。这样 AHS 适合为像美国这样低密度人口的国家提供点对点的个人交通系统。

设计适用于 AHS 的车辆控制系统是一项令人感兴趣并富有挑战的工作，车辆在 AHS 公路上行驶时的纵向控制将在本书第 7 章详细讨论，在 AHS 公路上行驶时自动转向的侧向控制将在本书第 3 章中讨论。

1.4.2　"交通友好"的自适应巡航系统

如第 1.1 节所述，作为普通巡航控制系统的扩展，汽车厂商已开发出了自适应巡航控制系统。自适应巡航控制系统使用雷达自动侦测同一车道的前方车辆，前方车辆速度较低时，自适应巡航控制系统能自动从速度控制切换到距离控制，通过自动控制节气门，与前车保持在安全距离范围内。图 1-2 所示为自适应巡航控制系统的原理图。

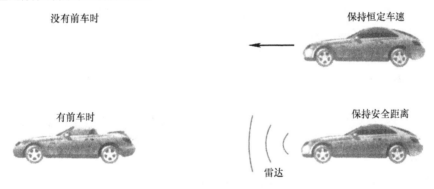

图 1-2　自适应巡航控制系统

自适应巡航控制系统已经产品化，并已在今天的高速公路上使用。汽车厂商开发自适应巡航控制系统作为驾驶人辅助驾驶的工具，用以改善驾驶汽车的方便性，有利于提高安全性。然而，随着在公路上行驶的具有自适应巡航控制系统的车辆比例不断增加，自适应巡航控制系统也对交通流产生了重要影响。

已有几个研究小组正在进行自适应巡航控制系统对高速公路交通状况影响的研究，目的是使自适应巡航控制系统有助于提高交通流量，促进交通畅通（Liang 和 Peng，1999；Swaroop，1999；Swaroop，1998；Wang 和 Rajamani，2001），所研究的重要课题有：

  a）研究车辆间距离控制策略和算法对交通流稳定性的影响。

  b）在保证安全运行的情况下，自适应巡航控制系统控制策略使交通流量达到最大。

  c）利用路边设施和通信系统的有利条件改善自适应巡航控制系统的性能。

  自适应巡航控制系统的设计是本书第6章研究的重点。

1.4.3　窄型工勤车辆倾斜控制

  为改善交通状况，人们正在开展对特殊类型车辆的各种研究。明尼苏达州立大学正重点研究一种处于原型阶段的窄型工勤车辆，这种车辆宽度较普通车辆窄，在公路上只占用一半的车道（Gohl 等，2004；Rajamani 等，2003；Kidane 等，2010）。采用这种窄型车辆作为工勤交通工具能大大提高道路利用率。

  尽管车辆较窄，但仍要保证窄型车辆与普通车辆同样容易驾驶和同等安全性是一个巨大的挑战，因此，需要提出一些关键技术要求。

  窄型车辆尽管较窄，但仍然应该保持相对的高度，以保证驾驶人的良好视野。

  此外，由于较高的车辆容易导致倾斜和翻倾，开发辅助驾驶来平衡车辆和改善车辆使用方便性的技术是很重要的。

  另外，对于小型车辆的一项关键技术要求就是通过创新设计来改善车辆的防撞性能和具备抵御气候变化的内部结构。

  明尼苏达州立大学已研制出具有倾斜自动控制系统的窄型工勤车辆的原型，尽管较窄但能保证车辆的倾斜稳定性。控制系统通过估算驾驶人期望通过道路的转弯半径，再适当控制车辆的倾斜以保证车辆倾斜的动力学稳定性，车辆稳定性在直行、弯道行驶和变换车道时均要得到保证。这项技术还包括通过嵌入到窄型车辆轮胎内部的能够测量车轮滑移率和侧偏角的新型传感器进行防滑控制的系统。

  没有一种单独的控制方法能够适用于所有车速范围，因此，窄型车辆倾斜控制系统的设计是一项具有挑战性的工作。线控转向系统适用于高速行驶，直接的倾斜控制执行器适用于中等车速，倾斜制动系统适用于很低的车速。关于明尼苏达州立大学研制的窄型车辆倾斜控制系统的详细讨论详见 Kidane 等（2010）、Rajamani 等（2003）和 Gohl 等（2004）等发表的文献。

1.4.4　智能交通系统（ITS）

  在关于车辆控制系统的文献中会常常遇到"ITS"这个术语，它通常被描述为与改善交通安全、机动性和交通效率有关的一些概念、装置和与控制相关的交通服务设施、传感、通信技术和高速公路系统环境拥堵的集合。智能交通系统的重要性在于通过转变模式（一种新的思维方式）带来的潜能，在个体车辆之外依靠构建车辆研发、道路建设和路边地下设施建设多种途径，以一种智能的方式将这些途径高效有机地结合起来。

1.5　排放和燃油经济性

美国、欧洲和日本汽车排放标准继续要求大幅度减少汽车排放，如图 1-3（Powers 和 Nicastri, 2000）所示。2005 年碳氢化合物排放指标较 1970 年减少 2%，2005 年一氧化碳排放量只有 1970 年的 10%，允许的氮氧化物排放标准较 1970 年下降 7%（Powers 和 Nicastri, 2000）。货车也制定了甚至更严格的排放标准，其更强调颗粒物的排放（炭烟）。燃油经济性与减少排放密切相关，降低燃油消耗的压力也在持续增加。

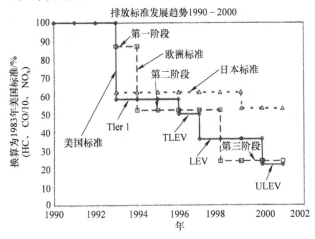

图 1-3　欧洲、日本和美国排放标准

为满足越来越严格的排放标准，汽车厂商和研究人员正在研究开发多种先进的机电反馈控制系统，燃油喷射的闭环控制、废气再循环、无凸轮电控节气门和先进排放传感器的开发（Ashhab 等，2000；Das 和 Mathur，1993；Stefanopoulou 和 Kolmanovsky，1999）。变几何涡轮增压柴油机、电控涡轮增压动力辅助系统和闭环控制废气再循环是正在研发的主要的柴油机排放技术（Guzzella 和 Amstutz，1998；Kolmanovsky 等，1999；Stefanopoulou 等，2000）。动力学建模和先进控制策略的应用在上述排放控制系统的开发中起到了关键作用。

加利福尼亚州的排放标准也要求汽车厂商零排放汽车（ZEV）和超低排放汽车（ULEV）销量达到一定的百分比（http://www.arb.ca.gov/homepage.htm），这就推动了电动汽车、混合动力汽车（HEV）和插电式混合动力汽车的研发。

1.5.1　混合动力汽车

混合动力汽车（hybrid electric vehicle, HEV）致力于将传统的内燃机

（ICE）和电动机的优势结合起来，目的在于比纯电动汽车获得更广泛的适用性，同时比传统的内燃机动力系统降低排放和改善燃油经济性。混合动力汽车的动力系统有串联或并联两种形式。在典型的并联系统中，汽油发动机和电动机彼此独立地与传动系统连接，两者都能为车辆提供驱动力。而在串联系统中，汽油发动机驱动发电机，发电机为蓄电池充电，或为电动机直接提供动力驱动传动系统，汽油发动机不直接为车辆提供驱动力。

无论并联或串联都是能源和动力在不同技术水平上和不同动力学性能上的结合，这就为混合动力系统的控制问题带来了很大困难（Bowles 等，2000；Saeks 等，2002；Paganelli 等，2001；Schouten 等，2002）。

在美国，自 1990 年以来几款混合动力汽车已经上市，包括本田 Civic、Insight 和丰田 Prius。插电式混合动力汽车，如雪佛兰 Volt，纯电动汽车，如日产 Leaf，已于 2011 年进入市场。在本书第 16 章中对混合动力汽车能量管理控制系统设计进行了深入阐述。

1.5.2 燃料电池汽车

在全球范围内正在进行燃料电池汽车（fuel cell vehicle，FCV）的开发。燃料电池汽车的基本原理是通过堆集的反应单元氧化氢气作为汽车能量的主要来源。电能通过氢和氧之间只排放水蒸气的电化学反应产生。

燃料电池汽车的基本配置是直接提供氢气的氢气罐，氢气可以作为压缩气体或低温液体储存在氢气罐中。为避免储存氢的困难，燃料电池汽车可以安装集成使用甲醇或汽油作为燃料的氢发生器，为燃烧单元提供高密度的氢气。为补偿燃料发生器启动慢、反应时间短和回收利用制动能，可能会增加电池的使用成本、重量和复杂性。几种用于轿车和公共汽车的原型燃料电池已在北美、日本和欧洲上市，有的具有燃料发生器。

具有燃料发生器的燃料电池汽车的实际应用还需要一些技术上的突破。能实车应用的零部件和子系统层面上的技术已取得示范性成果。接下来，实现整车应用的重要一步是集成这些技术到一个复杂的、多约束的整车环境中，并为整车动力系统开发相应的综合控制系统（Pukrushpan 等，2004）。

参 考 文 献

Ashhab, M.-S, S., Stefanopoulou, A.G., Cook, J.A., Levin, M.B., "Control-Oriented Model for Camless Intake Process (Part I)," *ASME Journal of Dynamic Systems, Measurement, and Control*, Vol 122, pp. 122-130, March 2000 .

Ashhab, M.-S, S., Stefanopoulou, A.G., Cook, J.A., Levin, M.B., "Control of Camless Intake Process (Part II)," *ASME Journal of Dynamic Systems, Measurement, and Control*, Vol 122, pp. 131-139, March 2000.

Bowles, P., Peng, H. and Zhang, X, "Energy management in a parallel hybrid electric vehicle with a continuously variable transmission," *Proceedings of the American Control Conference,* Vol. 1, IEEE, Piscataway, NJ, USA,00CB36334. p 55-59, 2000.

Das, L M. and Mathur, R., "Exhaust gas recirculation for NOx control in a multicylinder hydrogen-supplemented S.I. engine," *International Journal of Hydrogen Energy*, Vol. 18, No. 12, pp. 1013-1018, Dec 1993.

Eisele, D. D. and Peng, H., "Vehicle Dynamics Control with Rollover Prevention for Articulated Heavy Trucks," *Proceedings of AVEC 2000*, 5th International Symposium on Advanced Vehicle Control, August 22-24, Ann Arbor, Michigan, 2000.

Jones, W.D. (2002), "Building Safer Cars," *IEEE Spectrum,* January 2002, pp 82-85.

Gohl, J., Rajamani, R., Alexander, L. and Starr, P., "Active Roll Mode Control Implementation on a Narrow Tilting Vehicle," *Vehicle System Dynamics*, Vol. 42, No. 5, pp. 347-372, 2004.

Guzzella, L. Amstutz, A., "Control of diesel engines," *IEEE Control Systems Magazine,* Vol. 18, No. 5, pp. 53-71, October 1998.

Hedrick, J K. Tomizuka, M. **Varaiya,** P, "Control Issues in Automated Highway Systems," *IEEE Control Systems Magazine. v 14 n 6, . p 21-32 , Dec 1994*

Hibbard, R. and Karnopp, D., "Twenty-First Century Transportation System Solutions – a New Type of Small, Relatively Tall and Narrow Tilting Commuter Vehicle," *Vehicle System Dynamics*, Vol. 25, pp. 321-347, 1996.

Hrovat, D., "Survey of Advanced Suspension Developments and Related Optimal Control Applications," *Automatica*, Vol. 33, No. 10, pp. 1781-1817, October 1997.

Kidane, S., Rajamani, R., Alexander, L., Starr, P.J. and Donath, M., "Development and Experimental Evaluation of a Tilt Stability Control System for Narrow Commuter Vehicles," *IEEE Transactions on Control Systems Technology*, Vol. 18, No. 6, pp. 1266-1279, 2010.

Kolmanovsky, I. Stefanopoulou, A G. Powell, B K., "Improving turbocharged **diesel** engine operation with turbo power assist system," *Proceedings of the IEEE Conference on Control Applications*, Vol. 1, pp. 454-459, 1999.

Lewis, A.S. and El-Gindy, M., "Sliding mode control for rollover prevention of heavy vehicles based on lateral acceleration," International Journal of Heavy Vehicle Systems, Vol. 10, No. 1/2, pp. 9-34, 2003.

Liang, C.Y. and Peng, H., "Design and simulations of a traffic-friendly adaptive cruise control algorithm," *Dynamic Systems and Control Division*, American Society of Mechanical Engineers, DSC, Vol. 64, ASME, Fairfield, NJ, USA. Pp. 713-719, 1998.

Liang, C.Y. and Peng, H., "Optimal adaptive cruise control with guaranteed string stability," *Vehicle System Dynamics*, Vol. 32, No. 4, pp. 313-330, 1999.

NHTSA, "Traffic Safety Facts – Highlights of 2009 Motor Vehicle Crashes," *National Highway Traffic Safety Administration Report*, DOT HS 811 363, August 2010.

NHTSA, Fatality Analysis Reporting System, Web-Based Encyclopedia, www-fars/nhtsa.gov

Paganelli, G. Tateno, M. Brahma, A. Rizzoni, G. Guezennec, Y., "Control development for a hybrid-electric sport-utility vehicle: Strategy, implementation and field test results," *Proceedings of the American Control Conference*, Vol. 6, p 5064-5069 (IEEE cat n 01CH37148), 2001.

Powers, W.F. and Nicastri, P.R., (2000) "Automotive Vehicle Control Challenges in the 21st Century," *Control Engineering Practice*, Vol. 8, pp. 605-618.

Pukrushpan, J.T., Stefanopoulou, A.G. and Peng, H, *Control of Fuel Cell Power Systems: Principles, Modeling, Analysis, and Feedback Design*, Springer-Verlag, London, ISBN 1-85233-816, 2004.

Rajamani, R., Gohl, J., Alexander, L. and Starr, P., "Dynamics of Narrow Tilting Vehicles," *Mathematical and Computer Modeling of Dynamical Systems*, Vol. 9, No. 2, pp. 209-231, 2003.

Rajamani, R and Zhu, C., "Semi-Autonomous Adaptive Cruise Control", *IEEE Transactions on Vehicular Technology*, Vol. 51, No. 5, pp. 1186-1192, September 2002.

Rajamani, R., Tan, H.S., Law, B. and Zhang, W.B., "Demonstration of Integrated Lateral and Longitudinal Control for the Operation of Automated Vehicles in Platoons," *IEEE Transactions on Control Systems Technology*, Vol. 8, No. 4, pp. 695-708, July 2000.

Saeks, R., Cox, C.J., Neidhoefer, J., Mays, P.R. and Murray, J.J., "Adaptive Control of a Hybrid Electric Vehicle," *IEEE Transactions on Intelligent Transportation Systems*, Vol. 3, No. 4, pp. 213-234, December 2002.

Santhanakrishnan, K. and Rajamani, R., "On Spacing Policies for Highway Vehicle Automation," *IEEE Transactions on Intelligent Transportation Systems*, Vol. 4, No. 4, pp. 198-204, December 2003.

Schouten, Niels J. Salman, Mutasim A. Kheir, Naim A., "Fuzzy logic control for parallel hybrid vehicles," *IEEE Transactions on Control Systems Technology*, Vol. 10, No. 3, pp. 460-468. May 2002.

Swaroop, D. and Rajagopal, K.R., "Intelligent Cruise Control Systems and Traffic Flow Stability," *Transportation Research Part C : Emerging Technologies*, Vol. 7, No. 6, pp. 329-352, 1999.

Swaroop D. Swaroop, R. Huandra, "Design of an ICC system based on a traffic flow specification," *Vehicle System Dynamics Journal*, Vol. 30, no. 5, pp. 319-44, 1998.

Stefanopoulou, A.G., Kolmanovsky, I. and Freudenberg, J.S., "Control of variable geometry turbocharged diesel engines for reduced emissions," *IEEE Transactions on Control Systems Technology*, Vol. 8, No. 4, pp. 733-745, July 2000.

Stefanopoulou, A.G. and Kolmanovsky, I., "Analysis and Control of Transient Torque Response in Engines with Inernal Exhaust Gas Recirculation," *IEEE Transactions on Control System Technology*, Vol.7, No.5, pp.555-566, September 1999.

Strassberger, M. and Guldner, J., "BMW's Dynamic Drive: An Active Stabilizer Bar Systems," *IEEE Control Systems Magazine*, pp. 28-29, 107, August 2004.

Texas Transportation Institute, "Urban Mobility Report 2010," http://mobility.tamu.edu, December 2010.

United States Department of Transportation, NHTSA, FARS and GES, "Fatal Accident Reporting System (FARS) and General Estimates System (GES)," 1992.

Varaiya, Pravin, "Smart Cars on Smart Roads: Problems of Control," *IEEE Transactions on Automatic Control*, Vol. 38, No. 2, pp. 195-207, Feb 1993.

Wang, J. and Rajamani, R., "Should Adaptive Cruise Control Systems be Designed to Maintain a Constant Time Gap Between Vehicles?", *Proceedings of the Dynamic Systems and Control Division*, ASME International Mechanical Engineering Congress and Exposition, 2001.

Wright, P.G. and Williams, D.A., "The application of active suspension to high performance road vehicles," Microprocessors in Fluid Engineering, *Institute of Mechanical Engineers Conference*, 1984.

第2章 车辆侧向动力学

本章第1节回顾了目前汽车厂商和研究人员正在开发的几种汽车侧向运动控制系统，其余各节研究了车辆侧向运动的动力学及运动学模型，汽车侧向运动控制系统设计将在第3章中论述。

2.1 商业应用开发中的汽车侧向运动控制系统

在美国，偏离车道是造成重大交通事故的首要原因，占全部碰撞事故的比例超过39%。美国国家公路交通安全管理局（the National Highway Transportation Safety Administration，NHTSA）的报告显示：每年有多达1575000起交通事故是由于驾驶人注意力不集中造成的，其中很大比例可以归因于非主观因素地偏离了车道。偏离车道也被NHTSA确认为是包括运动多功能车（SUV）和轻型货车在内的翻车事故的一个主要原因（http://www.nhtsa.gov）。

汽车行业迄今已经开发出3种类型避免偏离车道事故的汽车侧向运动控制系统：车道偏离预警系统（Lane Departure Warning Systems，LDWS）、车道保持系统（Lane Keeping Systems，LKS）和横摆稳定性控制系统。高校研究人员在这几类系统上也做了大量重要的研究工作。

2.1.1 车道偏离预警系统

车道偏离预警（LDW）系统是根据实时监测车辆相对车道位置的偏离程度发出警告的系统。Iteris公司开发的AutoVue LDW系统如图2-1所示。

AutoVue是由摄像头、单片机和控制软件组成的小型集成系统，可以安装在风窗玻璃、挡泥板前方或车辆顶部，通过编程实现路面与车道标志线的识别，摄像头追踪亮度明显的车道标志线，将信息传输到单片机控制单元，在控制单元中结合车速数据，利用图像识别软件和专门的算法，可以预测车辆是否发生非预期的车道变化运动。当发生偏离车道时，控制单元自动发出低沉的嗡嗡声音，从而提醒驾驶人做出纠正。

Iteris公司称AutoVue能够在昼夜和大多数车道标记可见的天气环境下有效工作。根据转向信号，系统获知车道的偏离是驾驶人预期的转向操作，则不发生警告。

Iteris公司制造的车道偏离预警系统目前已经用于梅赛德斯和Freightliner货车上。Iteris公司的主要竞争对手AssistWare也已经在重型货车市场中获得成功，

图 2-1 基于车道标记的 LDW 系统

它们的 SafeTrac 系统目前已作为肯沃斯（Kenworth）货车上的选配件，并直接进入商业车队配售市场（http：//www. assistware. com）。

2.1.2 车道保持系统

车道保持系统可以自动控制转向，保持车辆在车道上行驶，当车辆转弯时也能跟踪车道行驶。在过去的十年间，几所高校的研究小组已经开发并展示了车道保持系统。加利福尼亚 PATH 的研究人员研制了基于在公路车道中间有规律地间隔嵌入圆柱形磁铁的车道保持系统。嵌入的永磁体的磁场用于车辆侧向位置的测量（Guldner 等，1996）。柏克利加州大学（Taylor 等，1999）和卡内基梅隆大学（Thorpe 等，1998）的研究小组研制出使用视觉相机的侧向位置测量系统，并试验演示了采用视觉基准测量的侧向控制系统。美国明尼苏达大学的研究人员研制出基于差分 GPS 侧向位置测量的车道偏离预警系统和车道保持系统（Donath 等，1997）。

一些汽车制造商也在开发类似的系统，其中包括 Nissan。一种称之为 LKS 的车道保持系统近日在日本被应用于 Nissan 旗下的模型样车 Cim 中，它提供了与驾驶人驾驶操作并行的自动转向（http：//ivsource. net）功能。为在系统复杂性和驾驶人职责之间的寻求平衡，该系统的目标定位在"单调驾驶"的情况。该系统只用于"接近直行"道路（规定了最小半径）和高于规定的最小车速的情况。Nissan LKS 系统使用在长时间的持续高速驾驶后驾驶人由于疲劳致使需要不停地轻微调整车辆转向来保持其在车道中行驶的情况，LKS 系统试图通过提高在直道上行驶稳定性来减少此类疲劳，但是驾驶人仍然需要积极参与车辆的转向，否则，LKS 系统将减少它的辅助程度。实际结果是你不能"不理会"车辆而期望汽车为你驾驶。Nissan 的观点是这种方法在给驾驶人提供帮助和保持驾驶人的负担之间取得微妙的平衡，由控制系统施加的转向力较小而不足以干扰驾驶人的操作。

该系统采用一套单独的 CCD 摄像系统来识别道路界限，一用一个转向执行器来驱动前轮转向，有一个电控单元。摄像头判断道路状况和汽车在车道上的位置，基于该位置信息、车速和转向盘转角，控制单元将计算出保持车辆行驶在车道内所需的转向力矩。

Nissan 公司还研发了被称为车道跑偏规避（LDA）系统的 LDW 系统（ht-tp：//ivsource.net），该 LDA 系统旨在通过延缓驾驶人偏离车道的操作来减少发生偏离车道的碰撞事故，此外，还将通过音频信号和转向盘振动发出警告。Nissan 公司的 LDA 系统为驾驶人设定了一个侧向操作的"缓冲区"，如果车辆开始偏离车道，将进行自动回正转向。但是，与真正的自动驾驶不同，该系统将不会持续地进行转向操作——在转向盘中带有触觉反馈，系统会向驾驶人发出警告，期望由驾驶人重新掌控车辆进行安全驾驶。由于自动转向辅助系统一般要在几秒内之启动，所以仍有可能造成偏离车道的碰撞，但仍有希望不可能发生，除非驾驶人严重丧失驾驶能力。

LDA 系统的实现采用了和 LKS 系统相同的基础元器件：一台摄像机、一个转向执行器、一个电控单元和一个蜂鸣器或其他警告装置。

2.1.3　横摆稳定控制系统

最近多家汽车制造商已开发出防止车辆横摆和侧滑的车辆稳定性控制系统，并实现产品化。这种稳定性控制系统也通常被称为偏航控制系统或电子稳定控制系统。

偏航控制系统的功能如图 2-2 所示，下部曲线表示当道路是干燥且具有高轮胎 - 路面摩擦系数时，车辆对驾驶人转向输入进行响应的轨迹，这种情况下，高摩擦系数能够提供车辆通过转弯道路所需的侧向力；如果摩擦系数较小或者车速太高，那么车辆将不能按照驾驶人的意图进行转向，而是在更大的转弯半径（更小的曲率）上行驶，如图 2-2 所示的上部曲线。偏航控制系统的作用是尽可能地使车辆横摆角速度恢复到驾驶人所期望的正常运动状态的预期值。如果摩擦系数非常小，将不可能完全像在高摩擦系数路面上实现驾驶人期望的理想车辆横摆角速度的转向操作，在这一情况下，偏航控制系统可通过控制车辆横摆角速度尽量接近预期的理想值来取得部分控制效果，如图 2-2 中间的曲线所示。

许多公司在过去十年中通过仿真和实车试验已研究和开发出偏航控制系统，

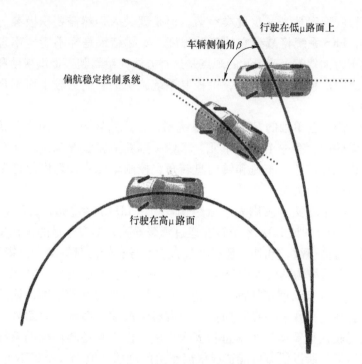

图2-2　偏航控制系统的功能

其中一些偏航控制系统已经用在产品化车辆上，例如：BMW DSC3（Leffler 等，1998），在 1995 年被采用的 Mercedes ESP，于 1996 年被推出的凯迪拉克的 Stabilitrak 系统（Jost，1996）和在 1997 被推出的雪弗兰 C5 Corvette 主动处理系统（Hoffman 等，1998）。

已提出并开发出的偏航控制的稳定性控制系统有 3 类：

1）差动制动系统，利用车上的 ABS 制动系统提供的左右轮之间的差动制动来控制横摆力矩。

2）线控转向系统，用于修正驾驶人的转向角输入并对车轮附加校正转向角。

3）主动力矩分配系统，利用主动式差速器和全轮驱动技术来独立控制分配给每个车轮的驱动力，从而主动控制牵引力矩和横摆力矩。

通常，差动制动系统受到研究者最大关注，已被用于多款产品汽车中。线控系统在学术研究（Ackermann，1994；Ackermann，1997）中受到关注，主动力矩分配系统近几年受到关注，并可能在未来用于产品汽车中。

本书的重点涉及差动制动系统，将在第 8.2 节中重点讨论，线控转向系统在第 8.3 节中讨论，主动力矩分配系统在第 8.4 节中讨论。

2.2　车辆侧向运动的运动学模型

根据下面某些假设所述，可建立用于车辆侧向运动的运动学模型，这一模型以数学方式描述车辆运动而不考虑影响运动的力，运动方程完全基于控制系统的几何关系而建立。

考虑车辆的两轮模型如图 2-3（Wang 和 Qi，2001）所示。在两轮模型中，两个左、右前轮由一个位于 A 点的车轮代替，同样，后轮由一个位于 B 点的中央后轮代替，前、后轮的转向角分别由 δ_f 和 δ_r 表示。此模型成立的前提是假设前、后轮均能转向。用于只有前轮转向时，后轮转向角 δ_r 被置为 0，车辆质心（c. g.）为点 C，从车辆质心到点 A 和 B 的距离分别为 l_f 和 l_r。车辆的轴距为 $L = l_f + l_r$。

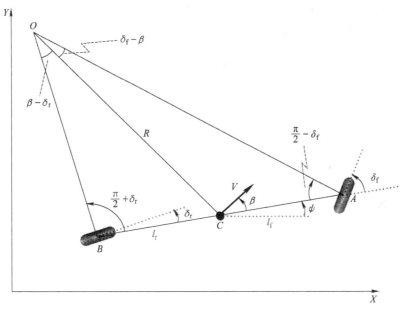

图 2-3　车辆侧向运动的运动学模型

假设车辆作平面运动，需要用 3 个坐标值来描述车辆的运动：X，Y 和 ψ。$(X，Y)$ 为车辆质心位置的惯性坐标，ψ 用于描述车辆的方向。车辆质心处的速度用 V 表示，速度与车辆纵轴成 β 角，β 角称为车辆的侧偏角。

假设：

在运动学模型的研究中主要假设在点 A 和 B 处的速度矢量分别为前、后轮的方向。换句话说，前轮速度矢量与车辆纵轴间形成一个 δ_f 角，同样的，后轮速度矢量与车辆纵轴间形成一个 δ_r 角，这相当于假设了前后轮上的 "侧偏角" 均为 0。这对低速行驶的车辆是合理假设（例如，当速度小于 5m/s 时）。在低速时，轮胎产生的侧向力很小。为了在任意半径 R 的环形跑道上行驶，两个轮胎的侧向力之和为：

$$\frac{mv^2}{R}$$

它随速度 v 的平方而变化，在低速时侧向力小。当侧向力小时，将每个轮子的速度矢量假设为车轮的方向是合理的，这在第 2.4 节中做出了解释。

点 O 为车辆的瞬时旋转中心，点 O 由垂直于两滚动轮方向的直线 AO 和 BO 的交点来确定。

车辆路径的半径 R 定义为连接质心 C 和瞬时旋转中心 O 的线段 OC 的长度。质心处的车速垂直于线 OC。质心处的速度方向与车辆纵轴的夹角称为车辆的侧偏角 β。

角 ψ 称为车辆的横摆角，车辆的方向角 γ 为：$\gamma = \psi + \beta$。

在三角形 OCA 上用正弦定理：

$$\frac{\sin(\delta_f - \beta)}{l_f} = \frac{\sin\left(\dfrac{\pi}{2} - \delta_f\right)}{R} \tag{2-1}$$

在三角形 OCB 上用正弦定理：

$$\frac{\sin(\beta - \delta_r)}{l_r} = \frac{\sin\left(\dfrac{\pi}{2} + \delta_r\right)}{R} \tag{2-2}$$

由式（2-1）得：

$$\frac{\sin(\delta_f)\cos(\beta) - \sin(\beta)\cos(\delta_f)}{l_f} = \frac{\cos(\delta_f)}{R} \tag{2-3}$$

由式（2-2）得：

$$\frac{\cos(\delta_r)\sin(\beta) - \cos(\beta)\sin(\delta_r)}{l_r} = \frac{\cos(\delta_r)}{R} \tag{2-4}$$

在式（2-3）两侧同时乘以 $\dfrac{l_f}{\cos(\delta_f)}$，可得：

$$\tan(\delta_f)\cos(\beta) - \sin(\beta) = \frac{l_f}{R} \tag{2-5}$$

在式（2-4）两侧同时乘以 $\dfrac{l_r}{\cos(\delta_r)}$，可得：

$$\sin(\beta) - \tan(\delta_r)\cos(\beta) = \frac{l_r}{R} \tag{2-6}$$

将式（2-5）和式（2-6）相加得：

$$\{\tan(\delta_f) - \tan(\delta_r)\}\cos(\beta) = \frac{l_f + l_r}{R} \tag{2-7}$$

假设车道半径由于低速而缓慢变化，则车辆方向的变化率（即：$\dot{\psi}$）必将等于车辆的角速度。由于车辆的角速度为$\dfrac{v}{R}$，因此有：

$$\dot{\psi} = \frac{v}{R} \tag{2-8}$$

方程（2-8）、（2-7）可整理为：

$$\dot{\psi} = \frac{v\cos(\beta)}{l_f + l_r}(\tan(\delta_f) - \tan(\delta_r)) \tag{2-9}$$

因此，运动的总方程为：

$$\dot{X} = v\cos(\psi + \beta) \tag{2-10}$$

$$\dot{Y} = v\sin(\psi + \beta) \tag{2-11}$$

$$\dot{\psi} = \frac{v\cos(\beta)}{l_f + l_r}(\tan(\delta_f) - \tan(\delta_r)) \tag{2-12}$$

在这一模型中有 3 个输入量：δ_f，δ_r 和 v。速度 v 为外部变量，可以假设它为时间的函数或是从纵向车辆模型中获得。

侧偏角 β 可由式（2-5）乘上 l_r 再减去式（2-6）乘上 l_f 得到：

$$\beta = \tan^{-1}\left(\frac{l_f\tan\delta_r + l_r\tan\delta_f}{l_f + l_r}\right) \tag{2-13}$$

注意：

这里在"两轮"模型的假设上需注意：左、右前轮在两轮模型中由一个前轮代替。需要注意的是通常假设左、右轮转向角近似相等，但严格说来并非如此，因为每个车轮行驶路径的半径不同。图 2-4 所示为一个前轮转向汽车的运动情况。

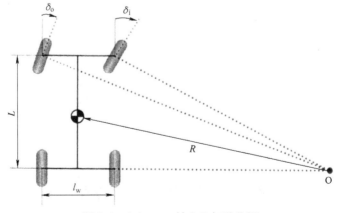

图 2-4　Ackerman 转向几何学分析

用 l_w 表示车辆的轨迹宽度，δ_o 和 δ_i 分别表示外侧和内侧的转向角，设轴距

$L = l_f + l_r$ 小于半径 R。若侧偏角 β 很小，则式（2-12）可近似为：

$$\frac{\dot{\psi}}{V} \approx \frac{1}{R} = \frac{\delta}{L}$$

或

$$\delta = \frac{L}{R} \qquad (2\text{-}14)$$

由于内侧和外侧车轮的行驶半径不同，则有：

$$\delta_o = \frac{L}{R + \dfrac{l_w}{2}} \qquad (2\text{-}15)$$

$$\delta_i = \frac{L}{R - \dfrac{l_w}{2}} \qquad (2\text{-}16)$$

前轮的平均转向角约为：

$$\delta = \frac{\delta_o + \delta_i}{2} \cong \frac{L}{R} \qquad (2\text{-}17)$$

δ_o 和 δ_i 之间的差值为

$$\delta_i - \delta_o = \frac{L}{R^2} l_w = \delta^2 \frac{l_w}{L} \qquad (2\text{-}18)$$

因此，两前轮转向角的差值与平均转向角的平方成正比。可从转向梯形拉杆的布置获得这类差分转向，如图2-5所示。从图2-5中可以看到，对于向左或向右转，内侧车轮总是转过一个更大的角度。运动学模型方程式总结见表2-1。

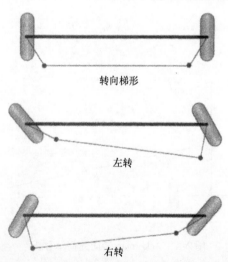

转向梯形

左转

右转

图2-5 根据转向梯形拉杆的布置得到的差分转向

表 2-1　运动学模型方程式总结

代号	物理量	方程式
X	系统 X 轴坐标	$\dot{X} = v\cos(\psi + \beta)$
Y	系统 Y 轴坐标	$\dot{Y} = v\sin(\psi + \beta)$
ψ	车身相对系统 X 轴的横摆角	$\dot{\psi} = \dfrac{v\cos(\beta)}{l_\mathrm{f} + l_\mathrm{r}}(\tan(\delta_\mathrm{f}) - \tan(\delta_\mathrm{r}))$
β	车辆侧偏角	$\beta = \tan^{-1}\left(\dfrac{l_\mathrm{f}\tan\delta_\mathrm{r} + l_\mathrm{r}\tan\delta_\mathrm{f}}{l_\mathrm{f} + l_\mathrm{r}}\right)$

2.3　两轮车辆侧向动力学的模型

在高速时，将每个车轮的速度方向认为是车轮方向的假设将不再成立，在这种情况下，需要研究用于车辆侧向运动分析的动力学模型来替换运动学模型。

考虑了二自由度车辆的"两轮"模型，如图 2-6 所示。两自由度用车辆侧向位置 y 和车辆方向角 ψ 表示。车辆的侧向位置可沿车辆横向轴到车辆旋转中心点 O 测量得到。车辆方向角 ψ 由与系统 X 轴的夹角测得。车辆在质心处的纵向速度用 v_x 表示。

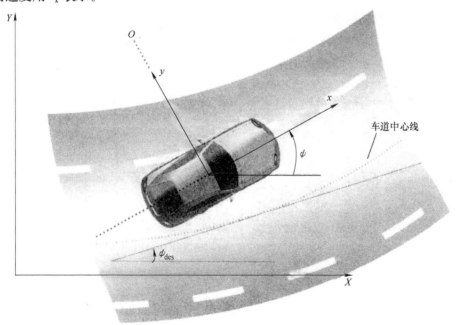

图 2-6　车辆侧向动力学

路面坡度的影响将在以后考虑，目前将忽略路面坡度，沿 y 轴应用运动学中牛顿第二定律（Guldner 等，1996）：

$$ma_y = F_{yf} + F_{yr} \tag{2-19}$$

式中 $a_y = \left(\dfrac{\mathrm{d}^2 y}{\mathrm{d}t^2}\right)_{\text{inertial}}$，在 y 轴方向车辆质心处的惯性加速度；

F_{yf} 和 F_{yr}——前、后轮的轮胎侧向力。

两个因素影响 a_y：沿 y 轴的运动加速度 $\ddot{y}$ 和向心加速度 $v_x\dot{\psi}$。因此：

$$a_y = \ddot{y} + v_x\dot{\psi} \tag{2-20}$$

将式（2-20）带入式（2-19），可得车辆侧向平移运动的方程为：

$$m(\ddot{y} + \dot{\psi}v_x) = F_{yf} + F_{yr} \tag{2-21}$$

绕 z 轴的转矩平衡可得到横摆动力学方程：

$$I_z\ddot{\psi} = l_f F_{yf} - l_r F_{yr} \tag{2-22}$$

式中 l_f 和 l_r——车辆质心到前轴和后轴的距离。

下一步骤是建立作用于车辆上的轮胎侧向力 F_{yf} 和 F_{yr} 模型。试验结果表明，当侧偏角较小时，轮胎的侧向力与"侧偏角"成正比。轮胎的侧偏角定义为轮胎平面方向和轮胎速度矢量方向之间的角度（图2-7）。在图2-7中，前轮侧偏角为：

$$\alpha_f = \delta - \theta_{Vf} \tag{2-23}$$

式中 θ_{Vf}——车辆速度矢量和车辆纵轴之间的夹角；

δ——前轮转向角。

后轮侧偏角可近似表示为：

$$\alpha_r = -\theta_{Vr} \tag{2-24}$$

轮胎侧向力与侧偏角成正比的物理解释详见第13章（第13.4节）。

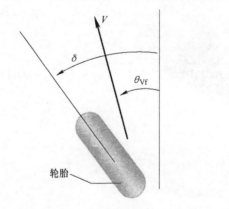

图2-7 轮胎侧偏角

车辆的前轮侧向力可表示为：

$$F_{yf} = 2C_{\alpha f}(\delta - \theta_{Vf}) \tag{2-25}$$

式中　$C_{\alpha f}$——比例系数，指前轮的侧偏刚度；

　　　δ——前轮转向角；

　　　θ_{Vf}——前轮速度角。

系数 2 表示实际情况中有 2 个前轮。

同样，后轮的侧向力可表示为：

$$F_{yr} = 2C_{\alpha r}(-\theta_{Vr}) \tag{2-26}$$

式中　$C_{\alpha r}$——后轮的侧偏刚度；

　　　θ_{Vr}——后轮速度角。

利用关系式（2-27）或式（2-28）可计算 θ_{Vf} 和 θ_{Vr}：

$$\tan(\theta_{Vf}) = \frac{v_y + l_f \dot{\psi}}{v_x} \tag{2-27}$$

$$\tan(\theta_{Vr}) = \frac{v_y - l_r \dot{\psi}}{v_x} \tag{2-28}$$

采用小角度的近似法及缩写 $v_y = \dot{y}$，则有：

$$\theta_{Vf} = \frac{\dot{y} + l_f \dot{\psi}}{v_x} \tag{2-29}$$

$$\theta_{Vr} = \frac{\dot{y} - l_r \dot{\psi}}{v_x} \tag{2-30}$$

将式（2-23）、式（2-24）、式（2-29）和式（2-30）代入式（2-21）和式（2-22）可得状态方程模型：

$$\frac{d}{dt}\begin{Bmatrix} y \\ \dot{y} \\ \psi \\ \dot{\psi} \end{Bmatrix} = \begin{bmatrix} 0 & 1 & 0 & 0 \\ 0 & -\dfrac{2C_{\alpha f} + 2C_{\alpha r}}{mv_x} & 0 & -mv_x - \dfrac{2C_{\alpha f}l_f - 2C_{\alpha r}l_r}{mv_x} \\ 0 & 0 & 0 & 1 \\ 0 & -\dfrac{2l_f C_{\alpha f} - 2l_r C_{\alpha r}}{I_z v_x} & 0 & -\dfrac{2l_f^2 C_{\alpha f} + 2l_r^2 C_{\alpha r}}{I_z v_x} \end{bmatrix}\begin{bmatrix} y \\ \dot{y} \\ \psi \\ \dot{\psi} \end{bmatrix} + \begin{Bmatrix} 0 \\ \dfrac{2C_{\alpha f}}{m} \\ 0 \\ \dfrac{2l_f C_{\alpha f}}{I_z} \end{Bmatrix}\delta \tag{2-31}$$

考虑路面坡度角：

如果考虑路面坡度角的影响，则式（2-21）写作：

$$m(\ddot{y} + \dot{\psi}v_x) = F_{yf} + F_{yr} + F_{bank} \tag{2-32}$$

式中　$F_{bank} = mg\sin(\phi)$，如图 2-8 所示；

　　　ϕ——路面坡度角的符号标记。

车辆的横摆动力学不受路面坡度角的影响，因此方程（2-22）在路面坡度角存在时保持不变。

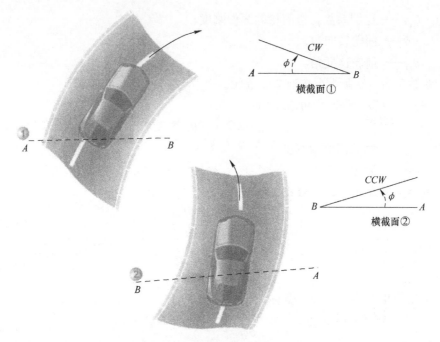

图 2-8 路面坡度角的符号规则

讨论在侧偏角较大时的轮胎侧向力:

在侧偏角较大时,轮胎侧向力正比于侧偏角的假设不再成立,在这种情况下,轮胎侧向力的大小取决于侧偏角、轮胎法向载荷 F_z、轮胎 – 路面摩擦系数 μ 和同时产生的轮胎纵向力的大小。建立更完整的轮胎侧向模型需包括所有这些变量的影响,详见本书的第 13 章。在侧偏角较大时,轮胎模型将不再是线性的。

2.4 相对旋转坐标系中点的运动

本节将描述旋转刚体在固定于车身坐标系中的加速度和在惯性坐标系中的加速度之间的关系。这种描述方式能够用于获得车辆横摆、侧倾及俯仰运动的惯性加速度。在本节中,使用该方式来得到车辆横摆运动沿横轴的惯性加速度。

考虑在两个坐标系中描述的旋转体,如图 2-9 所示:一个坐标系固定在惯性空间 (XYZ),另一个坐标系固定在车身上 (xyz)。此时,假设两个坐标系方向相同,记车身的角速度为 $\vec{\Omega}$。

考虑位于车身的点 P 的惯性坐标 $[X \quad Y \quad Z]^{\mathrm{T}}$ 和车辆坐标 $[x \quad y \quad z]^{\mathrm{T}}$。设 $\vec{r}$ 为从惯性坐标系零点到点 P 的矢量,可得到该点在惯性坐标系中加速度与在车辆坐标系中加速度的关系式如下 (Merriam 和 Kraige, 1987):

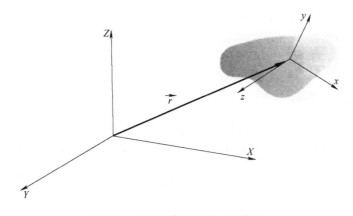

图 2-9　惯性坐标系和车辆坐标系

$$\frac{\mathrm{d}^2}{\mathrm{d}t^2}\begin{Bmatrix}X\\Y\\Z\end{Bmatrix}=\frac{\mathrm{d}^2}{\mathrm{d}t^2}\begin{Bmatrix}x\\y\\z\end{Bmatrix}+\vec{\Omega}X(\vec{\Omega}X\,\vec{r})+\vec{\Omega}X\,\vec{r}+2\vec{\Omega}X\,\dot{\vec{r}} \qquad (2\text{-}33)$$

上述方程右边的所有矢量可用车辆坐标系来表示。

将式(2-33)应用到图 2-10 所示的车辆侧向系统中。

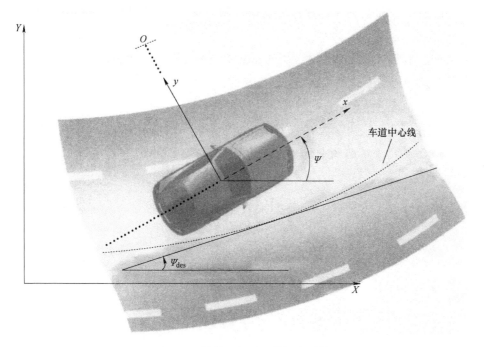

图 2-10　旋转坐标系下的侧向系统

设 $\hat{i}, \hat{j}, \hat{k}$ 为 x, y, z 轴方向的单位矢量，则有：

$$\vec{\Omega} = \dot{\psi}\hat{k} \tag{2-34}$$

$$\vec{r} = -R\hat{j} \tag{2-35}$$

由式（2-33）得：

$$\vec{a}_{\text{inertial}} = \vec{\Omega} X\ (\vec{\Omega} X \vec{r})\ + \vec{\dot{\Omega}} X\ \vec{r} + 2\vec{\Omega} X \vec{\dot{r}} + \vec{a}_{\text{body\_ fixed}}$$

或

$$\vec{a}_{\text{inertial}} = \dot{\psi}\hat{k} X\ (\dot{\psi}\hat{k} X - R\hat{j})\ + \ddot{\psi}\hat{k} X - R\hat{j} + 2\dot{\psi}\hat{k} X - R\hat{j} + \ddot{x}\hat{i} + \ddot{y}\hat{j}$$

或

$$\vec{a}_{\text{inertial}} = \dot{\psi}^2 R\hat{j} + (R\ddot{\psi} + 2\dot{\psi}\dot{R})\hat{i} + \ddot{x}\hat{i} + \ddot{y}\hat{j} \tag{2-36}$$

因为 $a_y = \dot{\psi}^2 R + \ddot{y} = v_x\dot{\psi} + \ddot{y}$，因此，沿 y 轴的惯性加速度为：

$$a_y = \ddot{y} + v_x\dot{\psi} \tag{2-37}$$

2.5　关于路面误差力学模型的讨论

当研究目的是自动车道保持的转向控制系统时，使用相对路面的位置及方向误差这类状态变量的动力学模型是十分有效的。

因此，在第2.3节中建立的侧向模型将用以下的误差变量重新定义：

e_1：从车道中心线到车辆质心的距离；

e_2：相对车道的车辆方向误差。

考虑车辆在半径为常数 R 的车道上以恒定纵向车速 v_x 行驶，此外，假设半径 R 很大，使得上一节的小角度的假设成立，定义车辆理论的方向变化率为：

$$\dot{\psi}_{\text{des}} = \frac{v_x}{R} \tag{2-38}$$

车辆的理论加速度可写作：

$$\frac{v_x^2}{R} = v_x\dot{\psi}_{\text{des}} \tag{2-39}$$

定义 $\ddot{e}_1$ 和 e_2 如下（Guldner, et. al., 1996）：

$$\ddot{e}_1 = (\ddot{y} + v_x\dot{\psi}) - \frac{v_x^2}{R} = \ddot{y} + v_x(\dot{\psi} - \dot{\psi}_{\text{des}}) \tag{2-40}$$

及

$$e_2 = \psi - \psi_{\text{des}} \tag{2-41}$$

定义

$$\dot{e}_1 = \dot{y} + v_x(\psi - \psi_{des}) \tag{2-42}$$

如果速度 v_x 为常数，式（2-40）和式（2-41）是一致的；如果速度不为常数，可整理式（2-40）得到：

$$\dot{e}_1 = \dot{y} + \int v_x e_2 dt$$

这将产生一个非线性时变模型，并且对控制系统的设计没有帮助。因此，采取的做法是假设纵向速度为常数以得到一个线性时不变（LTI）模型。如果速度发生变化，线性时不变（LTI）模型将由 LPV 模型代替，LPV 模型中纵向速度是时变参数（详见第 3 章第 3.4 节）。

将式（2-41）和式（2-42）代入式（2-21）和式（2-22），可得：

$$m\ddot{e}_1 = \dot{e}_1\left[-\frac{2}{v_x}C_{\alpha f} - \frac{2}{v_x}C_{\alpha r}\right] + e_2[2C_{\alpha f} + 2C_{\alpha r}]$$

$$+ \dot{e}_2\left[-\frac{2C_{\alpha f}l_f}{v_x} + \frac{2C_{\alpha r}l_r}{v_x}\right]$$

$$+ \dot{\psi}_{des}\left[-\frac{2C_{\alpha f}l_f}{v_x} + \frac{2C_{\alpha r}l_r}{v_x}\right] + 2C_{\alpha f}\delta \tag{2-43}$$

和

$$I_z\ddot{e}_2 = 2C_{\alpha f}l_1\delta + \dot{e}_1\left[-\frac{2C_{\alpha f}l_f}{v_x} + \frac{2C_{\alpha r}l_r}{v_x}\right]$$

$$+ e_2[2C_{\alpha f}l_f - 2C_{\alpha r}l_r] + \dot{e}_2\left[-\frac{2C_{\alpha f}l_f^2}{v_x} - \frac{2C_{\alpha r}l_r^2}{v_x}\right]$$

$$- I_z\ddot{\psi}_{des} + \dot{\psi}_{des}\left[-\frac{2C_{\alpha f}l_f^2}{v_x} - \frac{2C_{\alpha r}l_r^2}{v_x}\right] \tag{2-44}$$

由此可得在跟踪误差变量的状态方程模型：

$$\frac{d}{dt}\begin{bmatrix} e_1 \\ \dot{e}_1 \\ e_2 \\ \dot{e}_2 \end{bmatrix} = \begin{bmatrix} 0 & 1 & 0 & 0 \\ 0 & -\dfrac{2C_{\alpha f}+2C_{\alpha r}}{mv_x} & \dfrac{2C_{\alpha f}+2C_{\alpha r}}{m} & \dfrac{-2C_{\alpha f}l_f+2C_{\alpha r}l_r}{mv_x} \\ 0 & 0 & 0 & 1 \\ 0 & -\dfrac{2C_{\alpha f}l_f-2C_{\alpha r}l_r}{I_z v_x} & \dfrac{2C_{\alpha f}l_f-2C_{\alpha r}l_r}{I_z} & -\dfrac{2C_{\alpha f}l_f^2+2C_{\alpha r}l_r^2}{I_z v_x} \end{bmatrix}\begin{bmatrix} e_1 \\ \dot{e}_1 \\ e_2 \\ \dot{e}_2 \end{bmatrix}$$

$$
+\begin{bmatrix} 0 \\ \dfrac{2C_{\alpha f}}{m} \\ 0 \\ \dfrac{2C_{\alpha f}l_f}{I_z} \end{bmatrix}\delta + \begin{bmatrix} 0 \\ -\dfrac{2C_{\alpha f}l_f - 2C_{\alpha r}l_r}{mv_x} - v_x \\ 0 \\ -\dfrac{2C_{\alpha f}l_f^2 + 2C_{\alpha r}l_r^2}{I_z v_x} \end{bmatrix}\dot\psi_{des} \tag{2-45}
$$

由此转向控制问题的跟踪目标可转化为式（2-45）所示的动力学稳定性问题。注意，上述侧向动力学模型为纵向车速 v_x 的函数，而 v_x 已假定为常数。

如果考虑到路面坡度角的影响，则式（2-45）可重新写作：

$$
\frac{d}{dt}\begin{bmatrix} e_1 \\ \dot e_1 \\ e_2 \\ \dot e_2 \end{bmatrix} = \begin{bmatrix} 0 \\ \dfrac{2C_{\alpha f}}{m} \\ 0 \\ \dfrac{2C_{\alpha f}l_f}{I_z} \end{bmatrix}\delta + \begin{bmatrix} 0 \\ -\dfrac{2C_{\alpha f}l_f - 2C_{\alpha r}l_r}{mv_x} - v_x \\ 0 \\ -\dfrac{2C_{\alpha f}l_f^2 + 2C_{\alpha r}l_r^2}{I_z v_x} \end{bmatrix}\dot\psi_{des} + \begin{bmatrix} 0 \\ g \\ 0 \\ 0 \end{bmatrix}\sin(\varphi)
$$

$$
+\begin{bmatrix} 0 & 1 & 0 & 0 \\ 0 & -\dfrac{2C_{\alpha f} + 2C_{\alpha r}}{mv_x} & \dfrac{2C_{\alpha f} + 2C_{\alpha r}}{m} & \dfrac{-2C_{\alpha f}l_f + 2C_{\alpha r}l_r}{mv_x} \\ 0 & 0 & 0 & 1 \\ 0 & -\dfrac{2C_{\alpha f}l_f - 2C_{\alpha r}l_r}{I_z v_x} & \dfrac{2C_{\alpha f}l_f - 2C_{\alpha r}l_r}{I_z} & -\dfrac{2C_{\alpha f}l_f^2 + 2C_{\alpha r}l_r^2}{I_z v_x} \end{bmatrix}\begin{bmatrix} e_1 \\ \dot e_1 \\ e_2 \\ \dot e_2 \end{bmatrix}
$$

$$
\tag{2-46}
$$

表 2-2　相对路面误差的动力学模型公式

代号	物理量	公式
x	状态空间矢量	$x = \begin{bmatrix} e_1 & \dot e_1 & e_2 & \dot e_2 \end{bmatrix}^{\mathrm{T}}$
		$\dot x = Ax + B_1\delta + B_2\dot\psi_{des} + B_3\sin(\phi)$
		A、B_1、B_2 和 B_3 为方程（2-46）中定义的矩阵
e_1	相对路面的侧向位置误差	$\ddot e_1 = \ddot y + v_x(\dot\psi - \dot\psi_{des})$
e_2	相对路面的方向角误差	$e_2 = (\psi - \psi_{des})$
δ	前轮转向角	
$\dot\psi_{des}$	由道路半径 R 决定的理论横摆角速度	$\dot\psi_{des} = \dfrac{v_x}{R}$
ϕ	图 2-8 中定义的坡度角	

2.6　动力学模型中横摆角速度和侧偏角的讨论

在图 2-11 中，车辆侧偏角 β 定义为车辆纵轴和车辆速度方向之间的夹角，$r \equiv \dot{\psi}$ 为车身横摆角速度。车辆的侧向动力性主要取决于前轮转向角 δ。

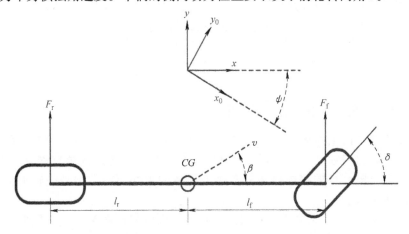

图 2-11　单轨车辆侧向动力学模型

在小角度的假设下，车身侧偏角与 e_1 和 e_2 的关系如下：

$$\beta = \frac{\dot{y}}{v_x} = \frac{1}{v_x}(\dot{e}_1 - v_x e_2) = \frac{1}{v_x}\dot{e}_1 - e_2 \tag{2-47}$$

用车身侧偏角 β 和车身横摆角速度 $r \equiv \dot{\psi}$ 作为状态变量，则车辆侧向动力学可用以下微分方程描述（Ackerman，1997）：

$$mv_x\left(\frac{\mathrm{d}\beta}{\mathrm{d}t} + \dot{\psi}\right) = mv_x\left(\frac{\mathrm{d}\beta}{\mathrm{d}t} + r\right) = F_{yf} + F_{yr} + F_{bank} \tag{2-48}$$

$$I_z\ddot{\psi} = I_z\dot{r} = l_f F_{yf} - l_r F_{yr} \tag{2-49}$$

式中　m——整车质量；

$\qquad v_x$——车辆纵向速度；

F_{yf} 和 F_{yr}——前、后轮侧向力；

$\qquad F_{bank}$——路面坡度阻力；

$\qquad I_z$——横摆转动惯量；

l_f 和 l_r——从质心到前、后轴的距离。

由于轮胎侧偏角较小，轮胎侧向力可近似看作轮胎侧偏角的线性方程。前、后轮轮胎力和轮胎侧偏角可定义如下：

$$F_{yf} = C_{\alpha f}\alpha_f, \quad \alpha_f = \delta - \theta_{vf} = \delta - \beta - \frac{l_f r}{v_x} \tag{2-50}$$

$$F_{yr} = C_{\alpha r}\alpha_r, \quad \alpha_r = \theta_{vr} = -\beta + \frac{l_r r}{v_x} \tag{2-51}$$

式中　$C_{\alpha f}$ 和 $C_{\alpha r}$——分别为前、后轮的侧偏刚度。

将式（2-50）和式（2-51）代入式（2-48）和式（2-49）可得以下车辆侧向动力学方程：

$$\frac{\mathrm{d}\beta}{\mathrm{d}t} = -r + \frac{C_{\alpha f}}{mv_x}\left(\delta - \beta - \frac{l_f r}{v_x}\right) + \frac{C_{\alpha r}}{mv_x}\left(-\beta + \frac{l_r r}{v_x}\right) + \frac{g\sin\phi}{v_x} \tag{2-52}$$

$$\frac{\mathrm{d}\beta}{\mathrm{d}t} = \frac{l_f C_{\alpha f}}{I_z}\left(\delta - \beta - \frac{l_f r}{v_x}\right) - \frac{l_r C_{\alpha r}}{I_z}\left(-\beta + \frac{l_r r}{v_x}\right) \tag{2-53}$$

2.7　从车辆坐标系到地面坐标系

第2.5节中讨论的动力学模型基于车辆坐标系下，它适用于控制系统的设计，因为道路保持控制器必须利用车辆坐标系测量相对道路的位置误差。然而，为得到车辆行驶路径的整体描述，车辆坐标系的时间历程数据必须转换为惯性空间的轨迹参数。

如图2-12所示，车辆质心和道路中心线之间的侧向距离为 e_1，因此，可以得到在地面坐标系下车辆位置为：

$$X = X_{des} - e_1\sin(\psi) \tag{2-54}$$

$$Y = Y_{des} + e_1\cos(\psi) \tag{2-55}$$

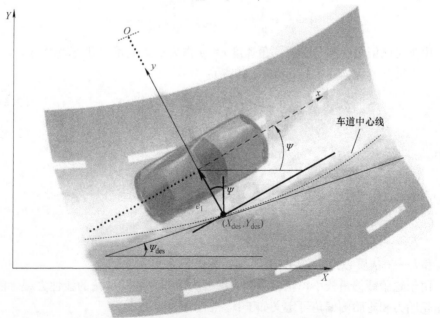

图2-12　从车辆坐标系到地面坐标系

式中 X_{des}，Y_{des}——车辆横轴所在的直线与道路中心线交点的地面坐标。

利用 $X_{\text{des}} = \int_0^t V\cos(\psi_{\text{des}})\,\mathrm{d}t$，$Y_{\text{des}} = \int_0^t V\sin(\psi_{\text{des}})\,\mathrm{d}t$，在式（2-54）和（2-55）中用 $\psi = e_2 + \psi_{\text{des}}$ 替代 ψ，可得车辆的地面坐标为：

$$X = \int_0^t V\cos(\psi_{\text{des}})\,\mathrm{d}t - e_1\sin(e_2 + \psi_{\text{des}}) \tag{2-56}$$

$$Y = \int_0^t V\sin(\psi_{\text{des}})\,\mathrm{d}t + e_1\cos(e_2 + \psi_{\text{des}}) \tag{2-57}$$

2.8 路面模型

道路曲率为路面半径的倒数，即 $\dfrac{1}{R}$。曲率的连续性是一个确保侧向控制系统可以跟踪其路径的路面应该满足的重要准则。回旋螺旋线是用于从一个曲率平滑过渡到另一个曲率的曲线（例如，在从直道到环路上）。

回旋螺旋线被定义为一条曲率为其弧长的线性函数的螺旋线，在数学上定义为菲涅耳（Fresnel）积分（Kiencke 和 Nielsen，2000）。回旋线的参数方程为：

$$\begin{bmatrix} x(t) \\ y(t) \end{bmatrix} = a \begin{bmatrix} C(t) \\ S(t) \end{bmatrix} \tag{2-58}$$

上述公式中，比例因子 a 为正，参数 t 为非负，菲涅耳积分可表示为：

$$C(t) = \int_0^t \cos\left(\frac{\pi u^2}{2}\right)\mathrm{d}u \tag{2-59}$$

$$S(t) = \int_0^t \sin\left(\frac{\pi u^2}{2}\right)\mathrm{d}u \tag{2-60}$$

式（2-58）中的回旋螺旋线（在其标准形式下）位于第一象限，从 $t = 0$ 开始，当 $t \to \infty$ 时收敛到 $\left(\dfrac{a}{2}, \dfrac{a}{2}\right)$。图 2-13 表示当 $a = 6000$ 时的螺旋线。

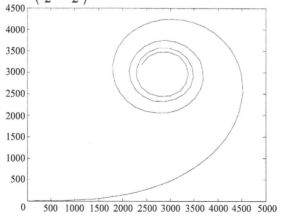

图 2-13　比例系数 $a = 6000$ 时的螺旋线

菲涅耳积分再积分得：

$$C_I(t) = \int_0^t C(u)\,\mathrm{d}u = tC(u) - \frac{1}{\pi}\sin\left(\frac{\pi t^2}{2}\right) \tag{2-61}$$

$$S_I(t) = \int_0^t S(u)\,\mathrm{d}u = tS(t) + \frac{1}{\pi}\cos\left(\frac{\pi t^2}{2}\right) - \frac{1}{\pi} \tag{2-62}$$

表2-3中所示为用于螺旋线的几何公式，常用于将直线过渡到环线或将环线过渡到不同半径的环线的设计中（Sasipalli 等，1997）。

表2-3　螺旋线的几何公式

	几何元素	参数表达式
1	正切角	$\frac{\pi}{2}t^2$
2	曲率	$\frac{\pi}{a}t$
3	弧长	$\mathrm{d}s = a\mathrm{d}t$
4	曲线圆心	$\left(\frac{a}{t}C_I(t),\ \frac{a}{t}\left\{S_I(t)+\frac{1}{\pi}\right\}\right)$

从式（2-59）和式（2-60）计算得到笛卡儿坐标数值解，即上述积分是不能解析的，图2-14表示采用螺旋线使直线过渡到圆弧。

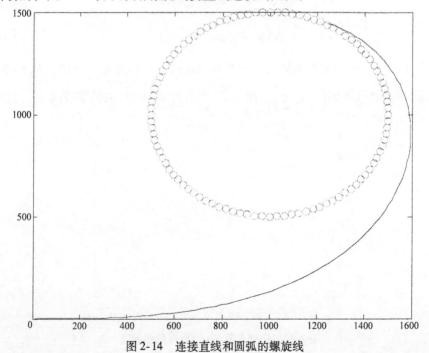

图2-14　连接直线和圆弧的螺旋线

2.9　本章小结

本章讨论了描述车辆侧向运动的各种模型，这些模型可用于侧向车道保持的转向控制系统的设计，还可扩展用于横摆稳定性控制、侧倾控制和其他车辆控制系统。

本章中主要讨论的侧向模型有：

1）车辆运动学模型；

2）考虑侧向位置和方向角的车辆动力学模型；

3）考虑路面误差变量的车辆动力学模型；

4）考虑横摆角速度和车辆侧偏角的车辆动力学模型。

运动学模型给出了只考虑几何关系的运动方程，它适用于低速状态，比如用于车辆自动停车时的控制。

本章讨论的动力学模型适用于车道保持控制系统，也可扩展用于横摆稳定性控制和防侧翻控制的应用中，用于横摆稳定性控制的模型扩展和应用将在第 8 章讨论。

本章还介绍了从车辆坐标系到地面坐标系的转换，此外还讨论了路面模型，以及从一种曲率的路面平滑过渡到另一曲率的路面的螺旋线的应用。

参　数　表

F_y——轮胎侧向力

F_{yf}——前轮轮胎侧向力

F_{yr}——后轮轮胎侧向力

v_x——车辆质心处的纵向速度

v——车辆质心处的车速

$\dot{y}$——车辆质心处的侧向速度

v_y——车辆质心处的侧向速度（同 $\dot{y}$）

m——车辆总质量

I_z——车辆横摆转动惯量

l_f——从质心到前轴的纵向距离

l_r—— 从质心到后轴的纵向距离

L——轴距（$l_f + l_r$）

ψ——地面坐标系下的车身横摆角

$\dot{\psi}$——车辆横摆角速度

r——车辆横摆角速度（同 $\dot{\psi}$）

X, Y——地面坐标

δ——转向盘转角

δ_f——前轮转向角

δ_r——后轮转向角

δ_o——外侧车轮的转向角

δ_i——内侧车轮的转向角

l_w——轮距

α_f——前轮侧偏角

α_r——后轮侧偏角

C_α——轮胎侧偏刚度

F_z——作用在轮胎上的法向载荷

μ——轮胎 – 路面摩擦系数

$\dot{\psi}_{des}$——道路的理论横摆角速度

β——车辆质心（重力的中心）的侧偏角

θ_V——速度角（速度矢量和纵轴的夹角）

ϕ——路面坡度角

R——车辆的转弯半径或道路半径

e_1——相对路面的侧向位置误差

e_2——相对路面的方向角误差

$C(t)$——菲涅耳积分

$S(t)$——菲涅耳积分

参 考 文 献

Ackerman, J., "Robust control prevent car skidding, "*IEEE Control Systems Magazine,* Vol. 17, No. 3, June 1997, pp. 23-31.

Donath, M., Morellas, V., Morris, T. and Alexander, L., "Preview based control of a tractor trailer using DGPS for preventing road departure accidents", *Proceedings of the IEEE Conference on Intelligent Transportation Systems,* ITSC'97, Boston, MA, November, 1997.

Guldner, J., Tan, H.-S. and Patwardhan, S., "Analysis of automatic steering control for highway vehicle with look-down lateral reference systems", *Vehicle System Dynamics,* vol. 26, no. 4, pp.243-269, 1996.

Hoffman, D. and Rizzo, M., "Chevrolet C5 Corvette vehicle dynamic control system," *SAE Technical Paper Series,* SAE-980233, 1998.

Jost, K., "Cadillac stability enhancement," *Automotive Engineering,* October, 1996.

Kiencke, U. and Nielsen, L., *Automotive Control Systems for Engine, Driveline and Vehicle,* SAE International, ISBN 0-7680-0505-1, 2000.

Leffler, H., Auffhammer, R., Heyken, R. and Roth, H., "New driving stability control system with reduced technical effort for compact and medium class passenger cars," *SAE Technical Paper Series,* SAE-980234, 1998.

Meriam, J.L. and Kraige, L.G., "Engineering Mechanics: Dynamics", Fifth Edition, John Wiley & Sons, Inc., New York, ISBN 047126606X, 2003.

Peng, H. and Tomizuka, M., "Preview control for vehicle lateral guidance in highway automation," *Journal of Dynamic Systems Measurement & Control-Transactions of the Asme,* Vol. 115, No. 4, pp. 679-686, Dec 1993.

Rajamani, R., Tan, H.S., Law, B. and Zhang, W.B., "Demonstration of integrated lateral and longitudinal control for the operation of automated vehicles in platoons," *IEEE Transactions on Control Systems Technology,* Vol. 8, No. 4, pp. 695-708, July 2000.

R. Rajamani, C.Zhu and L. Alexander (2003), "Lateral control of a backward driven front-steering vehicle", *Control Engineering Practice*, Vol. 11, No. 5, pp. 531-540, 2003.

Sasipalli, V.S.R., Sasipalli, G.S. and Harada, K., "Single spiral in highway design and bounds for their scaling," *IEICE Transactions on Information and Systems,* Vol. E80-D, No. 11, November 1997.

Taylor, C.J., Kosecka, J., Blasi, R. and Malik, J., "A comparative study of vision-based lateral control strategies for autonomous highway driving," , *International Journal of Robotics Research,* Vol. 18, No. 5, pp. 442-453, May 1999.

Thorpe, C.E., Hebert, M., Kanade, T. and Shafer, S., "Vision and navigation for the Carnegie-Mellon Navlab, "*IEEE Transactions on Pattern Analysis and Machine Intelligence,* Vol. 10, No. 3, pp. 362-373, May 1998.

Wang, D. and Qi, F., "Trajectory planning for a four wheel steering vehicle," *Proceedings of the 2001 IEEE International Conference on Robotics and Automation,* Seoul, Korea, May 21-26, 2001.

第3章 自动车道保持系统的转向控制

在前面的章节中讨论了车辆侧向运动的运动学和动力学模型，本章将讨论保持车辆在车道中行驶的侧向控制系统。

本章按如下编排：首先在 3.1 节讨论通过状态反馈来进行控制系统设计；车辆通过弯道时要求的稳态误差和稳态转向角将在 3.2 和 3.3 节中进行分析；本章的其他小节则集中讨论通过输出反馈来进行控制系统设计（包括本章第 3.5、3.6、3.7、3.8、3.9 和 3.10 节）。

3.1 状态反馈

如前述章节，在小的侧偏角和两轮车辆模型的假设条件下，用于车辆侧向动力学的状态方程模型可表示为：

$$\dot{x} = Ax + B_1\delta + B_2\dot{\psi}_{\text{des}} \tag{3-1}$$

且 $x = \{e_1 \quad \dot{e}_1 \quad e_2 \quad \dot{e}_2\}^{\text{T}}$，式中，$e_1$ 为质心的侧向位置误差，e_2 为车辆和路面之间方向角之差，δ 为前轮转向角输入，$\dot{\psi}_{\text{des}}$ 为由道路曲率和车速决定的理论横摆角速度，矩阵 A、B_1 和 B_2 在第 2 章（第 2.5 节，式（2-45））中已定义。

本章所有仿真中用到的车辆参数如下：

$m = 1573$，$I_z = 2873$，$l_f = 1.1$，$l_r = 1.58$，$C_{\alpha f} = 80000$，$C_{\alpha r} = 80000$。这些参数是一种轿车的参数。

开环矩阵 A 在初始时有 2 个不稳定的特征值，系统需通过反馈来使之稳定。

运算结果表明 $(A，B_1)$ 是可控的，因此，采用状态反馈法则：

$$\delta = -Kx = -k_1e_1 - k_2e_2 - k_3e_3 - k_4e_4 \tag{3-2}$$

闭环矩阵 $(A - BK)$ 的特征值用在任何需要的位置，闭环系统采用的状态反馈控制是：

$$\dot{x} = (A - B_1K)x + B_2\dot{\psi}_{\text{des}} \tag{3-3}$$

可用下面的 Matlab 命令求解闭环系统的特征值：

$K = place\,(A，B1，P)$

此命令将生成一个反馈矩阵 K，使矩阵 $A - B_1K$ 的特征值在矢量 P 中位于特定的理想位置。

特征值置于 $[\,-5-3j \quad -5+3j \quad -7 \quad -10\,]^{\text{T}}$ 处将得到以下仿真结果，如图 3-1、图 3-2 和图 3-3 所示。

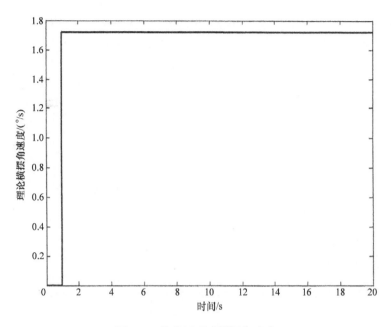

图 3-1 仿真用理论横摆角速度

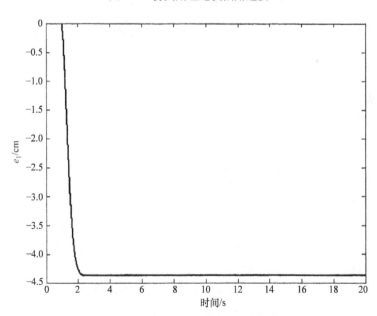

图 3-2 采用状态反馈的侧向位置误差

在这些仿真中所用的纵向速度为 30m/s。路面初始时为直道，在开始 1s 后变为半径为 1000m 的环形跑道。相应的理想横摆角速度可由公式 $\dot{\psi}_{des} = \dfrac{v_x}{R} =$

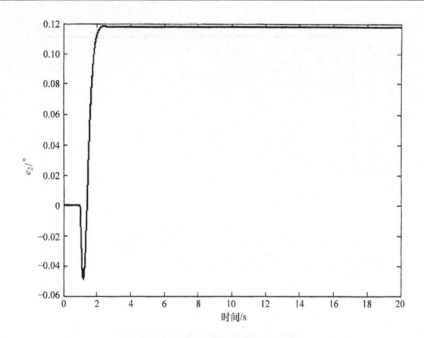

图 3-3 采用状态反馈的方向角误差

0.03rad/s = 1.72°/s 计算。理想的横摆角速度曲线如图 3-1 所示，为在 1s 时从 0 到 1.72°/s 的阶跃输入，侧向位置误差 e_1 和方向角误差 e_2 的时间函数分别如图 3-2 和 3-3 所示。

由于式（3-3）中 $B_2\dot{\psi}_{des}$ 项的存在，即使矩阵 $(A - B_1K)$ 是稳定的，跟踪误差未必都收敛到 0。由于与道路曲率有关的输入 $\dot{\psi}_{des}$ 为非零值，稳态值 e_1 和 e_2 为非零值，这些稳态误差的理论解释将在 3.2 和 3.3 节中给出。

3.2 动力学方程的稳态误差

如前所述，在状态反馈下用于闭环侧向控制系统的状态空间模型可表示为：

$$\dot{x} = (A - B_1K)x + B_2\dot{\psi}_{des}$$

由于 $B_2\dot{\psi}_{des}$ 项的存在，当车辆在弯道行驶时，即使矩阵 $(A - B_1K)$ 趋于稳定，跟踪误差将不会完全收敛到 0。

本节我们将研究除状态反馈以外，使用前馈是否可确保弯道行驶的零稳态误差。假设转向盘控制器可由状态反馈加上前馈得到，以试图补偿道路曲率：

$$\delta = -Kx + \delta_{ff} \tag{3-4}$$

那么，闭环系统可表示为：

$$\dot{x} = (A - B_1K)x + B_1\delta_{ff} + B_2\dot{\psi}_{des} \tag{3-5}$$

采用 Laplace 变换，假设为零初始状态，可得到：

$$X(s) = [sI - (A - B_1 K)]^{-1} \{B_1 L(\delta_{ff}) + B_2 L(\dot{\psi}_{des})\} \tag{3-6}$$

式中　$L(\delta_{ff})$ 和 $L(\dot{\psi}_{des})$ ——分别为 δ_{ff} 和 $\dot{\psi}_{des}$ 的 Laplace 变换。

如果车辆在路面上以恒定速度 v_x 和恒定转弯半径 R 行驶,那么:

$$\dot{\psi}_{des} = \text{constant} = \frac{v_x}{R} \tag{3-7}$$

它的 Laplace 变换为 $\frac{v_x}{Rs}$。同样,如果前馈是常值,那么它的 Laplace 变换为 $\frac{\delta_{ff}}{s}$。

利用终值定理,稳态跟踪误差可表示为:

$$x_{ss} = \lim_{t \to \infty} x(t) = \lim_{s \to 0} sX(s) = -(A - B_1 K)^{-1} \left\{ B_1 \delta_{ss} + B_2 \frac{v_x}{R} \right\} \tag{3-8}$$

使用 Matlab 符号工具箱给式 (3-8) 赋值,产生稳态误差:

$$x_{SS} = \left\{ \begin{array}{c} \frac{\delta_{ff}}{k_1} \\ 0 \\ 0 \\ 0 \end{array} \right\} +$$

$$\left\{ \begin{array}{c} -\frac{1}{k_1} \frac{mv_x^2}{R} \frac{1}{(l_f + l_r)} \left[\frac{l_r}{2C_{\alpha f}} - \frac{l_f}{2C_{\alpha r}} + \frac{l_f}{2C_{\alpha r}} k_3 \right] - \frac{1}{k_1 R} \left[l_f + l_r - l_r k_3 \right] \\ \frac{1}{2RC_{\alpha r}} \frac{1}{(l_f + l_r)} \left[-2C_{\alpha r} l_f l_r - 2C_{\alpha r} l_r^2 + l_f mv_x^2 \right] \\ 0 \end{array} \right\} \tag{3-9}$$

由式 (3-9) 可以看出侧向位置误差 e_1 可以通过合理的选择 δ_{ff} 值而被置为 0。然而,如式 (3-9) 所示,δ_{ff} 不影响稳态偏航误差。不论前馈转向角如何选择,方向角误差总存在不可修正的稳态项。稳态方向角误差为:

$$e_{2\_ss} = \frac{1}{2RC_{\alpha r}} \frac{1}{(l_f + l_r)} \left[-2C_{\alpha r} l_f l_r - 2C_{\alpha r} l_r^2 + l_f mv_x^2 \right]$$

$$= -\frac{l_r}{R} + \frac{l_f}{2C_{\alpha r}(l_f + l_r)} \times \frac{mv_x^2}{R} \tag{3-10}$$

如果选择前馈转向角为以下值,稳态侧向位置误差可以为 0。

$$\delta_{ff} = \frac{mv_x^2}{RL} \left[\frac{l_r}{2C_{\alpha f}} - \frac{l_f}{2C_{\alpha r}} + \frac{l_f}{2C_{\alpha r}} k_3 \right] + \frac{L}{R} - \frac{l_r}{R} k_3 \tag{3-11}$$

可近似看作:

$$\delta_{ff} = \frac{L}{R} + K_V a_y - k_3 \left[\frac{l_r}{R} - \frac{l_f}{2C_{\alpha r}} \times \frac{mv_x^2}{Rl} \right] \tag{3-12}$$

式中,$K_V = \frac{l_r m}{2C_{\alpha f}(l_f + l_r)} - \frac{l_f m}{2C_{\alpha r}(l_f + l_r)}$ 为不足转向斜率,并且 $a_y = \frac{v_x^2}{R}$。如果用 m_r

$= m \dfrac{l_f}{L}$ 表示汽车作用在后轴上的质量，$m_f = m \dfrac{l_r}{L}$ 表示汽车作用在前轴上的质量，

则 $K_V = \dfrac{m_f}{2C_{\alpha f}} - \dfrac{m_r}{2C_{\alpha r}}$。

因此，有：

$$\delta_{ff} = \frac{L}{R} + K_V a_y + k_3 e_{2ss} \tag{3-13}$$

零侧向位置误差的稳态转向角可表示为：

$$\delta_{ss} = \delta_{ff} - K x_{ss}$$

或

$$\delta_{ss} = \delta_{ff} - k_3 e_{2ss}$$

或

$$\delta_{ss} = \frac{L}{R} + K_V a_y \tag{3-14}$$

表 3-1 带前馈的状态反馈控制器

代号	物理量	公式
e_{2_ss}	稳态方向角误差	$e_{2\_ss} = -\dfrac{l_r}{R} + \dfrac{l_f}{2C_r\,(l_f + l_r)} \times \dfrac{mv_x^2}{R} - \dfrac{l_r}{R} + \alpha_r$
δ_{ss}	稳态转向角	$\delta_{ss} = \dfrac{L}{R} + K_V a_y$
δ_{ff}	转向角的前馈部分	$\delta_{ff} = \dfrac{L}{R} + K_V a_y - k_3 e_{2\_ss}$
α_f	前轮侧偏角	$\alpha_f = \dfrac{m_f}{2C_{\alpha f}} \dfrac{v_x^2}{R}$
α_r	后轮侧偏角	$\alpha_r = \dfrac{m_r}{2C_{\alpha r}} \dfrac{v_x^2}{R}$
K_V	不足转向斜率	$K_V = \dfrac{m_f}{2C_{\alpha f}} - \dfrac{m_r}{2C_{\alpha r}}$

总之，在稳态下选择适当的前馈输入 δ_{ff} 可使侧向位置误差 e_1 为 0，则稳态方向角将等于 $e_{2\_ss} = -\dfrac{l_r}{R} + \dfrac{l_f}{2C_r\,(l_f + l_r)} \times \dfrac{mv_x^2}{R}$，且不随前馈转向角输入的变化而变化。带前馈的状态反馈控制器的公式见表 3-1。

3.3 稳态转向

3.3.1 稳态转向的转向角

本节将采用几何分析法来回答"如何确定转过半径为 R 的弯道所需的稳态

转向角?"的问题 (Gillespie，1992；Wong，2001)。正如预期，几何分析法得出了和上一节中前馈系统分析法相同的结论，且几何分析法可以获得产生轮胎侧向力条件的更好物理解释。

如前章所述，车轮的侧偏角为轮胎平面方向与其速度方向之间的夹角，用 α_f 表示前轮侧偏角，α_r 表示后轮侧偏角，如图 3-4 所示。车辆的瞬时转向中心 O 为两车轮速度垂线的交点。

设 $L = l_f + l_r$ 为轴距，即前、后轮中心的距离，则如图 3-4 所示，旋转中心角为 $\delta - \alpha_f + \alpha_r$。在假设路面半径远大于车辆轴距 ($R \gg L$) 的情况下 (曲线长度近似等于弧长)，则有：

$$\delta - \alpha_f + \alpha_r = \frac{L}{R} \tag{3-15}$$

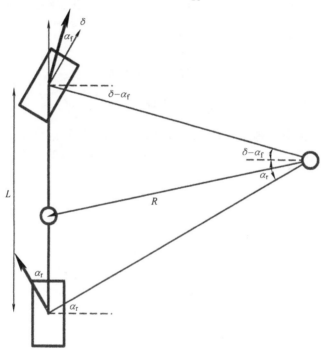

图 3-4　高速转弯的转向角

因此，得到稳态转向角为：

$$\delta = \frac{L}{R} + \alpha_f - \alpha_r \tag{3-16}$$

稳态侧偏角 α_f 和 α_r 与路面半径有关，如下述，车辆稳态的力和转矩平衡方程为：

$$F_{yf} + F_{yr} = m \frac{v_x^2}{R} \tag{3-17}$$

$$F_{yf}l_f - F_{yr}l_r = 0 \tag{3-18}$$

从转矩平衡方程（3-18）中可得：

$$F_{yf} = \frac{l_r}{l_f}F_{yr} \tag{3-19}$$

将方程（3-19）中的前后轮胎力之间的关系用于力平衡方程（3-17），可得：

$$F_{yr} = m \frac{l_f}{L} \frac{v_x^2}{R} = m_r \frac{v_x^2}{R} \tag{3-20}$$

式中，$m_r = m \dfrac{l_f}{L}$ 为作用在后轴上的车辆质量，即作用在后轴上的侧向力是整车侧向加速度的 m_r 倍。同理可得前轮胎力：

$$F_{yf} = m \frac{l_r}{L} \frac{v_x^2}{R} = m_f \frac{v_x^2}{R} \tag{3-21}$$

式中，$m_f = m \dfrac{l_r}{L}$ 为作用在前轴上的车辆质量。

假设侧偏角很小，则每个车轮上的轮胎侧向力与其侧偏角成正比。用 $C_{\alpha f}$ 表示各前轮的侧偏刚度，$C_{\alpha r}$ 表示各后轮的侧偏刚度，假定有两个前轮和两个后轮，侧偏角为：

$$\alpha_f = \frac{F_{yf}}{2C_{\alpha f}} = \frac{m_f}{2C_{\alpha f}} \frac{v_x^2}{R}, \qquad \alpha_r = \frac{F_{yr}}{2C_{\alpha r}} = \frac{m_r}{2C_{\alpha r}} \frac{v_x^2}{R} \tag{3-22}$$

因此可得到稳态转向角为：

$$\delta = \frac{L}{R} + \alpha_f - \alpha_r = \frac{L}{R} + \left(\frac{m_f}{2C_{\alpha f}} - \frac{m_r}{2C_{\alpha r}} \right) \frac{v_x^2}{R}$$

或

$$\delta = \frac{L}{R} + K_V a_y \tag{3-23}$$

式中　K_V——不足转向斜率；

$$a_y = \frac{v_x^2}{R}。$$

公式（3-23）将车速和道路曲率与过环形跑道所需转向角联系起来，这与之前得到的公式（3-14）相同。

根据前、后轮侧偏刚度的相对值和质量分配值，得到3种可能的 K_V 值：

1. 中性转向

在这种情况下，由于前、后轮侧偏角相等，不足转向斜率 K_V 为0。

$$\frac{m_{\mathrm{f}}}{C_{\mathrm{f}}} = \frac{m_{\mathrm{r}}}{C_{\mathrm{r}}} \Rightarrow K_{\mathrm{V}} = 0 \Rightarrow \alpha_{\mathrm{f}} = \alpha_{\mathrm{r}}$$

在汽车为中性转向，转弯半径恒为常数的情况下，速度变化时转向角不变。转向角大小只取决于转弯半径和轴距。

2. 不足转向

在这种情况下，由于前轮侧偏角大于后轮侧偏角，不足转向斜率 $K_{\mathrm{V}} > 0$。

$$\frac{m_{\mathrm{f}}}{C_{\mathrm{f}}} > \frac{m_{\mathrm{r}}}{C_{\mathrm{r}}} \Rightarrow K_{\mathrm{V}} > 0 \Rightarrow \alpha_{\mathrm{f}} > \alpha_{\mathrm{r}}$$

在汽车为不足转向，转弯半径恒为常数的情况下，转向角正比于 K_{V} 倍的侧向加速度。

3. 过度转向

在这种情况下，由于前轮侧偏角小于后轮侧偏角，不足转向斜率 $K_{\mathrm{V}} < 0$。

$$\frac{m_{\mathrm{f}}}{C_{\mathrm{f}}} < \frac{m_{\mathrm{r}}}{C_{\mathrm{r}}} \Rightarrow K_{\mathrm{V}} < 0 \Rightarrow \alpha_{\mathrm{f}} < \alpha_{\mathrm{r}}$$

在汽车为过度转向，转弯半径恒为常数的情况下，当速度增大时转向角将减小。

图 3-5 所示为在不足转向、中性转向和过度转向 3 种情况下转向角与车辆纵向速度的函数关系。注意在过度转向时，转向角随速度的增大而减小，当转向角减小到 0 时的速度被称为临界车速。

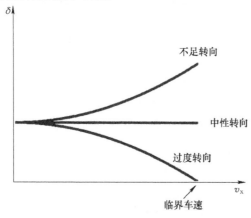

图 3-5　转向角随速度的变化曲线

3.3.2　方向角误差能否达到零值

如果车辆参数和车速表示为：

$$\frac{l_{\mathrm{r}}}{R} = \frac{l_{\mathrm{f}}}{2C_{\mathrm{r}}l} \frac{mv_{\mathrm{x}}^{2}}{R} \tag{3-24}$$

则当速度 v_x 满足式（3-24），且速度与弯道半径无关时，式（3-10）的稳态偏航误差可达到零。

式（3-24）的物理解释如下：通过几何学分析，可得等式的右边为后轮的侧偏角，等式的左边为位于环形跑道中心的汽车后半部分所对应的角 γ，如图3-6所示。

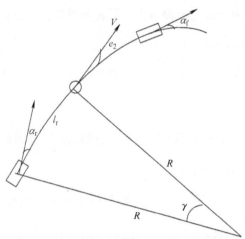

图3-6 稳态侧偏角误差

由于车辆长度有限，侧向位置误差和方向角误差不可能总是同时为0。当稳态侧向位置误差为0时，则只有当后轮侧偏角等于位于环形跑道中心的汽车后半部分所对应的角度 γ 时，稳态方向角误差才为0，此时速度 v_x 满足式（3-24），且这一速度与弯道半径无关。

3.3.3 非零方向角误差有什么影响

以上几何分析表明：不管采用哪种控制规则，方向角误差 e_2 都为一个稳态值。这是因为一旦弯道半径和车速 v_x 确定，则前、后轮的侧偏角将被确定，因此可确定车辆的侧偏角 β，车辆的侧偏角为：

$$\beta = \frac{\dot{y}}{v_x} = \frac{1}{v_x}(\dot{e}_1 - v_x e_2) \tag{3-25}$$

由于稳态值 $\dot{e}_1$ 为0，可得车辆侧偏角的稳态值为：

$$\beta = -e_{2\_ss} \tag{3-26}$$

或

$$\beta = -(\psi - \psi_{des})_{ss}$$

因此

$$(\beta + \psi)_{ss} = \psi_{des} \tag{3-27}$$

e_2 的稳态误差是不需关注的问题。我们不必将 e_2 趋于零——我们所需的是

方向角 $\psi + \beta$ 趋于理论 ψ_{des} 角。由于 e_2 的稳态误差等于 β，由式（3-27）可得 $\psi + \beta$ 必然趋于 ψ_{des}。

3.4　考虑不同的纵向速度

通常，当系统矩阵 $A(v_x)$ 和 $B_1(v_x)$ 随时间变化（或参数变化）时，车辆的纵向速度也会随之改变。恒定的稳态反馈矩阵 K 可利用侧向动力学系统的凸面特性来得到变速时的稳定性，方法是选取 K 使 $A(v_x) - B_1(v_x)K$ 在 v_x 的 2 个极值点均达到二次型稳定，以下定理总结的设计结果可用于所有状态反馈控制系统设计。

定理 3.1：

定义闭环矩阵如下：

$$A_{\text{CL}}(v_x) = A(v_x) - B_1(v_x)K \tag{3-28}$$

设：

$A_{\min} = A_{\text{CL}}(V_{\min}) = A(V_{\min}) - B_1(V_{\min})K$ 和

$A_{\max} = A_{\text{CL}}(V_{\max}) = A(V_{\max}) - B_1(V_{\max})K$

为可变参数 v_x 极限值时的 $A_{\text{CL}}(v_x)$ 值。

如果选择适当的恒定状态反馈矩阵 K，使：

$$A_{\min}{}^{\text{T}}P + PA_{\min} < 0 \tag{3-29}$$

且：

$$A_{\max}{}^{\text{T}}P + PA_{\max} < 0 \tag{3-30}$$

由于 $P > 0$，则车速在 $V_{\min} < v_x < V_{\max}$ 范围内变化时闭环系统稳定。

证明：

首先，闭环矩阵可改写为 $A_{\min}$ 和 $A_{\max}$ 结合的凸函数：

$$A_{\text{CL}}(v_x) = A(v_x) - B_1(v_x)K = aA_{\min} + (1-a)A_{\max} \quad 当 0 \leqslant a(v_x) \leqslant 1 时 \tag{3-31}$$

式中，$a(v_x)$ 为大小取决于行驶速度 v_x 的参数。

利用 Lyapunov 函数式 $V = x^{\text{T}}Px$，可推导出：

$\dot{V} = \dot{x}^{\text{T}}Px + x^{\text{T}}P\dot{x} = x^{\text{T}}(A_{\text{CL}}{}^{\text{T}}P + PA_{\text{CL}})x$

$\quad = ax^{\text{T}}(A_{\min}{}^{\text{T}}P + PA_{\min})x + (1-a)x^{\text{T}}(A_{\max}{}^{\text{T}}P + PA_{\max})x$

$\quad < 0$

即证。

3.5　输出反馈

车辆相对道路的侧向位置通常以车辆一前部位置为基准，如图 3-7 所示。用于测量侧向位置的传感器系统包括差分 GPS（Donath 等，1997）、视频（Taylor 等，1999；Thorpe 等，1998）和测量嵌入道路的永磁体磁场用的磁力计（Guldner

等，1996）。

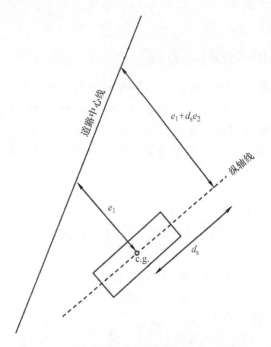

图 3-7 相对路面的车辆前部侧向位置测量

如果假设方向角误差 e_2 很小，则弦长可近似等于弧长，那么状态输出的测量公式表示如下：

$$y = e_1 + d_s e_2 \tag{3-32}$$

式中 d_s——传感器测量点距车辆质心的纵向距离。

3.6 全反馈闭环系统

图 3-8 所示为全反馈闭环系统的结构图，图中 $P(s)$ 表示车辆转向角输入和 3.5 节所述的侧向位置测量输出之间的传递函数；$C(s)$ 表示用于控制器（将在以后介绍）的传递函数；由路面决定的理论横摆角速度 $\dot\psi_{des}$ 通过图 3-8 所示中传递函数 $G(s)$ 来影响系统动力学；信号 $n(t)$ 为影响系统的传感器噪声。

图 3-9 和图 3-10 所示分别为当 $d_s = 2.0$m 和 $d_s = 7.0$m 时 $P(s)$ 的零点和极点图。$P(s)$ 在原点有 2 个极点，在左半平面有一对共轭极点和一对共轭零点。可看出图 3-10 所示中的零点比图 3-9 所示中的零点得到了更好地抑制，当 d_s 增大时，共轭零点的阻尼增大。图 3-11 所示显示的是当 $d_s = 2.0$m 时被控对象传递函数 $P(s)$ 的幅值和相位的 Bode 图。在模型中用到的车辆纵向速度为 25m/s。

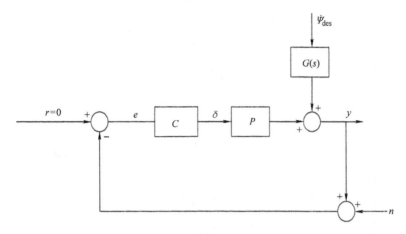

图 3-8　全反馈闭环系统

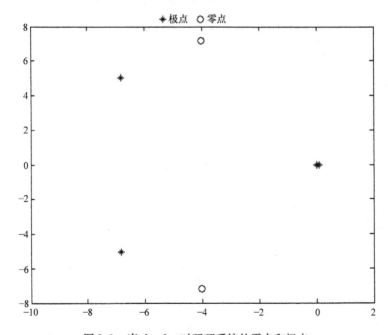

图 3-9　当 $d_s = 2\text{m}$ 时开环系统的零点和极点

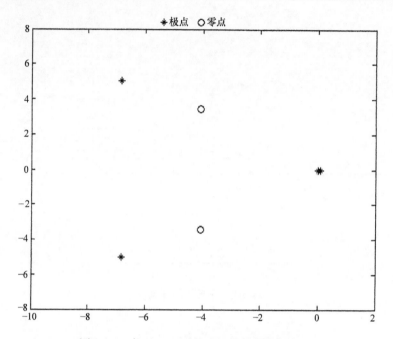

图 3-10 当 $d_s = 7m$ 时开环系统的零点和极点

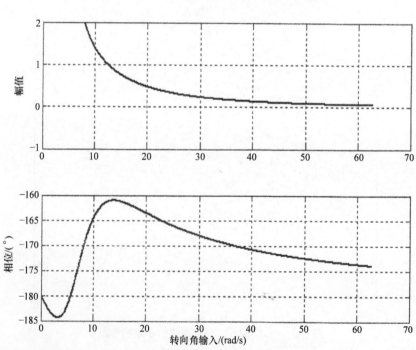

图 3-11 开环传递函数 $P(s)$ 的 Bode 图

3.7　比例控制闭环系统的分析

在本节中，假定车辆侧向系统工作在速度为 25m/s 和传感器测量位置为 $d_s = 2m$ 时，开环传递函数 $P(s)$ 在原点有 2 个极点，在左半平面有一对共轭复极点和一对共轭复零点。如果用一个比例控制器控制反馈回路，则 $C(s) = K$，式中，K 为控制器增益。传递函数 $PC(s)$ 为：

$$PC(s) = \frac{(s^2 + 2\xi_n \omega_n s + \omega_n^2)}{s^2(s^2 + 2\xi_d \omega_d s + \omega_d^2)} \tag{3-33}$$

为绘制奈奎斯特（Nyquist）图，s 通过复平面的曲线 Γ_s 不应经过开环传递函数 $PC(s)$ 的任何极点或零点，因此它不过原点。图 3-12 所示曲线 Γ_s 用于绘制奈奎斯特图，绕过半径为 ε 的半圆使之不经过原点。通过使 $\varepsilon \to 0$，曲线 Γ_s 将包括整个右半平面。

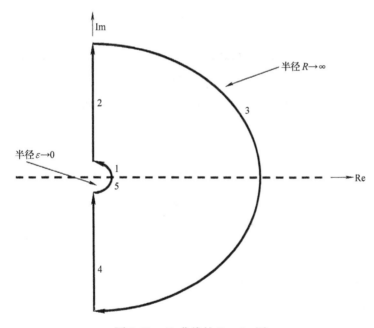

图 3-12　Γ_s 曲线的 Nyquist 图

Γ_s 曲线的各部分被标记上 1、2、3、4 和 5。第 3 部分包括一个半径为 R 的半圆，由于 $R \to \infty$，因此包括了整个右半平面。绘出所有从 Γ_s 曲线中获得的 s 值的 Γ_{PC} 曲线。Γ_s 曲线的第 3 部分在 Γ_{PC} 平面内映射到原点，对 Γ_s 的第 1、2、4 和 5 部分绘制 Γ_{PC} 曲线（图 3-13），并确定这条曲线包围 -1 点的次数是很重要的。Γ_{PC} 曲线的第 1 和 2 部分的 Nyquist 图如图 3-14 所示。

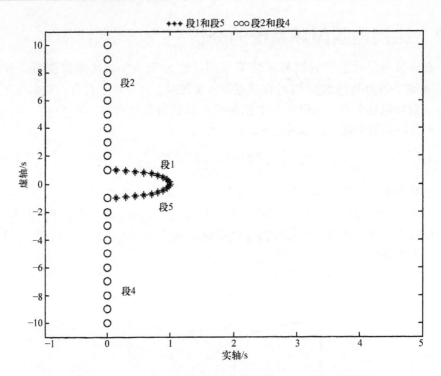

图 3-13　用于 Nyquist 图的 Γ_s 曲线的第 1、2、4 和 5 部分

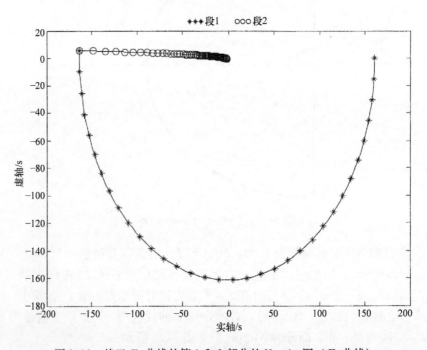

图 3-14　基于 Γ_s 曲线的第 1 和 2 部分的 Nyquist 图（Γ_s 曲线）

图 3-15 所示为对应于整个 $\varGamma_s$ 曲线（第 1、2、4 和 5 部分）的 $\varGamma_{PC}$ 曲线，图中实线对应于 $\varGamma_s$ 的第 1 和 2 部分，虚线对应于 $\varGamma_s$ 的第 4 和 5 部分。

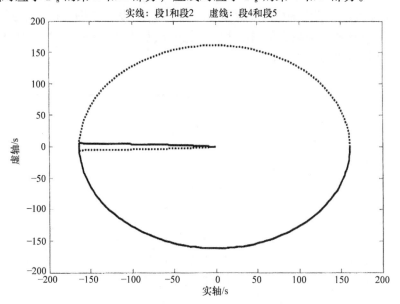

图 3-15　基于 $\varGamma_s$ 曲线的第 1、2、4 和 5 部分的 Nyquist 图

要确定上述 $\varGamma_{PC}$ 曲线包围 -1 点多少次，需要将 -1 点周围的区域放大，如图 3-16 和图 3-17 所示。在图 3-16 中，使用的比例增益 $K = 1$，在这种情况下，

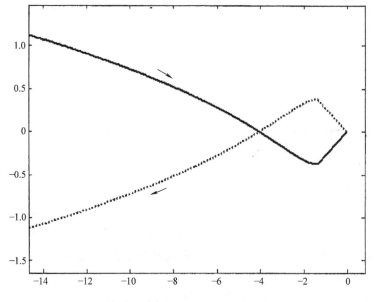

图 3-16　放大的 Nyquist 图：$K = 1$

Γ_{PC}曲线包围 -1 点 2 次：一次顺时针，一次逆时针。顺时针环绕能在图 3-15 较大的 Nyquist 图中看到。在图 3-16 的放大部分可以看到逆时针环绕的情况。在图 3-17 的放大部分，其比例增益小得多（$K=0.01$），没有包围 -1 点的逆时针曲线。因此，在比例增益较大的情况下，包围的次数为 $N=1-1=0$，而比例增益较小时，包围的次数为 $N=1$。

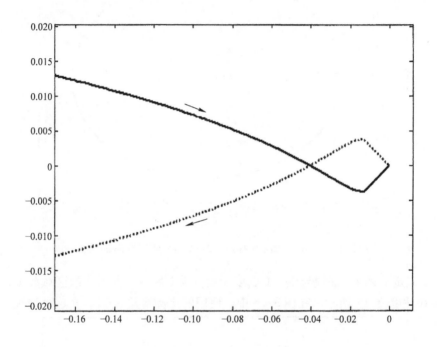

图 3-17　放大的 Nyquist 图：$K=0.01$

因此，当使用适当大的增益时，带比例控制的闭环系统将是稳定的，在小增益时则是不稳定的。

图 3-18 所示为带比例控制器的不同反馈增益时的根轨迹图。同样可以看出，小比例增益时，有一对不稳定的共轭极点，随着比例增益的增大，这些极点变得稳定。

值得注意的是，随着比例增益足够大，虽然闭环系统变得稳定，但它的相位裕度仍很小，这一点能从图 3-19 中的 Nyquist 图和 Bode 图所示的增益和相位裕度看出。在图 3-19 中，比例增益为 1 时，得到的相位裕度为 18°，从图中可以推断这是这一系统所能获得的接近最好的相位裕度。当取较小增益 0.01 时，闭环系统是不稳定的；当取较大增益为 10 时，系统只有 8°的相位裕度，因此，在这个系统中相位的变化能轻易改变包围 -1 点的次数。

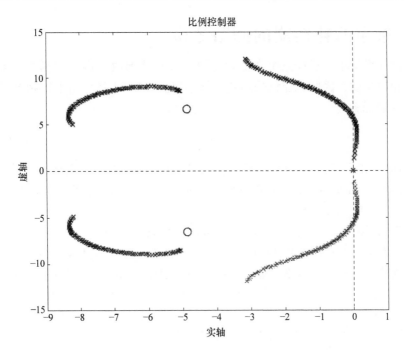

图 3-18　带比例控制器的根轨迹图

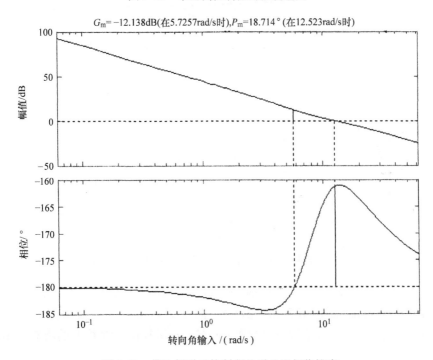

图 3-19　带比例增益控制器的增益和相位裕度

3.8 带超前补偿器的回路分析

显然如果带单位反馈系统在低频范围（增益范围内）内增加相位可得鲁棒增益和相位裕度，因此，建议采用超前补偿器。式3-34是可用于控制器（补偿器）的传递函数：

$$C(s) = K \frac{T_n s + 1}{T_d s + 1} \tag{3-34}$$

选择 T_n 和 T_d 的值，可设计所需相位裕度的闭环系统。这里举的例子设 $T_n = 0.5$、$T_d = 0.1$ 和 $K = 0.01$。在接下来几页的图中，任取 T_n 和 T_d 的值来体现该补偿器可增大系统的相位裕度。

图 3-20 表示采用上述带超前补偿器的 $PC(s)$ 的 Bode 图，图 3-23 表示补偿器增益为 $K = 1$ 时该系统的增益和相位裕度，图 3-24 表示补偿器增益为 $K = 0.1$ 时该系统的增益和相位裕度，显然，在低频域增加超前补偿器可提高相位裕度。

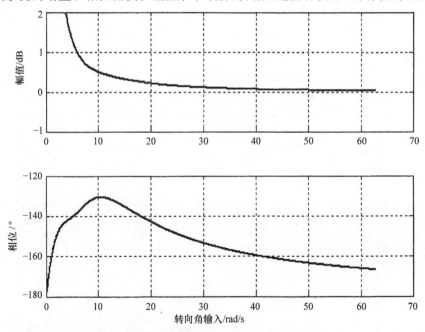

图 3-20 带超前补偿器的 $PC(s)$ 的 Bode 图（$K = 0.01$）

图 3-21 和图 3-22 表示 $PC(s)$ 的 Nyquist 图。图 3-21 表示 Γ_s 曲线的第 1 和 2 部分对应的 Nyquist 图，图 3-22 表示 Γ_s 曲线的第 1、2、4 和 5 部分对应的 Nyquist 图。显然 Nyquist 曲线没有包围 -1 点，对于补偿器增益 K 的所有值闭环系统都是稳定的。

图 3-25 表示带超前补偿器系统的根轨迹图，显然对于补偿器增益 K 的所有

值闭环系统都是稳定的。

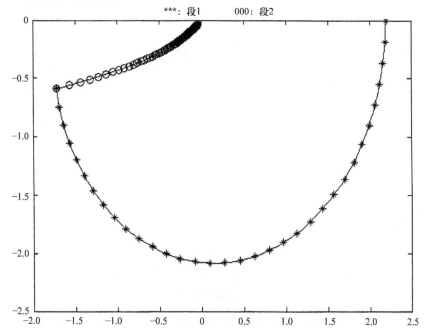

图 3-21　Γ_s 曲线的第 1 和 2 部分对应的 Nyquist 图（带超前补偿器）

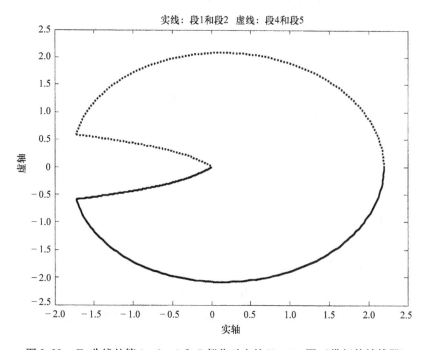

图 3-22　Γ_s 曲线的第 1、2、4 和 5 部分对应的 Nyquist 图（带超前补偿器）

G_m= −28.448dB(在174.72rad/s时), P_m=25.378°(在31.716rad/s时)

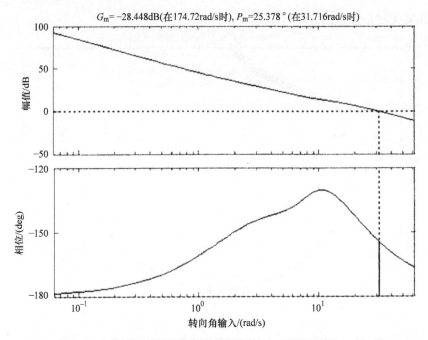

图 3-23 表示增益和相位裕度的 Bode 图（带超前补偿器，$K=1$）

G_m= 48.448dB(在174.72rad/s时), P_m=41.492°(在5.9588rad/s时)

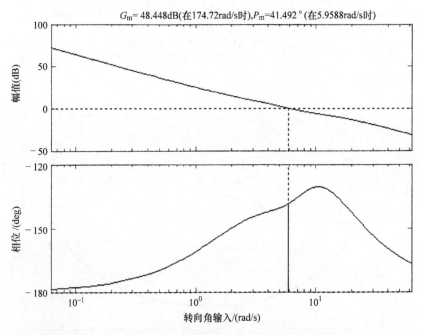

图 3-24 表示增益和相位裕度的 Bode 图（带超前补偿器，$K=0.1$）

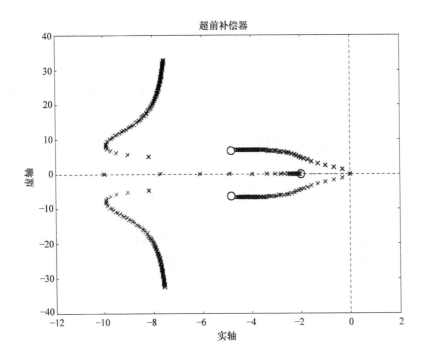

图 3-25　带超前补偿器的根轨迹图

3.9　带超前补偿器的仿真性能

为对带超前补偿器的闭环系统进行仿真，可扩展利用下面的状态空间。转向输入通过下述传递函数关系式与传感器测量值相联系：

$$\delta(s) = -K\frac{T_{n}s+1}{T_{d}s+1}Y(s) \tag{3-35}$$

因此，在时域内：

$$T_{d}\dot{\delta} + \delta = -KT_{n}\dot{y} - Ky \tag{3-36}$$

由于

$$y = Cx$$

且

$$\dot{y} = CAx + CB_{1}\delta + CB_{2}\dot{\psi}_{d}$$

因为 $CB_{1}=0$，$CB_{2}=0$，则有：

$$T_{d}\dot{\delta} + \delta = -KT_{n}CAx - KCx \tag{3-37}$$

为建立适用于带超前补偿器的整个系统的状态空间模型，定义第 5 状态参数：

$$x_5 = \delta$$

那么，结合方程（3-37）和之前用于侧向系统的线性时不变模型，可用下面扩展的状态空间来表示闭环动力学模型：

$$\begin{bmatrix} \dot{x} \\ \dot{\delta} \end{bmatrix} = \begin{bmatrix} A & B_1 \\ -\dfrac{T_n}{T_d}KCA - \dfrac{1}{T_d}KC & -\dfrac{1}{T_d} \end{bmatrix} \begin{bmatrix} x \\ \delta \end{bmatrix} + \begin{bmatrix} B_2 \\ 0 \end{bmatrix} \dot{\psi}_d \tag{3-38}$$

3.10 闭环系统的性能分析

3.10.1 随车速的性能变化

从转向角到横摆角速度开环系统传递函数在不同车速下的 Bode 图如图 3-26 所示。车速取 10m/s、20m/s 和 30m/s，图中实线表示车速为 10m/s 时的曲线，虚线表示车速为 20m/s 时的曲线，标有符号"＋"的实线表示车速为 30m/s 时的曲线。图 3-26 表明在较高车速时传递函数具有较小的阻尼。

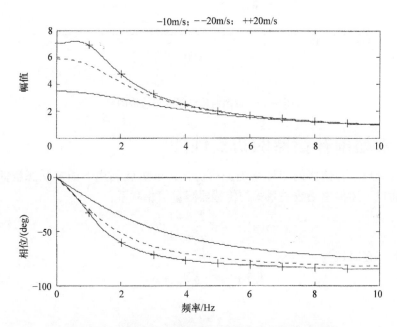

图 3-26   不同车速下转向角和横摆角速度的传递函数

使用和第 3.7 节所讨论的相同的超前补偿器，闭环传递函数 $\dfrac{\dot{\psi}}{\dot{\psi}_d}$ 的 Bode 图如图 3-27 和图 3-28 所示。从两图中可以看出，闭环系统在较低车速时具有较大阻尼，在较高车速时阻尼较小，这里传感器位置 $d_s = 2.0\text{m}$。

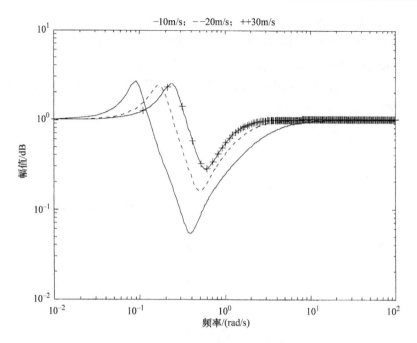

图 3-27　不同车速时闭环传递函数 $\dot{\psi}/\dot{\psi}_{\mathrm{des}}$（幅值）

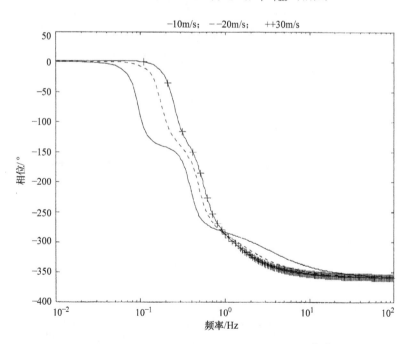

图 3-28　不同速度（相位）时的闭环传递函数 $\dot{\psi}/\dot{\psi}_{\mathrm{des}}$

3.10.2 随传感器位置的性能变化

影响闭环系统性能和鲁棒性的另一个重要变量是传感器位置 d_s。如图 3-29 和图 3-30 所示，当变量 d_s 增大时，系统具有较大阻尼，也可以从图 3-31 所示的时间响应图中看出，较高的 d_s 值能得到更好的阻尼阶跃响应。仿真中使用的速度为 30m/s。

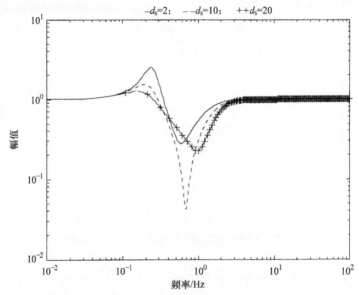

图 3-29 不同 d_s（大小）值下的闭环传递函数 $\dot{\psi}/\dot{\psi}_{des}$

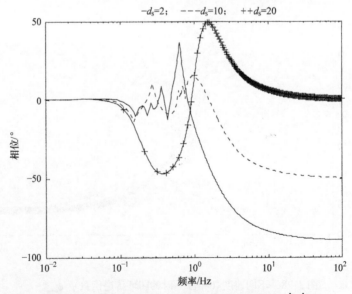

图 3-30 不同 d_s（相位）值下的闭环传递函数 $\dot{\psi}/\dot{\psi}_{des}$

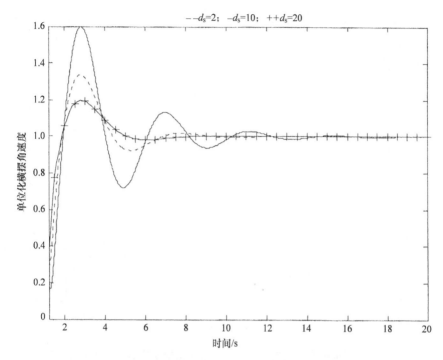

图 3-31　不同 d_s 值下的传递函数 $\dot{\psi}/\dot{\psi}_{\mathrm{des}}$ 的阶跃响应

3.11　带超前传感器测量的补偿器设计

在上一节中可以看到，在闭环传递函数中，较大的 d_s 值能提供较好的阻尼，大的 d_s 值相当于在车辆前向较大距离处对相对于道路的侧向位置误差进行"前瞻性"测量。当侧向位置测量采用视觉系统时，前瞻性测量是典型的测量方式。如果在位置测量中使用磁强计或差分 GPS，那么前瞻性测量可以结合车辆方向角测量中车载位置测量来进行，以便预测相对前瞻点的侧向位置误差。换句话说，前瞻距离 d_s 可通过测量 e_1 和 e_2 而人为地增加，然后通过计算 $y = e_1 + d_s e_2$ 来代替直接测量 $e_1 + d_s e_2$。

开环传递函数 $P(s) = \dfrac{y}{\delta}(s)$ 的 Bode 图如图 3-32 所示，图中所用的纵向速度为 $25\,\mathrm{m/s}$，$d_s = 15\,\mathrm{m}$。从 Bode 图中可以看出，该前瞻系统相比在第 7 节中讨论的，采用 $d_s = 2\,\mathrm{m}$ 的原系统具有较好的相位特性。

简单地通过在中间频率适当地减少系统增益可获得合理的相位裕度，使在低频时具有合理的相位，滞后补偿器足以完成这一任务。

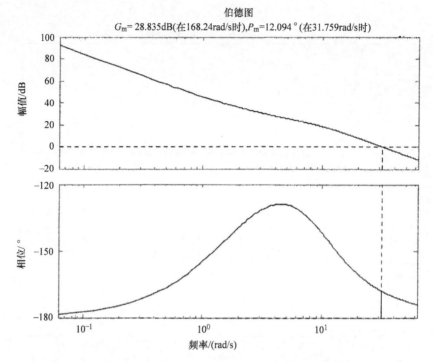

图 3-32 使用带单位增益和较大 d_s 值的比例反馈系统的增益和相位裕度

3.12 本章小结

本章讨论了用于侧向车道保持的转向控制系统的设计。

首先，提出了构成状态反馈使用的所有信息参量。侧向系统是可控的，并且状态反馈控制是稳定的。在直道上，通过使用状态反馈控制器，所有位置和偏航误差可收敛于0，而在环路上，使用状态反馈这些误差不收敛于0，在控制系统中使用前馈控制能使位置收敛于0，但是，由于方向角误差存在着稳态值，趋于稳态车辆侧偏角，从而提出了前馈控制项和稳态侧偏角的方程。

其次，讨论了采用输出反馈的控制系统设计。假设输出为在前瞻点相对道路中心的侧向位置测量值，这个测量值可通过视频获取，或从其他类型的侧向位置测量系统获得。利用 Nyquist 图设计控制系统，结果表明如果使用足够大的增益，使用比例控制器可以设计稳定的控制系统，但它相位裕度较差。使用带比例反馈的超前补偿器可同时获得合理的相位和增益裕度极好的性能。本章得到的另一个重要的结论是通过增大测量侧向位置的前瞻距离，一个简单的滞后补偿器可以提供好的控制性能和鲁棒性。

参 数 表

e_1——相对路面的侧向位置误差

e_2——相对路面的方向角误差

A、B_1、B_2——用于侧向动力学的线性状态空间模型的矩阵

δ——转向盘转角

R——车辆转弯半径或道路半径

K——用于状态反馈控制器的反馈增益矩阵

δ_{ff}——转向角反馈

δ_{ss}——稳态转向角

e_{2_ss}——稳态方向角误差

K_V——不足转向斜率

x_{ss}——曲线上的稳态跟踪误差

F_y——轮胎侧向力

F_{yf}——前轮轮胎侧向力

F_{yr}——后轮轮胎侧向力

v_x——车辆质心处的纵向速度

$\dot{y}$——车辆质心处的侧向速度

m——整车质量

I_z——车辆转动惯量

l_f——从质心到前轮的纵向距离

l_r——从质心到后轮的纵向距离

L——整车轴距（$l_f + l_r$）

ψ——全局坐标系下的车辆横摆角

$\dot{\psi}$——车辆横摆角速度

X，Y——全局坐标

α_f——前轮侧偏角

α_r——后轮侧偏角

C_α——轮胎侧偏刚度

F_z——轮胎所受载荷

μ——轮胎 – 路面摩擦系数

$\dot{\psi}_{des}$——由路面得到的理想横摆角速度

β——车辆质心的侧偏角

θ_V——速度角（车辆速度矢量和纵轴的夹角）

θ_{Vf}——前轮速度角

θ_{Vr}——后轮速度角

ϕ——路面倾角

γ——环形车道上车辆质心后部对应瞬心的中心角

V_{min}——最小纵向速度

V_{max}——最大纵向速度

P——用于 Lyapunov 函数式的矩阵

d_s——侧向位置测量的前瞻距离

$P(s)$，$C(s)$——反馈回路中的被控单元和控制器

Γ_s，Γ_{PC}——用于 Nyquist 图的曲线

参 考 文 献

Ackermann, J. Guldner,J. Sienel,W. Steinhauser, R., Utkin, B.," Linear and nonlinear controller design for robust automatic Steering". *IEEE transactions on Control Systems Technology*, Vol. 3, No. 1, March 1995, pp132-142.

J. Ackermann, "Robust Decoupling, Ideal Steering Dynamics, and Yaw Stabilization of 4WS Cars," *Automatica*, vol. 30, pp. 1761-1768, 1994.

Chen, C. and Tomizuka, M., "Vehicle Lateral Control on Automated Highways: A Backstepping Approach", *Proceedings of the IEEE Conference on Decision and Control*, December 1997.

Donath, M., Morellas, V., Morris, T. and Alexander, L., "Preview Based Control of a Tractor Trailer Using DGPS for Preventing Road Departure Accidents", *Proceedings of the IEEE Conference on Intelligent Transportation Systems*, ITSC'97, Boston, MA, November, 1997.

Gillespie, T., *Fundamentals of Vehicle Dynamics*, Society of Automotive Engineers, 1992.

Guldner, J., Tan, H.-S. and Patwardhan, S., "Analysis of Automatic Steering Control for Highway Vehicle with Look-Down Lateral Reference Systems", *Vehicle System Dynamics*, vol. 26, no. 4, pp.243-269, 1996.

Guldner, J., Sienel, W., Tan, H.S., Ackermann, J., Patwardhan, S. and Tilman Bunte "Robust automatic steering control for look-down reference systems with front and rear sensors", *IEEE Transactions on Control Systems Technology*, vol.7, No.1, January 1999, pp2-11.

Hingwe, P. and Tomizuka, M., "Experimental evaluation of a chatter free sliding mode control for lateral control in AHS", *Proceeding of the American Control Conference*, Vol. 5, p 3365-3369, 1997. IEEE, Piscataway, NJ, USA, 97CH36041.

Malik, J., "Development of Binocular Stereopsis for Vehicle Lateral Control, Longitudinal Control and Obstacle Detection, "*PATH MOU 257*, Final report.

Patwardhan, S., Tan, H.S and Guldner, J., "A General Framework for Automatic Steering Control: System Analysis," *Proceedings of the American Control Conference*, Vol. 3, pp. 1598-1602, 1997.

Satyajit Patwardhan, Han-Shue Tan, Jurgen Guldner, "Lane Following During Backward Driving for Front Wheel Steered Vehicles", *Proceeding of the American Control Conference*, Albuquerque, New Mexico, June 1997.

Huei Peng and Masayoshi Tomizuka, "Preview Control of Vehicle Lateral Guidance in Highway Automation", *Journal of Dynamic Systems, Measurement, and Control*, Dec.1993, Vol,. 115 P679-685.

Kosecka, J., Blasi, R., Taylor, C.J. and Malik, J., "Vision Based Lateral Control of Vehicles,"

Intelligent Transportation Systems, November 1997, Boston.

R. Rajamani, H.S. Tan, B. Law and W.B. Zhang, "Demonstration of Integrated Lateral and Longitudinal Control for the Operation of Automated Vehicles in Platoons", *IEEE Transactions on Control Systems Technology,* Vol. 8, No. 4, pp. 695-708, July 2000.

R. Rajamani, C. Zhu and L. Alexander, "Lateral Control of a Backward Driven Front Steering Vehicle," *Control Engineering Practice*, to appear, 2003.

Tan, H.S., Guldner, J., Chen, C. and Patwardhan, S., "Lane Changing on Automated Highways with Look Down Reference Systems," *Proceedings of the IFAC Workshop on Advances in Automotive Control*, February 1998.

Taylor, C.J., Kosecka, J., Blasi, R. and Malik, J., "A Comparative Study of Vision-Based Lateral Control Strategies for Autonomous Highway Driving," *International Journal of Robotics Research*, Vol. 18, No. 5, pp. 442-453, May 1999.

Thorpe, C.E., Hebert, M., Kanade, T. and Shafer, S., "Vision and Navigation for the Carnegie-Mellon Navlab, "*IEEE Transactions on Pattern Analysis and Machine Intelligence,* Vol. 10, No. 3, pp. 362-373, May 1998.

Weber, J., Koller, D., Luong, Q.T. and Malik, J., "An Integrated Stereo Based Approach to Automatic Vehicle Guidance, "Proceedings of the International Conference on Computer Vision, Boston, June 1995.

Wong, J.Y., *Theory of Ground Vehicles*, Wiley-Interscience, ISBN 0-471-35461-9, Third Edition, 2001

W.B. Zhang and R.E. Parsons, "An Intelligent Roadway Reference System for Vehicle Lateral Guidance/Control," *Proceedings of the American Control Conference*, San Diego, CA, USA, pp. 281-286, 1990.

第4章　车辆纵向动力学

研究人员和汽车厂商对车辆纵向运动控制进行了不同技术层面上的研究。现今，乘用车辆上涉及纵向控制常用的系统包括巡航控制、防抱制动系统和牵引力控制系统。其他正成为研究热点的先进纵向控制系统包括雷达避撞系统、自适应巡航系统、主动差分独立的车轮转矩控制以及在自动化高速公路系统中控制车队行驶的纵向控制系统。

本章将介绍车辆纵向运动动力学模型，车辆纵向动力学模型主要包括2个基本部分：车辆整车动力学模型和动力传动系统动力模型。车辆整车动力学受到轮胎纵向力、空气阻力、滚动阻力和车辆重力的影响，其受力模型将在本章4.1节中讨论；车辆纵向动力传动系统包括内燃机、变矩器、变速器和车轮，该部分的动力学模型将在本章4.2节中讨论。

4.1　整车纵向动力学

分析车辆在如图4-1所示的斜坡上的运动，影响车辆的外部纵向力包括空气阻力、重力、轮胎纵向力和滚动阻力，车辆所受作用力将在以下各节详细说明。

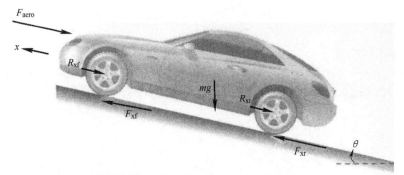

图4-1　沿坡道行驶作用于车辆的纵向力

沿车辆纵向 X 轴方向力平衡方程式：

$$m \ddot{x} = F_{xf} + F_{xr} - F_{aero} - R_{xf} - R_{xr} - mg\sin(\theta) \tag{4-1}$$

式中　F_{xf}——前轮轮胎纵向力；

　　　F_{xr}——后轮轮胎纵向力；

　　　F_{aero}——纵向空气阻力；

　　　R_{xf}——前轮滚动阻力；

R_{xr}——后轮滚动阻力；

m——车辆质量；

g——重力加速度；

θ——车辆行驶坡度。

如果车辆纵向运动方向 x 指向左边（图 4-1），则 θ 定义为顺时针正向；如果纵向运动方向 x 指向右边，则 θ 定义为逆时针反向。

4.1.1 空气阻力

作用在车辆上的当量空气阻力可以表述为：

$$F_{aero} = \frac{1}{2} \rho C_d A_F (v_x + V_{wind})^2 \tag{4-2}$$

式中 ρ——空气密度；

C_d——空气阻力系数；

A_F——迎风面积（在运动方向上车辆的投影面积）；

$v_x = \dot{x}$——车辆纵向行驶速度；

V_{wind}——风速（头部迎风为正，尾部迎风为负）。

大气状态影响空气密度 ρ，因此会大大影响空气阻力。一般采用的空气测试标准条件是：15℃、101.32kPa（Wong, 2001）大气压力。相应的空气密度 ρ 可以采用 1.225kg/m³。

根据乘用车辆宽度和高度测量出的数据计算，迎风面积 A_F 取其 79% ~ 84%，根据 Wang, 2001，以下关于汽车质量和迎风面积的计算可以用于质量在 800 ~ 2000kg 的载客汽车：

$$A_F = 1.6 + 0.00056(m - 765) \tag{4-3}$$

空气阻力系数 C_d 可通过滑行测试获得（White 和 Korst, 1972）。在滑行测试中，节气门开度为零，车辆在空气阻力和滚动阻力的作用下缓慢滑行。因为既没有制动力也没有驱动力，此时轮胎纵向力很小，因此可以假设为零。道路坡度，风速都可以认为零。

在上述条件下，纵向动力方程可以写成：

$$-m \frac{dv_x}{dt} = \frac{1}{2} \rho V_x^2 A_F C_d + R_x \tag{4-4}$$

或：

$$-\frac{dv_x}{\dfrac{\rho A_F C_d V_x^2}{2m} + \dfrac{R_x}{m}} = dt \tag{4-5}$$

对式（4-5）进行积分，假设速度初始值为 V_0，可得（White 和 Korst, 1972）：

$$t = \left[\frac{2m^2}{\rho A_F C_d R_x} \right]^{1/2} \left\{ \tan^{-1} \left[V_0 \left(\frac{\rho A_F C_d}{2R_x} \right)^{1/2} \right] - \tan^{-1} \left[v_x \left(\frac{\rho A_F C_d}{2R_x} \right)^{1/2} \right] \right\} \tag{4-6}$$

设汽车开始滑行到停止的时间 $t = T$，无量纲参数 β：

$$\beta = V_0 \left(\frac{\rho A_F C_d}{2R_x} \right)^{1/2} \tag{4-7}$$

得：

$$\frac{v_x}{V_0} = \frac{1}{\beta} \tan \left[\left(1 - \frac{1}{T} \right) \tan^{-1} (\beta) \right] \tag{4-8}$$

在式 4-8 中，v_x 和 t 可以测得，初速度 V_0 已知。式（4-8）表示在参数 β 下由无量纲速度变量 $\frac{v_x}{V_0}$ 根据无量纲时间变量 $\frac{t}{T}$ 得到的曲线簇。根据该曲线图，对于某一特定车辆的参数 β 可以得到确定。

一旦参数 β 由公式（4-8）确定后，则以下代数表达式可以用来计算滚动阻力系数和空气阻力系数（White 和 Korst，1972）：

$$C_d = \frac{2m\beta \tan^{-1} (\beta)}{V_0 T \rho A_F} \tag{4-9}$$

$$R_x = \frac{V_0 m \tan^{-1} (\beta)}{\beta T} \tag{4-10}$$

以上代数表达式是在式 4-6 中替换时间和速度的初值和终值得到（White 和 Korst，1972）。

4.1.2 轮胎纵向力

轮胎纵向力 F_{xf} 和 F_{xr} 是地面作用于轮胎上的摩擦力。

实验证实，轮胎纵向力的产生取决于以下几个因素：

1）滑动率（见以下定义）。

2）作用于轮胎上的法向载荷。

3）轮胎和道路接触面的摩擦系数。

作用于轮胎上的法向力称为法向载荷，轮胎法向载荷的影响因素有：

1）来源于车辆的重力分量。

2）受到车辆重心的位置、车辆纵向加速度、空气阻力和道路等级状况的影响。

在 4.1.5 节描述了轮胎法向载荷的计算。

滑动率：

车轮中心实际纵向速度 v_x 和旋转速度 $r_{eff}\omega_w$ 的差值叫作纵向滑动，也就是说，纵向滑动亦即 $r_{eff}\omega_w - v_x$。纵向滑动率定义如下：

$$\sigma_x = \frac{r_{eff}\omega_w - v_x}{v_x} \quad 制动时 \tag{4-11}$$

$$\sigma_x = \frac{r_{eff}\omega_w - v_x}{r_{eff}\omega_w} \quad \text{加速时} \tag{4-12}$$

在第 4.1.3 节中将解释轮胎纵向力依赖于滑动率的原因。本书第 13 章有影响轮胎纵向力的 3 大主要因素（滑动率、法向载荷、摩擦系数）更完整的解释。

假设轮胎接触印迹的摩擦系数为 1，法向载荷是常数，以轮胎滑动率为单独变量的轮胎纵向力函数关系曲线如图 4-2 所示。

图 4-2 中，在纵向滑动率很小（典型情况下在干路面上小于 0.1）而且正常驾驶的情况下，轮胎纵向力和滑动率成比例。轮胎纵向力在较小的滑动率范围内可以描述为：

$$F_{xf} = C_{\sigma f}\sigma_{xf} \tag{4-13}$$

$$F_{xr} = C_{\sigma r}\sigma_{xr} \tag{4-14}$$

式中，$C_{\sigma f}$、$C_{\sigma r}$ 分别为前、后轮纵向轮胎刚度。

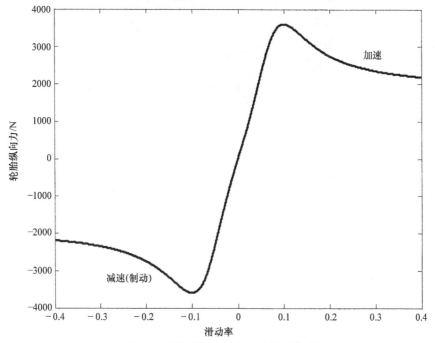

图 4-2　轮胎纵向力 - 滑动率关系曲线

如果纵向滑动率比较大或者道路很滑，需要使用非线性轮胎模型来计算纵向轮胎力。Pacejka 提出的"魔术公式"（Magic Formula）模型，或者 Dugoff 轮胎模型可作为这种情况下的轮胎力模型（Pacejka 和 Bakker，1993；Pacejka，1996；Dugoff 等，1969），这 2 种模型将在第 13 章详细讨论。

4.1.3　为何纵向轮胎力和滑动率存在依赖关系

轮胎纵向力依赖于滑动率的一个简单解释如图 4-3 所示。图 4-3 下部是轮胎接地胎面单元变形示意图。接地胎面单元由一系列产生相互独立的纵向变形和纵向刚度相同的弹簧组成的模型，这样的模型被称为"刷子"模型或者"弹性基"模型（Pacejka，1991；Dixon，1991）。

设车轮纵向速度为 v_x，旋转速度为 ω_w，则胎面的净速度为：$r_{eff}\omega_w - v_x$，如图 4-3 所示。

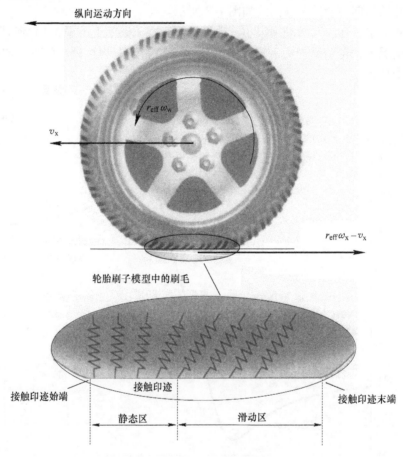

图 4-3 驱动轮上的轮胎纵向力

法向载荷导致了汽车轮胎的变形，与地面接触并产生非零压力印迹的胎面区域称为接触印迹（详见本书第 13 章）。

首先考虑驱动轮的情况，例如前驱动车辆的前驱动轮，在这种情况下，因为车轮是驱动轮，因此，$r_{eff}\omega_w > v_x$，轮胎接触印迹净速度的方向和车辆的纵向速度相反。假设滑动速度 $r_{eff}\omega_w - v_x$ 很小，那么就存在一个相对于地面没有滑动的接地区（称为"静态区"），如图 4-3 所示。随着车轮的旋转，胎面单元渐渐进入接触印迹，接地胎面前部在静态接地区的速度一定为 0，这是因为在接触印迹的静态区没有滑动，而胎面接地单元中部以速度 $R\omega_w - v_x$ 运动，因此胎面单元就会向前弯曲，如图 4-3 所示，弯曲的方向和汽车纵向运动的方向一致。胎面的最大弯曲变形量和滑动速度 $r_{eff}\omega_w - v_x$ 以及胎面单元在接触印迹持续时间成正比，持续时间和旋转速度 $r_{eff}\omega_w$ 成反比，因此最大的弯曲变形正比于滑动速度和旋转速度的比值，即

$$\frac{r_{eff}\omega_w - v_x}{r_{eff}\omega_w}$$

在驱动轮上，由地面产生的作用于轮胎上的纵向合力是向前的，并且与车轮滑动率成正比。

在非驱动工况下，轮胎的纵向速度大于旋转速度（$v_x > r_{eff}\omega_w$），这种情况下，轮胎接触印迹的净速度是向前的，轮胎上的"刷毛"就会向后弯曲，因此非驱动轮上的轮胎力和汽车纵向行驶速度相反。同样，在滑动很小的情况下，轮胎力正比于滑动率。

4.1.4　滚动阻力

由于车轮的旋转，轮胎和地面都在接触印迹区域产生变形。显然，道路比轮胎刚度更大，因此其变形可以忽略不计。但是轮胎是有弹性的，当车轮旋转时，新的轮胎材料会不断进入到接触印迹，由于法向载荷的作用，当其进入接触面的时候会沿着法向变形，当离开接触面的时候，这部分材料又反弹恢复原来的形状。由于轮胎内部阻尼的作用，当接触部分的材料恢复其原来的形状时，消耗在轮胎变形上的能量并没有全部收回，这部分丢失的能量表现为阻碍车辆前进的滚动阻力。

这部分丢失的能量也会造成接触面上垂直力的非对称分布。当车轮静止时（不旋转），那么接触部分的法向载荷 F_z 是相对于接触中心对称的；而当车轮旋转时，法向载荷就是非对称分布的，如图 4-4 所示。

假设轮胎由一系列抵抗垂直变形的弹簧表示，如图 4-4 所示，当每一个弹簧进入接触印迹区时，它会产生垂直变形。当弹簧到达接触印迹中心时，其垂直变形达到最大值，当弹簧离开接触区时，其变形又减小到零。如果这些弹簧是纯弹性，没有黏性耗散，那么，接触印迹区法向载荷就是对称分布的。但是，由于弹簧的黏性耗散，在前面半个接触区域消耗到弹簧变形的力并没有在后半接触区域完全回收回来，因此，产生法向载荷的不对称分布，接触印迹前半区的载荷比后半区的载荷要大，这种非对称的法向载荷分布如图 4-4 所示。

因此，当车轮旋转时，由此产生的法向合力 F_z 的作用点向前移动了一段距离 Δx，如图 4-5 所示。

通常情况下，滚动阻力模型的建立采用大致正比于轮胎上法向载荷的模型：

$$R_{xf} + R_{xr} = f(F_{zf} + F_{zr}) \tag{4-15}$$

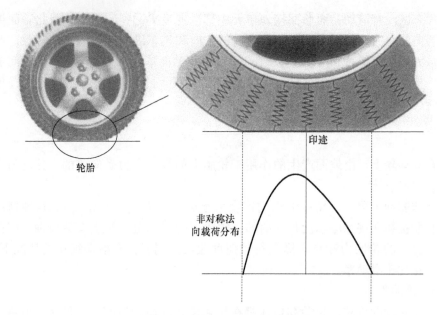

图4-4 接触区非对称垂直分布载荷

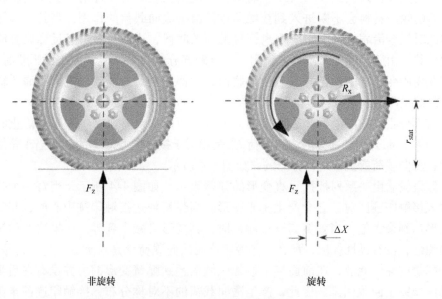

图4-5 滚动阻力的描述

式中 *f*——滚动阻力系数。

对滚动阻力的详细论述参看如图4-5所示的法向载荷和滚动阻力关系图。

由于法向载荷偏移产生的力矩 $F_z(\Delta x)$ 与由滚动阻力产生的力矩 $R_x r_{stat}$ 平衡，这里 r_{stat} 是静载时轮胎的半径，因此：

$$R_x = \frac{F_z(\Delta x)}{r_{stat}} \qquad (4-16)$$

由于变量 Δx 很难测量，因此 R_x 的模型只是采用简单的正比于 F_z 的模型，比例常数是 f。

滚动阻力系数 f 变化范围通常是 $0.01 \sim 0.04$。对于子午线轮胎乘用车，滚动阻力系数通常是 0.015（Wang，2001）。

4.1.5 法向载荷的计算

除了车辆的自重外，法向载荷还受到以下因素的影响：

1）重心的前后位置。

2）车辆纵向加速度。

3）空气阻力。

4）路面坡度。

分布在轮胎上的法向载荷是先假设车辆的净俯仰转矩为零，也就是说，车辆的倾斜角度已经达到了一个稳定的数值。定义如下变量：

h——车辆质心高度。

h_{aero}——空气阻力等效作用位置的高度。

l_f——前桥到重心的距离。

l_r——后桥到重心的距离。

r_{eff}——轮胎有效半径。

计算作用于后车轮接面中心的转矩，如图 4-6 所示：

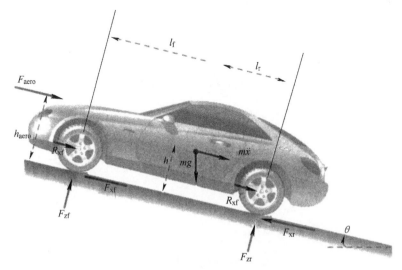

图 4-6　轮胎法向载荷的计算

$$F_{zf}(l_r + l_x) + F_{aero}h_{aero} + m\ddot{x} + mgh\sin(\theta) - mgl_r\cos(\theta) = 0$$

求解 F_{zf} 可得：

$$F_{zf} = \frac{-F_{aero}h_{aero} - m\ddot{x}h - mgh\sin(\theta) + mgl_r\cos(\theta)}{l_f + l_r} \tag{4-17}$$

以前轮轮胎中心计算转矩有：

$$F_{zr}(l_f + l_r) - F_{aero}h_{aero} - m\ddot{x}h - mgh\sin(\theta) - mgl_f\cos(\theta) = 0$$

求解 F_{zr} 可得：

$$F_{zr} = \frac{F_{aero}h_{aero} + m\ddot{x}h + mgh\sin(\theta) + mgl_f\cos(\theta)}{l_f + l_r} \tag{4-18}$$

因此，当车辆加速时，前轮的法向载荷减小，后轮法向载荷增加。

4.1.6 车轮有效半径的计算

车轮的有效半径 r_{eff} 将轮胎通过接触印迹时的旋转角速度 ω_w 和车轮的纵向线速度 V_{eff} 联系起来。如果车轮旋转角速度是 ω_w，那么等效线速度 $V_{eff} = r_{eff}\omega_w$（Kiencke 和 Nielsen，2000）。

如图 4-7 所示，$2a$ 是车轮接触印迹的纵向长度，ϕ 是车轮中心和接触印迹最后一点的连线与径线之间的角度，t 是车轮一单元移过一半接地部分时所用的时间，则：

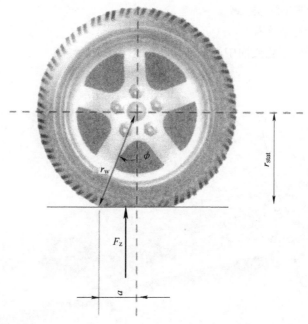

图 4-7 车轮等效半径的计算

$$V_{eff} = r_{eff}\omega_w = \frac{a}{t} \tag{4-19}$$

同时，车轮旋转角速度是：

$$\omega_w = \frac{\phi}{t} \tag{4-20}$$

因此：

$$r_{eff} = \frac{a}{\phi} \tag{4-21}$$

轮胎静态半径是未变形轮胎半径 r_w 和静态垂直变形的差值：

$$r_{stat} = r_w - \frac{F_z}{k_t} \tag{4-22}$$

式中 k_t——轮胎垂直刚度。

从图 4-7 几何图形关系可得：

$$r_{stat} = r_w\cos\phi \tag{4-23}$$

$$a = r_w\sin\phi \tag{4-24}$$

因此，轮胎有效半径为：

$$r_{eff} = \frac{\sin\{\cos^{-1}(\frac{r_{stat}}{r_w})\}}{\cos^{-1}(\frac{r_{stat}}{r_w})}r_w \tag{4-25}$$

由于 $r_{eff} = \frac{\sin(\phi)}{\phi}r_w$，$r_{eff} < r_w$，而且，$r_{eff} = \frac{\tan(\phi)}{\phi}r_{stat}$，$r_{eff} < r_{stat}$

因此：

$$r_{stat} < r_{eff} < r_w \tag{4-26}$$

4.2 传动系统动力学

根据前述分析，可知车辆纵向动力性方程如下：

$$m\ddot{x} = F_{xf} + F_{xr} - R_{xf} - R_{xr} - F_{aero} - mg\sin(\theta) \tag{4-27}$$

式中 F_{xf} 和 F_{xr}——轮胎纵向力。

作用在驱动轮上的轮胎纵向力是驱动车辆前进的主要动力，其取决于轮胎旋转线速度 $r_{eff}\omega_w$ 和车辆纵向速度 $\dot{x}$ 之差。旋转角速度 ω_w 受传动系动力性能的影响很大。传动系的主要部件如图 4-8 所示，部件上动力流以及载荷传递的方向如图 4-9 所示。

4.2.1 变矩器

变矩器一种连接发动机和传动系的液力耦合部件。如果发动机转速比较缓慢，如汽车遇到红灯时息速运转时，经过液力变矩器的转矩就会非常的小，这

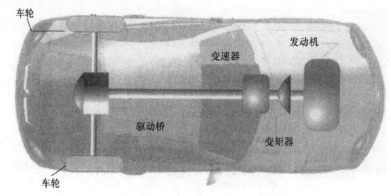

图 4-8 前轮驱动车辆的传动系组成

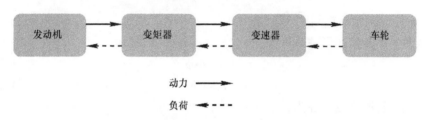

图 4-9 传动系统的动力流以及载荷传递的方向

时只需要很小的制动踏板力就可以保持车辆静止不动。

除了使汽车完全停止时而不熄火发动机，液力变矩器还可以在汽车起步加速时提供更大的转矩。现代液力变矩器可以把转矩提高 2~3 倍，这种情况只发生在发动机的转速远远高于传动系的转速时。速度升高时，传动系的转速逐步接近发动机的转速，最终几乎和发动机转速相等，理想的状态是发动机和传动系的转速完全相等，因为速度差的存在会造成功率损失。为了消除功率损失，许多汽车在变矩器内都安装有锁止离合器，当液力变矩器的主、从动两部分转速升高到一定值时，锁止离合器把两部分固定锁在一起以减小相对滑动，提高效率。

当驾驶人把脚从加速踏板移动到制动踏板上时，液力变矩器随即脱离锁止，这样允许发动机继续运转，即使驾驶人踩上制动踏板，车速则降低。

液力变矩器的组成主要包含一个泵轮、涡轮和液压油。带有鳍状叶片的泵轮连接在发动机的飞轮上，所以泵轮和发动机有相同的转速，涡轮连接到传动系并驱动其以相同的速度转动，这是驱动汽车运动的基本工况。泵轮和涡轮通过液压油进行耦合，转矩从泵轮传递到涡轮。

许多学者已对液力变矩器的动力学建模（物理模型和输入输出数据模型）进行了研究（参看 Kotwicki，1982；Tugcu 等，1986；Runde，1986）。由于静态模型简单（Kotwicki，1982），常常用于控制，该模型在一个很宽的控制范围内与试验数据是相符的，是对简单的实验数据的二次回归，其仅涉及液力变矩器速度和转矩测量的输入和输出。Kotwick 的变矩器模型将在下面阐述。

设 T_p 和 T_t 为泵轮和涡轮的转矩，ω_p（ $=\omega_e$）和 ω_t 为泵轮和涡轮的转速，对于变矩模式（ $\dfrac{\omega_t}{\omega_p} < 0.9$），泵轮和涡轮的转矩为：

$$T_p = 3.4325es - 3\omega_p^2 + 2.2210 \times \omega_p\omega_r - 4.6041 \times 10^{-3}\omega_t^2 \tag{4-28}$$

$$T_t = 5.7656 \times 10^{-3}\omega_p^2 + 0.3107 \times 10^{-3}\omega_p\omega_t - 5.4323 \times 10^{-3}\omega_t^2 \tag{4-29}$$

对于液力耦合模式（ $\dfrac{\omega_t}{\omega_p} \geq 0.9$），泵轮和涡轮的转矩为：

$$T_p = T_t = -6.7644 \times 10^{-3}\omega_p^2 + 32.0024 \times 10^{-3}\omega_p\omega_t - 25.2441 \times 10^{-3}\omega_t^2 \tag{4-30}$$

以上公式使用的是国际单位制。

液力变矩器输入输出示意图如图 4-10 所示。

当在第三档或者更高档时，液力变矩器锁止，泵轮和涡轮的转矩则是相等的，这种情况下泵轮的转矩可以从传动系作用于发动机的载荷计算得到，这部分计算将在第 5.5.1 节中讨论。

4.2.2　传动系的动力学模型

设 R 为传动系的传动比。R 的值取决于传动系齿轮，包括差速器中的最终传动齿轮。一般来说，$R < 1$，且随着档位的提高而增加。

变速器简图如图 4-11 所示。涡轮转矩 T_t 是变速器的输入转矩，设 T_{wheels} 为输入到车轮的转矩，在稳定状态下，在一档，二档或者更高档位时，传递到车轮的转矩为：

$$T_{wheels} = \frac{1}{R}T_t \tag{4-31}$$

变速器速度和车轮速度关系为：

$$\omega_t = \frac{1}{R}\omega_w \tag{4-32}$$

图 4-10　液力变矩器模型示意图　　　　　　图 4-11　变速器模型简图

汽车稳态行驶的传动比取决于档位，档位取决于传动轴转速和节气门开度的换档规律（节气门开度最大为 90°）。图 4-12 显示了五档自动变速器逐渐升档和降档时的变化曲线，值得注意的是升档都是发生在高速和节气门开度较大的时候。

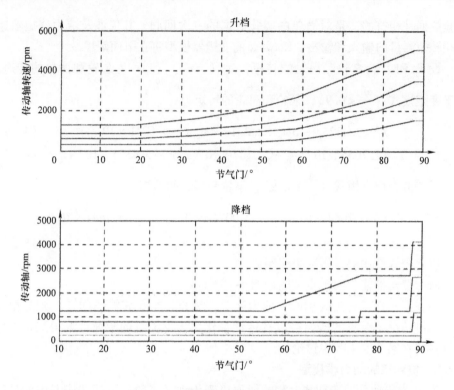

图 4-12　自动变速器升档和降档曲线表

描述换档时动力特性的公式往往比较复杂，该公式在 Cho 和 Hedrick （1989）书中有详细描述。另一个选择就是在换档期间根据下面的线性一次公式替换公式（4-31）和（4-32）中的数据。

$$\tau \, \dot{T}_{\text{wheels}} + T_{\text{wheel}} = \frac{1}{R} T_{\text{t}} \tag{4-33}$$

$$\tau \, \dot{\omega}_{\text{t}} + \omega_{\text{t}} = \frac{\omega_{\text{w}}}{R} \tag{4-34}$$

在初始换档时刻，公式 4-33 积分初始值取 $T_{\text{wheel}} = 0$，R 是换档后的传动比，ω_{t} 积分初始值取 $\frac{1}{R_{\text{old}}} \omega_{\text{w}}$，这里 R_{old} 是前一档位的传动比。

在一值域内 T_{wheel} 和 ω_{t} 分别收敛到 $\frac{1}{R} T_{\text{t}}$ 和 $\frac{1}{R} \omega_{\text{w}}$ 时，认为换档已经完成。一旦换档结束，公式（4-31）和（4-32）又可作为变速器模型使用。

4.2.3　发动机动力学

发动机的转速动态性能可以用下面公式描述：

$$I_{\text{e}} \dot{\omega}_{\text{e}} = T_{\text{i}} - T_{\text{f}} - T_{\text{a}} - T_{\text{p}} \tag{4-35}$$

式中　T_i——发动机有效转矩；

　　　T_f——摩擦损失转矩；

　　　T_a——附加转矩；

　　　T_p——泵轮转矩，表示液力变矩器传递给发动机的转矩。

设

$$T_e = T_i - T_f - T_a \tag{4-36}$$

表示去除损失转矩后发动机得到的净输出转矩，则有：

$$I_e \dot{\omega}_e = T_e - T_p \tag{4-37}$$

发动机净输出转矩取决于进气和排气歧管的动态性能以及驾驶人的加速踏板输入值。汽油机和柴油机的发动机模型和 T_e 计算详见第 9 章。T_p 为泵轮转矩，可以由变矩器公式（4-24）和（4-30）得到。

发动机输入输出动力学模型如图 4-13 所示。

4.2.4　轮胎的动态性能

车轮转动动力学模型如图 4-14 所示，对于驱动轮（例如，前轮驱动汽车的前轮）：

$$I_e \dot{\omega}_{wf} = T_{wheel} - r_{eff} F_{xf} \tag{4-38}$$

式中　ω_{wf}、T_{wheel} 和 r_{eff}——同前述；

　　　F_{xf}——前轮纵向轮胎力。

对于非驱动轮：

$$I_w \dot{\omega}_{wf} = - r_{eff} F_{xr} \tag{4-39}$$

式中　F_{xr}——后车轮纵向轮胎力。

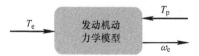

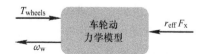

图 4-13　发动机动力学模型简图　　　　　　图 4-14　车轮动力学模型简图

纵向轮胎合力为：

$$F_x = F_{xf} + F_{xr} \tag{4-40}$$

轮胎力 F_{xf} 和 F_{xr} 分别是前轮和后轮滑动率的函数（见第 4.1.2 节）。当计算前轮滑动率时，使用参数 ω_{wf}，当计算后轮滑动率时，使用参数 ω_{wr}。

表 4-1 为汽车纵向动学模型的总结。

表 4-1　汽车纵向动力学模型的总结

整车纵向动力学模型 $m\ddot{x} = F_{xf} + F_{xr} - F_{aero} - R_{xf} - R_{xr} - mg\sin(\theta)$	
前轮纵向轮胎力	$F_{xf} = C_{\sigma f} \sigma_{xf}$，其中， $\sigma_{xf} = \dfrac{r_{eff}\omega_{wf} - \dot{x}}{\dot{x}}$（减速时） $\sigma_{xf} = \dfrac{r_{eff}\omega_{wf} - \dot{x}}{r_{eff}\omega_{wf}}$（加速时）

（续）

后轮纵向轮胎力	$F_{xr} = C_{\sigma r}\sigma_{xr}$，其中， $\sigma_{xr} = \dfrac{r_{eff}\omega_{wr} - \dot{x}}{\dot{x}}$（减速时） $\sigma_{xr} = \dfrac{r_{eff}\omega_{wr} - \dot{x}}{r_{eff}\omega_{wr}}$（加速时）
滚动阻力	$R_{xf} + R_{xr} = f\left(F_{zf} + F_{zr}\right)$，其中， $F_{zf} = \dfrac{-F_{aero}h_{aero} - m\ddot{x}h - mgh\sin\left(\theta\right) + mgl_r\cos\left(\theta\right)}{l_f + l_r}$ $F_{zr} = \dfrac{F_{aero}h_{aero} + m\ddot{x}h + mgh\sin\left(\theta\right) + mgl_f\cos\left(\theta\right)}{l_f + l_r}$
空气阻力	$F_{aero} = \dfrac{1}{2}\rho C_d A_F\left(\dot{x} + V_{wind}\right)^2$

4.3 本章小结

本章介绍了车辆纵向运动的动力学方程，纵向动力学模型包括 2 个主要部分：整车动力学模型和传动系统动力学模型。

影响车辆纵向动力学性能的主要因素有轮胎纵向力、空气阻力、滚动阻力和重力，本章详细讨论了这些作用力及其数学模型。

车辆纵向运动动力传动系统包括内燃机、变矩器、变速器以及车轮，本章讨论了这些部件的动力学模型。

参 数 表

F_{xf}——前轮纵向轮胎力

F_{xr}——后轮纵向轮胎力

F_{aero}——空气阻力

R_{xf}——前轮滚动阻力

R_{xr}——后轮滚动阻力

m——整车质量

g——重力加速度

θ——坡度角

ω_w——车轮角速度

r_{eff}——轮胎有效半径

r_{stat}——轮胎静态半径

r_w——轮胎自由半径

F_z——轮胎法向载荷

Δx——法向载荷作用点到接触印迹中心的纵向距离

a——接触印迹长度的二分之一

ϕ——接触印迹弧角的二分之一

v_x——车辆纵向速度

V_{wind}——风速

V_{eff}——旋转轮胎的等效线速度

ρ——空气密度

C_d——空气阻力系数

A_F——迎风面积

β——和空气阻力系数计算有关的参数

σ_x——滑动率

h——重心高度

h_{aero}——空气阻力作用点的高度

l_f——前桥到重心的距离

l_r——后桥到重心的距离

ω_e——发动机转速

ω_t——液力变矩器涡轮的旋转角速度

T_p——泵轮的转矩

T_t——涡轮转矩

T_{wheels}——传递到轮胎上的转矩

ω_ω——车轮角速度

τ——换档动态性能时间常数

R——传动比

I_e——发动机转动惯量

T_e——发动机净输出转矩

ω_{wf}、ω_{wr}——分别是前后轮的旋转角速度

参 考 文 献

Cho, D. and Hedrick, J.K., "Automotive Powertrain Modeling for Control," *ASME Journal of Dynamic Systems, Measurement and Control*, Vol. 111, pp. 568-576, December 1989.

Dugoff, H., Fancher, P.S. and Segal, L., "Tyre performance charecteristics affecting vehicle response to steering and braking control inputs," *Final Report, Contract CST-460*, Office of Vehicle Systems Research, US National Bureau of Standards, 1969.

Kiencke, U. and Nielsen, L., *Automotive Control Systems for Engine, Driveline and Vehicle*, SAE International, ISBN 0-7680-0505-1, 2000.

Kotwicki, A.J., "Dynamic Models for Torque Converter Equipped Vehicles," *SAE Technical Paper Series*, Paper No. 82039, 1982.

Pacejka, H.B. and Bakker, E., "The Magic Formula Tyre Model," *Vehicle System Dynamics*, v 21, Supplement, Tyre Models for Vehicle Dynamics Analysis, p 1-18, 1993

Pacejka, H.B., "The Tyre as a Vehicle Component," *XXVI FISITA Congress*, Prague, June 16-23, 1996.

Tugcu, A.K., Hebbale, K.V., Alexandridis, A.A., and Karmel, A.M., "Modeling and Simulation of the Powertrain Dynamics of Vehicles Equipped with Automatic Tarnsmission," *Proceedings of the Symposium on Simulation of Ground Vehicles and Transportation Systems*, ASME Winter Annual Meeting, Anaheim, December 1986.

Runde, J., "Modeling and Control of an Automatic Transmission," *S.M.M.E. Thesis*, Department of Mechanical Engineering, M.I.T., January 1986.

White, R.A. and Korst, H.H., "The Determination of Vehicle Drag Contributions from Coastdown Tests," *SAE Transactions*, Vol. 81, paper 720099, 1972.

Wong, J.Y., *Theory of Ground Vehicles*, Wiley-Interscience, ISBN 0-471-35461-9, Third Edition, 2001.

第5章 车辆纵向控制

5.1 引言

　　"纵向控制器"是指控制车辆纵向运动的控制系统，例如：控制车辆纵向速度、纵向加速度，或距同车道行驶的前车的纵向距离。节气门和制动器通常是纵向控制的执行装置。

　　关于车辆纵向控制最熟悉的一个例子就是目前在大多数车辆上作为标准配置的巡航控制系统。利用标准的巡航控制系统，驾驶人可以为车辆设置希望的恒定行驶速度，巡航控制系统通过控制节气门自动使车辆保持所设定的速度。驾驶人的责任是确保车辆在道路上以该速度安全行驶，如果前方有行驶缓慢或与本车相距很近的车辆，驾驶人必须立即采取行动，必要时需进行制动。实施制动会自动解除巡航控制，并将节气门的控制权交给驾驶人。

5.1.1 自适应巡航控制系统

　　自适应巡航控制系统（ACC）是标准巡航控制系统的延伸。安装在车辆上的 ACC 具有雷达或者其他传感器以测量与道路前方车辆的距离。如果前方没有车辆，装备有 ACC 的车辆，相当于安装有标准的巡航控制系统的车辆，以使用者设定的速度行驶。一旦雷达侦测到前方道路上有车辆出现，ACC 就会判断车辆是否可以在设定的速度下安全行驶。如果前方的车辆行驶太慢或者距离太近，ACC 系统就会将速度控制转换为距离控制（图 5-1）。在距离控制模式下，ACC 系统通过节气门或者制动系统和前方车辆保持期望的安全距离。

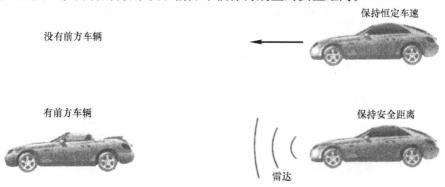

没有前方车辆

保持恒定车速

有前方车辆

保持安全距离

雷达

图 5-1　自适应巡航系统

　　ACC 是"自动"管理系统，它仅使用车载传感器，例如雷达来完成保持希望车距的任务，并不依赖于无线通信，或与其他车辆之间的协作。ACC 系统最先应用于日本（Watanabe 等，1997）和欧洲，现在北美市场上也已经普遍使用（Fancher 等；1997，Reichart 等；1996 和 Woll，1997）。2003 梅赛德斯 S 级和 E 级乘用轿车可以选配基于雷达的 Distronic 自适应控制系统，雷克萨斯 LS340 也可以选择安装基于激光雷达的自适应巡航控制系统。ACC 系统的设计将在第 6 章详细讨论。

5.1.2 避撞系统

一些车辆安装了避撞系统（CA）以取代 ACC 系统。避撞系统也能像标准巡航控制系统一样，在前方没有车辆的情况下，使车辆维持恒定的速度，如果前方出现车辆，CA 系统判断出以设定的速度不能安全行驶时，CA 系统会减小节气门开度，或者启用制动系统以降低车辆速度。另外，CA 系统会向驾驶人发出警告，提示前方存在车辆，有必要进行人工纵向控制操作。

5.1.3 自动化公路系统

控制车辆在高速公路上紧密地排成一列行驶（AHS）是另一种完全不同的纵向控制系统。自动化公路系统已经成为一些研究机构研究的热点，最著名就是加利福尼亚大学伯克利分校研究的 PATH 项目。AHS 的目标是使在高速公路上行驶的车辆排成紧凑的一列以达到显著提高公路上车辆流量的目的。该系统要求所有行驶在高速公路上的车辆需要安装相应的系统，由驾驶人操控的普通车辆不允许进入自动化公路。图 5-2 所示为一张 1997 年 8 月由加利福尼亚 PATH 项目示范运行的 8 辆安装了该系统的车辆在高速公路上紧凑排成一排行驶的图片，更多关于这次试验的内容将在第 7.9 节中讨论。自动公路系统是第 7 章重点讨论的内容。

图 5-2　在 AHS 演示中的别克车队

5.2　纵向自动控制的优点

如前所述，许多因素推动了纵向控制系统的发展，包括希望加强驾驶人驾驶的舒适性和方便性，提高公路交通的安全性，减轻公路堵塞的状况等。

即使具备了其他控制系统，通过扩展标准的巡航控制系统，ACC 系统也可以给驾驶人提供更好的舒适性和方便性。ACC 系统，或其他自动控制系统通常都是期望提高道路交通的安全性，这是因为对道路交通事故的统计显示，90%的事故都是由于人为的操作失误引起的，只有少部分交通事故是由于车辆设备本身的问题，或是由于环境因素引起的（例如：湿滑道路）。因为自动化系统能减轻驾驶人的负担，并给驾驶人提供帮助，所以研发者希望自动化系统的不断完善和应用会减少交通事故的发生。

发展自动化公路系统是能想到的解决道路交通堵塞的最直接想法。全国主要城市道路交通堵塞现象在持续加剧，而且，目前已扩大到三分之二的高速公路经常发生堵塞。旅行时间指数（图 5-3）和年峰值延误时间（图 5-4）两项指标均显示，拥塞现象在所有城市均出现增长趋势（Texas Transportation Institute Report，2001）。在可以预见的将来，通过高速公路的增加解决道路交通拥塞问题似乎不大可能，每年交通量的增长超过了由高速公路建设增加带来的道路容量的增加（Texas Transportation Institute Report，2001），所以道路交通拥堵问题只会变得越来越严重。AHS 系统是利用高科技来解决高速公路拥堵现象的尝试。

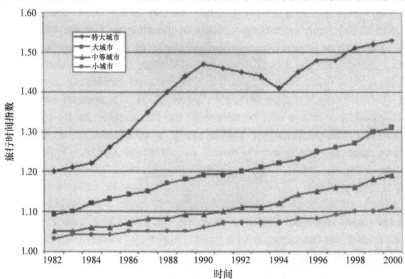

图 5-3　1982 到 2000 年高峰期旅行时间指数的增长
（来源：Texas 交通研究所报告，2002）

在 AHS 系统中，车辆紧凑地排成一排行驶的容量是一般高速公路容量的 3 倍（Varaiya，1993）。

上述介绍了许多汽车研究人员研发的多种纵向控制系统，以下我们继续学习设计纵向控制系统的具体细节。

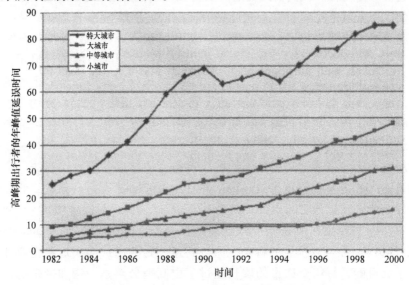

图 5-4　1983 到 2000 年高峰期出行者的年峰值延误时间
（来源：Texas 交通研究所报告，2001）

5.3　巡航控制系统

在标准的巡航控制系统中，通过控制节气门的输入量控制车辆达到希望的车速。巡航控制系统的架构设计成分层控制结构，分为上层控制器和下层控制器，如图 5-5 所示。

上层控制器决定车辆加速度的期望值，下层控制器决定达到期望加速度值所需要的节气门输入量，并使用车辆动力学模型、发动机 Map 图以及非线性控制综合技术，来计算跟踪设定加速度值所需的实时节气门输入量（Choi 和 Devlin，1995a 和 1995b；Hedrick 等，1991；Hedrick 等，1993）。

在上层控制器设计的性能要求中，保证控制器的稳态跟踪误差为零是必要的。即，车辆的速度应该收敛于驾驶人设定的期望速度值。其他性能要求包括过零调节和短的响应时间。

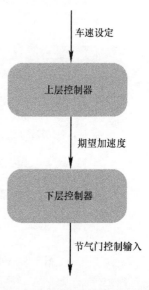

图 5-5　巡航控制系统的结构

第 5 章　车辆纵向控制 85

对于上层控制器，用于控制器设计的模型为：

$$\ddot{x} = \frac{1}{\tau s + 1}\ddot{x}_{\text{des}}$$ (5-1)

或

$$\tau\dddot{x} + \ddot{x} = \ddot{x}_{\text{des}}$$ (5-2)

式中　x——在惯性坐标系中车辆的纵向位置。

上式表示上层控制器以期望加速度作为控制器输入值。实际车辆加速度利用时间常数 τ 跟踪期望加速度。

对于下层控制器，第 4 章讨论的传动系动力学模型和第 9 章讨论的发动机动力学模型构成了实际纵向车辆动力学模型，该模型在控制器设计中是必不可少的。下层控制器必须确保车辆的加速度值跟踪由上层控制器决定的期望加速度值。

由于与下层控制器联系的带宽所限，车辆跟踪设定的加速度值会存在延误，因此，把下层控制器看成一阶滞后环节，用于上层控制器的式（5-1）模型包含了跟踪加速度的滞后性能。

5.4　巡航控制系统的上层控制器

上层控制器使用的典型算法是使用速度误差作为反馈的 PI 控制：

$$\ddot{x}_{\text{des}}(t) = -k_{\text{p}}(v_{\text{x}} - V_{\text{ref}}) - k_1\int_0^t (v_{\text{x}} - V_{\text{ref}})\,\mathrm{d}t$$ (5-3)

式中　V_{ref}——使用者设定的期望速度。

定义如下参考位置：

$$x_{\text{def}} = \int_0^t V_{\text{ref}}\,\mathrm{d}\tau$$ (5-4)

式中　$x_{\text{def}}(t)$——以参考速度或设定速度行驶的参考车辆位置。

上层控制器可以写成：

$$\ddot{x}_{\text{des}} = -k_{\text{p}}(\dot{x} - \dot{x}_{\text{des}}) - k_1(x - x_{\text{des}})$$ (5-5)

这和车距控制是相同的，式中 $(x - x_{\text{des}})$ 是一个距以期望参考速度行驶车辆的假想车距。

上层控制器完整的闭环反馈系统如图 5-6 所示。

如前所述，上层控制器的传递函数模型就是期望加速度与实际车辆速度之间的传递函数，表述如下：

$$P(s) = \frac{1}{s(\tau s + 1)}$$ (5-6)

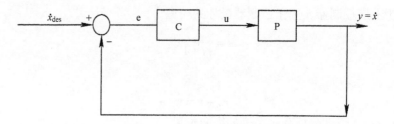

图 5-6 巡航控制系统中上层控制器反馈控制回路

PI 控制器为：

$$C(s) = k_p + \frac{k_i}{s} \qquad (5-7)$$

因此，闭环系统传递函数为：

$$\frac{v_x}{V_{ref}} = \frac{PC}{1+PC} = \frac{k_p s + k_i}{\tau s^3 + s^2 + k_p s + k_i} \qquad (5-8)$$

反馈系统根轨迹图如图 5-7 所示，变量 k_p 转换成比值 $\frac{k_p}{k_i}$，并取值 4，$\tau = 0.5$ 为系统滞后时间，k_p 变化范围为 $0 \sim 0.75$。由图 5-7 可知，所有非零参数值 k_p 的

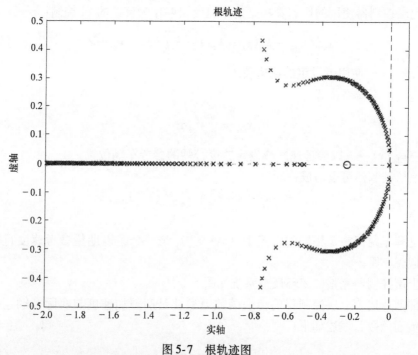

图 5-7 根轨迹图

闭环系统是稳定的。图 5-7 中存在 1 个闭环实数极点和 2 个复数共轭极点。当 $k_p = 0.75$ 时，复数共轭极点的阻尼比达到 0.87；如果 k_p 进一步增加超过 0.75，复数极点的阻尼比也会下降且系统的阻尼效果会更小。

$k_p = 0.75$ 的闭环传递函数伯德图如图 5-8 所示，此时闭环系统的带宽是 0.2Hz。

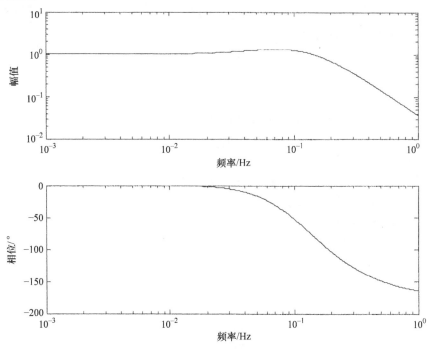

图 5-8　闭环传递函数伯德图

5.5　巡航控制系统的下层控制器

下层控制器用于计算发动机节气门输入量，以跟踪由上层控制器决定的期望加速度。简化的车辆纵向动力学模型可以用来设计下层控制器，简化的模型通常是基于液力变矩器锁止，以及轮胎和路面之间没有相对滑动的假设（Hedrick 等，1991），在巡航控制当中，这是很合理的假设，原因如下。

1）巡航控制系统通常会在三档或三档以上参与控制，此时液力变矩器应处于锁止状态。

2）由于巡航控制系的纵向操控非常柔和，所以轮胎的滑动也比较小。

基于以上假设，首先计算用来跟踪期望加速度的发动机转矩，这个计算将会在第 5.5.1 节中讨论。得到发动机转矩值后，通过发动机 Map 图和非线性控制技术来计算提供所需转矩的节气门输入值。

5.5.1 根据期望加速度计算发动机转矩

传动系动力学模型已在第 4.2 节中加以讨论，读者需要回顾这部分内容。考虑这样的情况：液力变矩器锁止（$T_t = T_p$），传动系工作稳定（不进行换档），轮胎纵向滑动可以忽略，这种情况下，轮胎转速 ω_w 和发动机转速 ω_e 成正比，比例系数为传动比 R：

$$\omega_w = R\omega_e \tag{5-9}$$

传动轴和发动机的速度相等：

$$\omega_t = \omega_e \tag{5-10}$$

车辆纵向速度近似为

$$\dot{x} = r_{eff}\omega_w$$

式中 r_{eff}——轮胎有效半径。因此，轮胎纵向加速度为：

$$\ddot{x} = r_{eff}R\,\dot{\omega}_w \tag{5-11}$$

车辆纵向动力学方程：

$$m\ddot{x} = F_x - R_x - F_{aero}$$

式中 F_x——所有轮胎纵向力；

$\quad\quad R_x$——滚动阻力；

$\quad\quad F_{aero}$——空气阻力。

代入式 5-11 得：

$$mRr_{eff}\dot{\omega}_w = F_x - R_x - F_{aero} \tag{5-12}$$

因此：

$$F_x = mRr_{eff}\dot{\omega}_w + R_x + F_{aero} \tag{5-13}$$

将式 5-13 代入车轮转动动力方程（4-38）中可得：

$$I_w\dot{\omega}_w = T_{wheel} - r_{eff}(F_x) = T_{wheel} - mRr_{eff}^2\,\dot{\omega}_e - r_{eff}R_x - r_{eff}F_{aero} \tag{5-14}$$

因此，得到期望加速度所需的轮胎转矩为：

$$T_{wheel} = I_wR\,\dot{\omega}_w + r_{eff}\,(F_x)\, + mRr_{eff}^2\,\dot{\omega}_e + r_{eff}R_x + r_{eff}F_{aero} \tag{5-15}$$

把式 5-15 代入传动系动力学方程得：

$$I_t\dot{\omega}_t = T_t - RT_{wheel} = T_t - I_wR^2\,\dot{\omega}_e - mR^2r_{eff}^2\dot{\omega}_e - Rr_{eff}F_{aero} - Rr_{eff}R_x$$

由于 $\omega_t = \omega_e$，$T_t = T_p$ 则有：

$$I_t\dot{\omega}_e = T_p - I_wR^2\,\dot{\omega}_e - mR^2r_{eff}^2\dot{\omega}_e - Rr_{eff}F_{aero} - Rr_{eff}R_x$$

因此，泵轮传递给发动机的转矩为：

$$T_p = (I_t + I_wR^2 + mR^2r_{eff}^2)\dot{\omega}_e + Rr_{eff}F_{aero} + Rr_{eff}R_x \tag{5-16}$$

把式（5-16）代入到发动机转动动力方程（4-35）得：

$$I_e\dot{\omega}_e = T_{net} - T_p = T_{net} - (I_t + I_wR^2 + mR^2r_{eff}^2)\dot{\omega}_e - Rr_{eff}F_{aero} - Rr_{eff}R_x$$

因此：

$$I_e\dot{\omega}_e = T_{net} - (I_t + I_wR^2 + mR^2r_{eff}^2)\dot{\omega}_e - Rr_{eff}F_{aero} - Rr_{eff}R_x$$

或

$$J_e \dot{\omega}_e = T_{net} - Rr_{eff}F_{aero} - Rr_{eff}R_x \qquad (5\text{-}17)$$

其中

$$J_e = I_e + I_t + I_w R^2 + mR^2 r_{eff}^2 \qquad (5\text{-}18)$$

由于 F_{aero} 是车速的二次方程，因此可以表示成 ω_e 的二次形式，当车辆液力变矩器锁止而且车轮滑动可以忽略时，式（5-16）表示车辆一次式动力学模型。

把 F_{aero} 替换为 $F_{aero} = c_a (r_{eff}R\omega_e)^2$，发动机转速 ω_e 和内燃机有效转矩有关，ω_e 可以写成一次式：

$$\dot{\omega}_e = \frac{T_{net} - c_a R^3 r_{eff}^3 \omega_e^2 - R (r_{eff}R_x)}{J_e} \qquad (5\text{-}19)$$

式中 $J_e = I_e + I_t + (mr_{eff}^2 + I_w)R^2$，发动机上的等效惯量。

根据式（5-19），如果发动机有效转矩选择为：

$$(T_{net}) = \frac{J_e}{Rr_{eff}} \ddot{x}_{des} + [c_a R^3 r_{eff}^3 \omega_e^2 + R(r_{eff}R_x)] \qquad (5\text{-}20)$$

则车辆的加速度与由上层控制器决定的车辆期望加速度值是相等的，例如：$\ddot{x} = \ddot{x}_{des}$。

5.5.2　发动机控制

当发动机有效转矩由式（5-20）得到后，计算提供有效转矩的节气门开度的控制参数，可以通过使用发动机动力学模型和非线性控制综合技术得到。提供发动机有效转矩的汽油机和柴油机动力学模型，以及非线性控制设计将在本书第 9 章中讨论。

5.6　防抱死制动系统

5.6.1　目的

防抱死制动系统（ABS）最初是为防止车轮在制动时抱死而设计的，现代 ABS 系统不仅仅是防止车轮抱死，而且通过控制车轮纵向滑移率达到最佳值，使车轮产生最大制动力。

首先，车轮抱死会降低车轮产生的制动力，这样会增加车辆制动时间，其次，制动过程中若前轮发生抱死会降低车辆的操控性。

为进一步理解纵向滑移率对车辆制动力的影响，考虑制动力的特性，如图 5-9 所示。由图 5-9 可以看出，在滑移率较小时，轮胎纵向力基本与滑移率呈线性关系，滑移率在 0.1 ~ 0.15 之间时制动力达到最大值，超出该区间，轮胎纵向力逐步下降，并趋近一个常值。

如果驾驶人用力踩制动踏板，车轮将比车辆降速快，从而导致产生较大的滑移率。然而，如前所述，滑移率超过最佳值时制动力反而会低降，车辆制动时间会更长。ABS系统会控制施加到车轮上的制动转矩，来达到控制滑移率不超过最佳滑移率的目的。这样，防止或者延迟车轮抱死也会增加车辆制动时的操纵稳定性。

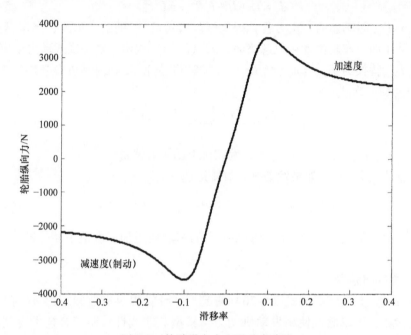

图5-9   轮胎纵向力和滑移率曲线

图5-10和图5-11分别为紧急制动（无ABS）时车速和滑移率曲线。如图5-10所示，车轮在1s内停止转动，而车辆并没有停止，只是速度在12s内从30m/s减小到13m/s。

图5-12和图5-13为降低制动力防止车轮抱死时的滑移率和车速曲线。如图5-12所示，滑移率维持在0.09，接近于最佳值0.1。如图5-13所示，车轮没有抱死，因此，车辆可以保持转向操控性能；车辆的速度在12s内从30m/s减小到2m/s，因此通过限制作用在车轮上的制动转矩车辆可以获得较大的制动减速度。

5.6.2 ABS的功能

ABS最基本的功能是当车轮接近抱死时保持或释放车轮上的制动力，同时，当解除车轮抱死后，ABS又重新开始制动。ABS也可以通过保持或释放作用在车轮上的制动力，避免滑移率超过最佳值。

根据控制车轮的数目，ABS可以分为四通道四传感器、三通道三传感器或者一通道一个传感器。每1个通道有1个电磁阀，ABS通过控制电磁阀的位置，可以增大、保持和释放轮缸制动压力，或者由驾驶人直接控制。

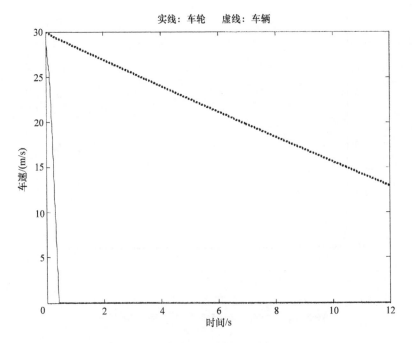

图 5-10　紧急制动时的车速（无 ABS）

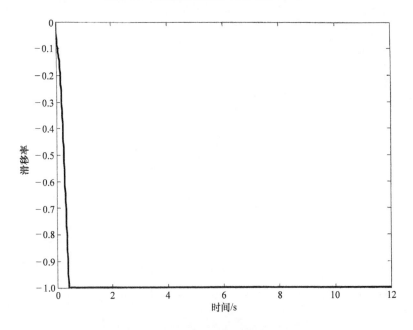

图 5-11　紧急制动时的滑移率（无 ABS）

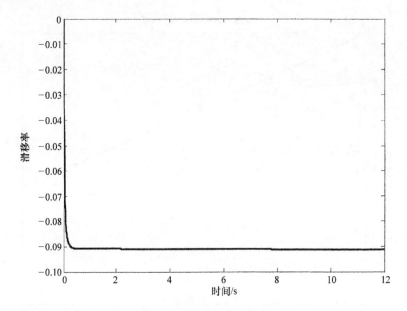

图 5-12 逐渐减速制动时的滑移率（带 ABS）

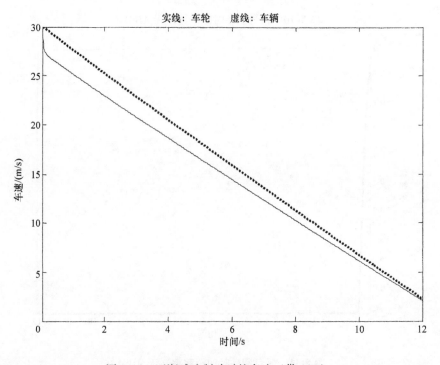

图 5-13 逐渐减速制动时的车速（带 ABS）

当进油电磁阀打开时，制动压力将从制动主缸传递到制动轮缸，这种情况由驾驶人直接控制制动，把期望的制动压力施加到制动器上。

当进油电磁阀关闭或者阻塞时，制动轮缸和主缸被隔离，此时，即使驾驶人用力踩制动踏板，制动压力也不会继续增大。

当出油电磁阀打开时，制动压力被释放，这种情况下，制动器和驾驶人制动操作被隔离，施加到制动器上的制动压力开始减小。

ABS 系统在实际应用中的一个主要问题就是在普通的乘用车上不能用价格较低的传感器测量车轮滑移率。ABS 可以分别测得 4 个车轮的转速，利用这些车轮速度，通过一定算法可以预测车轮是否会抱死，以及车轮被抱死的情况是否已解除。

确定车轮是否会抱死需要预测计算，在一个制动循环中，控制单元第 1 次预测到的车轮抱死时的滑移率定义为预测点滑移率。

决定车轮抱死是否已经被解除需要回归计算，当控制系统中第 1 次预测到车轮抱死被解除时重新选择点的滑移率定义为重选点滑移率。

5.6.3　基于减速度门限值的算法

ABS 系统中，基于减速度门限值的算法是最常用的算法之一（Bosch Automotive Handbook，2000）。车轮减速度信号用来预测是否车轮将要制动，车轮减速度定义为车轮角减速度乘以车轮有效半径。

通常的减速度门限值算法如图 5-14、图 5-15、图 5-16 和图 5-17 所示（Kiencke 和 Nielsen，2000；Bosch Automotive Handbook，2000）。

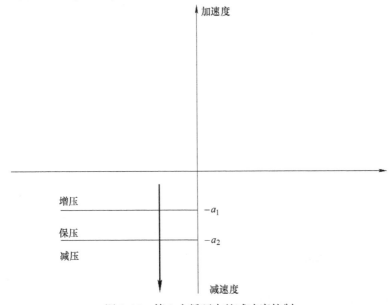

图 5-14　第 1 个循环中的减速度控制

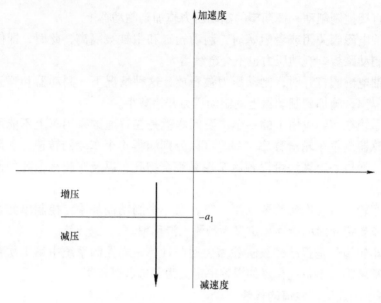

图 5-15　第 2 个和后来循环中的减速度控制

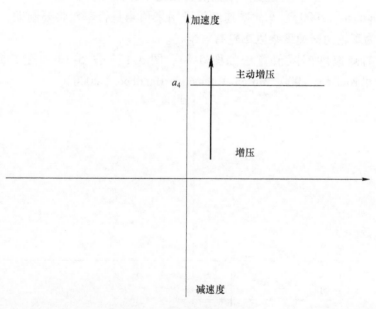

图 5-16　增加加速度控制

设 $\dot{V}_R$ 为车轮减速度，定义为：

$$\dot{V}_R = r_{eff}\dot{\omega}_w \tag{5-21}$$

式中　r_{eff}——车轮的有效半径；

$\dot{\omega}_w$——车轮角速度。

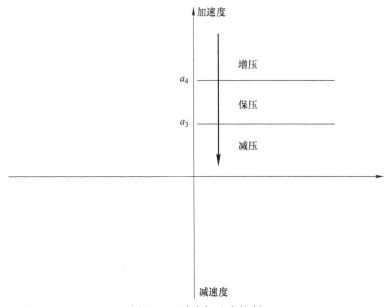

图 5-17 减小加速度控制

设 a_1、a_2、a_3 和 a_4 为减速门限值，且都是正值，并且有 $a_2 > a_1$；$a_4 > a_3$。

当驾驶人踩制动踏板时，如果减速度小于 a_1（即，$\dot{V}_R > -a_1$），那么驾驶人的制动动作将直接传递给制动器；如果减速度首次超过 a_1（即，$\dot{V}_R < -a_1$），驾驶人的制动动作不再传递给制动器，此时的制动压力保持不变；如果减速度继续增加直到超过 a_2（即，$\dot{V}_R < -a_1$），则制动压力就会被降低，此时，车轮就不再减速，相反，最终会加速；如果加速度值减小到 a_2（即，$\dot{V}_R > -a_2$），制动压力就不再降低；如果减速度小于 a_1（即，$\dot{V}_R > -a_1$），那么驾驶人的制动动作再次直接传递到制动器上；如果车轮开始真正加速，并且超过门限值 a_4，则制动压力开始增加，不再受驾驶人控制，以防止车轮加速度值过大；在某种情况下，当车轮的减速度降低到小于 a_3（即，$\dot{V}_R < -a_3$），则驾驶人的制动动作又会传递到制动器上；如果减速度值再次小于 a_1（即，$\dot{V}_R < -a_1$），则开始第 2 个控制循环。在这种循环下，车轮就不会被抱死，并且车轮的转速被控制在一定的范围内。在这个范围内，滑移率接近于附着系数达到最大值时的滑移率。注意，a_4 的值较大（远大于 a_3）。

在第 2 个制动循环中，当减速度超过 a_1 时，制动压力立即被减小（即，在第 2 个循环周期内，不再进行减速度在 a_1 和 a_2 之间的保持制动压力控制）。在第 1 个循环周期里，短时间的保压用来过滤干扰因素。

图 5-14 和 5-15 所示是车轮减速时减速度门限值控制算法，图 5-16 和 5-17 所示是车轮加速时加速度门限值控制算法。

在这种算法的改进算法中，在第 1 个周期，如果减速度超过 a_1，并且车轮速度低于滑移率门限值的对应值（根据制动开始时的初速度决定），开始降低制动压力，因此，减速度门限值 a_2 在改进算法中不再使用。从第 2 制动周期以后，只要减速度值降低超过 a_1 时，制动压力会立刻减小。

5.6.4　其他 ABS 控制算法

许多因素会影响 ABS 系统的工作，这些因素包括：

轮胎与地面之间的摩擦系数，因为它影响到车轮滑移率的控制范围。

制动转矩的响应速度。在第 1 个循环周期内，这取决于驾驶人如何踩制动踏板，在随后的循环周期内，它取决于调节器的压力形成特性。

车辆的初始纵向速度同样很重要，因为其决定了车辆的制动时间。

前后车轮制动力的分配也很重要。

在 ABS 设计中需要着重考虑以上影响 ABS 性能的变量因素。已被开发应用的 ABS 系统的控制算法有多种，关于以上变量因素对 ABS 性能的影响在文献中也都给予重点讨论。

1972 年，冈都尔和奥维科（Guntur 和 Ouwerkerk）对 ABS 系统控制算法做过深入讨论，他们通过车辆数学模型的仿真研究，对不同 ABS 系统控制算法进行了分析比较。在仿真中作者重点研究了 3 个主要参数对 ABS 系统性能的影响：施加制动的速率、车轮地面摩擦系数以及车辆初速度。基于这些参数对不同的控制算法进行了以下性能的比较：

1）车轮不能抱死。

2）能预测车轮抱死。

3）能保持车轮滑移率在期望的范围内。

将车轮抱死的预测性能作为指标评价 4 种不同的算法。基于仿真结果可得出结论：A_p 和 B_p 的复合算法会获得最佳性能（Guntur 和 Ouwerkerk，1972）。算法 A_p 为车轮最大减速度门限值算法，算法 B_p 为车轮减速度和角速度最大比值的门限值算法。在所提出的复合算法中，当初速度超出 35m/s 时，提出一种可以改变阈值的具有自适应特征的算法，当初速度低于 35m/s 时，静态阈值算法已足以满足控制要求。考虑到预测点算法的稳定性，在不影响车辆的稳定性的情况下，可允许后轮抱死。

在该文献中，根据重新选择点识别来评价 8 种不同的算法（Guntur 和 Ouwerkerk，1972）。作者指出，包含 A_r、D_r 和 F_r 的复合条件算法会给出一个比较好的重新选择点的估计值。算法 A_r 是固定延迟时间算法，保证每次制动器释放后，在固定延迟时间后重新实施制动；算法 D_r 是可变期望角速度算法，第 1 个循环周期内初始制动时，或者下一个循环周期开始时，车轮的角速度被存储起来，其与希望角速度值成正比，这种算法可通过中断系统确定的制动操作来保证驾驶人能够方便地干预 ABS 系统的控制性能；算法 F_r 是当车轮减速度与车轮角速度的比值超过一定阈值时，重新实施制动，它在车辆低速行驶时可以提高制动效能，当行驶速度很低时 ABS 系统不起作用。作者设计的复合重新选择条件不像预测点条件算法包括自适应特征。

5.6.5　关于 ABS 的近期研究出版物

ABS 算法研究仍然是研究的热点，许多文献都关注于保证车轮滑移率跟踪期望滑移率的算法研究。研究应用了详细的车轮、轮胎、整车和液压系统动力学模型，以及非线性的综合系统模型。非线性控制技术常用于跟踪期望车轮滑移率控制。系统可以测量的状态参数是油压和车轮转速。车辆的绝对速度不能直接测得，也就意味着车轮的滑移率不能测得，它需要观察器去估计，这是一个具有挑战性的问题。另一个难题是考虑地面条件变化的轮胎动力学模型。在这个领域有建树的研究文献有 Unsal 和 Kachroo（1999）以及 Drakunov（1995）等作者发表的论文。

5.7　本章小结

本章介绍了几种纵向控制系统，包括标准巡航控制、自适应巡航控制、防撞系统、车队行驶控制和防抱死纵向控制系统等。对标准巡航系统和防抱系统的设计进行了详细的讨论。第 6 章将详细讨论自适应性巡航控制系统，第 7 章将详细讨论车队行驶的纵向控制。

参　数　表

x ——惯性参考系中车辆纵向位置

$\dot{x}$ 或 V_x ——车辆纵向速度

x_{des} ——假想的以一定速度行驶的车辆纵向位置

x_{def} 或 V_{ref} ——驾驶人期望速度

k_p, k_i ——巡航控制中 PI 控制器参数

τ ——跟踪期望加速度的时间延迟常数

T_{net} ——发动机有效转矩

T_{br} ——制动转矩

T_{wheel} ——驱动轮转矩

T_p ——泵轮的转矩

ω_e ——发动机角速度

ω_w ——车轮转动角速度

ω_t ——涡轮转动角速度

c_a ——空气阻力系数

R ——传动比

r_{reff}——有效车轮半径

R_x——滚动阻力系数

F_x——轮胎纵向和力

F_{aero}——空气阻力

I_e——发动机转动惯性

I_t——传动轴转动惯量

I_w——车轮转动惯量

J_e——反映在发动机一侧的等效转动惯量

m——车辆质量

V_R——车轮等效线速度

a_1、a_2、a_3、a_4——ABS算法中加速度门限值

参 考 文 献

Austin, L. and Morrey, D., "Recent Advances in Antilock Braking Systems and Traction Control Systems," *Proceedings of the Institution of Mechanical Engineers,* Vol. 214, pp. 625-638, 2000.

Bosch Automotive Handbook, 5th Edition, ISBN 0-8376-0614-4, Robert Bosch GmbH, 2000.

Chandler, K.N., "Theoretical Studies in Braking," *Proceedings of the Institution of Mechanical Engineers*, 1960-61, No. 4, 147.

Cho, D. and Hedrick, J.K., "Automotive powertrain modeling for control," *ASME Journal of Dynamic Systems, Measurement and Control, Transactions*, v 111, n 4, p 568-576, Dec, 1989.

Choi, S.B. and Hedrick, J.K., "Vehicle Longitudinal Control Using an Adaptive Observer for Automated Highway Systems", *Proceedings of American Control Conference*, Seattle, Washington, 1995.

Choi, S.B. and Devlin, P., "Throttle and Brake Combined Control for Intelligent Vehicle Highway Systems", *SAE 951897*, 1995.

Decker, H., Emig, R. and Goebels, H., "Antilock Brake Systems for Commercial Vehicles," *Proceedings – Society of Automotive Engineers*, 1990, P-233, pp. 515-523.

Drakunov, S., Ozguner, U, Dix, P and Ashrafi, B., "ABS Control using Optimum Search via Sliding Modes," *IEEE Transactions on Control Systems Technology*, Vol. 3, No. 1, pp. 79-85, March 1995.

Fancher, P., Ervin, R., Sayer, J., Hagan, M., Bogard, S., Bareket, Z., Mefford, M. and Haugen, J., 1997, "Intelligent Cruise Control Field Operational test (Interim Report)", *University of Michigan Transportation Research Institute Report*, No. UMTRI-97-11, August 1997.

Guntur, R.R., Ouwerkerk, H., "Adaptive Brake Control System," *Ph.D. Thesis*, Delft University of Technology, The Netherlands, June 1975.

Guntur, R.R. and Wong, J.Y., "Some Design Aspects of Anti-Lock Brake Systems for Commercial Vehicles," *Vehicle System Dynamics*, Vol. 9, pp. 149-180, 1980.

Guntur, R.R. and Ouwerkerk, H., "Adaptive Brake Control System," *Proceedings of the Institution of Mechanical Engineers*, Vol. 186, 68/72, pp. 855-880, 1972.

Hedrick, J.K., McMahon, D., Narendran, V.K. and Swaroop, D., "Longitudinal Vehicle Controller Design for IVHS Systems", *Proceedings of the 1991 American Control*

Conference, Vol. 3, pp. 3107-3112, June 1991.

Hedrick, J.K., McMahon, D. and Swaroop, D., "Vehicle Modeling and Control for Automated Highway Systems", *PATH Research Report*, UCB-ITS-PRR-93-24, 1993.

Hedrick, J K. Tomizuka, M. **Varaiya**, P, "Control Issues in Automated Highway Systems," *IEEE Control Systems Magazine. v 14 n 6, . p 21-32 , Dec 1994*

Ioannou, P.A. and Chien, C.C., 1993, "Autonomous Intelligent Cruise Control", *IEEE Transactions on Vehicular Technology*, Vol. 42, No. 4, pp. 657-672.

Kiencke, U. and Nielsen, L., *Automotive Control Systems for Engine, Driveline and Vehicle*, SAE International, ISBN 0-7680-0505-1, 2000.

Miyasaki, N., Fukumoto, M., Sogo, Y. and Tsukinoki, H., "Antilock Brake System (M-ABS) Based on the Friction Coefficient Between the Wheel and the Road Surface," *SAE Special Publications*, Feb 1990, pp. 101-110.

Nouillant, C., Assadian, F., Moreau, X. and Oustaloup, A., "Feedforward and Crone Feedback Control Strategies for Automobile ABS," *Vehicle System Dynamics*, 2002, Vol. 38, No. 4, pp. 293-315.

Rajamani, R., Tan, H.S., Law, B. and Zhang, W.B., "Demonstration of Integrated Lateral and Longitudinal Control for the Operation of Automated Vehicles in Platoons," *IEEE Transactions on Control Systems Technology*, Vol. 8, No. 4, pp. 695-708, July 2000.

Reichart, G., Haller, G. and Naab, K, 1996, "Driver Assistance : BMW Solutions for the Future of Individual Mobility", *Proceedings of ITS World Congress*, Orlando, October 1996.

Slotine, J.J.E. and Li, W., "Applied Nonlinear Control", Prentice Hall, 1991.

Sugai, M., Yamaguchi, H., Miyashita, M., Umeno, T. and Asano, K., "New Control Technique for Maximizing Braking Force on Antilock Brake System," *Vehicle System Dynamics*, 1999, Vol. 32, pp. 299-312.

Swaroop, D., Hedrick, J.K., Chien, C.C. and Ioannou, P. "A Comparison of Spacing and Headway Control Laws for Automatically Controlled Vehicles", *Vehicle System Dynamics Journal*, Nov. 1994, vol. 23, (no.8):597-625.

Swaroop, D. and Hedrick, J.K., "String Stability of Interconnected Dynamic Systems", *IEEE Transactions on Automatic Control*, March 1996.

Swaroop, D., 1995, "String Stability of Interconnected Systems: An Application to Platooning in Automated Highway Systems", *Ph.D. Dissertation*, University of California, Berkeley, 1995.

Swaroop, D. and Rajagopal, K.R., "Intelligent Cruise Control Systems and Traffic Flow Stability," *Transportation Research Part C : Emerging Technologies*, Vol. 7, No. 6, pp. 329-352, 1999.

Swaroop D. Swaroop, R. Huandra, "Design of an ICC system based on a traffic flow specification," *Vehicle System Dynamics Journal*, Vol. 30, no. 5, pp. 319-44, 1998.

Swaroop, D. and Bhattacharya, S.P., "Controller Synthesis for Sign Invariant Impulse Response," *IEEE Transactions on Automatic Control*, Vol. 47, No. 8, pp. 1346-1351, August, 2002.

Swaroop, D., "On the Synthesis of Controllers for Continuous Time LTI Systems that Achieve a Non-Negative Impulse Response," *Automatica*, Feb 2003.

Texas Transportation Institute Report, "2002 Urban Mobility Study," URL: mobility.tamu.edu

Tomizuka, M. and Hedrick, J.K., "Automated Vehicle Control for IVHS Systems", *Proceedings of the IFAC Conference*, Sydney, 1993.

Unsal, C. and Kachroo, P., "Sliding Mode Measurement Feedback Control for Antilock Braking Systems," *IEEE Transactions on Control Systems Technology*, March 1999, Vol. 7, No. 2, pp. 271-281.

Varaiya, Pravin, "Smart Cars on Smart Roads: Problems of Control," *IEEE Transactions on*

Automatic Control, v 38 n 2, p 195-207, Feb 1993.

Watanabe, T., Kishimoto, N., Hayafune, K., Yamada, K. and Maede, N., 1997, "Development of an Intelligent Cruise Control System", *Mitsubishi Motors Corporation Report*, Japan.

Woll, J., 1997, "Radar Based Adaptive Cruise Control for Truck Applications", *SAE Paper No. 973184*, Presented at SAE International Truck and Bus Meting and Exposition, Cleveland, Ohio, November 1997.

United States Department of Transportation, *NHTSA, FARS and GES*, "Fatal Accident Reporting System (FARS) and General Estimates System (GES)," 1992.

Yanakiev, D. and Kanellakopoulos, I., 1995, "Variable time Headway for String Stability of Automated Heavy-Duty Vehicles", *Proceedings of the 34th IEEE Conference on Decision and Control*, New Orleans, LA, December 1995, pp. 4077-4081.

Yi, J., Alvarez, L., Claeys, X. and Horowitz, R., "Emergency Braking Control with an Observer Based Dynamic Tire Road Friction Model and Wheel Angular Velocity Measurement," *Vehicle System Dynamics*, 2003, Vol. 39, No. 2, pp. 81-97.

Yu, J.S., "A Robust Adaptive Wheel-Slip Controller for Antilock Brake System," *Proceedings of the 36th IEEE Conference on Decision and Control*, Dec 1997, pp. 2545-2546.

第 6 章　自适应巡航控制

6.1　引言

自适应巡航控制（ACC）系统是普通巡航控制系统的延伸。配备自适应巡航控制系统的车辆装有雷达或其他传感器，用来测量与公路上其他（前方或后方）车辆的车距。如果没有前方车辆，自适应巡航控制系统的车辆会像配备普通巡航控制系统的车辆那样以用户设定的速度行驶（图 6-1），但是，如果车载雷达检测到公路上有前方车辆，自适应巡航控制系统就会判断车辆是否能安全地以设定的期望速度继续行驶。如果前方车辆车距太近或行驶速度太慢，那么自适应巡航控制系统会从速度控制转换为车距控制。在车距控制中，自适应巡航控制车辆通过控制节气门和制动来保持与前方车辆的期望车距。

自适应巡航控制系统是"自治的"——它不依赖于无线通信或者与公路上其他车辆的配合而工作，它只使用车载传感器，例如雷达，来完成与前方车辆保持期望车距的任务。第一代自适应巡航控制系统首先在日本（Watanabe 等，1997 年）和欧洲被采用，现在北美市场也可以买到（Fancher 等，1997 年；Reichart 等，1996 年；Woll 等，1997 年）。梅赛德斯—奔驰 2003S 级和 E 级乘用轿车可以选择装配基于雷达的车距控制自适应巡航控制系统。凌志 2003LS340 可选择装配基于激光雷达的自适应巡航控制系统。

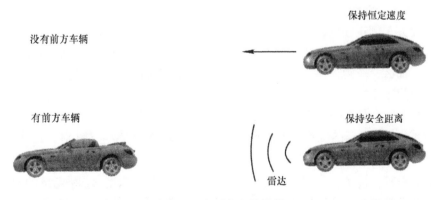

没有前方车辆

保持恒定速度

有前方车辆

保持安全距离

雷达

图 6-1　自适应巡航控制

自适应巡航控制系统允许驾驶人根据交通路况选择巡航控制操作选项，为驾驶人提供更多的方便性和更好的舒适性。自适应巡航控制系统也能有助于增加道路行驶的安全性，因为根据公路交通事故的统计显示，超过90%的交通事故是由人为失误所致（美国运输部门，1992），只有比例很少的交通事故是由车辆故障或者环境因素造成的（比如路滑）。因为自适应巡航控制系统可以减轻驾驶人的疲劳，以及用自动操作部分代替了驾驶人操作，采用自适应巡航控制系统将有望减少交通事故的发生。

从上述讨论可以清楚地看出，自适应巡航控制系统有2种稳态操作模式：

1）速度控制；

2）车辆跟随（也就是车距控制）。

车辆跟随是本章第6.2、第6.3、第6.4、第6.5和第6.6节讨论的主题。速度控制已经在第5章的第5.3节中讨论过。

自适应巡航控制系统需要决定采用哪一种稳态操作模式，即基于实时雷达测量的与前方车辆的车距和相对速度，决定车辆应该采用速度控制还是车辆跟随控制。另外，控制器必须执行一些过渡过程的操作，包括：

1）保证车辆从速度控制平滑地转变为车辆跟随控制，反之亦然。

2）每当出现新的前方车辆或当前的前方车辆离开道路、变道时，决定过渡过程保证车辆达到期望的稳态车距控制或者车速控制。

这些过渡操作和过渡控制算法在本章第6.7节中加以讨论。

6.2 车辆跟随准则

车辆跟随是自适应巡航控制系统的2种稳态操作模式之一。在车辆跟随操作模式中，自适应巡航控制车辆与前方车辆的车距维持在期望值。车辆跟随控制系统必须遵守的2个重要准则是保证单个车辆的稳定行驶和车队的稳定行驶。

1. 单个车辆的稳定行驶

当前方车辆正在以恒速行驶时，如果自适应巡航控制车辆的车距误差趋近于零，车辆跟随控制律是保证单个车辆的稳定行驶；如果前方车辆正在加速或者减速，那么，车距误差就加大。车距误差是指相对前方车辆的实际车距与车辆之间期望车距之差。

图6-2所示是在公路上采用车辆跟随纵向控制系统的一个车队。设 x_i 是在惯性参考系中第 i 辆车的位置，如图6-2所示，那么，第 i 辆车（针对自适应巡航控制车辆）的车距误差被定义为 $\delta_i = x_i - x_{i-1} + L_{des}$，$L_{des}$ 在这里指期望车距，包括前方车辆长度 l_{i-1}。期望车距 L_{des} 可选择作为车辆速度 $\dot{x}_i$ 等变量的函数。如果下列条件满足，自适应巡航控制控制律提供单个车辆的稳定行驶控制：

$$\ddot{x}_{i-1} \to 0 \quad \Rightarrow \quad \delta_i \to 0 \qquad (6-1)$$

2. 车队的稳定行驶

如果车辆跟随控制律能保证单个车辆的稳定行驶，那么当前方车辆以恒速

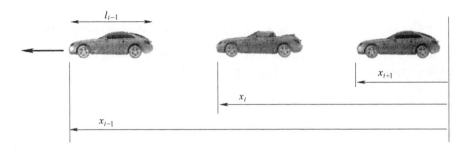

图 6-2　自适应巡航控制的车辆队列

行驶时车距误差应该趋近于零。然而，车距误差在前方车辆加速或减速期间期望值不为零，所以重要的是描述在使用相同车距策略和控制律的自适应巡航控制车辆队列中车距误差如何在车辆间传递。自适应巡航控制车辆车队的稳定行驶需要保证车距误差向车队尾部传递时不被扩大的特性（Swaroop，1995；Swaroop 和 Hedrick，1996）。例如，车队的稳定行驶要保证第 2、3 辆汽车间的车距误差不会扩大成为车队后面第 7、第 8 辆车之间很大的车距误差。

在第 6.4 节中将会给出车队稳定行驶的严格定义。

6.3　控制系统的结构

自适应巡航控制车辆的纵向控制系统结构通常为分层控制设计，如图 6-3 所示，它由一个上层控制器和一个下层控制器组成。上层控制器决定每辆车的期望加速度，下层控制器决定执行节气门和/或制动控制命令来达到期望的加速度。下层控制器采用车辆动力学模型、发动机 MAP 图和非线性控制综合技术（Choi 和 Devlin，1995a 和 1995b；Hedrick 等，1991；Hedrick 等，1993）来计算达到期望加速度时需要的实时制动和节气门输入控制量。

上层控制器的任务是决定期望加速度以满足 2 种性能准则。如第 6.2 节所讨论的，第 1 种准则是

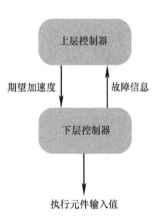

图 6-3　纵向控制系统结构

单个车辆的稳定行驶，能逐渐达到并且维持与道路前方车辆的期望车距；第 2 种准则是当道路上许多采用相同车辆跟随控制律的自适应巡航控制车辆在自动控制行驶时，车辆队列的"车队稳定"能够得到保证（Swaroop，1995；Swaroop 和 Hedrick，1996）。

就上层控制器而言，控制设计使用的模型是：

$$\ddot{x}_i = u \tag{6-2}$$

式中，下标 i 表示车队中的第 i 辆车。这样，汽车的加速度被假定是控制输入。然而，由于与下层控制器有关的带宽有限，每辆车实际上不能完全达到其期望的加速度，因此上层控制器的设计任务是当下层控制器一级命令存在滞后时充分满足性能准则 1 和 2：

$$\ddot{x}_i = \frac{1}{\tau s + 1}\ddot{x}_{i\_\text{des}} = \frac{1}{\tau s + 1}u_i \tag{6-3}$$

因此，式（6-2）设定为名义方法模型，即使式（6-3）给出的实际方法模型能够满足性能准则。

为了便于分析和仿真，本章假设 $\tau = 0.5\text{s}$ 的滞后时间。可能的最大加速度和减速度分别设定为 0.25g 和 -0.5g。

6.4　车队的稳定行驶

根据以上简单论述，自适应巡航控制车辆车队的稳定行驶需要保证车距误差向车队尾部传递时不被扩大的特性。在本节中，将提出（并定义）保证车队稳定行驶的数学条件。

设 δi 和 δ_{i-1} 是自适应巡航控制连续行驶车队中车辆的车距误差，设 $\hat{H}(s)$ 是与连续行驶车辆的车距误差相关的传递函数，则：

$$\hat{H}(s) = \frac{\delta_i}{\delta_{i-1}} \tag{6-4}$$

如果满足下列 2 个条件，系统处于车队稳定行驶状态：

1）传递函数 $\hat{H}(s)$ 满足：

$$\| \hat{H}(s) \|_\infty \le 1 \tag{6-5}$$

2）传递函数 $\hat{H}(s)$ 的脉冲响应函数 $h(t)$ 不应该改变符号（Swaroop，1995），也就是：

$$h(t) > 0; \forall t \ge 0 \tag{6-6}$$

必须满足这 2 个条件的原因详见第 7 章的第 7.5 节和 7.6 节。概括地说，式（6-5）保证了 $\| \delta_i \|_2 \le \| \delta_{i-1} \|_2$，这意味着随着车距误差向车队的尾部传递，车距误差信号逐步减小。式（6-6）保证车队中车辆的稳态行驶车距误差有相同的符号。因为正的车距误差意味着车辆比期望值靠得更近，而负的车距误差意味着车辆的车距比期望值更远，所以车距误差的符号很重要。如果稳态值 δ_i 是正值，而稳态值 δ_{i-1} 是负值，那么即使在 δ_i 的值小于 δ_{i-1} 的时候也可能是危险的。脉冲响应是正值的条件确保了稳态值 δ_i 和 δ_{i-1} 的符号相同。

当条件 6-5 和 6-6 同时满足，那么，如第 7.5 节中所讨论的有 $\| \delta_i \|_\infty \le$

$\| \delta_{i-1} \|_\infty$。

更多的关于车队稳定行驶的详细论述可参见第 7 章的第 7.5 节和第 7.6 节。

6.5 　固定车距与自主控制

如第 6.1 节所述，一个自主控制器（像自适应巡航控制系统）仅仅利用类似雷达的车载传感器而不依赖与道路上其他车辆之间的通信或其他协作形式，这就意味着上层控制器可用的反馈测量参量只有车辆的车距、相对速度以及自适应巡航控制车辆的速度。本节论述的这种自主控制器不能使用固定车距控制策略，也就是说，固定车距控制策略并不适合于自主控制系统。

车辆的测量车距定义为：

$$\varepsilon_i = x_i - x_{i-1} + l_{i-1} \tag{6-7}$$

式中　l_{i-1}——前方车辆的长度。

在固定车距控制策略中第 i 辆车的车距误差被定义为：

$$\delta_i = x_i - x_{i-1} + L_{\mathrm{des}} \tag{6-8}$$

式中　L_{des}——车辆之间期望的固定车距值，包括前方车辆长度。

如果我们假设车辆的加速度可以实时控制，那么这种类型的线控系统为：

$$\ddot{x}_i = -k_p \delta_i - k_v \dot{\delta}_i \tag{6-9}$$

导出

$$\ddot{\delta}_i = \ddot{x}_i - \ddot{x}_{i-1} = -k_p \delta_i - k_v \dot{\delta}_i + k_p \delta_{i-1} + k_v \dot{\delta}_{i-1}$$

进一步推导出闭环误差动力学方程：

$$\ddot{\delta}_i + k_v \dot{\delta}_i + k_p \delta_i = k_p \delta_{i-1} + k_v \dot{\delta}_{i-1} \tag{6-10}$$

传递函数为：

$$G(s) = \frac{\delta_i}{\delta_{i-1}}(s) = \frac{k_p + k_v s}{s^2 + k_v s + k_p} \tag{6-11}$$

该式是对车距误差沿着车队传递的描述。图 6-4 所示的是 $k_p = 1$，$k_v = 0.3$ 时的伯德幅值图，传递函数的最大幅值大于 1，所以式（6-9）的自主控制律不能保证车队稳定行驶。

k_p 和 k_v 的所有正值保证了当第 $i-1$ 辆车的车距误差为零时，第 i 辆车的车距误差趋近于零，因此确保了单个车辆的稳定。然而，没有 k_p 和 k_v 的正值使得传递函数 $G(s)$ 的幅值能被保证小于 1，为说明这一点，改写函数 $G(s)$ 为：

$$G(s) = \frac{k_p}{s^2 + k_v s + k_p} \left(\frac{k_v}{k_p} s + 1 \right) \tag{6-12}$$

或者

$$G(s) = G_1(s) G_2(s) \tag{6-13}$$

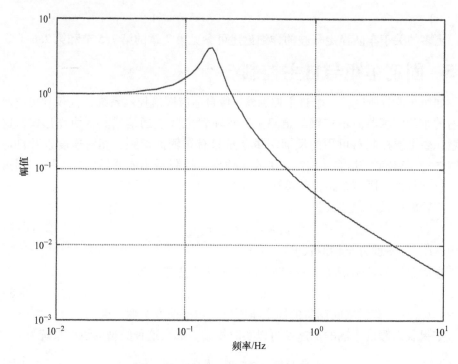

图 6-4 式 6-11 中函数 $G(s)$ 的幅值图

由于 $G_1(j\omega)$ 的幅值小于 1，需要阻尼系数 $\xi \geqslant 0.707$ 或者 $\dfrac{k_v}{2\sqrt{k_p}} \geqslant 0.707$，也即：

$$k_v \geqslant 1.414 \sqrt{k_p} \qquad\qquad (6\text{-}14)$$

由于在频率达到共振频率 $\sqrt{k_p}$ 时，$G_2(j\omega)$ 的幅值不超过 1，需要频率 $\dfrac{k_p}{k_v}$ 大于 $\sqrt{k_p}$，因此，需要 $\dfrac{k_p}{k_v} > \sqrt{k_p}$ 或：

$$\sqrt{k_p} > k_v \qquad\qquad (6\text{-}15)$$

不可能找到同时满足式（6-14）和（6-15）的增益值，因此 $G(s)$ 的幅值将会总是超过 1。

因此，固定车距控制策略不适合在像自适应巡航控制的自治系统中使用（Swaroop，1995）。

6.6　固定时距控制策略的自主控制

因为固定车距控制策略不适用自主控制，必须采用一种较好的能同时确保单个车辆稳定行驶和车队稳定行驶的车距控制策略。固定时距控制策略（CTG）

正是这样的车距控制策略，在 CTG 车距控制策略中，车辆间的期望车距不是固定的而是随速度而线性地变化的：

$$L_{\text{des}} = l_{i-1} + h\dot{x}_i \qquad (6-16)$$

固定的参数 h 被称为时距，车距误差随着速度而变化，被定义为：

$$\delta_i = \varepsilon_i + h\dot{x}_i \qquad (6-17)$$

式中　$\varepsilon_i = x_i - x_{i-1} + l_{i-1}$ 的定义同式（6-7）。

以下基于 CTG 车距控制策略的控制器由 Ioannou 和 Chien 于 1993 年建立，控制律是自主的，可以表达为：

$$\ddot{x}_{i-\text{des}} = -\frac{1}{h}(\dot{\varepsilon}_i + \lambda\delta_i) \qquad (6-18)$$

在这种控制律中，车辆队列的车距误差 δ_i 和 δ_{i-1} 是相互独立的。对式（6-17）求导得：

$$\dot{\delta}_i = \dot{\varepsilon}_i + h\ddot{x}_i \qquad (6-19)$$

假定 $\ddot{x}_i = \ddot{x}_{i-\text{des}}$，用式（6-18）替换式（6-19）中的 $\ddot{x}_i$，得 δ_i 的误差动力学方程为：

$$\dot{\delta}_i = -\lambda\delta_i \qquad (6-20)$$

因此，只要 $\lambda > 0$，δ_i 与 δ_{i-1} 相互独立而且 δ_i 预期趋近于零，然而要注意，这个结果只有在车辆能实时获得期望加速度的条件下才是正确的，也即只有在与下层控制器相关的时间常数 τ 假定为零的情况下结论才能成立。

6.6.1　基于 CTG 车距控制策略的车队稳定行驶

当已知下层控制器和执行器动力学模型时，期望加速度不是实时获得而是由式（6-3）近似地获得：

$$\tau\dddot{x}_i + \ddot{x}_i = \ddot{x}_{i-\text{des}}$$

用式（6-18）替换 $\ddot{x}_{i-\text{des}}$，可得：

$$\tau\dddot{x}_i + \ddot{x}_i = -\frac{1}{h}(\dot{\varepsilon}_i + \lambda\delta_i) \qquad (6-21)$$

同时，对式（6-17）中 δ_i 2 次求导，可得：

$$\ddot{\delta}_i = \ddot{\varepsilon}_i + h\dddot{x}_i \qquad (6-22)$$

用式（6-21）替换 $\dddot{x}_i$，就能找出 ε_i 和 δ_i 之间的关系：

$$\ddot{\varepsilon}_i = \ddot{\delta}_i + \frac{1}{\tau}[\dot{\varepsilon}_i + h\ddot{x}_i + \lambda\delta_i]$$

或者：

$$\ddot{\varepsilon}_i = \ddot{\delta}_i + \frac{1}{\tau}(\dot{\delta}_i + \lambda\delta_i) \qquad (6-23)$$

连续行驶车队的车距误差之差可以写为：

$$\delta_i - \delta_{i-1} = \varepsilon_i - \varepsilon_{i-1} + h(\dot{x}_i - \dot{x}_{i-1})$$

或者：

$$\delta_i - \delta_{i-1} = \varepsilon_i - \varepsilon_{i-1} + h\dot{\varepsilon}_i \tag{6-24}$$

用 δ_i 表达 ε_i，δ_{i-1} 表达 ε_{i-1}，将式（6-23）代入式（6-24），可得到 δ_i 和 δ_{i-1} 之间的动力学的关系，传递函数的关系为：

$$\frac{\delta_i}{\delta_{i-1}} = \frac{s + \lambda}{h\tau s^3 + h s^2 + (1 + \lambda h)s + \lambda} \tag{6-25}$$

可以通过研究上述传递函数和验证它的幅值是否总是小于 1 来分析系统的车队稳定行驶状况。替换 $s = j\omega$，并且求出上述传递函数的幅值，可以看到（见附录 6. A）在所有频率范围内其幅值总是小于等于 1，只要：

$$h \geq 2\tau \tag{6-26}$$

另外，如果式（6-26）满足，那么就可以保证能找到一个 λ 值使 $\| \hat{H}(s) \|_\infty \leq 1$。所以式（6-26）是充要条件。上述结果由 Swaroop 在 1995 年得到。实质上，这意味着只要时距大于变量 2τ，车队的稳定就能够保持。

图 6-5 所示为 $\lambda = 0.4$，$\tau = 0.5$ 以及 $h = 1.8s$ 时式（6-23）中传递函数的脉冲响应。可以看出，对传递函数参数的这些值系统脉冲响应是非负的，因此，控制器参数的选择能同时保证 $\| \hat{H}(s) \|_\infty \leq 1$ 和 $h(t) > 0$。

通过选择满足式（6-26）的足够大的 h，条件 $\| \hat{H}(s) \|_\infty \leq 1$ 总是能够满足。然而，没有可用的研究结论来提供保证脉冲响应 $h(t)$ 非负的直接的设计方法，这与 Swaroop 在 2003 年提供的间接设计方法的结论是一致的。为了让脉冲响应为非负值，传递函数 $\hat{H}(s)$ 必须满足 2 个必要条件是：

1）系统的主要极点不应该是一对共轭的复数；

2）闭环系统在其所有极点的右侧没有零极点。

6.6.2 典型的延迟值

本节讨论跟随期望加速度的时间滞后常数 τ 的典型值。由式（6-26）清楚地可知 τ 值限制了时距 h。较小的时距会导致较高密度的交通流量，并且因此增加公路的交通容量。然而，根据式（6-26），时距不能够小于 2τ，否则系统不再是车队稳定行驶状态。

下层控制器性能的滞后有很多来源，累积制动或发动机控制滞后和传感器信号处理滞后。

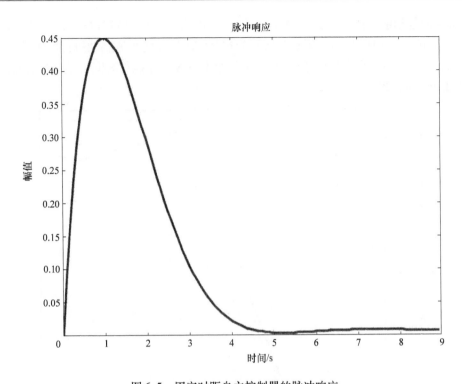

图 6-5　固定时距自主控制器的脉冲响应

图 6-6 所示为实测的改进设计的 ABS 系统制动执行器的性能，当需要达到

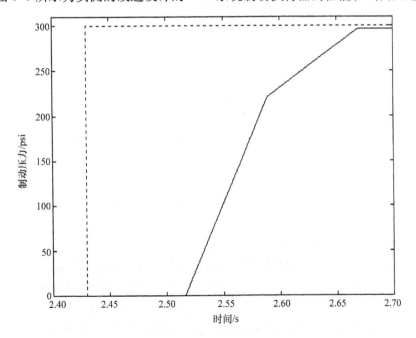

图 6-6　改进的 ABS 制动系统中的纯时间延迟和滞后

300psi 的制动输入压力时，除 80ms 的第 1 阶段指令执行时间常数外，制动执行器有 70ms 的纯时间延迟。图 6-7 所示为在 PATH 设计的恒流制动执行器的性能，该执行器有 70ms 的纯时间延迟和 70ms 的第 1 阶段指令执行时间常数（Rajamani 和 Shladover，2001）。

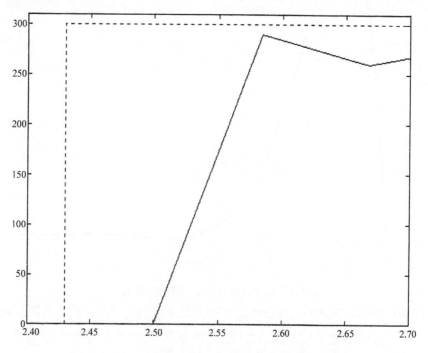

图 6-7　研发中恒流制动执行器中的纯时间延迟和滞后

如果计入：

1）发动机响应的纯时间延迟（在 2000r/min 时为 60ms）。

2）跟踪加速度的下层低阶多变量滑摩控制器的带宽。

3）其他传感器的低通滤波器的带宽，例如发动机歧管压力传感器、轮速传感器等。

4）节气门执行器的带宽。

5）由于以 50Hz 频率离散取样的延迟（20ms 取样周期）。

6）雷达滤波器的 200ms 延迟。

7）制动时，制动执行器的延迟，非发动机时间延迟。

可以清楚地看出，下层控制器的全部时间常数可能高达 500ms。

因此，根据式（6-26），为了保证车队的稳定行驶，能被上层控制器使用的最小的时距是 1s，这和以 30m/s 速度行驶的车辆之间 30m 的稳态车距是相等的。因此，假定车辆长 5m，理论能够达到的最大交通流量少于 3100 辆车/h。

1995 年 Yanakiev 和 Kanellakopoulos 提出了变时距可选的非线性自主控制器。Yanakiev 和 Kanellakopoulos1995 年的研究结果表明，其提出的控制器在性能和反应方面相比标准固定时距的自主控制器有所改进。非线性控制器有潜力克服标准线性控制器的最小时距限制，不过分析非常困难，这是因为线性系统的分析工具，例如频率响应和伯德图不再适用。Yanakiev 和 Kanellakopoulos 在 1995 年提出的变时距算法还没有对下层控制器动力学鲁棒性进行分析。

6.7　过渡控制

第 6.2 节到第 6.6 节提出的所有控制律是为稳定的车辆跟随而设计的，自适应巡航控制车辆不仅要实现稳定的车辆跟随还要实现其他控制，例如速度控制以及过渡过程控制，如为了接近行驶比较慢的前方车辆而实现"车辆会合"。

6.7.1　过渡控制器的必要性

当没有侦测到同车道上前方目标车辆时，自适应巡航控制车辆在速度控制下行驶。自适应巡航控制车辆，当在速度控制下，可能会突然在车道中遇到新的车辆，新的车辆可能是从另一车道进入或者可能在同车道前方行驶比较慢的车辆，在这种情况下，自适应巡航控制车辆必须决定是继续以速度控制模式行驶还是转换到车辆跟随模式，如果需要转换到车辆跟随模式，就要设计使自适应巡航控制车辆转变到稳定跟随车距的过渡控制。同样，由于被跟随车辆行驶比较快或者变线，在车辆跟随模式下行驶的自适应巡航控制车辆可能会失去它的目标车辆，在这种情况下，自适应巡航控制车辆必须决定是转换到速度控制还是执行过渡控制跟随前方较远处的另一目标车辆。

第 6.6 节中提到的一般的固定时距（CTG）控制律不能直接用来跟随新遇到的车辆。在使用 CTG 控制律之前，需要设计一个过渡控制，过渡控制之所以需要可以从下列的例子中得到了解。

实例：

考虑如图 6-8 所示情况，在速度控制之下行驶的自适应巡航控制车辆在车道中遇到一辆停止的车辆，假设自适应巡航控制车辆的初始速度是 30m/s 并且 CTG 控制律参数是 $\lambda = 1$、$h = 1\text{s}$、$L = 5\text{m}$。

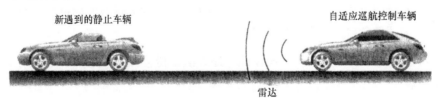

图 6-8　自适应巡航控制车辆遇到静止车辆

车辆最终稳定期望车距是 $L = 5\mathrm{m}$，车辆初始期望车距是 $L + h\dot{x}_i = 5 + 30 = 35\mathrm{m}$，初始车距误差是 $\delta_i = x_i - x_{i-1} + L + h\dot{x}_i = -100 + 5 + 30 = -65$，而初始相对速度是 $\dot{\varepsilon}_i = \dot{x}_i - \dot{x}_{i-1} = 30$。

如果自适应巡航控制车辆直接使用 CTG 控制律 $\ddot{x}_{\mathrm{des}} = -\dfrac{1}{h}(\dot{\varepsilon}_i + \lambda\delta_i)$，那么，初始期望加速度要求是 $\ddot{x}_{\mathrm{des}} = -1(30 - 65) = 35\mathrm{m/s}^2$。

这样初始期望加速度将会是一个极大的正值！这是因为车辆离目标车辆太远，用于控制计算的车距误差极大，即使目标车辆行驶地非常缓慢（静止）。

因为初始车距只有 100m，自适应巡航控制车辆有撞到静止车辆的危险。假定最大制动减速度是 $5\mathrm{m/s}^2$，自适应巡航控制车辆从 30m/s 的初始速度制动到静止需要的车距是：

$$X = \frac{30^2}{2(5)} = 90\mathrm{m}$$

因此，从 100m 的初始车距开始，如果立即制动车辆，仅仅有足够的车距避免碰撞。如果车辆最初是使用 CTG 控制律加速，那么它就没有足够的车距进行制动而最终与静止车辆发生碰撞。

实例的结论：

一般的稳定车辆跟随控制律（不使用过渡控制）不考虑下列问题：

1）避免碰撞是最优先考虑的问题，也就是当自适应巡航控制车辆遇到新的目标车辆时不允许加速，否则车辆会发生碰撞。

2）车上的制动和发动机控制执行器要限制最大允许值和饱和值。

3）新遇到的前方车辆不一定总是车辆跟随的目标车辆。

因此，考虑到上述问题，转换控制器是必需的。

6.7.2 通过 $R - \dot{R}$ 图设计转换控制器

当自适应巡航控制车辆遇到新的目标车辆时，车距—相对速度图被用来（Fancher 和 Bareket，1994）决定是否：

1）车辆应该使用速度控制。

2）车辆应该使用车距控制（采用期望车距随时间慢慢改变的过渡控制）。

3）为了避免碰撞，车辆应该可能采取制动。

车距—相对速度（$R - \dot{R}$）图按照下述方法获得，图 6-9 定义了车距 R 和相对速度 $\dot{R}$

$$\dot{R} = \dot{x}_{\mathrm{p}} - \dot{x} = V_{\mathrm{p}} - V \tag{6-27}$$

$$R = x_{\mathrm{p}} - x \tag{6-28}$$

式中　x_p、x、V_p 和 V——分别是前方车辆和自适应巡航控制车辆的惯性位置和速度。

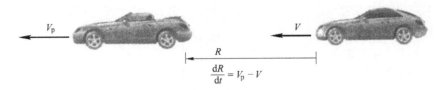

图 6-9　车距和相对速度的定义

1994 年 Fancher 和 Bareket 提出的一个典型的 $R - \dot{R}$ 图，如图 6-10 所示。

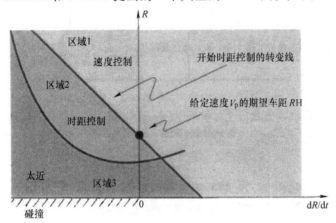

图 6-10　车距－相对速度图

$R - \dot{R}$ 图有以下特性（Fancher 和 Bareket，1994）：

1. 可能的运动方向

当 $\dot{R}$ 是负值，R 只可能减少；当 $\dot{R}$ 是正值，R 只可能增加。因此在 $R -\dot{R}$ 图的右边，R 只能增加；在 $R - \dot{R}$ 图的左边，R 只能减少。图 6-11 可以说明这一点。

2. 开始车距控制的转变线

式（6-29）给出了从速度控制到车距控制的转变线：

$$R = -T\dot{R} + R_{\text{final}} \qquad (6-29)$$

式中　T——转变线的斜率。

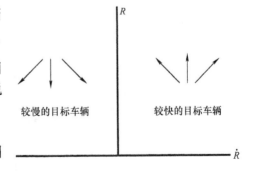

图 6-11　可能的运动方向

在比期望极限车距 R_{final} 较远的车距处遇到行驶较慢的车辆时，图 6-12 所示的转变线被用来决定车辆是否以及何时应该转换到车距控制。如果车距 R 超过转变线给出的值，应该使用速度控制。

总体策略（轨线 ABC 所示）是首先减少常数 $\dot{R}$ 的差距，然后根据转变线给的期望车距：

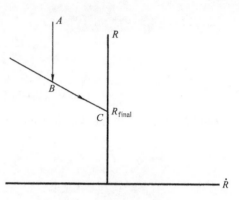

图 6-12　车距控制的转变线

$$R = -T\dot{R} + R_{\text{final}}$$

注意，$\dot{R}$ 是负值，因此转变过程中 R 总是比 R_{final} 大。

注意，从点 A 到点 C 也可以有其他的轨迹。例如，也能采用从 A 到 C 的直线路径。图 6-12 中轨线的优点之一是一旦遇到新的车辆，车辆不用立即制动，相反，自适应巡航控制车辆以初始速度继续行驶，而只在到达转变线之后才开始制动，避免了遇到新的车辆时的粗暴操作。

在车距控制期间转变线上的控制律如下，依据 $\dot{R}$ 的值，由式（6-29）决定 R 的值，然后使用 R 作为 PD 控制律中车辆的期望车距：

$$\ddot{x}_{\text{des}} = -k_{\text{p}}(x - R) - k_{\text{d}}(\dot{x} - R) \tag{6-30}$$

3. 持续减速期间的轨迹

持续减速期间自适应巡航控制车辆的轨迹在 $R - \dot{R}$ 图上是抛物线。注意，在图 6-13 中，减速度越大，抛物线越低，这能从这样的事实加以理解，即对于 R 的每个值，$\dot{R}$ 越小抛物线越低。

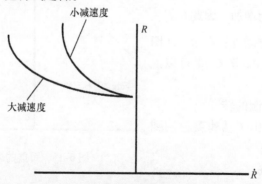

图 6-13　持续减速期间的抛物线轨迹

车辆减速度 $\dot{R}$ 不断增加（初始值为比较小的负值），最后随着自适应巡航控制车辆相对目标车辆的行驶速度减慢，$\dot{R}$ 将变为零。之后如图 6-14 所示，$\dot{R}$ 将会变为正值。当 $\dot{R} > 0$ 时，车距开始增加。设 R_{amn} 是持续减速的抛物线上 R 达到的最小值，于是抛物线轨迹方程为：

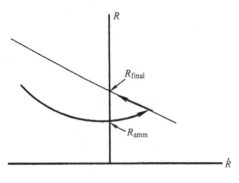

图 6-14 恒减速后再加速

$$R = R_{amn} + \frac{\dot{R}^2}{2D} \qquad (6\text{-}31)$$

式中，D 是车辆减速度值。图 6-12 中讨论的转变线用于最后加速车辆，并最终达到期望车距 R_{final}，如图 6-14 所示。

4. 转变线的斜率

车辆沿转变线行驶应具有一定的舒适性，且不引起过大的减速度。用滑行期间的减速度（零加速和零制动）来确定转变线的斜率，设 $D = 0.4\,\text{m/s}^2$ 是滑行期间的减速度，如图 6-15 所示，用减速度 D 构造经过 R_{final} 的抛物线，该抛物线的轨迹方程为：

$$R = R_{final} + \frac{\dot{R}^2}{2D} \qquad (6\text{-}32)$$

计算传感器最大可测量范围 A 处，例如 300ft 处抛物线的值。经过点 A 和 R_{final} 的直线可以用来确定斜率，此外，将 $\dot{R}$ 的最大允许值带入式（6-32）来确定转变线 A 点的值。

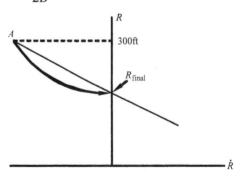

图 6-15 滑行期间的轨线

5. 过渡过程中车队的稳定行驶

需要为过渡操作期间车队的稳定担忧吗？不需要这是因为只有车队中领头的车辆会执行这些过渡操作，车队中其他车辆不执行过渡操作，他们只使用类似固定时距控制器的稳态控制器来跟随领头车辆，由此维持车队的稳定行驶。

6.8 下层控制器

为了达到上层控制器决定的期望加速度，下层控制器决定节气门和制动执行器的输入控制量。在下层控制器开发中采用以下车辆动力学简化模型，如第 5

章所述，该简化模型假定车辆的变矩器被锁止，并且轮胎和道路之间的滑移为零。这些假定条件直接将车速 $\dot{x}_i$ 和发动机角速度 ω_e 联系起来：

$$\dot{x}_i = \nu_i = (Rr_{eff}\omega_e)_i \tag{6-33}$$

式中　R——传动比；

　　　r_{eff}——车轮有效半径。

在这些假设条件下，如第 5 章第 5.5.1 节所述，使发动机角速度 ω_e 与伪输入"发动机净转矩" T_{net} 以及制动转矩 T_{br} 相关联的动力学模型为：

$$\dot{\omega}_e = \frac{T_{net} - c_a R^3 r_{eff}^{\ 3} \omega_e^2 - R(r_{eff}R_x + T_{br})}{J_e} \tag{6-34}$$

式中　$J_e = I_e + (mr_{eff}^2 + I_\omega)R^2$，是反映在发动机上的有效转动惯量；

　　　R——传动比；

　　　r_{eff}——车轮半径。

注意，这一章中 R 用来表示变速器传动比（不要与 $R-\dot{R}$ 图表中的 R 混淆）。

如果发动机有效转矩为：

$$(T_{net})_i = \frac{J_e}{Rr_{eff}}\ddot{x}_{ides} + \left[c_a R^3 r_{eff}^{\ 3}\omega_e^{\ 3} + R(r_{eff}R_x + T_{br}) \right]_i \tag{6-35}$$

则，根据式（6-34），自适应巡航控制车辆的加速度与上层控制器定义的期望加速度相等：$\ddot{x}_i = \ddot{x}_{ides}$。

一旦由式（6-35）获得需要的发动机有效转矩，就可以使用发动机动力学模型和应用非线性控制综合技术，来获得计算提供发动机有效转矩的节气门角度的控制率。关于汽油和柴油发动机动力学模型以及提供期望转矩的控制设计，将在本书第 9 章中讨论。

6.9　本章小结

自适应巡航控制系统的纵向控制器有 2 种稳态操作模式：

1）速度控制；

2）车距控制。

稳态车距控制叫作车辆跟随。在车辆跟随模式中，纵向控制器必须确保满足以下 2 个特征：

1）单个车辆的稳定行驶，其中如果前方车辆以恒定速度行驶，车距误差趋近于零；

2）车队的稳定行驶，其中当车距误差向车队的尾部传递时，车距误差不能扩大。

自适应巡航控制系统是"自主的"——它不依赖于无线通信或者与公路上

其他车辆的配合而工作，它只使用车载传感器来完成它的控制系统任务。在自主控制器中，不能使用固定车距的控制策略，这是因为在固定车距控制策略下，自主控制器虽能确保单个车辆的稳定行驶但是不能确保车队的稳定行驶，相反，应该使用期望车距与速度成比例的固定时距车距控制策略。采用固定时距的车距控制策略，能以自主方式同时确保车队的稳定和单个车辆的稳定。

除了进行稳定的车辆跟随控制外，基于实时雷达测量的车距和相对速度，纵向控制器需要决定采用哪一种稳态操作模式，即车辆应该采用速度控制或者跟随控制。此外，控制器必须执行一些过渡过程的操作，包括前方车辆行驶路径变化时从车距控制转变到速度控制，接近行驶比较慢的前方车辆时执行"车辆会合"等。基于 $R-\dot{R}$ 图设计控制器，可以完成这些过渡操作，在本章第6.7节中讨论了 $R-\dot{R}$ 图。

参　数　表

x_i——自适应巡航控制车队中第 i 辆车的纵向位置

$\dot{x}_i$ 或 V_i 或 V——第 i 辆车的纵向速度

$\varepsilon_i = x_i - x_{i-1} + l_{i-1}$——测量的车辆车距，其中 l_{i-1} 为前方车辆的长度

$\delta_i = x_i - x_{i-1} + L_{\text{des}}$——第 i 辆车的车距误差

h——固定时距控制器中的时距值

R——车距

$\dot{R}$——相对速度

V_{P}——前方车辆的速度

R_{final}、T、D——$R-\dot{R}$ 图中的常数

T_{net}——发动机有效转矩

T_{br}——制动转矩

ω_{e}——发动机角速度

c_{a}——空气动力学空阻系数

R——传动比

r_{eff}——车轮有效半径

R_{x}——车轮滚动阻力

J_{e}——反映在发动机上的有效转动惯量

m——车辆质量

参 考 文 献

Choi, S.B. and Hedrick, J.K., "Vehicle Longitudinal Control Using an Adaptive Observer for Automated Highway Systems", *Proceedings of American Control Conference*, Seattle, Washington, 1995.

Choi, S.B. and Devlin, P., "Throttle and Brake Combined Control for Intelligent Vehicle Highway Systems", *SAE 951897*, 1995.

Fancher, P., Ervin, R., Sayer, J., Hagan, M., Bogard, S., Bareket, Z., Mefford, M. and Haugen, J., 1997, "Intelligent Cruise Control Field Operational test (Interim Report)", *University of Michigan Transportation Research Institute Report*, No. UMTRI-97-11, August 1997.

Fancher, P. and Bareket, Z., 1994, "Evaluating Headway Control Using Range Versus Range-Rate Relationships", *Vehicle System Dynamics*, Vol. 23, No. 8, pp. 575-596.

Hedrick, J.K., McMahon, D., Narendran, V.K. and Swaroop, D., "Longitudinal Vehicle Controller Design for IVHS Systems", *Proceedings of the 1991 American Control Conference*, Vol. 3, pp. 3107-3112, June 1991.

Hedrick, J.K., McMahon, D. and Swaroop, D., "Vehicle Modeling and Control for Automated Highway Systems", *PATH Research Report*, UCB-ITS-PRR-93-24, 1993.

Ioannou, P.A. and Chien, C.C., 1993, "Autonomous Intelligent Cruise Control", *IEEE Transactions on Vehicular Technology*, Vol. 42, No. 4, pp. 657-672.

Rajamani, R., Hedrick, J.K. and Howell, A., "A Complete Fault Diagnostic System for Longitudinal Control of Automated Vehicles", *Proceedings of the Symposium on Advanced Automotive Control*, ASME International Congress, November 1997.

Rajamani, R. and Zhu, C., 1999, "Semi-Autonomous Adaptive Cruise Control Systems", *Proceedings of the American Control Conference*, June 1999.

Rajamani, R., Tan, H.S., Law, B. and Zhang, W.B., "Demonstration of Integrated Lateral and Longitudinal Control for the Operation of Automated Vehicles in Platoons," *IEEE Transactions on Control Systems Technology*, Vol. 8, No. 4, pp. 695-708, July 2000.

R. Rajamani and S.E. Shladover, "An Experimental Comparative Study of Autonomous and Cooperative Vehicle-Follower Control Systems", *Journal of Transportation Research, Part C – Emerging Technologies*, Vol. 9 No. 1, pp. 15-31, February 2001.

Reichart, G., Haller, G. and Naab, K, 1996, "Driver Assistance: BMW Solutions for the Future of Individual Mobility", *Proceedings of ITS World Congress*, Orlando, October 1996.

Slotine, J.J.E. and Li, W., "Applied Nonlinear Control", Prentice Hall, 1991.

Swaroop, D., Hedrick, J.K., Chien, C.C. and Ioannou, P. "A Comparison of Spacing and Headway Control Laws for Automatically Controlled Vehicles", *Vehicle System Dynamics Journal*, Nov. 1994, vol. 23, (no.8):597-625.

Swaroop, D. and Hedrick, J.K., "String Stability of Interconnected Dynamic Systems", *IEEE Transactions on Automatic Control*, March 1996.

Swaroop, D., 1995, "String Stability of Interconnected Systems: An Application to Platooning in Automated Highway Systems", *Ph.D. Dissertation*, University of California, Berkeley, 1995.

Swaroop, D. and Rajagopal, K.R., "Intelligent Cruise Control Systems and Traffic Flow Stability," *Transportation Research Part C: Emerging Technologies*, Vol. 7, No. 6, pp. 329-352, 1999.

Swaroop, D. and Bhattacharya, S.P., "Controller Synthesis for Sign Invariant Impulse Response," *IEEE Transactions on Automatic Control*, Vol. 47, No. 8, pp. 1346-1351, August, 2002.

Swaroop, D., "On the Synthesis of Controllers for Continuous Time LTI Systems that Achieve a Non-Negative Impulse Response," *Automatica*, Feb 2003.

Texas Transportation Institute Report, "2001 Urban Mobility Study," URL: mobility.tamu.edu

United States Department of Transportation, *NHTSA, FARS and GES*, ''Fatal Accident Reporting System (FARS) and General Estimates System (GES),'' 1992.

Watanabe, T., Kishimoto, N., Hayafune, K., Yamada, K. and Maede, N., 1997, "Development of an Intelligent Cruise Control System", *Mitsubishi Motors Corporation Report*, Japan.

Woll, J., 1997, "Radar Based Adaptive Cruise Control for Truck Applications", *SAE Paper No. 973184*, Presented at SAE International Truck and Bus Meting and Exposition, Cleveland, Ohio, November 1997.

Yanakiev, D. and Kanellakopoulos, I., 1995, "Variable time Headway for String Stability of Automated Heavy-Duty Vehicles", *Proceedings of the 34th IEEE Conference on Decision and Control*, New Orleans, LA, December 1995, pp. 4077-4081.

附录 6. A

本附录包含第 6.6.1 节所述结论的证明，即传递函数：

$$\hat{H}(s) = \frac{\delta_i}{\delta_{i-1}} = \frac{s+\lambda}{h\tau s^3 + hs^2 + (1+\lambda h)s + \lambda} \tag{6-36}$$

当且仅当 $h \geq 2\tau$ 时，在所有频率范围内其幅值总是小于等于 1。本附录由 1995 年 Swaroop 提出的最原始证明改编。

背景结论：

考虑下列关于 ω^2 的二次不等式：

$$a\omega^4 + b\omega^2 + c > 0 \tag{6-37}$$

提出 a、b、c 的条件，将上述不等式关于 ω^2 变形：

$$a\omega^4 + b\omega^2 + c = a\left(\omega^4 + 2\frac{b}{2a}\omega^2 + \frac{c}{a}\right) = a\left[\left(\omega^2 + \frac{b}{2a}\right)^2 + \frac{4ac - b^2}{4a^2}\right]$$

因此：

$$a\omega^4 + b\omega^2 + c > 0$$
$$a、b、c > 0 \tag{6-38}$$

或者：

$$b < 0, a > 0, c > 0 \text{ 并且 } 4ac - b^2 > 0 \text{ 即 } b^2 - 4ac < 0 \tag{6-39}$$

计算：

考虑传递函数：

$$H(s) = \frac{\hat{\delta}_i}{\hat{\delta}_{i-1}} = \frac{s+\lambda}{\tau h s^3 + hs^2 + (1+\lambda h)s + \lambda}$$

将 $s = j\omega$ 代入：

$$H(j\omega) = \frac{j\omega + \lambda}{(\lambda - h\omega^2)^2 + \omega^2(1 + \lambda h - \tau h\omega^2)^2} \tag{6-40}$$

$$|H(j\omega)|^2 = \frac{\omega^2 + \lambda^2}{(\lambda - h\omega^2)^2 + \omega^2(1 + \lambda h - \tau h\omega^2)^2}$$

$$|H(j\omega)| \leqslant 1$$

$$\Leftrightarrow$$

$$\omega^2 + \lambda^2 \leqslant (\lambda - h\omega^2)2 + \omega^2(1 + \lambda h - \tau h\omega^2)2$$

$$\Leftrightarrow$$

$$\tau^2 h^2 \omega^4 + (h^2 - 2\tau h - 2\tau\lambda h^2)\omega^2 + \lambda^2 h^2 \geqslant 0 \tag{6-41}$$

比较背景结论中的式（6-38）和（6-39）：

1）如果 $b > 0$

$$h^2 - 2\tau h - 2\lambda\tau h^2 > 0$$

那么：

$$h > \frac{2\tau}{1 - 2\lambda\tau}$$

当且仅当 $h > 2\tau$ 时对小的 λ 是可能的。

2）如果 $b < 0$ 且 $b^2 - 4ac < 0$

$$(h^2 - 2\tau h - 2\lambda\tau h^2)^2 - 4\tau^2 h^2 \lambda^2 h^2 < 0$$

单一化后：

$$\lambda < \frac{4\tau h - h^2 - 4\tau^2}{8\tau^2 h - 4\tau h^2}$$

$$\lambda < \frac{-(2\tau - h)^2}{4\tau h(2\tau - h)}$$

因为 λ 一定是正数，于是 $h > 2\tau$。

以一个简单的不等式替换式（6-37）中严格的不等式，得出 $h \geqslant 2\tau$。1）和 2）中，$h \geqslant 2\tau$ 是一个必要条件，由此可得，如果满足 $h \geqslant 2\tau$，那么一定能找到一个 $\lambda > 0$ 使得 $|H(j\omega)| \leqslant 1$。因此 $h \geqslant 2\tau$ 是确保传递函数 $\hat{H}(s)$ 的幅值在所有频率范围内总是小于等于 1 的充要条件。

第7章 车队的纵向控制

7.1 自动化高速公路系统

自动化高速公路系统是许多研究小组积极研究和开发的课题，最著名的是加州大学柏克莱分校的加州道路研究项目组。自动化高速公路系统（AHS）的目的是通过使车辆以间距紧密的车队行驶，来显著改善高速公路的交通流量，系统要求只有配备足够仪器装备的完全自动化的车辆，才能被允许在这条特殊的高速公路上行驶，手动驾驶的车辆不允许在这样的高速公路上行驶。第5章图5-2显示了1997年8月加州道路研究项目组进行研究示范中8辆完全自动化的汽车一起行驶在间距紧密的车队中的照片，关于这次实验示范的更多细节详见本章第7.9节。

虽然发展AHS的主要动力是为了获得高速公路交通能力的大幅改善，但是AHS也具有重要的安全意义，这是因为目前道路上超过90%的意外事故是由人为失误所引起的（美国运输部门，1992年），由于自动化系统能减轻驾驶人的负担，用自动化操作代替驾驶人操作，因此，可以预料与目前在高速公路上驾车行驶相比，AHS将会显著改善行驶安全性。

需要注意的是，AHS的一个重要特征是交通的二元模式，装备了自动化仪器在AHS上行驶的车辆也能在普通的公路上行驶（手动驾驶），因此AHS车辆是能够提供从任何起始地点到任何目的地的点对点服务的个人车辆，驾驶人能从家里出发在普通的公路上开车直到到达AHS，进入AHS上在自动化控制下行驶，选择一个出口，然后再次在人工控制下行驶，进入普通公路或者地方道路，直到到达目的地。因此，不像铁路或其他的公共运输系统，AHS利用普通高速公路和道路现有的基础设施提供点对点行驶。

7.2 自动化高速公路系统中的车辆控制

自动化高速公路系统常见的控制结构（Varaiya，1993年）是分层控制结构而且有4层，如图7-1所示，这4层包括：

1）网络层。
2）链接层。
3）协调层。
4）控制层。

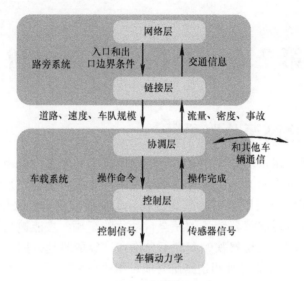

图7-1　控制结构

网络层控制整个交通网络而且为进入系统的每辆车分配路径。

链接层是公路区段的路旁层，它传递该公路区段车速和车队规模的目标值，这些目标值以总的交通状态信息（密度、速度、流量）为基础。链接层估计去往不同出口车辆的比例以及建议车辆为了到达出口应该在哪里改变行驶路线，它得到下游交通事故或交通拥挤信息并且据此再指定车辆行驶路线。

协调层位于每辆车上，为了依照分配的路径行驶，它实时决定进行何种操作，它也协调附近车辆的操作以便所进行的操作能安全地执行，它命令控制层执行反馈控制以完成操作。

控制层执行控制操作，包括：

1）保持道路的稳态操作以及速度控制或车辆跟随控制。

2）改变道路的过渡操作、高速公路出口、高速公路入口，纵向地从一个车队分离加入到另一个车队。

本章讨论的纵向控制是控制层的任务，在第3章中讨论的横向控制也是控制层的任务。

7.3　纵向控制系统的结构

在控制层中，纵向控制系统负责执行稳态和纵向过渡操作。纵向控制系统也被设计为分层控制，如图7-2所示，由一个上层控制器和一个下层控制器组成。上层控制器决定每辆车的期望纵向加速度，下层控制器决定执行节气门和/或者制动控制命令来达到期望加速度。下层控制器采用车辆动力学模型、发动

机万有特性图和非线性控制综合技术（Choi 和
Devlin，1995a 和 1995b；Hedrick 等，1991；
Hedrick 等人，1993）来计算达到期望加速度时需要
的实时制动和节气门输入控制量。

就上层控制器而言，控制设计使用的模型是：

$$\dddot{x}_i = u \qquad (7\text{-}1)$$

式中　下标 i——车队中的第 i 辆车。

这样，汽车的加速度被假定是控制输入。

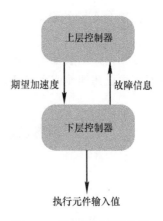

图 7-2　纵向控制系统结构

然而，由于与下层控制器有关的带宽有限，每
辆车实际上不能完全达到其期望的加速度，因此，
上层控制器的规则规定，当下层控制器一级命令存
在滞后时主要满足性能目标：

$$\ddot{x}_i = \frac{1}{\tau s + 1}\ddot{x}_{i\_\text{des}} = \frac{1}{\tau s + 1}u_i \qquad (7\text{-}2)$$

因此，即使式（7-2）给出的实际模型满足性能要求，式（7-1）仍假定为
名义模型。

为了便于分析和仿真，本章假设 $\tau = 0.5\text{s}$ 的滞后时间，可能的最大加速度和
减速度分别设定为 $0.25g$ 和 $-0.5g$。

控制层中纵向控制系统执行 2 种操作：

1）速度控制或车辆跟随控制的稳态操作。

2）从一个车队分离和加入另一个车队的过渡操作。

车辆跟随控制是本章第 7.4、7.5、7.6、7.7 和 7.8 节中讨论的主题，速度
控制已在第 5 章的第 5.3 节中进行了讨论。

自动化高速公路系统采用的纵向过渡控制算法已由 Li 等人（1997 年）、
Connoly 和 Hedrick（1999 年）以及 Rajamani 等人（2000 年）详细讨论过。

7.4　车辆跟随准则

在车辆跟随操作模式中，自动化车辆与车队中前方车辆维持一个期望的车
距。车辆跟随控制系统必须遵守的 2 个重要准则是单个车辆的稳定行驶和车队
的稳定行驶。

1. 单个车辆的稳定行驶

图 7-3 所示为采用车辆跟随纵向控制系统的车队，设 x_i 是在惯性参考系中测
量的第 i 辆车的位置，那么，第 i 辆车（所讨论的车辆）的车距误差被定义为 $\varepsilon_i = x_i - x_{i-1} + L_i$。$L_i$ 在这里指期望车距，包括前方车辆长度 l_{i-1}。期望车距 L_i 可选
择作为车辆速度 $\dot{x}_i$ 等变量的函数。如果下列条件满足，自适应巡航控制控制

律进行单个车辆的稳定行驶控制：

$$\ddot{x}_{i-1} \to 0 \Rightarrow \delta_i \to 0 \tag{7-3}$$

也即，如果前方车辆正在以恒速行驶，车辆的车距误差应该趋近于0；如果前方车辆正在加速或者减速行驶，那么，车距误差不期望为0。

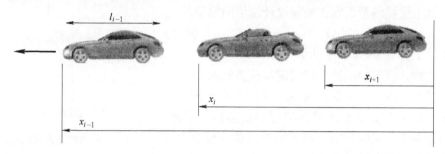

图7-3 车队中的部分车队

2. 车队的稳定行驶

由于车距误差在前方车辆加速或减速期间不期望为0，所以重要的是描述在使用相同车距控制策略和控制律的车队中车距误差如何在车辆间传递。车队的稳定行驶需要保证车距误差向车队尾部传递时不被扩大的特性（Swaroop，1995；Swaroop 和 Hedrick，1996）。例如，车队的稳定行驶要保证第2、3辆车之间的车距误差不会扩大成为车队后面第7、8辆车之间很大的车距误差。

在第7.5节中回顾信号和系统范数的数学背景之后，第7.6节中将会给出车队稳定行驶的严格定义。

7.5 信号及系统范数的背景

7.5.1 信号的范数

考虑在实数范围内信号为$[0，\infty)$的映射，假设它们是分段连续的，定义下列信号的范数（Doyle 等人，1992）：

1）∞-范数，信号的∞-范数是其绝对值的上界：

$$\| x \|_{\infty} = \sup_t |x(t)| \tag{7-4}$$

2）1-范数，信号$x(t)$的1-范数是其绝对值的积分：

$$\| x \|_1 = \int_0^{\infty} |x(t)| \, \mathrm{d}t \tag{7-5}$$

3）2-范数，信号$x(t)$的2-范数是：

$$\| x \|_2 = \left[\int_0^{\infty} |x(t)|^2 \mathrm{d}t \right]^{1/2} \tag{7-6}$$

4）p - 范数，信号 $x(t)$ 的 p - 范数是：

$$\| x \|_p = \left[\int_0^\infty | x(t) |^p \mathrm{d}t \right]^{1/p} \tag{7-7}$$

7.5.2　系统的范数

考虑在时域内用卷积表示具有输入 - 输出模型的线性时不变系统：

$$y(t) = g(t)x(t)$$

或：

$$y(t) = \int_0^t g(t-\tau)x(\tau)\mathrm{d}\tau \tag{7-8}$$

设 $G(s)$ 是 $g(t)$ 的拉普拉斯变换，于是在频域中：

$$Y(s) = G(s)X(s) \tag{7-9}$$

式中，$g(t) = L^{-1}\{G(s)\}$ 是系统的脉冲响应函数。

定义传递函数 $G(s)$ 的 ∞ - 范数如下：

$$\| G(s) \|_\infty = \sup_\omega | G(\mathrm{j}\omega) | \tag{7-10}$$

定义脉冲响应函数的 1 - 范数如下：

$$\| g \|_1 = \int_0^\infty | g(t) | \mathrm{d}t \tag{7-11}$$

$G(s)$ 的 ∞ - 范数和 $g(t)$ 的 1 - 范数能使系统的输出值和输入值产生联系（Doyle、Francis 和 Tannenbaum，1992），特例：

$$\| g \|_1 = \sup_{x \in L_\infty} \frac{\| y \|_\infty}{\| x \|_\infty} \tag{7-12}$$

$$\| G(s) \|_\infty = \sup_{x \in L_2} \frac{\| y \|_2}{\| x \|_2} \tag{7-13}$$

7.5.3　利用诱导范数研究信号放大

在车队稳定行驶的研究中，车距误差传递衰减的期望特性常描述为：

$$\| y \|_\infty \leq \| x \|_\infty \tag{7-14}$$

式中，$y = \varepsilon_i$ 是第 i 辆车的车距误差，$x = \varepsilon_{i-1}$ 是第 $i-1$ 辆车的车距误差。

设 $\hat{H}(s)$ 是与车队中连续行驶车辆的车距误差相关的传递函数，则：

$$\hat{H}(s) = \frac{y}{x} \tag{7-15}$$

条件式（7-16）：

$$\| \hat{H}(s) \|_\infty \leq 1 \tag{7-16}$$

保证了式（7-17）成立：

$$\| y \|_2 \leq \| x \|_2 \tag{7-17}$$

也就是它保证了信号 $y(t)$ 的能量小于信号 $x(t)$ 的能量，然而，我们想要保证的期望特性是更强条件 $\|y\|_\infty \leqslant \|x\|_\infty$。

范数 $\|y\|_\infty$ 和 $\|x\|_\infty$ 通过脉冲响应函数 $h(t)$ 的 1-范数相联系：

$$\|h\|_1 = \sup_{x \in L_\infty} \frac{\|y\|_\infty}{\|x\|_\infty} \tag{7-18}$$

条件 $\|y\|_\infty \leqslant \|x\|_\infty$ 要求：

$$\|h\|_1 \leqslant 1 \tag{7-19}$$

设计保证满足等式（7-16）的控制系统比满足等式（7-19）更容易。下列引理说明，条件 $\|h\|_1 \leqslant 1$ 能被以下2个条件代替

$$\|\hat{H}(s)\|_\infty \leqslant 1 \text{ 和 } h(t) > 0 \tag{7-20}$$

引理1（Swaroop，1995）：

如果 $h(t) > 0$，那么，所有输入输出诱导范数相等。

证明：

令 γ_p 是第 p 个诱导范数，即：

$$\gamma_p = \sup_{x \in L_p} \frac{\|y\|_p}{\|x\|_p} \tag{7-21}$$

那么，根据线性系统理论有（见附录7. A）：

$$|\hat{H}(0)| \leqslant \|\hat{H}(j\omega)\|_\infty \leqslant \gamma_p \leqslant \|h\|_1 \tag{7-22}$$

如果 $h(t) > 0$，那么，$|\hat{H}(0)| = \|h\|_1$，如下所示：

$$|\hat{H}(0)| = \left| \int_0^\infty h(t)\mathrm{d}t \right| \leqslant \int_0^\infty h(t)\mathrm{d}t = \int_0^\infty h(t)\mathrm{d}t，当且仅当 h(t) 不变号（Swa-$$

roop，1995）。

证明完毕。

$\|h\|_1$ 和 $\|h\|_\infty$ 之间的下列关系（表7-1）应该被考虑（Boyd 和 Doyle，1987）。

表7-1 信号放大的结论

结论
设 $y(t) = \int_0^t g(t-\tau)x(\tau)\mathrm{d}\tau$，那么 $H(s) = \dfrac{Y(s)}{X(s)}$
如果设计 $H(s)$ 为 $\|H(s)\|_\infty \leqslant 1$，那么 $\|y\|_2 \leqslant \|x\|_2$
如果设计 $H(s)$ 为 $\|H(s)\|_\infty \leqslant 1$ 且 $h(t) > 0$，那么 $\|y\|_\infty \leqslant \|x\|_\infty$

引理2（Boyd 和 Doyle，1987）：

考虑一个真有理的、稳定的传递矩阵，对于这样系统：

$$\| h \|_1 \leqslant (2n+1) \| H(s) \|_\infty \tag{7-23}$$

式中，n 是系统的 Mcmillan 度数。

这一关系意味着，如果设计 $\| H \|_\infty < 1$，那么，相应地保证 $\| h \|_1$ 是有界的。

7.6　保证车队稳定行驶的设计方法

下列条件用来判断系统是否能保证车队稳定行驶：

$$\| \hat{H}(s) \|_\infty \leqslant 1 \tag{7-24}$$

式中　$\hat{H}(s)$——与连续行驶车辆的车距误差相关的传递函数。

$$\hat{H}(s) = \frac{\varepsilon_i}{\varepsilon_{i-1}} \tag{7-25}$$

除了式（7-24），传递函数 $\hat{H}(s)$ 相对应的脉冲响应函数 $h(t)$ 不改变符号的条件被视为必需的（Swaroop, D., 1995），这是可以理解的，首先第 7.5 节的结论表明，脉冲响应必须是正的才可以确保 2 个系统范数 $\| H \|_\infty$ 和 $\| h \|_1$ 相等。脉冲响应必须为正的另一个原因如下：

满足条件：

$$\| \varepsilon_i \|_\infty \leqslant \| \varepsilon_{i-1} \|_\infty \tag{7-26}$$

仅保证车距误差的最大绝对值是逆向下降的，在（正弦）误差振荡情况下，这是足够的。然而，在稳态或斜坡误差情况下，这是不够的。在式（7-26）中没有规定车距误差的符号。正的车距误差意味着车距比期望值更近，而负的车距误差意味着比期望值更远。如果稳态值 ε_i 为正，而稳态值 ε_{i-1} 为负，那么这可能是危险的，即使在数值上 ε_i 比 ε_{i-1} 小。脉冲响应为正的条件确保了稳态值 ε_i 和 ε_{i-1} 的符号相同，考虑：

$$\varepsilon_i = \int_0^t h(t-\tau) \varepsilon_{i-1}(\tau) \mathrm{d}\tau \tag{7-27}$$

因此，脉冲响应为正值确保了稳态值 ε_i 和 ε_{i-1} 同号。

Swaroop 在 2003 年提出了设计一个补偿来确保 LTI 系统连续时间脉冲响应非负的结论：当且仅当开环系统没有实的非最小相位零点时，这种综合是可能的（Swaroop，2003）。

7.7　固定车距的自主控制

自主控制器（如第 6 章描述的自适应巡航控制系统）仅仅利用车载传感器，而不依赖与道路上其他车辆之间的通信或其他协作形式运行。车载前向多普勒 FMCW 雷达可以测量车距、相对速度和在其视野范围内其他车辆的方位角。在本节中，证明了当使用固定车距控制策略时自主控制器不能保证车队的稳定行驶,因此,如果使用固定车距策略,自动化高速公路系统需要车辆之间进行通信。

在固定车距策略中,连续行驶车辆间的期望车距定义为:

$$x_{i\_des} = x_{i-1} - L_i \tag{7-28}$$

式中 L_i——常数,包括前方车辆的长度 l_{i-1}。

第 i 辆车的车距误差定义为:

$$\varepsilon_i = x_i - x_{i-1} + L_i \tag{7-29}$$

如果假设车辆的加速度可以实时控制,那么该类型的线性控制系统为:

$$\ddot{x}_i = -k_p \varepsilon_i - k_v \dot{\varepsilon}_i \tag{7-30}$$

导出:

$$\ddot{\varepsilon}_i = \ddot{x}_i - \ddot{x}_{i-1} = -k_p \varepsilon_i - k_v \dot{\varepsilon}_i + k_p \varepsilon_{i-1} + k_v \dot{\varepsilon}_{i-1}$$

进一步推导出下面的闭环误差动力学方程:

$$\ddot{\varepsilon}_i + k_v \dot{\varepsilon}_i + k_p \varepsilon_i = k_p \varepsilon_{i-1} + k_v \dot{\varepsilon}_{i-1} \tag{7-31}$$

传递函数为:

$$G(s) = \frac{\varepsilon_i}{\varepsilon_{i-1}}(s) = \frac{k_v s + k_p}{s^2 + k_v s + k_p} \tag{7-32}$$

式(7-32)描述了车距误差沿着车队传递,图7-4所示为 $k_p = 1$, $k_v = 0.3$ 时的伯德幅值图,传递函数的最大幅值大于1,所以式(7-30)的自主控制律不

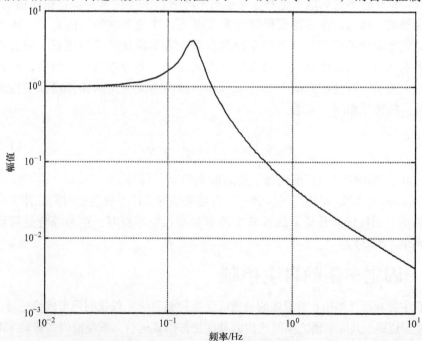

图7-4 式(7-32)中函数 $G(s)$ 的幅值图

能保证车队稳定行驶。

k_p 和 k_v 的所有正值保证了当第 $i-1$ 辆车的车距误差为零时，第 i 辆车的车距误差趋近于零，然而，没有 k_p 和 k_v 的正值能保证传递函数 $G(s)$ 的幅值小于 1，为此，改写函数 $G(s)$：

$$G(s) = \frac{k_p}{s^2 + k_v s + k_p}\left(\frac{k_v}{k_p}s + 1\right) \tag{7-33}$$

或者

$$G(s) = G_1(s)G_2(s) \tag{7-34}$$

由于 $G_1(j\omega)$ 的幅值小于 1，需要阻尼系数 $\xi \geqslant 0.707$ 或者 $\dfrac{k_v}{2\sqrt{k_p}} \geqslant 0.707$，也即：

$$k_v \geqslant 1.414\sqrt{k_p} \tag{7-35}$$

由于在频率达到共振频率 $\sqrt{k_p}$ 时，$G_2(j\omega)$ 的幅值不超过 1，需要频率 $\dfrac{k_p}{k_v}$ 大于 $\sqrt{k_p}$，因此，需要 $\dfrac{k_p}{k_v} > \sqrt{k_p}$ 或：

$$\sqrt{k_p} > k_v \tag{7-36}$$

不可能找到同时满足式（7-35）和（7-36）的增益值，因此，$G(s)$ 的幅值总是大于 1。

因此，在固定车距控制策略下，自主控制不能保证车队的稳定行驶，这意味着：

1）对于车队操作，因为需要小的车距，所以必须使用固定车距的策略，不可能使用自主控制。

2）当需要自主控制时（由于在第 6 章讨论的自适应巡航控制车辆中不使用无线通信），不能使用固定车距控制策略，相反，必须使用可变车距控制策略，像固定时距策略。

7.8　采用无线通信的固定车距控制策略

另一些研究者倾向于开发保证具有固定车距控制策略的车队稳定行驶模变控制系统，代替自主控制器。控制器的设计采用滑模控制（Slotine 和 Li，1991年），定义如下滑模面：

$$S_i = \dot{\varepsilon}_i + \frac{\omega_n}{\xi + \sqrt{\xi^2 - 1}}\frac{1}{1 - C_1}\varepsilon_i + \frac{C_1}{1 - C_1}(V_i - V_l) \tag{7-37}$$

式中　V_i 和 V_l——分别为第 i 辆车和领航车辆的纵向速度。

设

$$\dot{S}_i = -\lambda S_i \qquad \lambda = \omega_n (\xi + \sqrt{\xi^2 - 1}) \tag{7-38}$$

汽车的期望加速度由式（7-39）给出：

$$\ddot{x}_{i\_des} = (1 - C_1)\ddot{x}_{i\_1} + C_1\ddot{x}_l - (2\xi - C_1(\xi + \sqrt{\xi^2 - 1}))\omega_n\dot{\varepsilon}_i$$
$$- (\xi + \sqrt{\xi^2 - 1})\omega_n C_1 (V_i - V_l) - \omega_n^2 \varepsilon_i \tag{7-39}$$

可以调整的控制增益为 C_1、ξ 和 ω_n。增益 C_1 的值需要满足 $0 < C_1 < 1$，可认为是领航车辆速度和加速度的权值。增益 ξ 是阻尼比，对临界阻尼可以设为 1。增益 ω_n 是控制器带宽。

式（7-38）保证滑模面趋近于零。如果车队中所有车辆都使用该控制律，那么，除领航车辆加速的情况外，车队中的车辆将能以固定车距跟随前方车辆行驶，即车距误差将趋近于零。数学上，可表达为：如果 $S_i \to 0$，那么 $\varepsilon_i \to 0$。

何以如此，注意到：

$$S_i - S_{i-1} = \frac{1}{1 - C_1}\dot{\varepsilon}_i - \dot{\varepsilon}_{i-1} + \frac{\omega_n}{(\xi + \sqrt{\xi^2 - 1})(1 - C_1)}(\varepsilon_i - \varepsilon_{i-1})$$

滑模面控制律保证上述等式左边为零。

如果 $i = 2$，那么 $\dot{\varepsilon}_i = V_i - V_l$ 以及 $\varepsilon_{i-1} = 0$，因此，$\varepsilon_2 \to 0$。

可以证明，如果 S_{i-1}、$S_i \to 0$ 以及 $\varepsilon_{i-1} \to 0$，那么 $\varepsilon_i \to 0$。以此类推，可得所有车辆的车距误差趋近于零。

进一步，系统处于车队稳定行驶状态，即使领航车辆的加速度不为零，车距误差在向车队后方传递时也不会扩大，何以如此，考虑式（7-40）：

$$S_i - S_{i-1} = \frac{1}{1 - C_1}\dot{\varepsilon}_i - \dot{\varepsilon}_{i-1} + \frac{\omega_n}{(\xi + \sqrt{\xi^2 - 1})(1 - C_1)}(\varepsilon_i - \varepsilon_{i-1}) \tag{7-40}$$

对式（7-40）进行拉普拉斯变换：

$$\hat{\varepsilon}_i(s) = \frac{s + \dfrac{\omega_n}{(\xi + \sqrt{\xi^2 - 1})(1 - C_1)}}{\dfrac{1}{1 - C_1}s + \dfrac{\omega_n}{(\xi + \sqrt{\xi^2 - 1})(1 - C_1)}}\hat{\varepsilon}_{i-1}(s)$$

$$+ \frac{S_i - S_{i-1} + \dfrac{1}{1 - C_1}\varepsilon_i(0) - \varepsilon_{i-1}(0)}{\dfrac{1}{1 - C_1}s + \dfrac{\omega_n}{(\xi + \sqrt{\xi^2 - 1})(1 - C_1)}} \tag{7-41}$$

式（7-41）中条件 $\xi \geq 1$ 和 $C_1 < 1$ 保证传递函数的幅值小于 1，系统处于车队稳定行驶状态。

关于上述控制器鲁棒性能的结论，尤其是由下层控制器性能引起的滞后，1995 年由 Swaroop 提出。

从式（7-39）的纵向控制律可以很明显地看出，需要车辆间的无线通信系统来获得所需的所有信号，因此，每辆汽车获得来自车队中领航汽车和前方汽车 2 辆汽车的速度和加速度信息。

设在只有 2 辆车的车队中 $C_1 = 0$，得到如下传统的二阶系统：

$$\ddot{x}_{i\_des} = \ddot{x}_{i\_1} + 2\xi\omega_n\dot{\varepsilon}_i - \omega_n^2\varepsilon_i$$

7.9　试验结果

美国自动化高速公路系统协会（NAHSC）在 1997 年 8 月举行了一次公开演示，8 辆全自动车辆以小车距排成一队行驶。本次演示使用了位于圣地亚哥的州际 15 号公路（小汽车专用道）一段 7.6mile[⊖]车道，在这段高速公路两车道的中间配备安装了磁铁，磁铁是自动操纵控制系统保证每辆车在车道中间行驶的参考标志。车队连续 3 周每天运行几个小时，千余名来访者作为车队中车辆的乘客参加了演示。在圣地亚哥演示的示范包括自动车辆从完全静止状态起步、加速到巡航速度、自动操作维持行车路线、允许任何车辆自动改变行车路线从车队中退出、允许新的车辆加入车队以及使车队在公路终点完全停止（Rajamani 等，2000）。

在 NAHSC 演示中使用了上述采用车辆通信，基于滑模变的控制律。该控制算法的性能如图 7-5 所示（Rajamani 等，2000），图中显示了有 8 辆汽车的车队

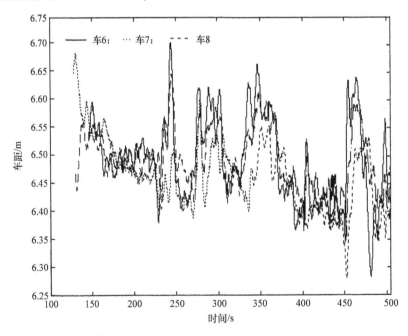

图 7-5　有 8 辆汽车的车队中第 6、7 和 8 辆车的车距性能

⊖　1mile≈1.6km。

中第6、7和8辆车之间的精确车距。在7.6mile路程的整个行驶过程中，车队尾部车辆的车距误差保持在±0.2m，这包括领航汽车加速、巡航、减速直到完全停止以及车队中其他车辆离开、加入车队时加速和减速的车距性能。该方案还包括上下坡度为3%的坡道，此间出现了最大车距误差。第8辆车相应测试数据的加速曲线如图7-6所示。图7-6中长周期峰谷对应试验路况中的坡度变化，以及有意组合到测试和演示方案中的加速和减速操作。由充分协作的车队系统达到的车距性能和乘坐质量优于驾驶测试车辆的最熟练的驾驶人所能达到的水平。

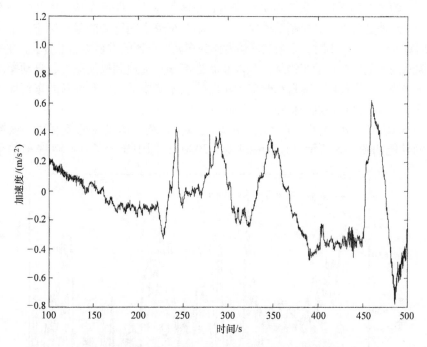

图7-6 有8辆汽车的车队中第8辆车的加速曲线

7.10 下层控制器

下层控制器决定节气门和制动执行器的输入控制量，以达到上层控制器决定的期望加速度。在下层控制器开发中采用了以下车辆动力学简化模型，如第5章所述，这种简化模型是基于假设汽车的液力变矩器被锁止并且轮胎与路面之间的滑移为零。这些假设条件将车速和发动机角速度直接联系到起来：

$$\dot{x}_i = v_i = (Rr_{eff}\omega_e)_i \qquad (7\text{-}42)$$

在这些假设条件下，如第5章第5.5.1节所述，建立发动机的角速度 ω_e 和伪输入"净燃烧转矩" T_{net} 以及制动转矩 T_{br} 的动力学关系模型为：

$$\dot{\omega}_e = \frac{T_{net} - c_a R^3 r_{eff}^3 \omega_e^2 - R(r_{eff}R_x + T_{br})}{J_e} \tag{7-43}$$

式中　$J_e = I_e + (mr_{eff}^2 + I_\omega)R^2$ ——反映在发动机上的有效转动惯量；

$\qquad\qquad R$ ——传动比；

$\qquad\qquad r_{eff}$ ——轮胎半径。

如果发动机有效转矩为：

$$(T_{net})_i = \frac{J_e}{Rh}\ddot{x}_{ides} + [c_a R^3 r_{eff}^3 \omega_e^2 + R(r_{eff}R_x + T_{br})]_j \tag{7-44}$$

那么，根据式（7-43），汽车的加速度与上层控制器确定的期望加速度相等：$\ddot{x}_i = \ddot{x}_{ides}$。

一旦由式（7-44）获得所需的发动机有效转矩，就可以通过发动机的动力学模型，以及运用非线性控制综合技术来计算提供这一力矩的节气门角度。汽油发动机和柴油发动机的动力学模型以及提供期望力矩的控制设计，将在本书第 9 章中讨论。

如果式（7-44）定义的期望发动机有效转矩为负，制动执行器用来提供期望的力矩。1995 年由 Choi 和 Devlin 提出的一种节气门和制动执行器之间平滑切换的算法可以用于纵向控制系统。

7.11　参数未知车辆的自适应控制

在上一节下层控制器的设计（式（7-44））中，假设车身的质量、空气阻力系数和滚动阻力值是已知的。本节提出了直接自适应控制器，它能够自适应所有 3 个参数并且在控制律中利用这些参数的估计值。1995 年 Swaroop 对这种自适应控制器进行了试验，记录了其性能试验数据。

7.11.1　重新定义符号

回顾用来设计上层控制器的滑模面的定义：

$$S_i = \dot{\varepsilon}_i + \frac{\omega_n}{\xi + \sqrt{\xi^2 - 1}}\frac{1}{1 - C_1}\varepsilon_i + \frac{C_1}{1 - C_1}(V_i - V_l)$$

为了简化符号，令 $q_1 = \dfrac{\omega_n}{\xi + \sqrt{\xi^2 - 1}}\dfrac{1}{1 - C_1}$，$q_3 = \dfrac{1}{1 - C_1}$ 以及 $q_4 = (\xi +$

$\sqrt{\xi^2 - 1})\,\omega_n C_1$，那么：

$$S_i = \dot{\varepsilon}_i + q_1 \varepsilon_i + q_3 (V_i - V_l) \tag{7-45}$$

那么上层控制律为（Swaroop，1995 年）：

$$\ddot{x}_{i\_des} = \frac{1}{1 + q_3}[\ddot{x}_{i-1} + q_3\ddot{x}_l + - q_1\dot{\varepsilon}_i - q_4(\dot{x}_i - \dot{x}_l) - \lambda S_i] \tag{7-46}$$

上一节中，在锁定液力变矩器和忽略轮胎纵向滑移的假设下，节气门控制下的发动机动力学方程可以写为：

$$\dot{\omega}_e = \frac{T_{net} - c_a R^3 r_{eff}^3 \omega_e^2 - R r_{eff} R_x}{J_e} \tag{7-47}$$

因为 $\dot{x}_i = R r_{eff} \omega_e$，这个方程可以改写为：

$$M_i \ddot{x}_i = -c_i \dot{x}_i^2 - f_i + u_i \tag{7-48}$$

式中　　$M_i = J_e R r_{eff}$；

$f_i = R^2 r_{eff}^2 R_x$；

$c_i = R^2 r_{eff}^2 c_a$，是未知参数；

$u_i = R r_{eff} T_{net}$，是控制力矩。

为了获得期望的加速度 $\ddot{x}_{des}$，控制输入 u_i 可以选为：

$$u_i = f_i + c_i \dot{x}_i^2 + M_i \ddot{x}_{des} \tag{7-49}$$

上式实质上和上一节式（7-44）相同，式（7-44）和式（7-49）之间的唯一区别是符号不同。

7.11.2　自适应控制器

我们的目标是当参数 c_i、f_i 和 M_i 未知时找到自适应控制律（式（7-49））的一个合适的形式，本节中介绍的自适应控制器是 1995 年由 Swaroop 提出的，令：

$$u_i = \hat{f}_i + \hat{c}_i \dot{x}_i^2 + \hat{M}_i \ddot{x}_{des} \tag{7-50}$$

式中　$\hat{f}_i$、$\hat{c}_i$ 和 $\hat{M}_i$ 是对未知参数 c_i、f_i 和 M_i 的估计值。

设 $\tilde{f}_i = f_i - \hat{f}_i$、$\tilde{c}_i = c_i - \hat{c}_i$ 和 $\tilde{M}_i = M_i - \hat{M}_i$，是这些参数的估计误差。

那么，如 1995 年 Swaroop 提出的代替闭环动力学 $\dot{S}_i = -\lambda S_i$，滑模面动力学方程被替换为：

$$\dot{S}_i + \lambda S_i = \frac{1 + q_3}{M_i}[\tilde{M}_i \ddot{x}_{des} + \tilde{c}_i \dot{x}_i^2 + \tilde{f}_i] \tag{7-51}$$

定义 Lyapunov 函数：

$$V_i = \frac{M_i}{1 + q_3} \frac{\dot{S}_i^2}{2} + \frac{\gamma_1}{2} \tilde{M}_i^2 + \frac{\gamma_2}{2} \tilde{c}_i^2 + \frac{\gamma_3}{2} \tilde{f}_i^2 \tag{7-52}$$

它的时间导数是：

$$\dot{V}_i = \frac{M_i}{1 + q_3} S_i \dot{S}_i + \gamma_1 \tilde{M}_i \dot{\tilde{M}}_i + \gamma_2 \tilde{c}_i \dot{\tilde{c}}_i + \gamma_3 \tilde{f}_i \dot{\tilde{f}}_i \tag{7-53}$$

或：

$$\dot{V}_i = -\frac{\lambda M_i}{1 + q_3} S_i^2 + \tilde{M}_i[\ddot{x}_{des} S_i + \gamma_1 \dot{\tilde{M}}_i] + \tilde{c}_i[\dot{x}_i^2 S_i + \gamma_2 \dot{\tilde{c}}_i] + \tilde{f}_i[S_i + \gamma_3 \dot{\tilde{f}}_i]$$

$$\tag{7-54}$$

选择参数自适应控制律如下（Swaroop，1995 年）：

$$\dot{\hat{M}}_i = -\dot{\tilde{M}}_i = \frac{1}{\gamma_1} S_i \ddot{x}_{\text{des}} \tag{7-55}$$

$$\dot{\hat{c}}_i = -\dot{\tilde{c}}_i = \frac{1}{\gamma_2} S_i \dot{x}_i^2 \tag{7-56}$$

$$\dot{\hat{f}}_i = -\dot{\tilde{f}}_i = \frac{1}{\gamma_3} S_i \tag{7-57}$$

采用上述自适应控制律：

$$\dot{V}_i = -\frac{\lambda M_i}{1 + q_3} S_i^2 \tag{7-58}$$

因此，$\dot{V}_i$ 半负定，确保 S_i、$\tilde{M}_i$、$\tilde{f}_i$ 和 $\tilde{c}_i$ 有界，即 S_i、$\tilde{M}_i$、$\tilde{f}_i$、$\tilde{c}_i \in L_\infty$。

注意这里的符号 L_∞ 是指所有 ∞ – 范数定义的有限函数空间，同样，L_2 是指所有 2 – 范数定义的有限函数空间。

使用巴尔巴拉特（Barbalat）引理证明 S_i 逐渐收敛：

巴尔巴拉特引理的推论规定若 $f \in L_2 \cap L_\infty$ 以及 $\frac{\mathrm{d}f}{\mathrm{d}t} \in L_\infty$，则 $t \to \infty$ 时函数 $f(t) \to 0$（Narendra 和 Annaswamy，1989 年）。这个引理可以用来证明当 $t \to \infty$ 时，$S_i \to 0$。

由式（7-58）可以得出：

$$\int_0^T S_i^2 \mathrm{d}t = V_i(0) - V_i(T) \tag{7-59}$$

在式（7-59）中限制 $T \to \infty$，可得 $S_i \in L_2$。

仍然保持 $\dot{S}_i \in L_\infty$。

根据式（7-48）：

$$M_i \ddot{x}_i = -c_i \dot{x}_i^2 + \hat{c}_i \dot{x}_i^2 + \hat{M}_i \ddot{x}_{\text{des}} - f_i + \hat{f}_i$$

或：

$$M_i \ddot{x}_i = -\tilde{c}_i \dot{x}_i^2 - \tilde{f}_i + \frac{\hat{M}_i}{1 + q_3} [\ddot{x}_{i-1} + q_3 \ddot{x}_l + -q_1 \dot{\varepsilon}_i - q_4(\dot{x}_i - \dot{x}_l) - \lambda S_i] \tag{7-60}$$

由上述式可得，如果 $\ddot{x}_{i-1}$、$\ddot{x}_l$ 和 $\dot{x}_l$ 有界，则 $\dot{x}_i$ 和 $\ddot{x}_i$ 有界。利用传导原则，因为 $i = 1$ 时 $\dot{x}_i$ 和 $\ddot{x}_i$ 有界，可以证明对于 i 的所有值 $\dot{x}_i$ 和 $\ddot{x}_i$ 都有界。那么根据式（7-48）可以得出 $\ddot{x}_{i\text{des}}$ 有界。

由于 $\dot{x}_i$ 和 $\ddot{x}_{i\_\text{des}}$ 有界，则由式（7-51）可得 $\dot{S}_i \in L_\infty$。

因此，根据巴尔巴拉特引理，可以得出当 $t \to \infty$ 时 $S_i \to 0$。

7.12 本章小结

车队的车辆跟随控制系统设计应符合以下 2 个性能准则：

1）单个车辆的稳定行驶，其中如果车队中领航车辆以恒定速度行驶，所有车辆的车距误差趋近于零。

2）车队的稳定行驶，其中当车距误差向车队的尾部传递时，车距误差不被扩大。

对保证车队稳定行驶设计的数学条件进行了分析。令 $H(s) = \dfrac{\varepsilon_i}{\varepsilon_{i-1}}$ 是与连续行驶车辆车距误差有关的传递函数，车队稳定行驶的条件 $\| \varepsilon_i \|_\infty \leqslant \| \varepsilon_{i-1} \|_\infty$ 可以通过设计满足以下 2 个条件的纵向控制器来保证：

a）$\| H(s) \|_\infty \leqslant 1$

b）$h(t) > 0$

式中，$h(t)$——脉冲响应或函数 $H(s)$ 的拉普拉斯反变换。

本章讨论了用于自主控制以及利用车辆间通信的协作控制的车距策略和控制算法。在固定车距策略的情况下，自主控制器不能保证车队的稳定行驶，虽然它可以确保单个车辆的稳定行驶。

如果使用车辆间的通信，固定车距策略就可以保证车队的稳定行驶。一个常用的通信系统结构是领航车辆将自己的速度和加速度传达给车队中的所有车辆。车队的稳定行驶通过从领航车辆到前方车辆以及车队中每一辆车的通信来保证。使用这种通信系统操作车队车辆的一个重要的试验是 1997 年 8 月进行的 NAHSC 演示，NAHSC 演示的实验结果已经公开。

最后提出了利用参数的线性估计来补偿未知的车身质量、空气阻力系数和滚动阻力参数值的自适应控制器。

参 数 表

x_i——第 i 辆车的纵向位置

$\dot{x}_i$ 或 V_i——第 i 辆车的纵向速度

$\varepsilon_i = x_i - x_{i-1} + L_i$——第 i 辆车的纵向车距误差，其中 L_i 是期望车距

L_i——第 i 辆车的期望车距（包括前方车辆长度）

V_l——车队领航车辆的纵向速度

$\ddot{x}_l$——车队领航车辆的纵向加速度

$\ddot{x}_{des}$ or u_i——第 i 辆车的期望加速度

C_1——上层纵向控制器的控制增益（领航车辆的信号反馈和前方车辆信号反馈的相对比重）

ω_{n}——上层纵向控制器的控制增益（带宽）

$\hat{H}(s)$ ——连续行驶车辆车距误差的传递函数

$h(t)$ ——$\hat{H}(s)$ 的脉冲响应函数

S_i——上层控制器设计中的滑模面

η_1、η_2——滑模面控制增益

T_{net}——发动机有效转矩

T_{br}——制动力矩

ω_{e}——发动机的角速度

c_{a}——空气阻力系数

R ——传导比

r_{eff}——车轮半径

R_{x}——车轮的滚动阻力

J_{e}——反映在发动机上的有效惯量

$\dot{m}_{\mathrm{ai}}$——流入发动机歧管的质量比

$\dot{m}_{\mathrm{a0}}$——流出发动机歧管的质量比

$\dot{m}_{\mathrm{a}}$——流入发动机歧管的空气质量比

P_{m}——发动机歧管的气压

m ——车辆质量

L_{∞}——∞ - 范数定义的有限函数空间

L_2——具有 2 - 范数定义的有限函数空间

f_i、$\hat{f}_i$——车辆滚动阻力参数的实际值和估计值

c_i、$\hat{c}_i$——空气阻力系数参数的实际值和估计值

M_i、$\hat{M}_i$——车辆质量参数的实际值和估计值

参 考 文 献

Boyd, S. and Doyle, J., "Comparison of Peak and RMS Gains for Discrete Time Systems, *Systems and Control Letters*, Vol. 9, pp. 1-6, 1987.

Choi, S.B. and Hedrick, J.K., "Vehicle Longitudinal Control Using an Adaptive Observer for Automated Highway Systems", *Proceedings of American Control Conference*, Seattle, Washington, 1995.

Choi, S.B. and Devlin, P., "Throttle and Brake Combined Control for Intelligent Vehicle Highway Systems", *SAE 951897*, 1995.

Connoly, T.R. and Hedrick, J.K., "Longitudinal Transition Maneuvers in an Automated Higwhay System," *ASME Journal of Dynamic Systems, Measurement and Control*, Vol. 121, pp. 471-478, 1999.

Desoer, C.A. and Vidyasagar, M., *Feedback Systems: Input-Output Properties*, Academic Press, ISBN 0-12-212050-7, New York, 1975.

Doyle, J.C., Francis, B.A. and Tannenbaum, A.R., *Feedback Control Theory*, Macmillan Publishing company, NY, USA, ISBN 0-02-330011-6, 1992.

Hedrick, J.K., McMahon, D., Narendran, V.K. and Swaroop, D., "Longitudinal Vehicle Controller Design for IVHS Systems", *Proceedings of the 1991 American Control Conference*, Vol. 3, pp. 3107-3112, June 1991.

Hedrick, J.K., McMahon, D. and Swaroop, D., "Vehicle Modeling and Control for Automated Highway Systems", *PATH Research Report*, UCB-ITS-PRR-93-24, 1993.

Hedrick, J K. Tomizuka, M. Varaiya, P, "Control Issues in Automated Highway Systems," *IEEE Control Systems Magazine*, Vol. 14, No. 6, .p 21-32 , Dec 1994.

Li, P.Y., Alvarez, L., et., al., "AHS Safe Control Laws for Platoon Leaders," *IEEE Transactions on Control Systems Technology*, Vol. 5, No. 6, November, 1997.

Narendra, K.S. and Annaswamy, A.M., *Stable Adaptive Systems*, Prentice Hall, ISBN 0-13-839994-8, 1989.

Rajamani, R. and Zhu, C., 1999, "Semi-Autonomous Adaptive Cruise Control Systems", *Proceedings of the American Control Conference*, June 1999.

Rajamani, R., Tan, H.S., Law, B. and Zhang, W.B., "Demonstration of Integrated Lateral and Longitudinal Control for the Operation of Automated Vehicles in Platoons," *IEEE Transactions on Control Systems Technology*, Vol. 8, No. 4, pp. 695-708, July 2000.

Slotine, J.J.E. and Li, W., "Applied Nonlinear Control", Prentice Hall, 1991.

Swaroop, D., Hedrick, J.K., Chien, C.C. and Ioannou, P. "A Comparison of Spacing and Headway Control Laws for Automatically Controlled Vehicles", *Vehicle System Dynamics Journal*, Nov. 1994, vol. 23, (no.8):597-625.

Swaroop, D. and Hedrick, J.K., "String Stability of Interconnected Dynamic Systems", *IEEE Transactions on Automatic Control*, March 1996.

Swaroop, D., 1995, "String Stability of Interconnected Systems : An Application to Platooning in Automated Highway Systems", *Ph.D. Dissertation*, University of California, Berkeley, 1995.

Swaroop, D. and Rajagopal, K.R., "Intelligent Cruise Control Systems and Traffic Flow Stability," *Transportation Research Part C: Emerging Technologies*, Vol. 7, No. 6, pp. 329-352, 1999.

Swaroop D. Swaroop, R. Huandra, "Design of an ICC system based on a traffic flow specification," *Vehicle System Dynamics Journal*, Vol. 30, no. 5, pp. 319-44, 1998.

Swaroop, D. and Bhattacharya, S.P., "Controller Synthesis for Sign Invariant Impulse Response," *IEEE Transactions on Automatic Control*, Vol. 47, No. 8, pp. 1346-1351, August, 2002.

Swaroop, D., "On the Synthesis of Controllers for Continuous Time LTI Systems that Achieve a Non-Negative Impulse Response," *Automatica*, Feb 2003.

Texas Transportation Institute Report, "2001 Urban Mobility Study," URL : mobility.tamu.edu

Varaiya, Pravin, "Smart Cars on Smart Roads: Problems of Control," *IEEE Transactions on Automatic Control. v 38 n 2, p 195-207, Feb 1993*.

Tomizuka, M. and Hedrick, J.K., "Automated Vehicle Control for IVHS Systems", *Proceedings of the IFAC Conference*, Sydney, 1993.

United States Department of Transportation, *NHTSA, FARS and GES*, 1992, "Fatal Accident Reporting System (FARS) and General Estimates System (GES)."

Yanakiev, D. and Kanellakopoulos, I., 1995, "Variable time Headway for String Stability of Automated Heavy-Duty Vehicles", *Proceedings of the 34th IEEE Conference on Decision and Control*, New Orleans, LA, December 1995, pp. 4077-4081.

附录 7. A

本附录讨论在第 7.5 节和第 7.6 节的分析中用到的背景结论，欲了解更多详情，读者可以参考 Desoer 和 Vidyasagar（1975）。

7. A. 1. 赫尔德不等式

设 f、$g : R \rightarrow R$。设 p、q 是可延伸的非负实数（即 $p \geqslant 1$、$p < \infty$、$q \geqslant 1$、$q < \infty$）且 $\dfrac{1}{p} + \dfrac{1}{q} = 1$。

如果 $f \in L_p$ 且 $g \in L_q$，那么：

$$fg \in L_1$$

$$\| fg \|_1 \leqslant \| f \|_p \| g \|_q$$

当 $p = 2$、$q = 2$ 时，赫尔德不等式为施瓦茨不等式。

7. A. 2. 闵可夫斯基不等式

$$\| f + g \|_p \leqslant \| f \|_p + \| g \|_q$$

7. A. 3. 定理

设 $y(t) = \displaystyle\int_0^t g(t - \tau) x(\tau) \, \mathrm{d}\tau$

如果 $x(t) \in L_p$ 且 $g(t) \in L_1$，那么：

$$\| y \|_p \leqslant \| g \|_1 \| x \|_p$$

说明：

$$\frac{\| y \|_p}{\| x \|_p} \leqslant \| g \|_1 ; \quad 当 \ p = 2 \ 时， \quad \frac{\| y \|_2}{\| x \|_2} \leqslant \| g \|_1$$

这意味着系统的 ∞ – 范数总是小于等于 1 – 范数，或：

$$\| G \|_\infty \leqslant \| g \|_1$$

第8章 电子稳定性控制

8.1 引言

8.1.1 稳定性控制原理

近年来，不少汽车厂家已开发出防止车辆横摆和侧滑的车辆稳定性控制系统，并已经商业化，这种稳定性控制程序也通常被称为横摆稳定控制系统或者电子稳定程序。

图8-1所示为横摆稳定控制系统的工作原理示意图，图8-1中下部曲线表示在干路面以及高轮胎－地面摩擦系数的情况下车辆转弯的行驶轨迹，在这种情况下，高摩擦系数可以提供车辆越过弯道需要的侧向力。如果摩擦系数过小或者车辆速度过快，车辆就不会按照驾驶人期望的轨迹行驶——此时它会进入到一个较大半径的轨迹上行驶，如图8-1上部曲线所示。横摆控制系统的功能就是使得横摆角速度尽可能地回复到驾驶人的期望值。如果摩擦系数非常小，车

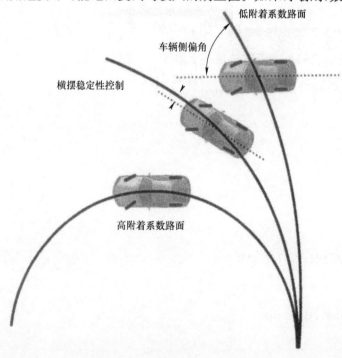

图8-1 横摆控制系统的功能

辆可能无法完全达到在高摩擦系数路面上可能达到的横摆角速度，在这种情况下，横摆稳定控制系统可能只能通过使得车辆的横摆角速度尽量接近期望横摆角速度值而取得部分控制效果，如果 8-1 图中部那条曲线所示。

开发横摆控制系统的想法来自于车辆在附着系数受限的道路上行驶时，可能与期望的车辆行驶状态有很大差异的实际情形。在附着系数的制约下，侧偏角很大，并大大降低了车辆横摆运动对于转向角变化的敏感性。在较大侧偏角的情况下，改变转向角只能对车辆横摆角速度产生很小的改变，这与在低速下的横摆角速度有很大不同。在干燥路面上，车辆在侧偏角大于 10° 的情况下会失去操控性，而在积雪路面上，侧偏角只要达到 4° 车辆就会失去操控性（Van Zanten 等，1996）。

由于上述车辆行驶状况的差异，驾驶人会发现在轮胎和地面的物理附着系数受限的道路上难以掌控车辆，（Forster，1991；Van Zanten 等，1996）。首先，驾驶人通常难以察觉到路面摩擦系数的变化，也无法获知车辆稳定性的边际状况；其次，如果达到了附着系数极限并且车辆产生滑移的时，驾驶人的响应往往是惊慌失措，比如转向过度；再次，重要的是由于需要关注周围道路上交通状况，驾驶人会需要降低对操作行为的思考。横摆控制系统通过减小车辆相对在干路面上正常横摆状态的偏离程度，防止车辆侧偏角过大来解决上述问题。

8.1.2　汽车厂商开发的稳定性控制系统

在过去的十年中许多汽车厂商通过仿真和原型试验研究开发了横摆控制系统，其中一些系统已经商业化，被安装在量产的车上，例如，1995 年开始使用的宝马 DSC3（Leffler 等，1998）和梅赛德斯 ESP 系统、1996 年卡迪拉克 Stabili-trak 系统（Jost，1996）和 1997 年的雪弗莱 C5 的雪弗莱 Corvette 主动操控系统。

汽车厂商对横摆控制系统使用的名称各不相同，包括车辆稳定性辅助（VSA，vehicle stability assist）、车辆动态控制（VDC，vehicle dynamic control）、车辆稳定性控制（VSC，vehicle stability control）、电子稳定性程序（ESP，electronic stability program）、电子稳定性控制（ESC，electronic stability control）和直接横摆控制（DYC，direct yaw control）。

8.1.3　稳定性控制系统的种类

在原理上，稳定性控制系统主要有三类：

1）差动制动控制系统，它利用 ABS 制动系统对车辆左右轮进行差动制动控制实现车辆稳定性控制。

2）线控转向系统，它通过修正驾驶人的转向角度，对车轮施加正确的转向角来实现控制。

3）主动转矩分配系统，它利用主动差速和全轮驱动技术独立控制每个车轮的驱动转矩，对车辆牵引性能和横摆运动进行主动控制。

科研人员关注最多的是差动制动控制系统,并且该系统已经在几款车上得到应用。线控转向系统受到学术研究人员的关注更多(Ackermann,1994; Ackmann 1997)。主动转矩分配系统近年越来越受到关注,并可能在未来汽车产品上得到更多应用。

本书主要关注的是差动制动控制系统,这部分内容将在第8.2节介绍,线控转向系统在8.3节介绍,主动转矩分配系统在8.4节介绍。

8.2 差动制动控制系统

差动制动控制系统通常利用基于电磁阀的液压调节器来改变4个车轮的制动压力。通过相对右侧车轮增加左侧车轮的制动,压力进行差动制动,可以使车辆产生逆时针的横摆运动。同理,增加右侧车轮的制动压力能使车辆产生顺时针的横摆运动。差动制动控制系统通常使用的传感器有:4个轮速传感器、横摆角速度传感器、转向盘转角传感器、侧向加速度传感器和制动压力传感器。

8.2.1 车辆动力学模型

用于研究横摆稳定性控制的差动制动控制车辆动力学模型通常都有7个自由度(图8-2),侧向和纵向车速(分别为 $\dot{x}$ 和 $\dot{y}$)以及横摆角速度 $\dot{\psi}$ 构成了车身的3个自由度,轮速信号(ω_{fl},ω_{fr},ω_{rl} 和 ω_{rr})构成了另外4个自由度。第1个下标表示的是前/后,第2个下标表示的是左/右。

1. 整车运动方程

设前轮转角为 δ,左前、右前、左后和右后的轮胎纵向力分别用 F_{xfl}、F_{xfr}、F_{xrl} 和 F_{xrr},左前、右前、左后和右后的轮胎侧向力分别用 F_{yfl}、F_{yfr}、F_{yrl} 和 F_{yrr} 表示。

则整车运动方程为:

$$m\ddot{x} = (F_{xfl} + F_{xfr})\cos(\delta) + F_{xrl} + F_{xrr} - (F_{yfl} + F_{yfr})\sin(\delta) + m\dot{\psi}\dot{y} \quad (8-1)$$

$$m\ddot{y} = F_{yrl} + F_{yrr} + (F_{xfl} + F_{xfr})\sin(\delta) + (F_{yfl} + F_{yfr})\cos(\delta) - m\dot{\psi}\dot{x} \quad (8-2)$$

$$I_z\ddot{\psi} = l_f(F_{xfl} + F_{xfr})\sin(\delta) + l_f(F_{yfl} + F_{yfr})\cos(\delta) - l_r(F_{yrl}) + F_{yrr}$$

$$+ \frac{l_w}{2}(F_{xfr} - F_{xfl})\cos(\delta) + \frac{l_w}{2}(F_{xrr} - F_{xrl}) + \frac{l_w}{2}(F_{yfl} - F_{yfr})\sin(\delta) \quad (8-3)$$

式中 l_f,l_r 和 l_w——分别为质心到前轮、后轮的纵向距离以及左右两侧车轮的轮距。

2. 侧偏角和滑移率

前后轮的侧偏角分别为:

$$\alpha_f = \delta - \frac{\dot{y} + l_f\dot{\psi}}{\dot{x}} \quad (8-4)$$

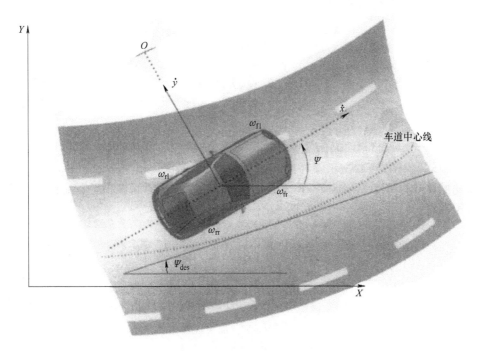

图 8-2　差动制动控制车辆动力学模型的自由度

$$\alpha_r = - \frac{\dot{y} - l_r \dot{\psi}}{\dot{x}} \qquad (8-5)$$

4 个车轮的纵向滑移率为：

$$\sigma_x = \frac{r_{eff}\omega_w - \dot{x}}{\dot{x}} \qquad (8-6)$$

$$\sigma_x = \frac{r_{eff}\omega_w - \dot{x}}{r_{eff}\omega_w} \qquad (8-7)$$

设左前轮、右前轮、左后轮和右后轮的滑移率分别为 σ_{fl}、σ_{fr}、σ_{rl} 和 σ_{rr}。

3. 侧向 – 纵线轮胎联合模型方程

轮胎力用本书第 13.10 节中所讨论的 Duogoff 轮胎模型来计算，设每个轮胎的侧向刚度为 C_a，纵向轮胎刚度为 C_σ，则各个轮胎的纵向力可以表示为：

$$F_x = C_\sigma \frac{\sigma}{1 + \sigma} f(\lambda) \qquad (8-8)$$

轮胎侧向力由式（8-9）给出：

$$F_y = C_\alpha \frac{\tan(\alpha)}{1 + \sigma} f(\lambda) \qquad (8-9)$$

λ 由式（8-10）得出：

$$\lambda = \frac{\mu F_z (1 + \sigma)}{2\{(C_\sigma \sigma)^2 + (C_\alpha \tan(\alpha))^2\}^{1/2}} \tag{8-10}$$

以及：

$$f(\lambda) = (2 - \lambda)\lambda, \text{当} \lambda < 1 \text{ 时} \tag{8-11}$$

$$f(\lambda) = 1, \text{当} \lambda \geqslant 1 \text{ 时} \tag{8-12}$$

式中 F_z——作用在轮胎上的法向载荷；

μ——轮胎和地面的摩擦系数。

由式（8-8）~式（8-12）可以计算出轮胎纵向力 F_{xfl}、F_{xfr}、F_{xrl} 和 F_{xrr} 以及轮胎侧向力 F_{yfl}、F_{yfr}、F_{yrl} 和 F_{yrr}，注意在计算时须使用各轮胎对应的侧偏角和滑移率。

4. 车轮动力学

4 个车轮的转动动力学方程可以由下面的转矩平衡方程给出：

$$J_w \dot{\omega}_{fl} = T_{dfl} - T_{bfl} - r_{eff} F_{xfl} \tag{8-13}$$

$$J_w \dot{\omega}_{fr} = T_{dfr} - T_{bfr} - r_{eff} F_{xfr} \tag{8-14}$$

$$J_w \dot{\omega}_{rl} = T_{drl} - T_{brl} - r_{eff} F_{xrl} \tag{8-15}$$

$$J_w \dot{\omega}_{rr} = T_{drr} - T_{brr} - r_{eff} F_{xrr} \tag{8-16}$$

式中 T_{dfl}、T_{dfr}、T_{drl} 和 T_{drr}——分别指左前、右前、左后和右后车轮的驱动转矩；

T_{bfl}、T_{bfr}、T_{brl} 和 T_{brr}——分别指各车轮的制动转矩。

一般地，车轮的制动转矩是该轮上的制动压力、制动摩擦面积 A_w、制动摩擦系数 μ_b 和制动器半径 R_b 的函数。例如，左前轮的制动转矩 T_{bfl} 和左前轮的制动压力 P_{fl} 关系为：

$$T_{bfl} = A_w \mu_b R_b P_{bfl} \tag{8-17}$$

类似地，右前、左后和右后的制动压力分别为 P_{bfr}、P_{brl} 和 P_{brr}。

8.2.2 控制系统架构

横摆稳定性控制系统采用分层架构，如图 8-3 所示。上层控制器的控制目标是保证整车横摆稳定性控制，给出理想的横摆转矩，控制过程充分利用来自轮速传感器、横摆角速度传感器、侧向加速度传感器和前轮转向角传感器的测量参数。

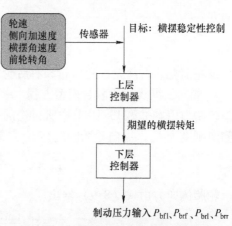

图 8-3 横摆稳定性控制系统架构

通过这些传感器测量参数以及一定的控制算法，上层控制器计算出理想的横摆转矩，这些内容在下面的章节逐步加以讨论。下层控制器则保证差动制动系统准确实现理想的横摆转矩，下层控制器通过独立控制 4 个车轮的转动运动和制动压力来提供车辆理想的横摆转矩。控制过程的实现隐含着一个假设条件，即车轮的动态响应比整车动态响应快。

8.2.3　理想的横摆角速度

由第 3 章（第 3.3 节）得知，当车辆在半径为 R 的环形道路上行驶时的稳态转角由下式给出：

$$\delta_{SS} = \frac{l_f + l_r}{R} + K_V a_y \tag{8-18}$$

式中　K_V——不足转向的斜率，由下式给出：

$$K_V = \frac{l_r m}{2C_{\alpha f}(l_f + l_r)} - \frac{l_f m}{2C_{\alpha r}(l_f + l_r)}$$

式中　$C_{\alpha f}$ 和 $C_{\alpha r}$——分别指前轮和后轮的侧向刚度。

因此，转向角和车辆转弯半径的稳态关系如下：

$$\delta_{SS} = \frac{l_f + l_r}{R} + \left(\frac{m l_r C_{\alpha r} - m l_f C_{\alpha f}}{2 C_{\alpha f} C_{\alpha r}(l_f + l_r)} \right) \frac{V^2}{R} \tag{8-19}$$

半径可以由转向角表示：

$$\frac{1}{R} = \frac{\delta_{SS}}{l_f + l_r + \dfrac{m V^2 (l_r C_{\alpha r} - l_f C_{\alpha f})}{2 C_{\alpha f} C_{\alpha r} L}} \tag{8-20}$$

式中　$L = l_f + l_r$——表示车辆的轴距。

因此，理想的横摆角速度可以由转向角、车速和其他一些车辆参数得到：

$$\dot{\psi}_{des} = \frac{\dot{x}}{R} = \frac{\dot{x}}{l_f + l_r + \dfrac{m \, \dot{x}^2 (l_r C_{\alpha r} - l_f C_{\alpha f})}{2 C_{\alpha f} C_{\alpha r} L}} \delta \tag{8-21}$$

式中　$C_{\alpha f}$ 和 $C_{\alpha r}$——分别表示前后轮的侧向刚度，并设前后分别有两个胎。如果前后轮的侧向刚度相等，则有 $C_{\alpha f} = C_{\alpha r} = C_\alpha$。

8.2.4　理想的车辆侧偏角

在第 3 章中，我们已经知道转向时的稳态横摆角误差是：

$$e_{2\_ss} = -\frac{l_r}{R} + \frac{l_f}{2 C_{\alpha r}(l_f + l_r)} \frac{m V^2}{R} = -\frac{l_r}{R} + \alpha_r \tag{8-22}$$

车辆稳态侧偏角为：

$$\beta = -e_{2\_ss}$$

或者：

$$\beta = \frac{l_r}{R} - \frac{l_f}{2C_{\alpha r}(l_f + l_r)}\frac{mV^2}{R} \tag{8-23}$$

上述关于稳态侧偏角的表达式基于车速和道路半径，该表达式也可以根据稳态转向角来改写。

从式（8-19）得到的稳态转向角：

$$\delta_{ss} = \frac{l_f + l_r}{R} + \left(\frac{ml_r C_{\alpha r} - ml_{\alpha f}C_f}{2C_{\alpha f}C_{\alpha r}(l_f + l_r)}\right)\frac{V^2}{R}$$

因此，道路的曲率可以表示为：

$$\frac{1}{R} = \frac{\delta_{SS}}{l_f + l_r + \dfrac{mV^2(l_r C_{\alpha r} - l_f C_{\alpha r})}{2C_{\alpha f}C_{\alpha r}L}}$$

结合式（8-23）和式（8-20），稳态侧偏角是：

$$\beta = \frac{1}{R}\left(l_r - \frac{l_f}{2C_{\alpha r}(l_f + l_r)}mV^2\right)$$

或者：

$$\beta = \frac{\delta_{SS}}{l_f + l_r + \dfrac{mV^2(l_r C_{\alpha r} - l_f C_{\alpha f})}{2C_{\alpha f}C_{\alpha r}L}}\left(l_r - \frac{l_f}{2C_{\alpha r}(l_f + l_r)}mV^2\right)$$

化简后得：

$$\beta_{des} = \frac{l_r - \dfrac{l_f mV^2}{2C_{\alpha r}(l_f + l_r)}}{(l_f + l_r) + \dfrac{mV^2(l_r C_{\alpha r} - l_f C_{\alpha f})}{2C_{\alpha f}C_{\alpha r}(l_f + l_r)}}\delta_{SS} \tag{8-24}$$

注释：上式中前轮和后轮的侧向刚度分别为 $C_{\alpha f}$ 和 $C_{\alpha r}$。

式（8-24）为理想的侧偏角与驾驶人转向角输入、车辆纵向速度和其他车辆参数之间的函数关系。

8.2.5 目标横摆角速度和侧偏角的上限值

式（8-23）和式（8-24）中理想横摆角速度和侧偏角并不总是容易获得，例如，如果路面摩擦系数不能提供高横摆角速度下的轮胎力，那么尝试去得到上式的期望横摆角速度是不安全的，因此，理想的横摆角速度必须在根据与轮胎－路面摩擦系数的关系所确定的上限值范围内。

质心的侧向加速度由式（8-25）得到：

$$a_{y\_cg} = \dot{x}\dot{\psi} + \ddot{y} \tag{8-25}$$

由于 $\dot{y} = \dot{x}\tan(\beta)$，侧向加速度和横摆角速度以及车辆侧偏角的关系：

$$a_{y\_cg} = \dot{x}\dot{\psi} + \tan(\beta)\ddot{x} + \frac{\dot{x}\,\dot{\beta}}{\sqrt{1 + \tan^2\beta}} \tag{8-26}$$

侧向加速度也必须受到轮胎 – 地面摩擦系数 μ 的限制：

$$a_{y\_cg} \leqslant \mu g \tag{8-27}$$

侧向加速度的计算主要由式（8-26）首项决定。如果假设车辆侧偏角和它的导数都比较小，第 2 项和第 3 项只占总的侧向加速度很小的部分，因此，综合式（8-26）和式（8-27），则横摆角速度的上限可以确定如下：

$$\dot{\psi}_{upper\_bound} = 0.85\frac{\mu g}{\dot{x}} \tag{8-28}$$

因子 0.85 使得式（8-26）的第 2 项和第 3 项只占了总侧向加速度的 15%。

因此，只要不超过式（8-28）中的上限，车辆的目标横摆角速度就可以使用式（8-21）中的名义横摆角速度：

$$\dot{\psi}_{target} = \dot{\psi}_{des}，当 |\dot{\psi}_{des}| \leqslant \dot{\psi}_{upper\_bound} 时 \tag{8-29}$$

$$\dot{\psi}_{target} = \dot{\psi}_{upperbound}\,\mathrm{sgn}(\dot{\psi}_{des})，当 |\dot{\psi}_{des}| > \dot{\psi}_{upper\_bound} 时 \tag{8-30}$$

在一定的转向角和车速之下，理想的侧偏角可以由式（8-24）得到。目标侧偏角也必须在上限值范围内以保证侧偏角不会过大。在大侧偏角下，轮胎失去线性特性并且接近附着极限，因此，限制侧偏角是很重要的。

式（8-31）是由经验得出的侧偏角上限值计算式：

$$\beta_{upper\_bound} = \tan^{-1}(0.02\mu g) \tag{8-31}$$

由式（8-31）得出，摩擦系数 $\mu = 0.9$ 时上限值为 10°，摩擦系数 $\mu = 0.35$ 时上限值为 4°，这分别近似等于在干路面和积雪路面上的侧偏角理想极限。

因此，只要不超过式（8-31）所确定的上界，车辆的目标侧偏角可以使用式（8-24）中的名义侧偏角：

$$\beta_{target} = \beta_{des}，当 |\beta_{des}| \leqslant \beta_{upper\_bound} 时 \tag{8-32}$$

$$\beta_{target} = \beta_{upperbound}\,\mathrm{sgn}(\beta_{des})，当 |\beta_{des}| > \beta_{upper\_bound} 时 \tag{8-33}$$

有些研究人员在文献里简单假设理想的侧偏角为零并且横摆角速度的上限由式 $\dot{\psi}_{upper\_bound} = \frac{\mu g}{\dot{x}}$ 得到，但是，由式（8-28）～式（8-33）得到的横摆角速度和侧偏角更接近于驾驶人期望的目标值。

8.2.6　上层控制器的设计

如第 8.2.5 节中提到的，上层控制器的控制目标是确定整车理想横摆转矩，从而使车辆达到目标横摆角速度和目标侧偏角。

有些研究人员使用滑模变结构控制方法控制跟踪横摆角速度和侧偏角的目

标（Drakunov 等，2000；Uematsu 和 Gerdes，2002；Yi 等，2003；Yoshioka 等，1998），在 Slotine 和 Li（1991）的文章中对滑模变结构控制理论有详细介绍。

滑模面的选择要满足横摆角速度的轨迹或者侧偏角的轨迹或者两者兼有，例如，研究人员选择的滑模面满足下面 3 个条件：

$$s = \dot{\beta} + \xi\beta \tag{8-34}$$

$$s = \dot{\psi} - \dot{\psi}_{\text{target}} \tag{8-35}$$

$$s = \dot{\psi} - \dot{\psi}_{\text{target}} + \xi\beta \tag{8-36}$$

为了确保车辆的响应接近滑模面 $S = 0$，必须确保可以获得期望横摆角速度和/或侧偏角。在 Uematsu and Gerdes（2002）的文章中有对上述 3 种滑模面控制的车辆性能的详细描述。

本书认为下述滑模面可以用作控制设计：

$$s = \dot{\psi} - \dot{\psi}_{\text{target}} + \xi(\beta - \beta_{\text{target}}) \tag{8-37}$$

滑模面定义了横摆角速度和侧偏角误差的加权组合，并且考虑了第 8.2.3 ~ 8.2.5 节中讨论的目标横摆角速度和目标侧偏角的值。

对式（8-37）差分：

$$\dot{s} = \ddot{\psi} - \ddot{\psi}_{\text{target}} + \xi(\dot{\beta} - \dot{\beta}_{\text{target}}) \tag{8-38}$$

把式（8-3）改写可得 $\ddot{\psi}$：

$$I_z\ddot{\psi} = l_f(F_{\text{xfl}} + F_{\text{xfr}})\sin(\delta) + l_f(F_{\text{yfl}} + F_{\text{yfr}})\cos(\delta) - l_r(F_{\text{yrl}} + F_{\text{yrr}}) +$$
$$\frac{l_w}{2}(F_{\text{xfr}} - F_{\text{xfl}})\cos(\delta) + \frac{l_w}{2}(F_{\text{xrr}} - F_{\text{xrl}}) + \frac{l_w}{2}(F_{\text{yfl}} - F_{\text{yfr}})\sin(\delta) \tag{8-39}$$

忽略式（8-39）中的 $l_f(F_{\text{xfl}} + F_{\text{xfr}})\sin(\delta)$ 项和 $\frac{l_w}{2}(F_{\text{yfl}} - F_{\text{yfr}})\sin(\delta)$ 项，并假设转向角很小，然后，假设制动转矩的前后轮比例是固定的，设：

$$F_{\text{xrl}} = \rho F_{\text{xfl}} \tag{8-40}$$

$$F_{\text{xrr}} = \rho F_{\text{xfr}} \tag{8-41}$$

式（8-40）和式（8-41）中，ρ 由前后轮制动力比值决定，前后轮制动力比值由液压系统中前后制动压力比值决定。多数制动压力比例阀在一定压力值范围内提供前后相同的制动压力，达到一定压力值后减小后轮制动压力的增长率（Gillespie，1992）：

$$I_z\ddot{\psi} = l_f(F_{\text{yfl}} + F_{\text{yfr}})\cos(\delta) - l_r(F_{\text{yrl}} + F_{\text{yrr}}) +$$
$$\frac{l_w}{2}(F_{\text{xfr}} - F_{\text{xfl}})\cos(\delta) + \rho\frac{l_w}{2}(F_{\text{xfr}} - F_{\text{xfl}}) \tag{8-42}$$

设：

$$M_{\psi b} = \frac{l_w}{2}(F_{xfr} - F_{xfl}) \qquad (8\text{-}43)$$

式中 $M_{\psi b}$——差动制动中的横摆转矩,它构成了上层控制器的控制输入。

那么:

$$\ddot{\psi} = \frac{1}{I_z}[l_1(F_{yfl} + F_{yfr})\cos(\delta) - l_r(F_{yrl} + F_{yrr}) + (\cos(\delta) + \rho)M_{\psi b}] \quad (8\text{-}44)$$

替换式(8-38)中的 $\ddot{\psi}$:

$$\dot{s} = \frac{1}{I_z}[l_f(F_{yfl} + F_{yfr})\cos(\delta) - l_r(F_{yrl} + F_{yrr}) + (\cos(\delta) + \rho)M_{\psi b}] - \ddot{\psi}_{target} + \xi(\dot{\beta} - \dot{\beta}_{target})$$

$$(8\text{-}45)$$

设 $\dot{s} = -\eta s$,则得到控制律:

$$\frac{\rho + \cos(\delta)}{I_z}M_{\psi b} =$$

$$\begin{bmatrix} -\dfrac{l_f}{I_z}(F_{yfl} + F_{yfr})\cos(\delta) + \dfrac{l_r}{I_z}(F_{yrl} + F_{yrr}) \\ -\eta s + \ddot{\psi}_{target} - \xi(\dot{\beta} - \dot{\beta}_{target}) \end{bmatrix} \qquad (8\text{-}46)$$

式(8-46)描述的控制律需要侧偏角、侧偏角微分和前后轮侧向力作为反馈,这些变量并不能直接测量,但对于反馈控制需要对其进行估计。文献中有关对它们的估计算法综合用到了惯性传感器和动力学模型观察器(Tseng 等,1999;Van Zanten 等,1996;Fukada,1999;Ghoeneim,2000 和 Piyabongkarn 等,2009)。用 GPS 来估计滑移率和侧偏角的方法也有人进行过研究(Daily 和 Bevly,2004;Bevly 等,2001)。

在式(8-46)中 $-\dfrac{l_f}{I_z}(F_{yfl} + F_{yfr})\cos(\delta) + \dfrac{l_r}{I_z}(F_{yrl} + F_{yrr})$ 为由轮胎侧向力产生的横摆转矩。也就是说,在确定所需来自差动制动或其他 ESC 系统转矩时,需要考虑轮胎侧向力产生的横摆转矩。目标横摆角加速度 $\ddot{\psi}_{target}$ 是一个前馈项,$-\eta s$ 和 $-\xi(\dot{\beta} - \dot{\beta}_{target})$ 是反馈修正项。

侧向力产生的横摆转矩 $-\dfrac{l_f}{I_z}(F_{yfl} + F_{yfr})\cos(\delta) + \dfrac{l_r}{I_z}(F_{yrl} + F_{yrr})$ 在式(8-46)中可以用积分误差 $-k_i\int s dt$ 反馈代替:

$$\frac{\rho + \cos\delta}{I_z}M_{\psi b} = [-k_i\int s dt - \eta s + \ddot{\psi}_{target} - \xi(\dot{\beta} - \dot{\beta}_{traget})] \qquad (8\text{-}47)$$

这简化了对上层控制器信号测量和参数估计的要求。然而,控制律式〔式(8-46)〕较基于积分误差反馈的简化控制律〔式(8-47)〕可以提供更好的瞬态性能。

8.2.7 下层控制器的设计

下层控制器决定各个车轮的制动压力，以保证产生的横摆转矩跟踪上层控制器决定的期望横摆转矩。

由定义 $M_{\psi b} = \dfrac{l_w}{2}(F_{xfr} - F_{xfl})$，因此，为达到理想的横摆转矩所需的额外的差动纵向轮胎力为：

$$\Delta F_{xf} = \frac{2M_{\psi b}}{l_w} \tag{8-48}$$

考虑到左前轮和右前轮的动力学因素：

$$J_w \dot{\omega}_{fl} = T_{dfl} - A_w \mu_b R_b P_{bfl} - r_{eff} F_{xfl} \tag{8-49}$$

$$J_w \dot{\omega}_{fr} = T_{dfr} - A_w \mu_b R_b P_{bfr} - r_{eff} F_{xfr} \tag{8-50}$$

驱动转矩变量 T_{dfl} 和 T_{dfr} 由节气门输入量或由节气门输入量和驱动力控制系统联合控制，制动压力 P_{bfl} 和 P_{bfr} 由制动踏板输入量和横摆控制中产生差动制动转矩所需的额外制动力控制量控制。

观察式（8-48）和式（8-49），前轮理想的差动纵向轮胎力 ΔF_{xf} 可以通过选择左右前轮制动压力来控制：

$$P_{bfl} = P_0 - a \frac{\Delta F_{xf} r_{eff}}{A_w \mu_b R_b} \tag{8-51}$$

$$P_{bfr} = P_0 + (1 - a) \frac{\Delta F_{xf} r_{eff}}{A_w \mu_b R_b} \tag{8-52}$$

式中　P_0——初始差动制动时刻车轮处测到的制动压力；

常数 a——取值范围是 $0 \leqslant a \leqslant 1$，且 P_{bfl} 和 P_{bfr} 都为正。

车轮的制动压力需为零或者正数，因此，在驾驶人没有制动的条件下，ΔF_{xf} 为正且 $P_0 = 0$，则 a 必须为零；另一方面，如果驾驶人制动且 P_0 足够大，则 a 可以为 0.5。这就是说差动制动通过与驾驶人施加的制动压力相比，一侧车轮增加制动压力，另一侧车轮减小制动压力来实现，这样 a 必须依据测量压力 P_0 实时决定。

8.3　线控转向系统

8.3.1 系统简介

在用于横摆稳定性控制的线控转向系统中，前轮转向角由两部分决定，一部分是驾驶人直接的转向操作输入，另一部分由线控控制器输出决定，如图 8-4 所示。也即，线控控制器的作用就是修正驾驶人的转向输入使其能满足防止侧滑或者侧滑控制的要求，这必须在不干预车辆按驾驶人理想路径行驶的前提下实现。

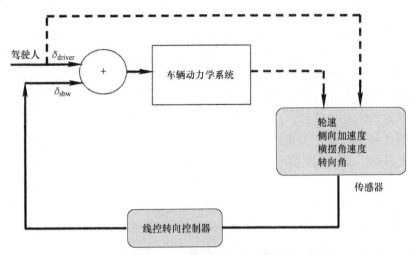

图 8-4　有线控转向系统原理图

Ackermann 和他的合作者已经记述了在用于横摆稳定性控制的线控转向系统的方面所做的重要设计开发工作（Ackermann，1997；Ackermann，1994），下面的部分就是对 Ackermann（1997）针对前轮转向的车辆设计开发的用于横摆稳定性控制的线控转向系统工作的总结。

8.3.2　解耦输出的选择

正如 Ackermann（1997）的论述，驾驶人的首要任务就是"路径跟随"。在路径跟随时驾驶人把车辆当作一个质点，保持其在理想路径上行驶，如图 8-5 所示。驾驶人通过对质点施加理想的侧向加速度 a_{yP} 调整速度矢量，使速度矢量保持在与理想路径切线方向，以达到"路径跟随"的目的。

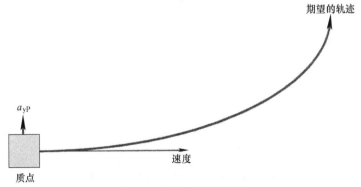

图 8-5　驾驶人路径跟随

驾驶人的另一项任务就是"扰动衰减"，这是由于车辆实际上并不是一个质点，其具有第二个自由度，即车辆的横摆运动。设车辆横摆的惯性矩为 I_z，则车辆的横摆角速度并不仅仅由驾驶人的期望侧向加速度 a_{yp} 决定，同时也与扰动转矩 M_{zD} 相关。驾驶人实际预期的是由侧向加速度 a_{yp} 引起的横摆角速度，并且驾驶人往往习惯于感知横摆角速度，但是，像由于轮胎气压不足和左右路面摩擦系数不同产生的扰动转矩 M_{zD} 所引起横摆角速度并不是驾驶人所希望的。

通常，驾驶人通过操纵转向盘来抵消扰动转矩的作用，但是，这对于驾驶人是一项比较困难的任务，因为驾驶人很难对这些扰动做出响应，由于驾驶人无法预测这种引起意外横摆的扰动转矩，因此驾驶人对于这种意外横摆的反映通常是滞后的，驾驶人需要一定的时间来发现异常情况并且做出干预操作。

在 Ackermann（1997）的研究中，设计开发了线控转向电子稳定性控制系统（ESC）来应对这种扰动衰减，这样驾驶人只需要将注意力集中于其第 1 项任务——即路径跟随即可，为此，必需解耦第 2 项扰动衰减动力学系统，使它不会干扰第 1 项任务。横摆角速度 $\dot{\psi}$ 自动控制系统不应影响驾驶人对于理想路径跟随的操作，就控制系统而言，意味着横摆角速度 $\dot{\psi}$ 无法从侧向加速度 a_{yP} 来直接观测到，横摆角速度值又依赖于侧向加速度 a_{yP}，只有驾驶人能够控制车辆按理想路径行驶，因为车辆必须以相应的横摆角速度跟随理想路径，但是，横摆角速度只能由驾驶人通过 a_{yP} 间接控制。名义上驾驶人仅仅只考虑侧向加速度 a_{yP}，但是任何扰动衰减自动转向控制系统只控制横摆角速度不影响侧向加速度 a_{yP}，这种解耦方式必须具有足够的鲁棒性，更具体地，它必须对于车辆的速度和路面条件具有足够的鲁棒性。

从上述讨论可以清楚地看出消除横摆角速度对侧向加速度影响的目的。下面需要回答另一个问题，"车辆上哪一点的侧向加速度可以当作输出？"，车辆上任何一点 P 的侧向加速度由式（8-53）给出：

$$a_{yP} = a_{y\_cg} + l_P \ddot{\psi} \tag{8-53}$$

式中，a_{y_cg} 是车辆质心的侧向加速度，l_P 是车辆质心之前的 P 点到车辆质心的纵向距离。

由 $a_{y\_cg} = \dfrac{F_{yf} + F_{yr}}{m}$ 可知：

$$a_{yP} = \frac{1}{m}(F_{yf} + F_{yr}) + l_P \dot{\psi}$$

$$a_{yP} = \frac{1}{m}(F_{yf} + F_{yr}) + l_P \frac{1}{I_z}(l_f F_{yf} - l_r F_{yr})$$

$$a_{yP} = F_{yf}\left(\frac{1}{m} + \frac{l_P l_f}{I_z}\right) + F_{yr}\left(\frac{1}{m} - \frac{l_P l_r}{I_z}\right) \tag{8-54}$$

$$l_P = \frac{I_z}{ml_r} \tag{8-55}$$

这样选择侧向加速度的输出点位置保证了后轮侧向力 F_{yr} 的独立性，因此，在解耦过程中由于轮胎力带来的不确定性可以被消除，使得解耦更具鲁棒性。

把式（8-55）带入式（8-54）：

$$a_{yP} = F_{yf}\left(\frac{1}{m} + \frac{l_f}{ml_r}\right)$$

$$a_{yP} = F_{yf}\left(\frac{l_r + l_f}{ml_r}\right) = \frac{L}{ml_r}F_{yf} \tag{8-56}$$

8.3.3　控制器设计

总转向角由下式给出：

$$\delta = \delta_{driver} + \delta_{sbw} \tag{8-57}$$

式中　δ_{driver}——驾驶人的转向角输入；

δ_{sbw}——扰动衰减控制系统的转向角输入。

首先，注意到前轮的侧向力取决于前轮侧偏角，因此：

$$a_{yP}(\alpha_f) = \frac{L}{ml_r}F_{yf}(\alpha_f) \tag{8-58}$$

当且仅当横摆角速度 $\dot{\psi}$ 不影响 a_f 时，$\dot{\psi}$ 不对 a_{yP} 产生影响。所以控制器的设计应使前轮侧偏角不依赖于横摆角速度。

设车辆前轮的速度矢量角为 θ_{vf}，它是指前轮速度矢量和车辆纵向中心线的夹角，则有：

$$\alpha_f = \delta_{driver} + \delta_{sbw} - \theta_{vf} \tag{8-59}$$

而 θ_{vf} 不容易直接测量，否则，控制规则就可以定为 $\delta_{sbw} = \theta_{vf}$，这样就可以使侧偏角不受横摆角速度的影响，此时，侧偏角只受驾驶人前轮转向角输入的影响而不与任何其他状态变量相关。

θ_{vf} 的状态方程是（Ackermann，1994）：

$$\dot{\theta}_{vf} = -\dot{\psi} + \frac{\cos^2(\theta_{vf})}{V_x}a_{yP}(\alpha_f) + g(\dot{\psi}) \tag{8-60}$$

$$g(\dot{\psi}) = \frac{\cos(\theta_{vf})}{V_x}[(l_f - l_P)\ddot{\psi}\cos(\theta_{vf}) + (l_f\dot{\psi}^2 - a_x)\sin(\theta_{vf})] \tag{8-61}$$

式中　a_x——纵向加速度，可通过纵向加速度传感器测量。

对式（8-59）求导得：

$$\dot{\alpha}_f = \dot{\delta}_{driver} + \dot{\delta}_{sbw} - \dot{\theta}_{vf} \tag{8-62}$$

把式（8-60）代入式（8-62），如果控制律选：

$$\dot{\delta}_{sbw} = -\dot{\psi} + g(\dot{\psi}) + F(\delta_{driver}) \qquad (8\text{-}63)$$

则前轮侧偏角的动力学方程为：

$$\dot{\alpha}_f = -\frac{\cos^2(\theta_{vf})}{V_x} a_{yP}(\alpha_f) + \dot{\delta}_{driver} + F(\delta_{driver}) \qquad (8\text{-}64)$$

在式（8-64）中，$F(\delta_{driver})$ 仅作为驾驶人输入的函数，并可以认为是与驾驶人转向角输入 δ_{driver} 对应的期望横摆角速度，因此横摆角速度误差 $F(\delta_{driver}) - \dot{\psi}$ 可以作为式（8-63）中计算线控转向修正值 δ_{sbw} 时的反馈项。

由小的前轮速度角的前提可以导出：

$$\dot{\alpha}_f = -\frac{L}{ml_r V_x} F_{yf}(\alpha_f) + \dot{\delta}_{driver} + F(\delta_{driver}) \qquad (8\text{-}65)$$

因此，前轮侧偏角动力学方程仅仅取决于驾驶人的外部转向输入 δ_{driver}，而不依赖于横摆角速度 $\dot{\psi}$，进一步可以看到，侧向加速度 a_{yP} 也不依赖于横摆角速度 $\dot{\psi}$。

另一个要提出的问题是整个系统的稳定性，解耦并不能自动保证系统的稳定性，但是，运用李雅普诺夫方程 $V = a_f^2$ 以及：

$$\alpha_f F_{yf}(\alpha_f) > 0 \qquad (8\text{-}66)$$

可以看出在 $\delta_{driver} = 0$ 时，a_f 子系统是稳定的，这也表明解耦后的横摆运动子系统也是稳定的（Ackermann，1994）。

Ackermann（1997）进一步讨论了上述理论的实际运用以及控制器的简化，相关的试验结果详见 Ackermann（1994）和 Ackermann（1997）的文献。

8.4　独立的全轮驱动力分配控制

8.4.1　传统的四轮驱动系统

如果在车辆加速的过程中使用基于横摆稳定性控制系统的差动制动，将会减小车辆的加速度，因此不会提供驾驶人需要的车辆纵向响应。汽车业界正热衷研究的解决方案是使用具有全轮驱动控制技术的独立驱动转矩控制来增强驱动性能和操纵性能（Sawase 和 Sano，1999；Osborn 和 Shim，2004）。

为使读者更好地理解，这里简单解释一下"四轮驱动"和"全轮驱动"的概念。在四轮驱动系统中驱动转矩传递给 4 个车轮（相反，在前轮驱动车辆中驱动转矩仅仅传给 2 个前轮）。

四轮驱动系统的优势在于 4 个车轮上都能产生推动车辆前进的纵向轮胎驱动力，这对于附着力不足的情况，如在雪地、戈壁行驶以及爬坡时，是很有利的。但是四轮驱动系统对于在湿滑的路面上制动停车没有帮助，因为它完全是由制动系统而不是驱动系统来决定的。

保证四轮驱动系统工作的主要部件是前轮和后轮的差速器及传动箱。前后轮差速器使得左右侧车轮能以不同的转速旋转，这在转弯时很有必要，因为外侧车轮走过的半径大，转速更快。分动箱把转矩从变速器传至前后轴，基于这种设计，分动箱可以为前后轴提供相等或一定比例的转矩，分动箱通过中央差速器把转矩分配至前后轴。

在四轮驱动系统中，当把 4 个车轮结合在一起时，前后传动轴被锁止，以致它们必须按照相同的转速旋转。四轮驱动系统分为全时四轮驱动和分时四轮驱动系统。在分时四轮驱动系统中，驾驶人可以通过手柄或者开关来选择是四轮驱动还是两轮驱动，驾驶人可以进行"快速切换"（驾驶过程中四轮驱动和两轮驱动的切换），这使得车辆能在常规的干路面上使用两轮驱动而在需要更多驱动力的湿滑路面上使用四轮驱动。

另一方面，全时四轮驱动系统可以使车辆保持两轮驱动（前轮或者后轮），直到系统判断有必要采取四轮驱动，此时其可以自动把转矩传给 4 个车轮，必要时可调节前后轴的转矩比。通常，如果系统检测到有车轮打滑时会自动启动四轮驱动。但是，在最新的一些更先进的系统中，系统可以根据驱动情况切换到四轮驱动，即使没有车轮开始打滑。全时四轮驱动系统又叫作全轮驱动（AWD）系统。

8.4.2　基于差速器在左右轮之间分配转矩

如第 8.4.1 节中所述，传统的差速器可以使得左右轮按照不同的速度旋转，这在车辆转弯时是必要的，传统的差速器也叫"开式差速器"。

传统差速器在其相连的左右轮之间平均分配转矩。如果有一个车轮离开地面，或者处于非常滑的表面，它们只能获得很小的转矩，而由于转矩是平均分配的，即另外一个车轮也只能得到很小的转矩，这是传统差速器最大的不足。

对传统差速器的一种改进是锁止差速器。使用锁止差速器，驾驶人可以通过开关把左右轮锁在一起，这就保证了 2 个车轮获得的转矩和等于总转矩。如果有 2 个车轮之一在湿滑的路面上，另一个车轮依然可以得到足够的转矩使车辆保持向前的驱动力。因此，相比传统的差速器，锁止差速器可以使车辆在湿滑表面上获得更大的驱动力，并能在需要时由驾驶人来操作。

另一种差速器是防滑差速器（LSD），它通过一个离合器逐步将左右车轮锁止，在初始阶段允许它们之间有滑转，这就使得内外侧车轮在转弯的时候能够获得不同的速度，但是当速度差过大时会自动将两个车轮锁在一起，以此来帮助车辆在湿滑表面上也能获得足够的驱动力。

从以上讨论可知，传递到左右轮上转矩的比例决定了差速器的类型。在开式差速器中，传递到左右轮的转矩总是相等的；在锁止差速器中，左右轮的转速是相等的，它们作为一个整体获得总转矩；而在防滑差速器（LSD）中，低速车轮能够获得更大的转矩，低速车轮上增加的转矩等于 LSD 中通过压紧离合器所产生的转矩。

8.4.3 全轮转矩主动控制

理想的全轮四轮驱动系统是 4 个车轮能独立控制的系统。目前，汽车业界开发出双离合器差矩差速器，它正如主动控制系统所要求的，把转矩按照不同的比例传递到内侧或者外侧车轮（Sawase 和 Sano，1999），在前后轴之间的转矩传递也能使用中央差速器进行类似的主动控制。通过独立控制传递到 4 个车轮上的转矩能同时控制车辆的驱动力和横摆稳定性，这样，在加速过程中可以同时控制横摆稳定性，而且并不需要会导致车辆减速的主动差动制动干预。

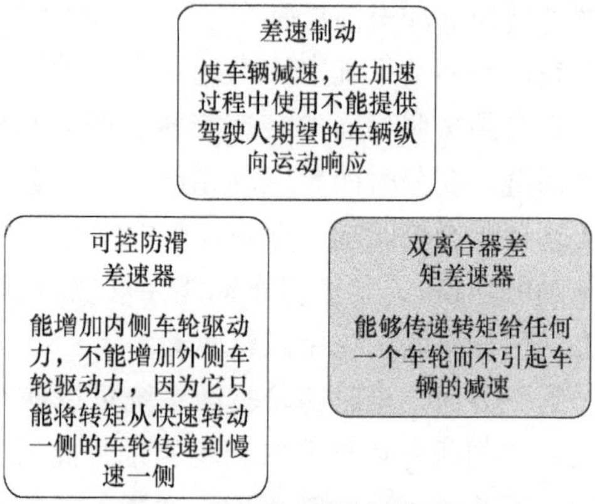

差速制动
使车辆减速，在加速过程中使用不能提供驾驶人期望的车辆纵向运动响应

可控防滑差速器
能增加内侧车轮驱动力，不能增加外侧车轮驱动力，因为它只能将转矩从快速转动一侧的车轮传递到慢速一侧

双离合器差矩差速器
能够传递转矩给任何一个车轮而不引起车辆的减速

图 8-6 横摆稳定性控制系统的类型和它们在制动过程中的性能

图 8-6 所示为车辆加速过程中可以使用的 3 种类型横摆稳定性控制系统，以及它们各自的特性。

Sawase 和 Sano（1999）在文献中所描述的双离合器防滑差速器可以在左右车轮得到任意比例的驱动转矩。式（8-67）～式（8-70）可用于建立双离合器差速控制转矩传递到各车轮的模型。

当右离合器以离合转矩 T_{clutch} 结合时，传递到左轮的驱动转矩是：

$$T_{dl} = \frac{1}{2}T_d - qT_{clutch} \tag{8-67}$$

传递到右轮的驱动转矩是：

$$T_{dr} = \frac{1}{2}T_d + qT_{clutch} \tag{8-68}$$

式中 q——由双离合器差速系统决定的比例；

T_d——传递到所考虑的轴上的总转矩。

同样，当左离合器以离合转矩 T_{clutch} 结合时，传递到左轮的驱动转矩是：

$$T_{dl} = \frac{1}{2}T_d + qT_{clutch} \tag{8-69}$$

传递到右轮的驱动转矩是：

$$T_{dr} = \frac{1}{2}T_d - qT_{clutch} \tag{8-70}$$

因此，通过控制离合转矩就能控制传递到左右轮的驱动转矩。

在防滑差速器或双离合器差速器中，离合器结合时对转矩传递的瞬态和稳态响应的动力学模型参考 Piyabongkarn 等，2007 和 Piyabongkarn 等，2010。

独立控制各个车轮转矩的最佳结构方案是利用双离合器分别在前后轮传递转矩，并具有设有中央差速器的全轮驱动分动箱，但是，出于重量和经济性的考虑这不是一个有吸引力的方案，替代方案是用一个中央差速器和一个双离合器转矩传递差速器。Sawase 和 Sano（1999）的分析表明一个中央差速器和一个后轮转矩传递差速器的方案比较合适。

Sawase 和 Sano（1999）在文献中给出了具有差动制动和驱动转矩控制的横摆稳定性控制系统的性能，该稳定性控制系统中的上层控制系统和第 8.2.6 节中讨论到的系统类似，上层控制器决定理想的横摆转矩，二者的区别在于下层控制器。在车辆加速时会用到主动驱动转矩传递控制而在车辆减速的时候会用到差动制动控制。

8.5 侧偏角控制

如果 ESC 系统的目标仅是跟踪期望的横摆角速度，系统会更容易实现。如果横摆角速度和侧偏角两者均需要满足期望值，则需要一个更高速的估计器，ESC 系统实现起来比较复杂。这是因为侧偏角不容易测量，需要估计。

通过仿真研究，本节解释同时控制横摆角速度和侧偏角比只控制横摆角速度的优点。图 8-7 所示，在摩擦系数为 1 的干燥路面上，平面轨迹是车辆对一个近似的阶跃转向输入的响应。图 8-8 所示，为同一种情况下车辆的侧偏角。

图 8-9 所示，是在摩擦系数为 0.6 的路面上，平面轨迹为同一车辆对相同阶跃转向输入的响应。该系统在此情况下使用仅有横摆角速度控制的 ESC 控制。也就是说，设定 ξ 为零，不使用侧偏角控制。从图 8-9 也可见，仅通过 ESC 横摆角速度控制，车辆横摆角速度小于低摩擦系数路面的预期值。

此外，如图 8-10 所示，侧偏角保持增加，在仿真范围内，达到大约 $-14°$。这种较大的侧偏角，可能会使驾驶人认为车辆打滑失控。另一方面，具有侧偏角和横摆角速度同时控制的 ESC 系统，侧偏角仅在 $-4°$ 范围内，如图 8-11 所示。车辆的平面轨迹与仅通过 ESC 系统横摆角速度控制大致相同，如图 8-12 所示。

从这些仿真中可以清楚看到，具有侧偏角和横摆角速度同时控制的 ESC 系统的优势。下面考虑两种控制器的比较：

控制器 1，采用式（8-71）的滑模变结构控制

$$s = \dot{\psi} - \dot{\psi}_{\text{target}} + \xi\beta \tag{8-71}$$

控制器 2，采用式（8-72）的滑模变结构控制

$$s = \dot{\psi} - \dot{\psi}_{\text{target}} + \xi(\beta - \beta_{\text{target}}) \tag{8-72}$$

比较两个控制器可知,当摩擦系数足够时,可同时获得期望的横摆角速度和侧偏角。图8-13所示,为控制器1在摩擦系数0.8路面上的车辆平面轨迹。从图8-13可以看出,并未获得期望的平面轨迹和横摆角速度。侧偏角在这种情况下低于道路摩擦系数1时的侧偏角,如图8-14所示,ESC并未激活。

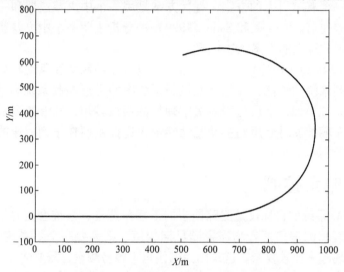

图8-7 阶跃输入时车辆平面运动轨迹

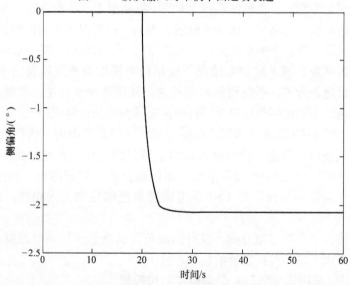

图8-8 在摩擦系数为1的干燥路面上侧偏角响应

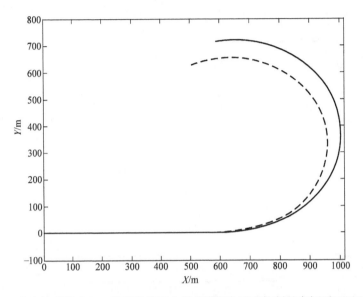

图 8-9　在摩擦系数为 0.6 的干燥路面上仅有横摆角速度控制的车辆平面运动轨迹
实线：实际值　虚线：期望值

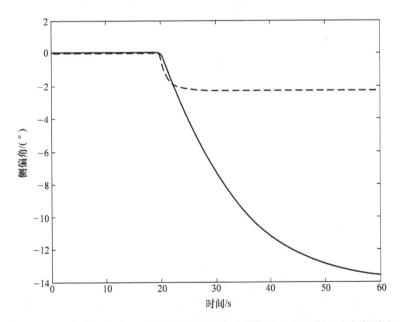

图 8-10　在摩擦系数为 0.6 的干燥路面上仅有横摆角速度控制的车辆侧偏角
实线：实际值　虚线：期望值

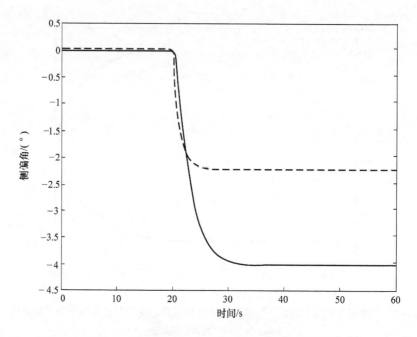

图 8-11 在摩擦系数为 0.6 的干燥路面上同时进行横摆角速度和侧偏角控制的车辆侧偏角
实线：实际值 虚线：期望值

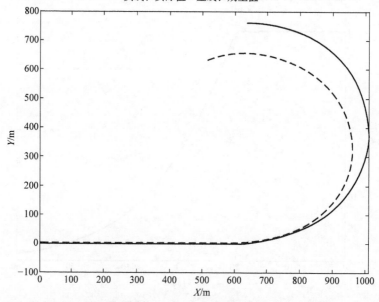

图 8-12 在摩擦系数为 0.6 的干燥路面上同时进行横摆
角速度和侧偏角控制的车辆平面运动轨迹
实线：实际值 虚线：期望值

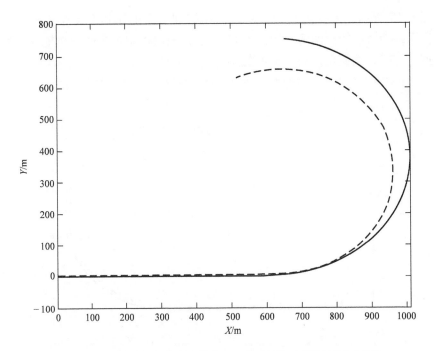

图 8-13　控制器 1 在摩擦系数为 0.8 的路面上车辆平面运动轨迹

实线：实际值　虚线：期望值

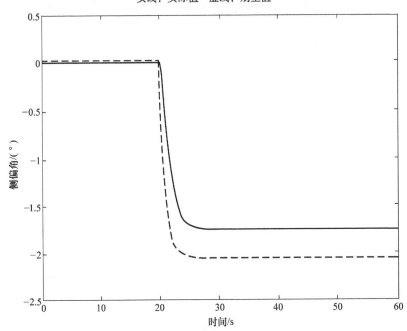

图 8-14　控制器 1 在摩擦系数为 0.8 的路面上车辆侧偏角

实线：实际值　虚线：期望值

图 8-15 所示，为在同一个道路上使用控制器 2 的车辆运动平面轨迹。图 8-16所示，为对应的侧偏角。如图 8-15 所示，使用控制器 2 时车辆能够跟踪期望轨迹。此时，侧偏角仅略大于预期值，如图 8-16 所示。

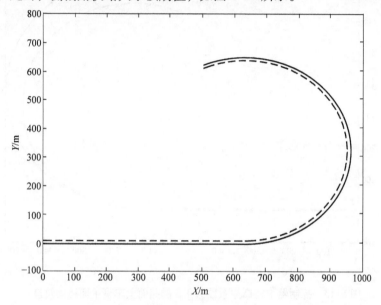

图 8-15　控制器 2 在摩擦系数为 0.8 的路面上车辆平面运动轨迹
实线：实际值　虚线：期望值

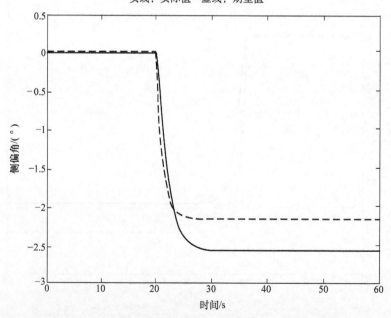

图 8-16　控制器 2 在摩擦系数为 0.8 的路面上车辆侧偏角
实线：实际值　虚线：期望值

8.6　本章小结

本章回顾了 3 种横摆稳定性控制系统：基于差动制动的系统、线控转向系统和独立驱动转矩控制系统。

本章主要篇幅集中于差动制动系统，在它的控制层级中，上层控制器决策确定理想的横摆转矩，下层控制器实现该转矩，驾驶人的转向输入和轮胎路面附着条件共同决定了车辆目标横摆角速度和目标侧偏角，基于滑模算法的控制系统设计用于确保对目标横摆角速度和侧偏角跟踪控制。

基于 Ackerman（1997）的研究成果本文设计提出了一种横摆稳定性控制的线控转向系统，前轮转向角由驾驶人的转向输入和线控信号共同决定，线控信号使得车辆横摆角速度不能通过车辆侧向加速度观测到，这就使得驾驶人能够专注于保持路径的驾驶操作，而线控转向系统则能补偿对车辆横摆角速度扰动因素的影响。

最后，本章讨论了独立的驱动转矩控制系统，通过综合运用双离合器转矩传递差速器和分动箱来独立控制 4 个车轮的转矩，这就是横摆稳定性的控制原理，与基于差动制动的系统相比，驱动转矩控制系统可以使得车辆在进行横摆稳定性控制的过程中不需要减速。

参　数　表

F_y——侧向轮胎力

F_x——纵向轮胎力

F_{yfl}——左前轮侧向轮胎力

F_{yfr}——右前轮侧向轮胎力

F_{yrl}——左后轮侧向轮胎力

F_{yrr}——右后轮侧向轮胎力

F_{xfl}——左前轮纵向轮胎力

F_{xfr}——右前轮纵向轮胎力

F_{xrl}——左后轮纵向轮胎力

F_{xrr}——右后轮纵向轮胎力

$\dot{x}$——车辆质心的纵向速度

$\dot{y}$——车辆质心的侧向速度

δ——车轮转向角

δ_{ss}——环形路面上车轮转向角的稳态值

m——车辆总质量

I_z——车辆惯性横摆转矩

l_w——轮距

l_f——车辆质心到前轮的纵向距离

l_r——车辆质心到后轮的纵向距离

L——轴距

$\dot{\psi}$——车辆横摆角速度

a_f——前轮侧偏角

a_r——后轮侧偏角

σ_x——滑移率

σ_{fl}——左前轮滑移率

σ_{fr}——右前轮滑移率

σ_{rl}——左后轮滑移率

σ_{rr}——右后轮滑移率

ω_w——车轮角速度

ω_{fl}——左前轮角速度

ω_{fr}——右前轮角速度

ω_{rl}——左后轮角速度

ω_{rr}——右后轮角速度

r_{eff}——有效轮胎半径

C_a——轮胎侧向刚度

C_σ——轮胎纵向刚度

F_z——轮胎法向力

μ——轮胎路面附着系数

J_w——各个车轮的转动矩

T_{bfl}——左前轮制动转矩

T_{bfr}——右前轮制动转矩

T_{brl}——左后轮制动转矩

T_{brr}——右后轮制动转矩

P_{bfl}——左前轮制动压力

P_{bfr}——右前轮制动压力

P_{brl}——左后轮制动压力

P_{brr}——右后轮制动压力

P_0——单个车轮上测量到的制动压力

$\dot{\psi}_{des}$——驾驶人的期望横摆角速度

$\dot{\psi}_{target}$——横摆控制系统的目标横摆角速度

$\dot{\psi}_{upper\_bound}$——期望横摆角速度上界

β——车辆侧偏角

β_{des}——期望的车辆侧偏角

β_{target}——横摆控制系统的目标侧偏角

β_{upper_bound}——理想侧偏角的上界

δ_{driver}——线控转向系统中的驾驶员转向角输入

δ_{sbw}——线控转向系统转向角修正

a_{yP}——解耦点 P 的侧向加速度

a_x——纵向加速度

a_{y_cg}——车辆质心的侧向加速度

l_p——P 点到车辆质心的纵向距离

T_{dfl}——左前轮驱动转矩

T_{dfr}——右前轮驱动转矩

T_{drl}——左后轮驱动转矩

T_{drr}——右后轮驱动转矩

T_d——任一轴上的驱动转矩

T_{clutch}——主动差速器中的离合器转矩

$M_{\psi b}$——差动制动引起的横摆转矩

ΔF_{xf}——提供期望横摆转矩要求的额外差动纵向轮胎力

η——滑模面控制系统设计中运用到的常数

ε——定义差动制动控制器的滑模面常数

ρ——前后轮制动转矩比

λ——Dugoff 轮胎模型中的变量

$f(\lambda)$——Dugoff 轮胎模型中的函数

A_w——轮胎制动区域

μ_b——制动摩擦系数

R_b——制动半径

q——主动差速器系统中速比所决定的常数

参 考 文 献

Ackermann, "Robust Control Prevents Car Skidding," 1996 Bode Lecture Prize Article, *IEEE Control Systems Magazine*, pp. 23-31, June 1997.

Ackermann, J., "Robust Decoupling, Ideal Steering Dynamics and Yaw Stabilization of 4WS Cars," *Automatica*, Vol. 30, No. 11, pp. 1761-1768, 1994.

Bevly, D.M., Sheridan, R. and Gerdes, J.C., "Integrating INS Sensors with GPS Velocity Measurements for Continuous Estimation of Vehicle Sideslip and Cornering Stiffness," *Proceedings of the American Control Conference*, Vol. 1, pp. 25-30, 2001.

Daily, R. and Bevly, D.M., "The Use of GPS for Vehicle Stability Control Systems," *IEEE Transactions on Industrial Electronics*, Vol. 51, No. 2, April 2004.

Drakunov, S.V., Ashrafi, B. and Rosiglioni, A., "Yaw Control Algorithm via Sliding Mode Control," *Proceedings of the American Control Conference*, pp. 580 - 583, June 2000.

Dugoff, H., Fancher, P.S. and Segal, L., "Tyre Performance Charecteristics Affecting Vehicle Response to Steering and Braking Control Inputs," *Final Report, Contract CST-460*, Office of Vehicle Systems Research, US National Bureau of Standards, 1969.

Forster, H.J., "Der Fahrzeugfuhrer als Bindeglied Zwischen Reifen," Fharwerk und Fahrbahn, *VDI Berichte*, No. 916, 1991.

Fukada, Y., "Slip Angle Estimation for Vehicle Stability Control," *Vehicle System Dynamics*, Vol. 32, pp. 375-388, 1999.

Ghoneim, Y.A., Lin, W.C., Sidlosky, D.M., Chen, H.H., Chin, Y.K. and Tedrake, M.J., "Integrated Chassis Control System to Enhance Vehicle Stability," *International Journal of Vehicle Design*, Vol. 23, No. 1/2, pp. 124-144, 2000.

Gillespie, T.D., *Fundamentals of Vehicle Dynamics*, SAE, ISBN 1-56091-199-9, 1992.

Hahn, J.O., Rajamani, R. and Alexander, L., "GPS-Based Real-Time Identification of Tire-Road Friction Coefficient", *IEEE Transactions on Control Systems Technology*, Vol. 10, No. 3, pp. 331-343, May 2002.

Hoffman, D. and Rizzo, M., "Chevrolet C5 Corvette Vehicle Dynamic Control System," *SAE Technical Paper Series*, SAE-980233, 1998.

Jost, K., "Cadillac Stability Enhancement," *Automotive Engineering*, October, 1996.

Koibuchi, K., Yamamoto, M., Fukada, Y. and Inagaki, S., "Vehicle Stability Control in Limit Corenering by Active Brake," *SAE Technical Paper Series*, 960487, 1996.

Leffler, H., Auffhammer, R., Heyken, R. and Roth, H., "New Driving Stability Control System with Reduced Technical Effort for Compact and Medium Class Passenger Cars," *SAE Technical Paper Series*, SAE-980234, 1998.

Liebemann, E.K., Meder, K., Schuh, J. and Nenninger, G., "Safety and Performance Enhancement: The Bosch Electronic Stability Control (ESP)," *SAE Paper*, Paper No. 2004-21-0060, 2004.

Osborn, R.P. and Shim, T., "Independent Control of All-Wheel Drive Torque Distribution," *SAE Technical Paper Series*, 2004-01-2052, 2004.

Piyabongkarn, D., Rajamani, R., Lew, J.Y. and Grogg, J.A., "Active Driveline Torque Management Systems – Individual Wheel Torque Control for Active Automotive Safety Applications," *IEEE Control Systems Magazine*, Vol. 30, No. 4, pp. 86-102, August 2010.

Piyabongkarn, D., Rajamani, R., Grogg, J.A. and Lew, J.Y., "Development and Experimental Evaluation of a Slip Angle Estimator for Vehicle Stability Control," *IEEE Transactions on Control Systems Technology*, Vol. 17, No. 1, pp. 78-88, January 2009.

Piyabongkarn, D., Lew, J.Y., Rajamani, R., Grogg, J.A. and Yuan, Q., "On the Use of Torque Biasing Systems for Electronic Stability Control: Limitations and Possibilities," *IEEE Transactions on Control Systems Technology*, Vol. 15, No. 3, pp. 581-589, May 2007.

Sawase, K. and Sano, Y., "Application of Active Yaw Control to Vehicle Dynamics by Utilizing Driving/ Braking Force", *JSAE Review*, Vol. 20, pp. 289-295, 1999.

Shim, T. and Margolis, D., "Using μ Feedforward for Vehicle Stability Enhancement, " *Vehicle System Dynamics*, Vol. 35, No. 2, pp. 103-119, 2001.

Slotine, J.J.E. and Li, W., *Applied Nonlinear Control*, Prentice Hall, 1991.

Tseng, H.E., Ashrafi, B., Madau, D., Brown, T.A. and Recker, D., "The Development of Vehicle Stability Control at Ford," *IEEE/ASME Transactions on Mechatronics*, Vol. 4, No. 3, pp. 223-234, September, 1999.

Uematsu, K. and Gerdes, J.C., "A Comparison of Several Sliding Surfaces for Stability

Control," *Proceedings of the International Symposium on Advanced Vehicle Control* (AVEC), 2002.

Van Zanten, A. T., Erhardt, R., Pfaff, G., Kost, F., Uwe, H. and Ehret, T., "Control Aspects of the Bosch-VDC," *Proceedings of the International Symposium on Advanced Vehicle Control*, Vol. 1, pp. 573-608, 1996.

J. Wang, L. Alexander and R. Rajamani "Friction Estimation on Highway Vehicles Using Longitudinal Measurements", *ASME Journal of Dynamic Systems, Measurement and Control,* Special Issue on Sensors, Vol. 126, No. 2, pp. 265-275, June 2004.

Yi, K., Chung, T., Kim, J. and Yi, S., "An Investigation into Differential Braking Strategies for Vehicle Stability Control," *Proceedings of the Institution of Mechanical Engineers,* Part D: Journal of Automobile Engineering, Vol. 217, pp. 1081-1093, 2003.

Yoshioka, T., Adachi, T., Butsuen, T., Okazaki, H. and Mochizuki, H., "Application of Sliding Mode Control to Control Vehicle Stability," *Proceedings of the International Symposium on Advanced Vehicle Control* (AVEC), pp. 455-459, 1998.

第9章 汽油和柴油发动机的均值建模

本章介绍的发动机模型可用于定速巡航控制系统、自适应巡航控制系统，以及其他车辆纵向控制系统的开发研究。

本章所研究的发动机模型称为均值模型（Cho and Hedrick，1989，Hendricks and Vesterholm，1992，Hendricks and Sorenson，1990），它是一种发动机数学模型：介于复杂的迭代仿真模型与简化的传递函数模型之间，它主要用于预测发动机一些外部变量的均值，如发动机曲轴转速和实时歧管动态压力等，该均值所取时间范围远比一个发动机循环所需的时间长，但比描述纵向车辆运动所要求的时间短，因此该模型可以在纵向车辆控制中得到很好应用。

本章主要内容包括：第9.1节和第9.2节重点研究火花点火（SI）发动机，一般为汽油发动机的均值模型，其中第9.1节介绍了一个参数化均值模型，第9.2节提出了基于发动机 Map 图的均值模型，第9.3节介绍了涡轮增压柴油发动机，第9.4节介绍了装有可变几何参数的涡轮增压器和排气再循环阀的柴油发动机均值模型，第9.5节介绍了为实时控制车辆加速度设计的汽油发动机控制系统。

9.1 基于参数方程的汽油发动机模型

在发动机旋转动力学均值模型中，电火花点火发动机（即汽油发动机）所考虑的主要因素有：

1）进气歧管空气流动模型；

2）曲轴旋转动力学。

发动机的进气歧管是介于节气门和气缸进气门之间的容积（图9-1），节气门的开度控制流入进气歧管的空气流量，从进气歧管到发动机气缸的空气流速很大程度上取决于发动机的转速和进气歧管中的气体压力。

在进气行程中活塞下行，空气从进气歧管流入气缸，在压缩行程中活塞向上运动压缩油气混合气，在压缩上止点附近火花塞点火点燃混合气引起燃烧，发动机气缸中汽油燃烧释放的热能转化为曲轴的旋转力矩。后面我们会进一步了解到，发动机产生的有效转矩主要是发动机转速、进气管道内的空气流速、燃油浓度及发动机气缸内能量损失等参数的函数。同时，燃烧引起的膨胀热量使活塞下行进入做功行程，最后活塞又继续上行进入排气行程，排气门打开排出废气。

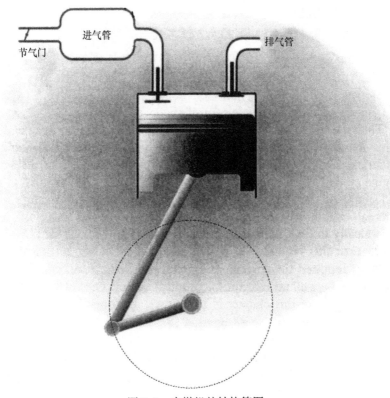

图 9-1 内燃机的结构简图

9.1.1 发动机旋转动力学

曲轴旋转动力学方程如下：

$$I_e \dot{\omega}_e = T_{ind} - T_{load} + T_f \tag{9-1}$$

式中，T_{ind} 为有效转矩，T_{load} 为曲轴上的外加负荷转矩，T_f 代表发动机泵气和摩擦损失，I_e 是发动机的转动惯量。

发动机负荷转矩 T_{load} 通常是由连接发动机与变速器的液力变矩器产生的，液力变矩器模型在本书第 4 章已进行过讨论，变速器传输的动力经过差速器传给左右两侧的驱动车轮，因此负荷转矩 T_{load} 可以通过本书第 4.2 节和 5.5.1 节介绍的内容进行计算。

指示有效转矩 T_{ind} 和摩擦转矩 T_f 的计算将在本章 9.1.2 节及 9.1.3 节介绍。

9.1.2 有效转矩

有效转矩 T_{ind} 是由气体燃烧产生的，可由式（9-2）表示（Hendricks 和 Sorenson 提出，1990）：

$$T_{ind} = \frac{H_u \eta_i \dot{m}_f}{\omega_e} \tag{9-2}$$

式中 H_u——燃料热值；

η_i——指示热效率，考虑了冷却系统和排气系统损失；

$\dot{m}_f$——进入气缸内燃料的质量流量，它主要是由调控气缸内混合气保持化学计量空燃比（理论空燃比）的燃油喷射控制系统所决定的。

假设气缸内的混合气维持化学计量空燃比不变，则燃油质量流量 $\dot{m}$ 与从进气管流入到气缸内的空气流量有关，用式（9-3）表示：

$$\dot{m}_f = \frac{\dot{m}_{ao}}{\lambda \cdot L_{th}} \tag{9-3}$$

式中 $\dot{m}_{ao}$——从进气歧管进入气缸的空气质量流量；

L_{th}——汽油（燃油）的理论空燃比；

λ——理论过量空气系数，其中 $\lambda = 1$，$L_{th} = 14.67$（汽油）。

实际上，指示转矩和摩擦转矩随着发动机热力循环中曲轴旋转而变化的，但在发动机均值模型中，曲轴旋转动力在工作过程中取平均值。

9.1.3 摩擦和泵气损失

在发动机旋转动力方程式（9-1）中，参数 T_f 表示流体动力和泵气摩擦损失。

流体动力或者润滑油膜造成的摩擦损失是发动机机械损失的主要组成部分，用发动机转速 ω_f（rad/s）表示的摩擦损失多项式（Heywood，1988）如下：

$$F_{loss} = a_0\omega_e^2 + a_1\omega_e + a_2 \tag{9-4}$$

式中 常量 a_2——边界摩擦；

线性量 $a_1\omega_e$——流体动力或黏性摩擦；

$a_0\omega_e^2$——湍流损耗，与 ω_e^2 成正比，比例系数依流动路径的形状而定。

在第 13.3.1 和 13.3.2 节中（Heywood 1998）描述了流体动力摩擦和湍流损耗，并且对多项式的选取给出了详细的说明。

泵气损失与泵气平均有效压力、发动机工作转速成正比（Hendricks and Sorenson，1990），其中泵气平均有效压力定义为排气歧管压力和进气歧管压力的差值，即 $p_{exh} - p_{man}$，因此，泵气损失可以表示为：

$$p_{loss} = b_0\omega_e p_{man} + b_1 p_{man} \tag{9-5}$$

由于排气歧管压力近似常数且等于大气压力，发动机中总的摩擦和泵气损失也可由发动机转速和进气歧管压力表示（Hendricks 和 Sorenson，1990；Ganguli 和 Rajamani，2004）：

$$T_f = a_0\omega_e^2 + a_1\omega_e + a_2 + b_o\omega_e P_{man} + b_1 P_{man} \tag{9-6}$$

式中 参数 a_0、a_1、a_2、b_o 和 b_1——取决于发动机的类型。

9.1.4 进气歧管压力方程

进气歧管是介于节气门和气缸进气门之间的管路，根据进气管容积的质量

守恒定律得出进气歧管的状态方程是:

$$\dot{m}_{man} = \dot{m}_{ai} - \dot{m}_{ao} \tag{9-7}$$

式中 $\dot{m}_{ai}$ 和 $\dot{m}_{ao}$——分别代表流入和流出进气歧管空气质量流量,即分别进入节气门和进入气缸的空气质量流量。

进气歧管压力 P_{man} 可以根据进气歧管内的气体质量 m_{man} 由理想气体方程求解:

$$P_{man}V_{man} = m_{man}RT_{man} \tag{9-8}$$

式中 R——气体常数;

T_{man}——进气歧管温度;

V_{man}——进气歧管容积。

根据方程式 (9-8) 和式 (9-7),进气歧管压力方程可表示为:

$$\dot{P}_{man} = \frac{RT_{man}}{V_{man}}(\dot{m}_{ai} - \dot{m}_{ao}) \tag{9-9}$$

关于 $\dot{m}_{ai}$ 和 $\dot{m}_{ao}$ 的计算将在下面章节中介绍。

9.1.5 流出进气歧管的空气质量流量 $\dot{m}_{ao}$

流出进气歧管的空气质量流量 $\dot{m}_{ao}$ 是活塞"扫过"气缸时空气—燃料混合气的流动速率,$\dot{m}_{ao}$ 可表示为 (Hendricks 和 Sorenson,1990):

$$\dot{m}_{ao} = \eta_{vol}\frac{\omega_e}{4\pi}V_d\frac{P_{man}}{RT_{man}} \tag{9-10}$$

式中 η_{vol}——容积效率,它是一个包含多个发动机参数和变量 P_{man}、ω_e 的复杂函数;

V_d——发动机排量;

$\dfrac{P_{man}}{RT_{man}}$——进气歧管内空气的密度。

式 (9-10) 表明在四冲程发动机中,曲轴每旋转 2 圈出现 1 次从进气歧管到气缸的进气过程。

9.1.6 流入进气歧管的空气质量流量 $\dot{m}_{ai}$

从节气门流入进气歧管的空气质量流量可以通过可压缩流体标准节流方程计算,在 Cho 和 Hedrick,1989、Hendricks 和 Sorenson,1990 中有详细的分析,$\dot{m}_{ai}$ 最终方程来自于 Ganguli 和 Rajamani (2004),其可由 3 个参数表示:

$$\dot{m}_{ai} = MAX \times TC(\alpha) \times PRI \tag{9-11}$$

其中:

1) MAX 是取决于节气门阀体尺寸的一个常数,等于进气空气流量的最大值。

2）$TC(\alpha)$ 代表节气门流通特性，它反映了流量是和节气门开度 α 投影面积的函数关系，可表示为（Hendricks 和 Sorenson，1990；Cho 和 Hedrick，1989）：

$$TC(\alpha) = 1 - \cos(\alpha + \alpha') \tag{9-12}$$

式中 α'——节气门最小开度。

当节气门完全关闭时会存在一个最小漏气区域，用 α' 表示。而当节气门处于小开度时，考虑这个漏气区域在计算方面是很有意义的。

3）PRI 为压力比作用下的影响函数，它的定义是通过节气门口的气体流速/声速。声速是声波在气体中的传播速度，为可压缩气体流过管路可达到的最大速率，达到声速后，管末端的低压不再会传输回始端增加气体流速，这就是所说的"壅塞"现象，达到声速时管末端与始端的压力比叫作临界压力比 p_c，空气中 $p_c \approx 0.5283$。

例如，在汽油发动机中，进气歧管压力总是低于大气压力，在此压差作用下，空气从外界（始端）进入进气歧管（末端）。考虑到节气门是一个孔口结构，基于孔口节流定律，可以得到 PRI 关系如下（Hendricks 和 Sorenson，1990）：

$$PRI = \begin{cases} \sqrt{1 - \left(\dfrac{p_r - p_c}{1 - p_c}\right)^2}; & p_r > p_c \quad （临界） \\ 1 & ; \quad p_r \leqslant p_c \quad （声速） \end{cases} \tag{9-13}$$

式中 $p_r = \dfrac{p_{man}}{p_{amb}}$；

p_c——临界压力比，其值可以近似假设为 0.5283。

把上述公式代到式（9-9）中，可以得到进气歧管压力方程为：

$$\dot{P}_{man} = \frac{RT_{man}}{V_{man}}\left\{MAX \times TC(\alpha) \times PRI\left(\frac{P_{man}}{P_{amb}}\right) - \frac{\omega_e V_d \eta_{vol}}{4\pi RT_{man}}P_{man}\right\}$$

即：

$$\dot{P}_{man} = \frac{RT_{man}}{V_{man}}MAX \times TC(\alpha) \times PRI\left(\frac{P_{man}}{P_{amb}}\right) - \frac{\omega_e V_d \eta_{vol}}{4\pi V_{man}}P_{man} \tag{9-14}$$

关于第9.1节中讨论的均值模型中一些有价值的参数值实例在以下网站有介绍 http://www.iau.dtu.dk/ - eh/index.html（Cho 和 Hedrick，1989）。

9.2　查表建立电火花点火发动机模型

发动机 Map 图常用来替换在第9.1.1 ~ 9.1.6 节介绍的参数发动机模型，发动机 Map 图从台架试验数据整理得到，用发动机 Map 图替代参数模型中的参数函数，例如，在方程式（9-1）中 T_{ind} 和 T_f 定义为发动机的各种参数和动态变量 ω_e 和

P_{man} 的函数（参见方程式（9-2）和式（9-6）），而在以发动机 Map 图为基础的模型中，函数 $T_{net} = T_{ind} - T_f$、$\dot{m}_{ao}(\omega_e, p_m)$ 和 $\dot{m}_{ai}(\alpha, p_m)$ 都是通过测功试验以列表数据形式得到，该数据可直接应用于发动机模型中（Cho 和 Hedrick，1989）。

9.2.1　发动机 Map 图

以列表数据表示的发动机 Map 图 $T_{net}(\omega_e, p_{max})$ 的一个例子见表 9-1，其中，发动机转速的变化范围是从 52rad/s 到 586rad/s，即从 496.6rpm 到 5596rpm，进气歧管压力 p_{man} 的变化范围是从 10kPa 到 100kPa，而表 9-1 中只包含到 22.86kPa 的部分数据。

表 9-1　发动机 Map 图中 T_{net}（ω_e，p_{man}）的部分列表数据

ω_e /(rad/s)	p_{man}/kPa		
	10	16.43	22.86
52	-63.58	-51.62	-28.53
85.38	-64.91	-54.7	-25.76
118.75	-64.28	-51.81	-23.09
152.13	-61.53	-47.24	-20.3
185.5	-59.58	-42.64	-15.45
218.88	-58.2	-38.65	-8.01
252.25	-55.53	-33.77	-1.97
285.63	-52.56	-28.72	1.67
319	-50.82	-25.65	3.94
352.38	-50.7	-24.05	4.79
385.75	-51.34	-25.23	4.31
419.13	-54.35	-27.44	2.08
452.5	-58.31	-31.38	-2.05
485.88	-63.53	-36.33	-8.09
519.25	-70.03	-43.71	-15.57
552.63	-77.99	-51.9	-24.75

在表格中对于每一对（ω_e，p_{man}）可得到相应的 T_{net}（ω_e，p_{man}）值，这个数据是对应每对（ω_e，p_{man}）数据通过测功试验得到的，值得注意的是，在为特定的发动机建立发动机 Map 图时，这些列表数据必须从该发动机中得到。

有效转矩 T_{net} 表示为 ω_e 和 p_{man} 的函数，其关系曲线如图 9-2、图 9-3 和图 9-4 所示。在图 9-2 中，对于不同的 ω_e 值，y 轴变化量 T_{net} 表示为 x 轴变化量 p_{man} 的函数，从该曲线变化趋势中可以看出其为单调递增函数。图 9-3 是在 p_{man} 等于 74.29kPa 的情况下 T_{net} 随 ω_e 的变化关系，可以看出 T_{net} 随着 ω_e 增加，到达最大值后开始下降。图 9-4 表示的是对于从 10kPa 到 100kPa 变化的不同 p_{man} 值，y 轴 T_{net} 随 x 轴 ω 的变化关系。

$\dot{m}_{ao} = \dot{m}_{ao}(\omega_e, p_m)$ 同样也是以列表数据形式得到的关于 ω_e 和 p_m 的函数，它们的图表关系如图 9-5 所示，图中体现出来的函数特征与方程式（9-8）比较可得以下关系：

$$\dot{m}_{ao} = \eta_{vol} \frac{\omega_e}{4\pi} V_d \frac{P_{man}}{RT_{man}} \tag{9-15}$$

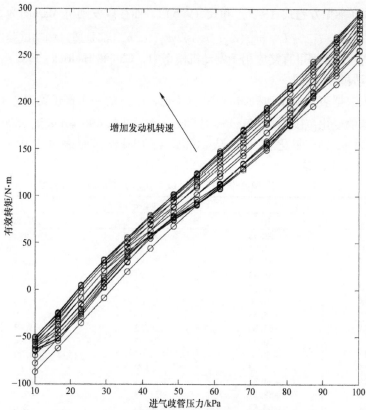

图 9-2 对于不同的定值 ω_e，T_{net} 随 p_{man} 的变化关系

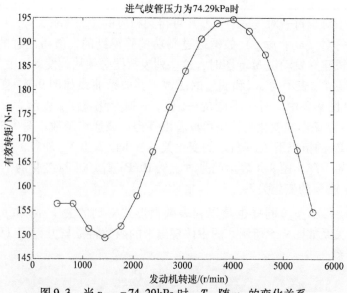

图 9-3 当 $p_{man} = 74.29 \text{kPa}$ 时，T_{net} 随 ω_e 的变化关系

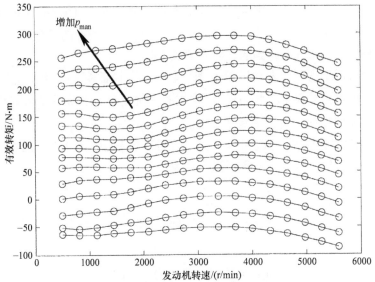

图 9-4　对于不同定值 p_{man}，T_{net} 随 ω_e 的变化关系

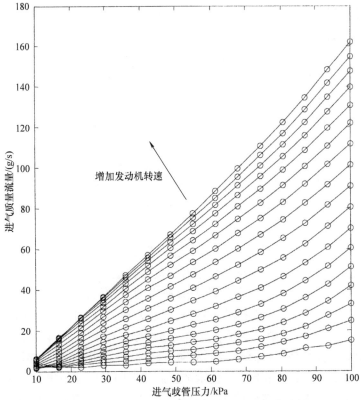

图 9-5　对于不同的 ω_e 值，$\dot{m}_{ao}$ 随 p_{man} 的变化关系

通过两者比较，可以清晰地看到 η_{vol} 不是一个常数，而是 ω_e 和 p_m 的函数，因此，在图9-5中对于每一个常数，ω_e、$\dot{m}_{ao}$ 与 p_m 是非线性的函数关系。

9.2.2 由发动机 Map 图得到的二阶发动机模型

由发动机模型得到的发动机 Map 图可以是2个状态量（ω_e 和 p_{man}）构成的二阶模型，也可以是仅1个状态量 ω_e 构成的一阶模型。二阶模型与本章9.1节描述的参数模型类似，只是函数 T_{net}（ω_e, p_{man}）、$\dot{m}_{ao}$（ω_e, p_{man}）和 $\dot{m}_{ai}$（ω_e, p_{man}）是由试验得到的发动机 Map 图得出的而不是来自于第9.1节的参数方程。

二阶发动机模型的2个方程可以概括为：

1）进气歧管压力方程：

$$\dot{P}_{man} = \frac{RT_{man}}{V_{man}}(\dot{m}_{ai} - \dot{m}_{ao}) \tag{9-16}$$

式中

$$\dot{m}_{ai} = MAX \times TC(\alpha) \times PRI \tag{9-17}$$

$TC(\alpha)$ 和 PRI 都是从发动机 Map 图中得到的，函数 $\dot{m}_{ao}$ 也是直接从发动机 Map 图中得到的。

2）发动机转矩方程：

$$I_e \dot{\omega}_e = T_{net} - T_{load} \tag{9-18}$$

式中 T_{net}——从发动机 Map 图中得到的，是去除损失转矩后的有效转矩（$T_{net} = T_{ind} - T_f$）；

       T_{load}——前面介绍过的负荷转矩（主要来自于变矩器）。

9.2.3 由发动机 Map 图得到的一阶发动机模型

如果忽略进气歧管动态效应，就可以应用一阶发动机模型。在控制系统频带宽度设计得很低的情况下，对于一些纵向汽车控制应用这种模型还是有效的。

就一阶模型来说，发动机旋转动力仅由一个状态变量发动机转速 ω_e 表示，动力平衡方程为：

$$I_e \dot{\omega}_e = T_{net} - T_{load} \tag{9-19}$$

式中 T_{load}——前面介绍的来自变矩器的负荷转矩；

T_{net}（α, ω_e）——从 Map 图中得到的去除损失的有效转矩，同时也是节气门开度 α 和发动机转速 ω_e 的稳态方程，对于任一 α 和 ω_e 值，随着进气歧管压力 P_m 波动到达稳态过程中 T_{net} 变化可忽略不计。

有效转矩 T_{net} 和节气门开度 α、发动机转速 ω_e 的函数关系如图9-6所示，从图中可以看出 T_{net} 随 α 单调非线性增加，而节气门开度 α 一定时，ω_e 随着 T_{net} 的增加先增大到最大值，然后减小，因此对于每个 α，对应某个发动机转速 ω_e，都有一个转矩的最大值。

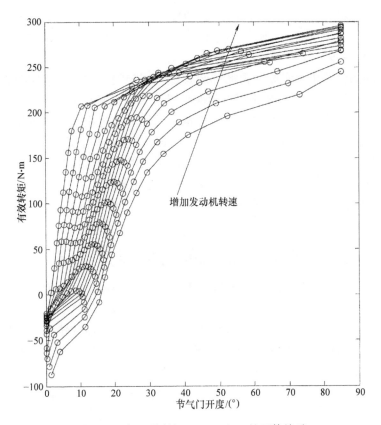

图 9-6 对于不同的 ω_e, T_{net} 和 α 的函数关系

9.3 涡轮增压柴油发动机

和汽油发动机相比，柴油发动机在燃油消耗率和 CO_2、CO、HC 排放上都比较低，但在 NO_x 和微粒排放上，汽油发动机相对较低（Heywood，1988）。

本节介绍带有可控涡轮增压器及废气再循环（EGR）的柴油发动机，它们所起的作用是减少柴油发动机中 NO_x 和微粒（炭烟）的排放。涡轮增压器由同轴安装的一个压气机和一个涡轮机组成，排出的废气驱动涡轮机，进而驱动压气机把周围的空气吸入进气管内。与自然吸气发动机相比，因为气体被压缩而增大了进气量，所以可以有更多的燃料参与燃烧（Watson 和 Janota，1982）。

由于涡轮增压器提高了空燃比、空气密度和温度，所以减少了微粒的排放，然而，它增加了 NO_x 的排放，NO_x 可以通过废气再循环装置（EGR）减少。EGR 的工作原理是回收部分废气，把其转移到发动机进气管来稀释从增压器吸进的空气。再循环的废气在进气管道内并不起化学作用，只是增加了工质的比热，降低了燃料燃烧速率，进而减少了 NO_x 的形成，但是，如果 EGR 引入的废气量过大，发动机内的空燃比就会很低，反而会使炭烟排放大幅增加（Kolmanovsky 等，1997）。

早期的涡轮增压器和废气再循环装置都是固定设置的，不能实时控制。涡轮增压器及 EGR 率的实时控制可以确保炭烟和 NO_x 的排放都得到减少，并且不用以牺牲燃油经济性能和驾驶性能为代价。涡轮增压过程的实时控制可以通过一个可变几何涡轮增压器（VGT）实现，（Kolmanovsky 等，1997），此装置配有旋转导向风向标，它可以改变流入涡轮机内废气的流动区域和角度，控制能量转移到压气机内，使一定量的空气进入发动机进气管内。

对柴油发动机控制的深入了解，包括 VGT 控制请参见 Kolmanovsy 等（1997）及其相关参考文献。

9.4　涡轮增压柴油发动机的均值模型

涡轮增压柴油发动机的仿真模型简图如图 9-7 所示，这个仿真模型包含了均值动力学过程，有 6 个状态参量 p_1、m_1、p_2、m_2、ω_e 和 P_c，其中，P 和 m 分别代表压力和质量，P_c 代表压气机功率，ω_e 代表发动机曲轴转速，而下标 1、2 分别代表进气歧管和排气歧管。以下列出的模型方程是由 Kolmanovsky 等（1997）和 Jankovic 和 Kolmanovsky（1998）中的方程稍加改动得到的，这些方程是建立在质量和能量守恒定律基础上的，并且把进气歧管和排气歧管内的气体都当成理想气体（遵守理想气体方程）来处理。在模型中可控输入量是废气再循环装置的气体质量流量 W_{egr} 和通过涡轮机的气体质量流量 W_t。其他的外部输入量还包括燃油流量 $W_f(Kg/h)$，该值取决于驾驶人给加速踏板的输入量。

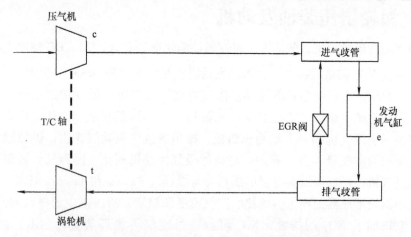

图 9-7　涡轮增压柴油发动机简单仿真模型的组成图

9.4.1　进气歧管动力学模型

与电火花点火式发动机进气歧管动力学相反，此处的进气歧管动力学模型不能作为等温处理，这是因为柴油发动机上的排气再循环装置引入到进气歧管内的废气导致进气歧管内的温度不能假定为常数，而要取决于排气再循环装置。

在进气歧管内的动力学模型假定为绝热，与外界没有热交换，根据进气歧管内的气体质量流量平衡，则有：

$$\dot{m}_1 = W_{c1} + W_{egr} - W_{1e} \tag{9-20}$$

在假设绝热条件下有方程：

$$\dot{p}_1 = \frac{\gamma R}{V_1}(W_{c1} T_a + W_{ger} T_2 - W_{1e} T_1) \tag{9-21}$$

9.4.2　排气歧管动力学模型

排气歧管动力模型也假设为绝热，因此有如下方程：

$$\dot{m}_2 = W_{e2} + W_f - W_{egr} - W_t \tag{9-22}$$

$$\dot{p}_2 = \frac{\gamma R}{V_2}(W_{e2} T_2 + W_f T_2 - W_{egr} T_2 - W_t T_2) \tag{9-23}$$

9.4.3　涡轮增压器动力学模型

涡轮增压器转动轴动力学建模为：

$$\dot{\omega}_{tc} = \frac{1}{I_{tc}\omega_{tc}}(P_t - P_c) \tag{9-24}$$

式中　P_t 和 P_c——分别是涡轮机功率和压气机功率。

涡轮机的功率主要取决于可控输入量 W_t，定义为：

$$P_t = \eta_t c_p T_2 \left\{ 1 - \left(\frac{P_a}{p_2}\right)^{\mu} \right\} W_t \tag{9-25}$$

式中　$\mu = \dfrac{\gamma - 1}{\gamma}$。

涡轮机与压气机之间的功率转换关系式可表示为：

$$\tau P_c + P_c = \eta_m P_t \tag{9-26}$$

式中　η_m 和 τ——分别是增压效率和涡轮滞后时间常数。

从压气机进入到进气管内的空气量由压气机功率方程决定：

$$W_{c1} = \frac{\eta_c}{T_a c_p} \times \frac{P_c}{\left(\dfrac{p_1}{p_a}\right) - 1} \tag{9-27}$$

式中　η_c——压气机等熵效率；

　　　T_a——大气温度。

9.4.4　发动机曲轴动力学模型

发动机动力学模型由曲轴转矩平衡得到：

$$\dot{\omega}_e = \frac{1}{I_e}(T_e - T_f - T_{load}) \tag{9-28}$$

式中 T_e——指示转矩；

T_f——摩擦和泵气损失转矩；

T_{load}——来自变矩器的负荷转矩。

指示转矩表示为：

$$T_e = \eta_{ind} Q_{LHV} m_f \tag{9-29}$$

式中 η_{ind}——指示热效率，其计算式为：

$$\eta_{ind} = (a_1 + a_2\omega_e + a_3\omega_e^2)(1 - k_1\phi_2^k) \tag{9-30}$$

式中 ϕ——理论过量空气系数，$\phi = \dfrac{(F/A)_{actual}}{f_s}$，$(F/A)_{actual} = \dfrac{\dot{m}_f}{\dot{m}_a}$

以上方程中等式右侧所有的变量可能是常量、外部输入量或者是可以用5个状态量和输入量表达的非线性函数，所用参数在参数定义部分均有说明。下标1代表进气歧管，下标2代表排气歧管，下标e代表发动机气缸。

从进气歧管到发动机气缸的气体流动方程为：

$$W_{1e} = \eta_{vol}\rho_1 V_d \frac{N_e}{120} = -k_e p_1 \tag{9-31}$$

$$k_e = \frac{\eta_{vol} V_d N_e}{120 k_1 V_1} \tag{9-32}$$

从发动机气缸到排气歧管的气体流动方程为：

$$W_{e2} = W_{1e} + W_f \tag{9-33}$$

9.4.5 控制系统的目标

除了用发动机曲轴动力学模型式（9-28）和传动系统动力学模型控制汽车纵向速度或加速度的之外，控制系统的目标还包括：

1）保持空燃比在期望值范围内；

2）在进气歧管内燃烧气体的成分保持在期望的水平。

以上模型方程可用来设计能达到上述所有目标的控制系统（Stefanopoulou等，1998；van Nieuwstadt 等，1998）。

9.5 汽油发动机的下层控制器

本节讨论电火花点火发动机下层控制器的设计。在这个控制器中，要给出节气门和制动器的输入量，以便实现来自于上层控制器的期望加速指令（详见第5章）。车辆动力学简化模型可以用来开发下层控制器，但是应用简化模型的前提条件是假设车辆中的变矩器被锁定，而且轮胎和路面之间没有滑动（Raja-mani 等，2000）。这些假设使汽车速度和发动机转速建立了的直接联系（参见术语注释），关系式见式（9-34）。

$$\dot{x} = V_x = (Rr_{eff}\omega_e) \tag{9-34}$$

参考第 5.5.1 节，在上面的假设条件下，发动机转速与非输入量有效转矩 T_{net}、制动转矩 T_{br} 之间的动力学关系为：

$$\dot{\omega}_e = \frac{T_{net} - c_a R^3 r_{eff}^3 \omega_e^2 - R(r_{eff}R_x + T_{br})}{J_e} \tag{9-35}$$

式中 $J_e = I_e + (mr_{eff}^2 + I_\omega)R^2$，是作用在发动机一端的有效惯量；

R——传动比；

r_{eff}——车轮有效半径。

$T_{net}(\omega_e, m_a)$ 是发动机转速和进气歧管内空气质量的非线性函数，可以从汽车制造厂商提供的发动机稳态 Map 图中得到，在第 9.2.1 节中有介绍，其中 m_a 和节气门开度 α 的关系可以表示为：

$$\dot{m}_{man} = MAX \times TC(\alpha) \times PRI(m_{man}) - \dot{m}_{ao} \tag{9-36}$$

式中 MAX——取决于节气门尺寸的常量；

$TC(\alpha)$——节气门开度的非线性可逆函数；

PRI——压力影响函数，反映了气体通过节气门阀时的流动特性；

$\dot{m}_{ao}$——流入气缸的空气质量流量，同样也可以表示为发动机制造商提供的 P_m 和 ω_e 的非线性函数。

在进气歧管内的理想气体状态方程为：

$$P_{man}V_{man} = m_{man}RT_{man} \tag{9-37}$$

下层控制器的设计是基于对标准的滑模控制技术的修正（Hedrick 等，1991），如果有效转矩表示为：

$$(T_{net}) = \frac{J_e}{Rr_{eff}} \ddot{x}_{aes} + [c_a R^3 r_{eff}^3 \omega_e^2 + R(r_{eff}R_x + T_{br})] \tag{9-38}$$

那么，由方程式（9-35）可知，汽车的加速度和上层控制器确定的期望加速度相等，即 $\ddot{x}_i = \ddot{x}_{ides}$。要求的有效转矩可由式（9-38）得到，则相应该转矩所需节气门开度的计算过程如下：首先进气歧管内的空气压力 P_{man} 和温度 T_{man} 由测量得到。m_{man} 可由理想气体状态方程式（9-37）计算得到；而有效转矩 T_{net} (ω_e, m_{man}) 的 Map 图由有效转矩的期望值和进气歧管内空气质量的期望值 m_{man_des} 之间的关系反求得到。

滑模控制器（Slotine 和 Li，1991）用来计算使 m_{man} 达到期望值 m_{man_des} 所需节气门开度 α，定义滑模面为：

$$s_2 = m_{man} - m_{man\_des} \tag{9-39}$$

令 $\dot{s}_2 = -\eta_d s_2$，可得：

$$MAX \times TC(\alpha) \times PIR(m_{man}) = \dot{m}_{ao} + \dot{m}_{man\_des} - \eta_2 s_2 \qquad (9-40)$$

因为 $TC(\alpha)$ 是可逆的，因此，期望节气门开度可以由式 (9-40) 计算得到。

如果式 (9-38) 定义的期望有效转矩是负值，则由制动器提供这个期望转矩。在 Chon 和 Devlin（1995）中设计了在节气门和制动器之间平稳转换的算法，而且可以应用到纵向控制系统中。

9.6　本章小结

本章讨论了电火花点火发动机和柴油发动机的动力学模型。所研究的发动机模型称为均值模型，能完全满足开发车辆纵向控制系统相关应用的需要。

在电火花点火发动机中，动力学模型考虑的 2 个主要因素就是进气歧管的空气流量模型和曲轴的旋转动力学模型，在模型中用到的 2 个状态量是进气歧管压力 P_m 和发动机曲轴转速 ω_e。

在柴油发动机中，考虑了配有可变几何增压器和排气再循环阀的涡轮增压发动机，在发动机动力模型中应用了 5 个状态量，分别是进气歧管内气体质量 m_1 和压力 p_1、排气歧管内 m_2 和 p_2、发动机曲轴转速 ω_e，并提供了完整的动力学模型方程。

同时还讨论了汽油发动机下层控制器的设计，用以保证达到汽车的期望纵向加速度，该控制器将在第 5、6 和 7 章中汽车纵向控制系统中使用。此外，在控制系统设计中还应用了非线性控制综合技术。

参　数　表

1. 汽油发动机

I_e——发动机转动惯量

ω_e——发动机曲轴转速

T_{ind}——指示转矩

T_f——摩擦损失转矩

T_{load}——发动机负荷转矩

$\dot{m}_f$——燃油质量流量

η_i——指示热效率

H_u——燃料热值

L_{th}——化学计量空燃比

λ——过量空气系数

$\dot{m}_{ao}$——从进气歧管到气缸的空气质量流量

$\dot{m}$——流入排气歧管的空气质量流量

p_{man}——进气歧管内的压力

m_{man}——进气歧管内的空气质量

m_{man_des}——在下层控制器中进气歧管内空气质量的期望值

V_{man}——进气歧管的容积

T_{man}——进气歧管内的空气温度

R——进气歧管内理想气体常数

V_d——发动机的排量

η_{vol}——容积效率

α——节气门开度

α'——节气门最小开度

$TC(\alpha)$——节气门开度有效投影面积流通特性

PRI——压力影响函数

MAX——常数，表示气体通过进气歧管的最大质量流量

R_x——旋转阻力

2. 柴油发动机

m_1——进气歧管中空气质量

m_2——排气歧管中空气质量

p_1——进气歧管压力

p_2——排气歧管压力

T_1——进气歧管中空气温度

T_2——排气歧管中空气温度

V_1——进气歧管容积

V_2——排气歧管容积

T_a——环境温度

W_{egr}——通过排气再循环阀的气体质量流量

W_{1e}——从进气歧管到发动机气缸的气体质量流量

W_{c1}——从压气机到进气歧管的气体质量流量

W_t——通过可变几何涡轮的气体质量流量

W_{e2}——从发动机气缸到排气歧管的气体质量流量

P_c——压气机功率

P_t——涡轮机功率

η_m——增压效率

τ——涡轮滞后时间常数

γ——比热

p_a——环境压力

参 考 文 献

Acquino, C.F., 'Transient A/F Control Characteristics of the 5 Liter Central Fuel Injected Engine,' SAE Technical Paper Series, Paper No. 810494, 1981.

Amstutz, A. and Del Re, L.R., 'EGO sensor based robust output control of EGR in diesel engines,' *IEEE Transactions on Control Systems Technology*, vol. 3, No. 1, 1995.

Arsie, I., Pianese, C. and Rizzo, G, 'A Computer Code for S.I. Engine Control and Powertrain Simulation', *SAE Technical Paper Series*, PaperNo. 2000-01-0938.

Arsie, Ivan. Pianese, Cesare. Rizzo, Gianfranco, 'Models for the prediction of performance and emissions in a spark ignition engine - a sequentially structured approach,' *Modeling of SI and Diesel Engines, SAE Special Publications*, Vol. 1330, SAE, Warrendale, PA, USA. p 59-73 980779, February 1998.

Cho, D. and Hedrick, J.K. 'Automotive Powertrain Modeling for Control,' *ASME Journal of Dynamic Systems, Measurement and Control*, v 111, No. 4, pp. 568-576, 1989.

Choi, S.B. and Devlin, P., 'Throttle and Brake Combined Control for Intelligent Vehicle Highway Systems', *SAE Technical Paper Series*, Paper No. 951897, 1995.

Coates, F.E., and Fruechte, R.D., 'Dynamic Engine Models for Control Development. Part II: Application to Idle Speed Control,' *International Journal of Vehicle Design*, SP4, 1983.

Ganguli, A. and Rajamani, R., 'Tractable Model Development and System Identification for Longitudinal Vehicle Dynamics,' *Journal of Automobile Engineering*, Proceedings of the Institution of Mechanical Engineers, Part D, Vol. 218, No. 10, pp. 1077-1084, October, 2004.

Guzzella, L. and Amstutz, A., 'Control of diesel engines', *IEEE Control Systems Magazine*, vol. 18, No. 5, pp. 53-71, 1998.

Hedrick, J.K., McMahon, D., Narendran, V.K. and Swaroop, D., 'Longitudinal Vehicle Controller Design for IVHS Systems', *Proceedings of the 1991 American Control Conference*, Vol. 3, pp. 3107-3112, June 1991.

Hendricks, E. and Sorenson, S.C. 'Mean Value Modeling of Spark Ignition Engines' *SAE Technical Paper Series*, Paper No. 900616, 1990.

Hendricks, Elbert. Vesterholm, Thomas, 'Analysis of mean value SI engine models,' *SAE Technical Paper Series*, Published by SAE, Warrendale, PA, USA., pp 1-19 920682, 1992.

Huang, Rong W. Velinsky, Steven A., 'Spark ignition engine modeling for vehicle dynamic simulation,' Advanced Automotive Technologies, *American Society of Mechanical Engineers, Dynamic Systems and Control Division (Publication) DSC*, Published by ASME, New York, NY, USA. v 52, pp. 369-378, 1993.

Heywood, J.B., *Internal Combustion Engine Fundamentals*, Mc-Graw Hill, Inc., 1988.

Jankovic, M. and Kolmanovsky, I., 'Robust Nonlinear Controller for Turbocharged Diesel Engines,' *Proceedings of the 1998 American Control Conference*, pp. 1389-1394, 1998.

Kao, M. and Moskwa, J.J., 'Turbocharged diesel engine modeling for nonlinear engine control and estimation', *ASME Journal of Dynamic Systems, Measurement and Control*, vol. 117, pp. 21-30, March 1995.

Kolmanovsky, I., Moraal, P., van Nieuwstadt, M. and Stefanopoulou, A., 'Issues in modelling and control of intake flow in variable geometry turbocharged diesel engines', *Proceedings of the 18th IFIP Conference on System Modeling and Optimization*, Detroit, July 1997.

Moody, J.F., 'Variable geometry turbocharging with electronic control', *SAE Technical Paper Series*, Paper No. 860107, 1986.

Moskwa, J.J. and Hedrick, J.K., 'Modelling and Validation of Automotive Engines for Control Algorithm Development', *ASME J. of Dynamic Systems, Mesurement and Control*, Vol. 114, No. 2, Pages 278-285, June 1992.

Powell, B.K. and Cook, J.A., 'Nonlinear Low Frequency Phenomenological Engine Modelling and Analysis', *Proceedings of American Controls Conference*, Pages 332-340, Minneapolis, MN, June 1987.

Rajamani, R., Tan, H.S., Law, B. and Zhang, W.B., 'Demonstration of Integrated Lateral and Longitudinal Control for the Operation of Automated Vehicles in Platoons,' *IEEE Transactions on Control Systems Technology*, Vol. 8, No. 4, pp. 695-708, July 2000.

Slotine, J.J.E. and Li, W., *Applied Nonlinear Control*, Prentice Hall, 1991.

Stefanopoulou, A.G., Kolmanovsky, I. And Freudenberg, J.S., 'Control of variable geometry turbocharged diesel engines for reduced emissions', *Proceedings of the 1998 American Control Conference*, pp. 1383-1388, Philadelphia, June 1998.

Taylor, C.F., *The Internal-Combustion Engine in Theory and Practice*, Volume I, The M.I.T. Press, Second Edition, 1976.

van Nieuwstadt, M., Moraal, P. , Kolmanovsky, I. and Stefanopoulou, A.G., 'A comparison of SISO and MIMO designs for EGR-VNT control of a light duty diesel engine', *Proceedings of the IFAC Workshop on Advances in Automotive Control*, Mohican State Park, Ohio, pp. 191-196, February 1998.

Watson, N. and Janota, M.S., *Turbocharging the Internal Combustion Engine*, Wiley Interscience, New York, 1982.

SI Engine Model on website: http://www.iau.dtu.dk/~eh/index.html

第10章 被动式汽车悬架的设计与分析

10.1 引言

10.1.1 整车、半车和四分之一汽车悬架模型

汽车悬架起到将车身支撑在车轴上的作用。具有 7 个自由度的整车悬架模型如图 10-1 所示,其中汽车车身用悬架质量 m 表示,而车轮和车轴非悬架质量通常用 m_{u1}、m_{u2}、m_{u3} 和 m_{u4} 表示。汽车悬架表示为在悬架质量和非悬架质量之间的弹簧和减振器。4 个车轮的垂直刚度分别用 k_{t1}、k_{t2}、k_{t3} 和 k_{t4} 表示。

整车 7 个自由度分别为车身的垂直位移 z、俯仰角 θ 和侧倾角 ϕ 以及 4 个非悬架质量的竖直位移。变量 z_{r1}、z_{r2}、z_{r3} 和 z_{r4} 是路面激振系统的输入量。

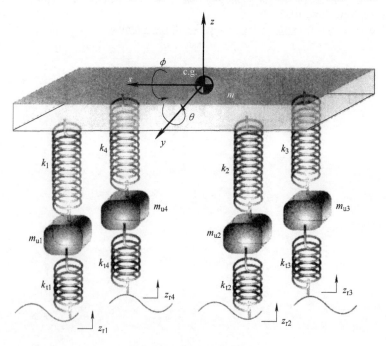

图 10-1 整车悬架模型

有 4 个自由度的半车模型如图 10-2 所示,在该模型中,4 个自由度分别为车身的垂直位移 z 和俯仰角以及前轴和后轴的垂直位移 z_{u1}、z_{u2}。

有 2 个自由度的四分之一汽车悬架系统如图 10-3 所示,它表示单轮汽车系

统也就是汽车 4 个车轮的车轴和车身的运动，图中，悬架本身由弹簧 k_s、阻尼器 b_s 和一个主动力 F_a 组成，该主动力 F_a 在被动式悬架中可以设置为 0。悬架质量 m_s 代表四分之一车身的等效质量，非悬架质量 m_u 代表车轮和车轴的等效质量，轮胎的垂直刚度由 k_t 表示，变量 z_s、z_u 和 z_r 分别表示偏离静态平衡位置时悬架质量、非悬架质量和路况的垂直位移。

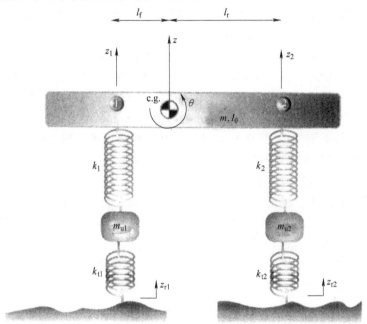

图 10-2　半车悬架模型

10.1.2　悬架的功能

汽车悬架有如下作用（D. Bastow，1987）：

1）隔绝路面对汽车的扰动，提高车辆平顺性。车辆平顺性一般可以由乘客位置处的垂直加速度来评价。一个成功的悬架设计可以通过减少车轴传给车身的振动力来隔绝路面的扰动，减小了汽车车身加速度。在四分之一汽车悬架中，悬架质量加速度 $\ddot{z}_s$ 可以用来评价车辆平顺性。

2）保证良好的路面适应性。汽车的路面适应性可以通过转向、制动和

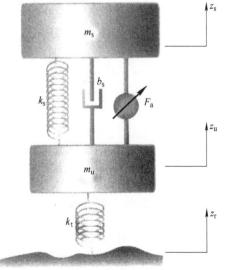

图 10-3　四分之一汽车主动悬架模型

牵引性能来评价。通过减少轮胎垂直载荷的变化就可以改善转向、制动和牵引性能，这是因为轮胎产生的侧向和纵向力直接取决于轮胎的垂直载荷。对垂直力来说轮胎相当于弹簧，垂直载荷的变化会直接关系到轮胎变形（$z_u - z_r$），因此悬架的路面适应性可以由轮胎变形性能来评价。

3）提供良好的操纵性。汽车转向，制动和加速时的俯仰和摆动加速度是评价操纵性的尺度。半车和全车模型可以用来研究汽车的俯仰和摆动性能。良好的悬架系统应该减小俯仰和摆动运动。

4）支撑汽车的静态质量。如果车辆的动挠度保持很小，那么这点会很容易完成。而对于四分之一汽车模型，它可以通过悬架发生的最大变形量来衡量。

本章接下来论述的要点如下：在本章第10.2节中，将回顾模型解耦的标准形式；在第10.3～10.7节，将会研究利用模型解耦和它的近似值来设计和分析四分之一汽车悬架模型；第10.8节利用精确完整模型验证解耦值的近似结果；第10.9节将研究半车模型的解耦以及拓展应用到全车模型。

10.1.3 非独立悬架和独立悬架

在非独立悬架中，车桥上一侧车轮的垂直运动会直接传递到另一侧车轮上，但一些汽车的后桥仍然在使用非独立悬架系统，图10-4所示是钢板弹簧整体桥式非独立后悬架系统，这种悬架的优点是结构简单、成本低、驱动桥和减振器连接在钢板弹簧上，钢板弹簧末端和减振器直接与底盘（车身）连接，由于车桥连接2个后轮，所以一侧车轮的垂直运动会传递到另一侧车轮。

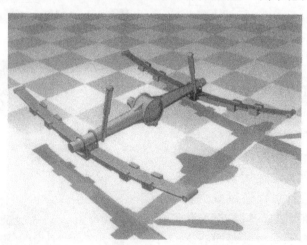

图10-4 钢板弹簧整体桥式非独立后悬架

在这种非独立悬架系统中，车桥不能用2个独立的非悬架质量来表示。

在第10.1.1节中所考虑的所有悬架系统模型中（全车、半车和四分之一车模型），前后车轮都假设是独立悬架。

前轮悬架系统通常设计成独立悬架（除有横向稳定杆连接）。在独立悬架中，两车轮的垂直运动无关联，这就是在第 10.1.1 节中介绍的全车、半车和四分之一汽车模型中隐含的假设。

图 10-5 所示为双 A 型臂独立悬架，轮轴由上下 A 型臂支撑，A 型臂组成了基本的连杆系统，它允许轮轴独立于其他车轮垂直运动。当车轮垂直运动时，它也有轻微的摆动，这是由于连杆绕轴旋转的弧线运动引起的，除非杆件无限长，否则摆动总是会出现。图中悬架弹簧采用"簧包油"布置方式，减振器座位于弹簧中。因为 A 型臂很像一个叉型臂，这种悬架也被称为双叉臂悬架。在不等长 A 型臂悬架中，上控制臂通常设计得比下控制臂短，这使得上臂划过的弧比下臂短，因此，当车轮向上运动时会把车轮上部向里拉，车轮向内倾斜并且产生负外倾。在转弯时，因为车身与车轮倾斜方向相反，外部不断增加的负外倾使车轮产生更大的转向阻力。通过调整臂长以及与地面的相对角度，车辆的侧倾中心高度和摇臂长度可以调整。

图 10-5　双 A 型臂独立悬架

10.2　模型解耦

这部分内容包括模型解耦的简单介绍，模型解耦在本章稍后将用来研究在汽车悬架中不同参数对性能的影响。

无阻尼有限自由度系统可用如下矩阵方程表示：

$$M\ddot{x} + Kx = F \tag{10-1}$$

式中　M 和 K——代表质量和刚度矩阵；

　　　F——激励矢量。

设 $\Omega_i = 1, 2, \cdots, n$ 代表系统自然频率，$\tilde{\phi}$ 代表相应的标准化质量（Thompson 和 Dahleh，2001）。

自然频率 ω_i 可由式（10-2）获得：

$$\det[-\omega_i^2 M + K] = 0 \qquad (10\text{-}2)$$

标准化质量 $\tilde{\phi}_i$ 可由式（10-3）获得：

$$[-\omega_i^2 M + K]\, \tilde{\phi}_i = 0 \qquad (10\text{-}3)$$

设 $\tilde{P} = [\tilde{\phi}_1\ \tilde{\phi}_2 \cdots \tilde{\phi}_n]$ 且：

$$A = \begin{bmatrix} \omega_1^2 & 0 & \cdots & 0 \\ 0 & \omega_2^2 & 0 & 0 \\ \cdots & 0 & \ddots & \\ 0 & 0 & \cdots & \omega_n^2 \end{bmatrix}$$

由于 $\tilde{\phi}_i$ 是标准化质量，则有：

$$\tilde{P}^{\mathrm{T}} M \tilde{P} = I \qquad (10\text{-}4)$$

$$\tilde{P}^{\mathrm{T}} K \tilde{P} = A \qquad (10\text{-}5)$$

进行如下坐标变换：

$$r = \tilde{P}^{\mathrm{T}} M x \qquad (10\text{-}6)$$

得到新坐标下的运动解耦方程（Thompson 和 Dahleh，2001）：

$$\ddot{r} + Ar = \tilde{P}^{\mathrm{T}} F \qquad (10\text{-}7)$$

式中，矩阵 A 是对角阵，由自然频率的平方 ω_i^2 作为对角元素。

10.3　四分之一汽车悬架的性能变量

如图 10.3 所示，二自由度四分之一汽车悬架运动方程为：

$$m_s\, \ddot{z}_s b_s(\dot{z}_s - \dot{z}_u) + k_s(z_s - z_u) = F_a \qquad (10\text{-}8)$$

$$m_u\, \ddot{z}_u + b_t(\dot{z}_u - \dot{z}_r) + k_t(\dot{z}_u - \dot{z}_r) - b_s(\dot{z}_s - \dot{z}_u) - k_s(z_s - z_u) = -F_a$$

$$(10\text{-}9)$$

在标准二阶矩阵形式中，该系统可以表示为：

$$M\ddot{z} + C\dot{z} + Kz = H_1 z_r + H_2 \dot{z}_r + H_3 F_a \qquad (10\text{-}10)$$

或者：

$$\begin{bmatrix} m_s & 0 \\ 0 & m_u \end{bmatrix} \begin{Bmatrix} \ddot{z}_s \\ \ddot{z}_u \end{Bmatrix} + \begin{bmatrix} k_s & -k_s \\ -k_s & k_s + k_t \end{bmatrix} \begin{Bmatrix} z_s \\ z_u \end{Bmatrix} + \begin{bmatrix} b_s & -b_s \\ -b_s & b_s + b_t \end{bmatrix} \begin{Bmatrix} \dot{z}_s \\ \dot{z}_u \end{Bmatrix}$$

$$= \begin{Bmatrix} 0 \\ k_t \end{Bmatrix} z_r + \begin{Bmatrix} 0 \\ b_t \end{Bmatrix} \dot{z}_r + \begin{Bmatrix} 1 \\ -1 \end{Bmatrix} F_a \qquad (10\text{-}11)$$

式（10-10）中，$M = \begin{bmatrix} m_s & 0 \\ 0 & m_u \end{bmatrix}$；$K = \begin{bmatrix} k_s & -k_s \\ -k_s & k_s + k_t \end{bmatrix}$，其他矩阵的定义见式（10-11）。

四分之一汽车主动悬架系统的状态空间模型可以写成（Yue 等，1988）：

$$\dot{x} = Ax + bF_a + L\dot{z}_r \qquad (10\text{-}12)$$

式中 $x_1 = z_s - z_u$ 悬架动挠度（动行程）；

$x_2 = \dot{z}_s$ 悬架质量的绝对速度；

$x_3 = z_u - z_r$ 轮胎变形量；

$\dot{x}_4 = \dot{z}_u$ 非悬架质量的绝对速度；

$$A = \begin{bmatrix} 0 & 1 & 0 & -1 \\ -\dfrac{k_s}{m_s} & -\dfrac{b_s}{m_s} & 0 & \dfrac{k_s}{m_s} \\ 0 & 0 & 0 & 1 \\ -\dfrac{k_s}{m_u} & -\dfrac{b_s}{m_u} & -\dfrac{k_t}{m_u} & -\dfrac{(b_s + b_t)}{m_u} \end{bmatrix}; B = \begin{Bmatrix} 0 \\ 1/m_s \\ 0 \\ -1/m_u \end{Bmatrix}; L = \begin{Bmatrix} 0 \\ 0 \\ -1 \\ \dfrac{b_t}{m_u} \end{Bmatrix}。$$

对于被动悬架，主动力 F_a 设为 0。

如下 3 个传递函数及其衰减性能将用来评价悬架系统的效能：

1）加速度传递函数：

$$H_A(s) = \frac{\ddot{z}_s(s)}{\dot{z}_r(s)} \qquad (10\text{-}13)$$

2）动行程传递函数：

$$H_{RS}(s) = \frac{z_s(s) - z_u(s)}{\dot{z}_r(s)} \qquad (10\text{-}14)$$

3）轮胎变形传递函数：

$$H_{TD}(s) = \frac{z_u(s) - z_r(s)}{\dot{z}_r(s)} \qquad (10\text{-}15)$$

四分之一汽车模型不能用来研究俯仰和侧倾传递函数。

以下是乘用轿车的典型参数值：$k_S = 16000$，$b_S = 1000$，$m_S = 250$，$m_u = 45$，$k_t = 160000$，$b_t = 0$。假设轮胎阻尼 b_t 可以忽略，主动力 F_A 为 0，在此，仅分析被动悬架系统。

10.4 四分之一汽车模型的自然频率和模态分析

为了研究主要悬架参数对悬架性能的影响，应首先计算悬架系统的自然频率和模态分析，然后变换到新坐标系中进行两运动方程的解耦。

四分之一汽车悬架系统的 2 个无阻尼自然频率 ω_1 和 ω_2 可通过解方程式 (10-16) 获得：

$$\det(-\omega^2 M + K) = 0 \qquad (10\text{-}16)$$

式中，矩阵 M 和 K 与式（10-11）中定义相同，因此：

$$\det\begin{bmatrix} k_S - m_s\omega^2 & -k_s \\ -k_S & k_s + k_t - m_u\omega^2 \end{bmatrix} = 0$$

也即：

$$\omega^2 = \frac{k_t m_s + k_s m_s + k_s m_u \pm \sqrt{(k_t m_s + k_s m_s + k_s m_u)^2 - 4k_s k_t m_u m_s}}{2m_u m_s}$$

$$= \frac{k_t + k_s}{2m_u} + \frac{k_s}{2m_s} \pm \frac{\sqrt{(k_t + k_s)^2 m_s^2 + m_u^2 k_s^2 - 2(k_t - k_s)k_s m_u m_s}}{2m_u m_s}$$

$$(10\text{-}17)$$

在轮胎刚度比悬架刚度大得多的特殊情况下，近似得到：

$$k_s + k_1 \approx k_1 - k_s \approx k_1 \qquad (10\text{-}18)$$

然后得出自然频率：

$$\omega_1 = \sqrt{\frac{k_s}{m_s}} \qquad (10\text{-}19)$$

$$\omega_2 = \sqrt{\frac{k_t}{m_u}} \qquad (10\text{-}20)$$

对于前边讨论过的典型参数，近似自然频率变换为：

$$f_1 = \frac{\omega_1}{2\pi} = 1.27\,\text{Hz}; \qquad f_2 = \frac{\omega_2}{2\pi} = 9.49\,\text{Hz}$$

利用 Matlab 解出准确的自然频率（不用式（10-18）近似计算）是 1.21Hz 和 9.96Hz。

对应于 2 个自然频率的模态分析 ϕ_1 和 ϕ_2 可以通过 $[-\omega_1^2 M + K]\phi_1 = 0$ 和 $[-\omega_2^2 M + K]\phi_2 = 0$ 获得，设模型矩阵是 $\tilde{P} = [\phi_1 \quad \phi_2]$。

模态分析 ϕ_1 和 ϕ_2 可以质量标准化，因此，质量标准化模型矩阵 $\tilde{P} = [\phi_1 \quad \phi_2]$ 满足式（10-21）：

$$\tilde{P}^T M \tilde{P} = \begin{bmatrix} 1 & 0 \\ 0 & 1 \end{bmatrix} = I \qquad (10\text{-}21)$$

四分之一汽车悬架系统的质量标准化模型矩阵为：

$$\tilde{P} = \begin{bmatrix} -0.0632 & 0.002 \\ -0.006 & -0.149 \end{bmatrix} = I \qquad (10\text{-}22)$$

从式（10-22）的模态分析可以看出，对应于第一自然频率模式主要由悬架质量的运动组成，因此这种模式为悬架质量模型。对应于第二自然频率模式称为非悬架质量模型。

也可以得出：

$$\tilde{P}^{\mathrm{T}} K \tilde{P} = \begin{bmatrix} \omega_1^2 & 0 \\ 0 & \omega_2^2 \end{bmatrix} = 4\pi^2 \begin{bmatrix} (1.21)^2 & 0 \\ 0 & (9.96)^2 \end{bmatrix} \tag{10-23}$$

10.5　使用解耦的近似传递函数

设：

$$r = \tilde{P}^{\mathrm{T}} M z \tag{10-24}$$

其逆矩阵为：

$$(-\tilde{P}^{\mathrm{T}} M)^{-1} = \tilde{P} \tag{10-25}$$

可以得出关于 r 的运动方程为：

$$\ddot{r} = -\tilde{P}^{\mathrm{T}} M \ddot{z} \text{ 或 } \ddot{r} = -\tilde{P}^{\mathrm{T}} K P r - \tilde{P}^{\mathrm{T}} C \tilde{P} \dot{r} + \tilde{P}^{\mathrm{T}}$$

$$H_1 z_{\mathrm{r}} + \tilde{P}^{\mathrm{T}} H_2 \dot{z}_{\mathrm{r}} \text{ 或 } \ddot{r} + A r + \tilde{P}^{\mathrm{T}} C \tilde{P} \dot{r} = \tilde{P}^{\mathrm{T}} H_2 \dot{z}_{\mathrm{r}} \tag{10-26}$$

式中　$A = \begin{pmatrix} \omega_1^2 & 0 \\ 0 & \omega_2^2 \end{pmatrix}$，是对角阵。

在这里，阻尼 $\tilde{P}^{\mathrm{T}} C \tilde{P}$ 也是对角阵，这是因为阻尼矩阵 C 可以通过这个例子表示为一个 M 和 K 的线性组合。

在汽车悬架系统中：

$$\tilde{P}^{\mathrm{T}} M = \begin{pmatrix} -15.8 & -0.26 \\ 0.62 & -6.7 \end{pmatrix} \tag{10-27}$$

$$\tilde{P}^{\mathrm{T}} H_1 = \begin{bmatrix} -960 \\ -23840 \end{bmatrix}$$

因此，2 个新的解耦坐标可以近似为：

$$r_1 = -15.8 z_{\mathrm{s}}，当 |z_{\mathrm{s}}| \geqslant |z_{\mathrm{u}}| 时 \tag{10-28}$$

$$r_2 = -6.7 z_{\mathrm{u}}，当 |z_{\mathrm{u}}| \geqslant |z_{\mathrm{s}}| 时 \tag{10-29}$$

进而得出 2 个近似解耦方程为：

$$m_{\mathrm{s}} \ddot{z} + b_{\mathrm{s}} \dot{z} + k_{\mathrm{s}} z_{\mathrm{s}} = b_{\mathrm{s}} \dot{z}_{\mathrm{r}} + k_{\mathrm{s}} z_{\mathrm{r}}，当 |z_{\mathrm{s}}| \gg |z_{\mathrm{u}}| 时 \tag{10-30}$$

$$m_{\mathrm{u}} \ddot{z}_{\mathrm{u}} + b_{\mathrm{s}} \dot{z}_{\mathrm{u}} + k_1 z_{\mathrm{u}} = k_1 z_{\mathrm{r}}，当 |z_{\mathrm{u}}| \gg |z_{\mathrm{s}}| 时 \tag{10-31}$$

图 10-6 和图 10-7 为四分之一汽车一自由度悬架系统的近似解耦。

1）悬架质量模型下近似解耦，当 $|z_{\mathrm{s}}| \gg |z_{\mathrm{u}}|$ 时有效。

2）非悬架质量模型下近似解耦，当 $|z_{\mathrm{u}}| \gg |z_{\mathrm{s}}|$ 时有效。

然后可以获得以下近似传递函数。

1）在悬架质量模型下，图 10-6 所示的 1 自由度系统的运动方程式为：

$$m_s\ddot{z}_s + b_s\dot{z}_s + k_sz_s = k_sz_s + b_s\dot{z}_r$$

近似得到传递函数为：

$$H_A(s) \approx \frac{(b_ss + k_s)s}{(m_ss^2 + b_ss + k_s)}, \quad 当 \mid z_s \mid \geqslant \mid z_u \mid 时 \qquad (10\text{-}32)$$

2）在非悬架质量模型下，图 10-7 所示的 1 自由度系统的运动方程式为：

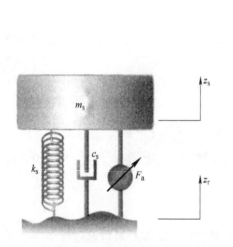

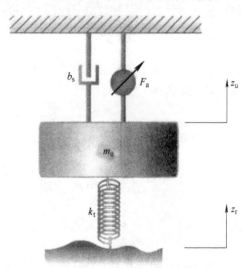

图 10-6　悬架质量模型　　　　图 10-7　非悬架质量模型

$$m_u\ddot{z}_u + k_1(z_u - z_r) + b_s\dot{z}_u + k_sz_u = 0$$

导出如下关系：

$$z_u(s) = \frac{k_1}{m_ss^2 + b_ss + k_s + k_1}Z_r(s), \quad 当 \mid z_u \mid \gg \mid z_s \mid 时 \qquad (10\text{-}33)$$

$$H_{TD}(s) \approx \frac{-m_us^2 - b_ss - k_s}{m_us^3 + b_ss^2 + (k_s + k_1)s}, \quad 当 \mid z_u \mid \geqslant \mid z_s \mid 时 \qquad (10\text{-}34)$$

为了评价式（10-32）和式（10-34）中近似传递函数的准确性，图 10-8 和 10-9 显示了实际与近似传递函数之间的性能对比。很显然，近似传递函数（10-32）与实际传递函数 $H_A(s)$ 在 $\omega_1 \leqslant \omega_2$ 的频率范围内完全吻合；类似地，近似传递函数（10-34）与实际传递函数 $H_{(TD)}(s)$ 在 $\omega \geqslant 0.5\omega_2$ 的频率范围内也是完全吻合的。

因此，悬架动挠度传递函数可以近似为：

$$H_{RS}(s) \simeq \frac{Z_s - Z_r}{Z_r} = \frac{-m_ss^2}{(m_ss^2 + b_ss + k_s)s}, \quad 当 \omega \leqslant 2\omega_1 时 \qquad (10\text{-}35)$$

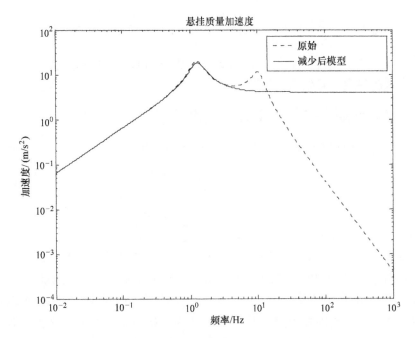

图 10-8　实际和近似的 $H_A(s)$ 的比较

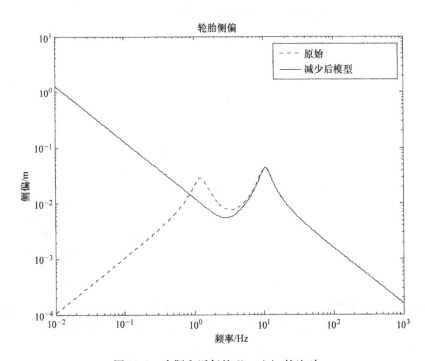

图 10-9　实际和近似的 $H_{TD}(s)$ 的比对

$$H_{RS}(s) \approx \frac{Z_u}{\dot{Z}_r} = \frac{k_1}{(m_u s^2 + b_s s + k_s + k_1)s}, \text{ 当 } \omega \geqslant 0.5\omega_2 \text{ 时} \quad (10\text{-}36)$$

掌握以上关于悬架质量和非悬架质量运动解耦的知识以后，接下来就可以研究特定系统参数对悬架系统的影响。

10.6　悬架质量模型中的振动分析

如前所述，悬架质量模型下振动近似传递函数为：

$$\frac{1}{s}H_A(s) = \frac{z_s}{z_r} = \frac{k_s + b_s s}{m_s s^2 + b_s s + k_s} \quad (10\text{-}37)$$

$$sH_{RS}(s) = \frac{z_s - z_r}{z_r} \approx \frac{m_s s^2}{m_s s^2 + b_s s + k_s} \quad (10\text{-}38)$$

观察式（10-37）和（10-38）中的简单二阶传递函数，很明显，悬架刚度 k_s 和悬架阻尼 b_s 的变化会导致传递函数 $H_A(s)$ 和 $H_{RS}(s)$ 的变化，如表10-1。

由表10-1可知，较软的悬架（k_s 小）因为降低了第一共振频率使车辆舒适性得到改善，使传递函数 $H_A(s)$ 从更低的频率开始下降，然而，软的悬架会使其在低频下的动挠度增大，因此增加了所需的动行程。

表 10-1　悬架参数对悬架质量振动的影响

悬架改变	影响	对车辆平顺性的影响	对动行程的影响
减小悬架刚度 k_s	减小悬架第一自然频率的值 ω_1	好 改善高频下悬架质量加速度传递函数的性能	坏 增大低频率下悬架动挠度
增大悬架阻尼 b_s	优化在第一自然频率下阻尼值	好 减小或消除第一共振峰值，使第一共振频率下的车辆平顺性显著改善 坏 产生高频振动和在高频下造成侧倾振动，车辆平顺性变差	好 减小或消除悬架动行程传递函数中第一共振峰值，改善了悬架在第一共振频率下悬架的变形性能 坏 对悬架变形传递函数没有负面影响

悬架阻尼 b_s 的增加会减少或者消除对应于悬架质量自然频率的共振峰值，因此，车辆平顺性传递函数 $H_A(s)$ 将在悬架质量频率上有明显改善。然而，由于式（10-37）中分子项对 b_s 的影响，大阻尼在 $H_A(s)$ 中造成侧倾振动，并产生高频振动。

悬架阻尼的增加对悬架动挠度传递函数 $H_{RS}(s)$ 没有不良的影响，它减少或者避免了 $H_{RS}(s)$ 中的共振峰值。

再次考虑图 10-6 中悬架质量的解耦模型，如果阻尼 b_s 位于悬架质量和惯性地之间，而不是位于悬架质量和路面之间，就会对车辆平顺性传递函数的共振峰值产生阻尼作用，而不引起高频下的侧倾振动，因此，可以明显改善车辆平顺性，在悬架质量频率下不产生高频振动。这种位于悬架质量和惯性系之间的阻尼称为"天棚"阻尼，天棚阻尼的优点是明显的，但它不能直接在被动悬架中实现。在主动悬架系统中，可以通过控制位于悬架和非悬架质量之间的液压作动机构实现等效的天棚阻尼控制（Redfield 和 Karnopp，1989）。

10.7　非悬架质量模型的振动分析

当 $|z_u| \gg |z_s|$ （在非悬架质量模型中）时，四分之一汽车系统被图 10-7 所示的 1 自由度系统替代。如前所述，在这种情况下轮胎变形传递函数可以近似为：

$$\frac{z_u - z_r}{z_r} = \frac{-m_u s^2}{m_u s^2 + b_s + k_1} \tag{10-39}$$

轮胎刚度对路面适应的影响。通过检验式（10-39）中的简单二次传递函数可知，降低 $H_{TD}(s)$ 中的低频渐近线、增加轮胎刚度会减少轮胎变形。表 10-2 列出了增大轮胎刚度的影响。

表 10-2　非悬架质量悬架参数对振动的影响

改变悬架参数	影响	对路面适应性的影响
轮胎刚度 k_1 增加	增大第二自然频率 ω_2 的值　降低了轮胎变形传递函数低频渐近线	好　通过降低轮胎低频渐近线改善轮胎变形传递函数

10.8　基于完整四分之一汽车模型的验证

10.8.1　悬架刚度影响的验证

通过图 10-10、图 10-11 和图 10-12 来显示降低悬架刚度的影响。悬架阻尼相应减小以使阻尼比保持在 0.25。

如图 10-10 所示，软的悬架能更好地减小振动（减小了悬架质量的加速度），但如图 10-11 所示所需动挠度加大。安装软悬架的轮胎变形性能如图 10-12 所示，在悬架质量自然频率下轮胎变形明显减小，然而，由于减小了悬架阻尼，且轮胎本身阻尼很小，使非悬架质量振动频率峰值增大。

10.8.2　悬架阻尼影响的验证

悬架阻尼的影响可通过增加阻尼系数 b_S 来研究，设 b_S 增加 2，新的阻尼比变成 0.5（原来是 0.25）。

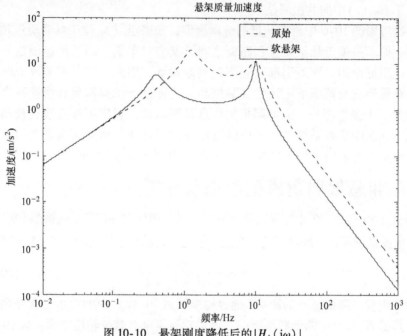

图 10-10 悬架刚度降低后的 $|H_A(j\omega)|$

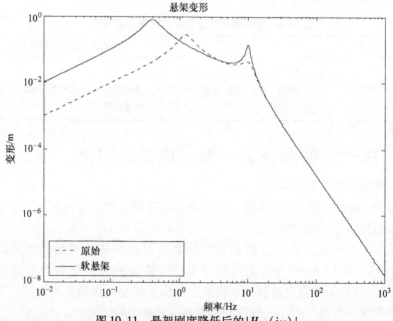

图 10-11 悬架刚度降低后的 $|H_{RS}(j\omega)|$

如图 10-13 所示，虽然大阻尼会减少悬架质量加速度传递函数的峰值响应，但是代价是增大了高频振动，也即在高频率下悬架质量侧倾加速度振动。高阻尼即减小了悬架动挠度传递函数的共振峰值，如图 10-14 所示，使悬架动挠度性能有所改善，同时也增加了轮胎变形传递函数中共振峰值的阻尼比，如图10-15所示。

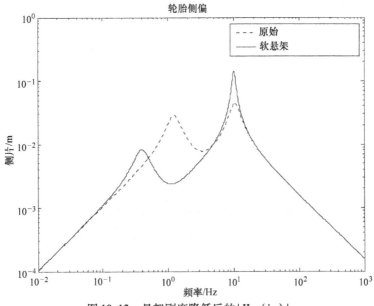

图 10-12　悬架刚度降低后的 $|H_{TD}(j\omega)|$

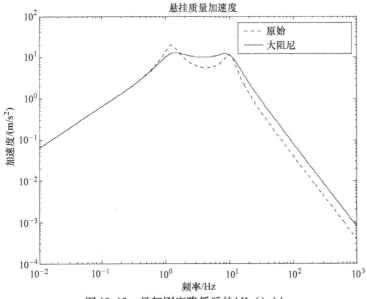

图 10-13　悬架刚度降低后的 $|H_A(j\omega)|$

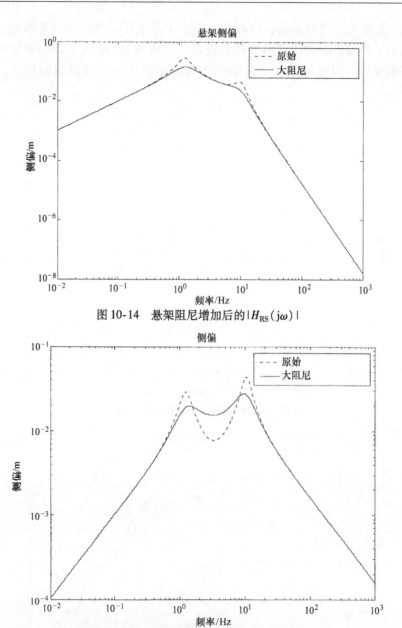

图 10-14 悬架阻尼增加后的 $|H_{\mathrm{RS}}(\mathrm{j}\omega)|$

图 10-15 悬架阻尼增加后的 $|H_{\mathrm{TD}}(\mathrm{j}\omega)|$

10.8.3 轮胎刚度影响的验证

如图 10-18 所示，将轮胎的刚度增加 10，使得悬架系统中轮胎变形明显降低，因此获得更好的路面适应性和转向性能，然而，如图 10-16 所示，由于高频悬架质量加速度传递函数的衰减增加了悬架质量加速度，高频悬架动挠度性能也由于非悬架质量共振频率的增加而变差（图 10-17）。

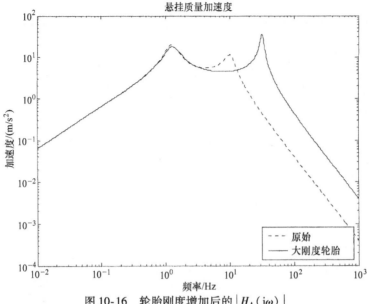

图 10-16　轮胎刚度增加后的 $|H_A(j\omega)|$

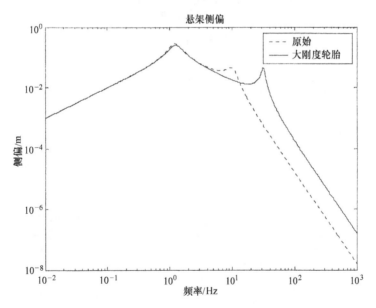

图 10-17　轮胎刚度增加后的 $|H_{RS}(j\omega)|$

　　简略地分析一下这种情况，在轮胎刚度保持不变时，引入轮胎大阻尼。增加轮胎的阻尼将降低在非悬架质量共振频率下的悬架质量加速度传递函数的峰值，在非悬架质量共振频率下的悬架挠度和轮胎挠度传递函数性能也会得到改善，理想情况下，增加轮胎阻尼是很有意义的，然而在物理上很难实现。

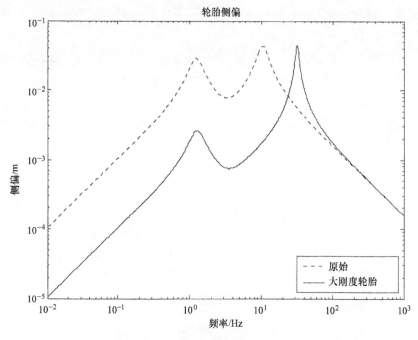

图 10-18 轮胎刚度增加后的 $\left| H_{\mathrm{TD}}(\mathrm{j}\omega) \right|$

10.9 半车和全车悬架模型

如图 10-19 所示，对于二自由度半车汽车悬架系统模型，2 个自由度是俯仰角 θ 和垂直位移 z。

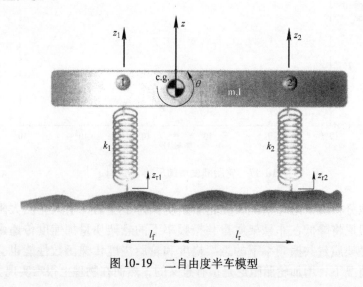

图 10-19 二自由度半车模型

车身在 2 个悬架位置的位移与 z 和 ϕ 的关系为：

$$z_1 = z + l_f\phi \tag{10-40}$$

$$z_2 = z - l_r\phi \tag{10-41}$$

由牛顿定律，可得：

$$m\ddot{z} + k_1(z_1 - z_{r1}) + k_2(z_2 - z_{r2}) = 0 \tag{10-42}$$

$$I\ddot{\phi} + k_1(z_1 - z_{r1})l_f + k_2(z_2 - z_{r2})l_r = 0 \tag{10-43}$$

用式（10-40）和（10-41）替换和，运动方程成为：

$$\begin{bmatrix} m & 0 \\ 0 & I \end{bmatrix}\begin{bmatrix} \ddot{z} \\ \ddot{\phi} \end{bmatrix} + \begin{bmatrix} k_1 + k_2 & k_1l_f - k_2l_r \\ k_1l_f - k_2l_r & k_1l_f^2 + k_2l_r^2 \end{bmatrix}\begin{bmatrix} z \\ \phi \end{bmatrix} = \begin{bmatrix} k_1 & k_2 \\ k_1l_f & -k_2l_r \end{bmatrix}\begin{bmatrix} z_{r1} \\ z_{r2} \end{bmatrix}$$

$$\tag{10-44}$$

解耦运动方程的一般过程通过计算自然频率和模态分析进行。

首先考虑特殊情况，惯性力矩由式（10-45）得出：

$$I = ml_fl_r \tag{10-45}$$

在这种特殊情况下，利用式 $\det(-\omega_i^2 M + K) = 0$ 得到的自然频率为：

$$\omega_1^2 = \frac{k_1}{m\dfrac{l_r}{l_f + l_r}}; \quad \omega_1^2 = \frac{k_1}{m\dfrac{l_r}{l_f + l_r}} \tag{10-46}$$

标准质量模态为：

$$\tilde{\phi}_1 = \frac{1}{\sqrt{m(l_f + l_r)}}\begin{bmatrix} \sqrt{l_r} \\ \dfrac{1}{\sqrt{l_r}} \end{bmatrix}; \quad \tilde{\phi}_2 = \frac{1}{\sqrt{m(l_f + l_r)}}\begin{bmatrix} \sqrt{l_f} \\ -\dfrac{1}{\sqrt{l_f}} \end{bmatrix} \tag{10-47}$$

利用 $\begin{bmatrix} r_1 \\ r_2 \end{bmatrix} = \tilde{P}^T M \begin{bmatrix} z \\ \phi \end{bmatrix}$ 建立解耦坐标为：

$$r_1 = z + l_f\phi = z_1; \quad r_2 = z - l_r\phi = z_2 \tag{10-48}$$

因此，解耦坐标分别是点 1 和点 2 的垂直运动，即前后悬架的垂直运动，在这种特殊情况下，前后悬架可以各自独立设计！

解释一下 $I = ml_fl_r$ 这种特殊情况，两质点质量为 m_f 和 m_r，距离为 $l_f + l_r$，如图 10-20 所示。

如果图 10-20 所示系统表示图 10-19 中二自由度系统的解耦

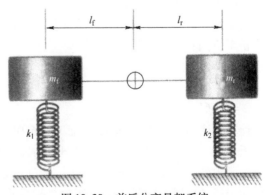

图 10-20　前后分离悬架系统

模型，那么质量 m_f 和 m_r 必须满足：

$$m_f = m_r = m \tag{10-49}$$

$$m_f l_f = m_r l_r \tag{10-50}$$

式（10-49）表明总质量是 m，式（10-50）表明两质点质心距离车辆质心的距离分别是 l_f 和 l_r，从式（10-49）和（10-50）中解出 m_f 和 m_r：

$$m_f = m \frac{l_r}{l_f + l_r} \tag{10-51}$$

$$m_r = m \frac{l_f}{l_f + l_r} \tag{10-52}$$

利用式（10-51）和（10-52）对 m_f 和 m_r 的定义，可得惯性力矩：

$$
\begin{aligned}
I &= m_f l_1^2 + m_r l_r^2 \\
&= m \left[\frac{l_f^2 l_r}{l_f + l_r} + \frac{l_f l_r^2}{l_f + l_r} \right] \\
&= m l_f l_r
\end{aligned}
$$

因此，对应于图 10-19 所示的二自由度解耦系统的特殊情况 $I = m l_f l_r$，可以通过前后系统的解耦质量精确表达，这种情况下前后悬架可以独立设计。

对于典型的乘用轿车，关系式 $I = m l_f l_r$ 是大致满足的。一般轿车的典型参数可设为：

$m = 1460$；

$l_f = 1.4\mathrm{m}$；

$l_r = 1.4\mathrm{m}$；

$I_\theta = 2460\mathrm{kgm}^2$；

$m l_f l_r = 2862\mathrm{kgm}^2$。

因此 $m l_f l_r \approx I_\theta$。

由于前后悬架的运动是可以解耦的，前后悬架独立设计有利于由于路面不平产生的垂向和俯仰运动的控制。

类似地，汽车悬架的侧倾和垂向振动也能通过半车模型进行分析。典型的乘用轿车侧倾和垂向参数有：

$I_\phi = 660\mathrm{kgm}^2$；

$l_f = 0.761\mathrm{m}$；

$l_r = 0.761\mathrm{m}$。

计算表明 $m l_f l_r = 845.5\mathrm{kgm}^2$，而 $I_\phi = 660\mathrm{kgm}^2$。

近似地 $I \approx m l_f l_r$，这看起来并不十分精确，然而，如图 10-21 所示，从 z_{r2} 到 z_1 传递函数的幅值明显小于从 z_{r1} 到 z_1 传递函数的幅值，因此 z_1 和 z_2 方向的垂直运动仍然是可以解耦的。每个车轮悬架质量的垂直运动主要受到路面对车轮输入的影响。总之，当只考虑路面不平度时用四分之一汽车悬架模型设计悬架是适合的。然而，必须注意，当需要考虑车辆转向时的侧倾运动、制动和纵向加速度对车辆俯仰运动的影响时仍需要采用整车模型，当仅仅考虑路面不平整度时，四分之一汽车模型才是合适的。

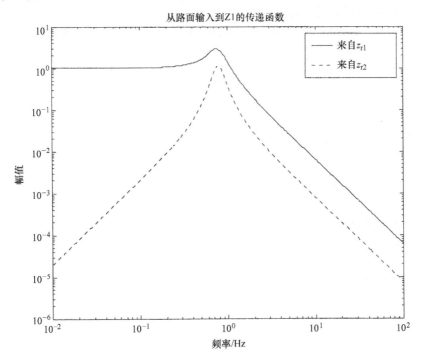

图 10-21　从路面输入到 z_1 的传递函数

10.10　本章小结

除减小车身振动外，汽车悬架还影响着转向、牵引和操控性能以及车辆动挠度性能。任何一项性能的改善都会对其他性能产生影响。为了分析悬架设计对各种性能的影响，需要一个包括多悬架参数的高阶多自由度模型。本章利用近似解耦方式从复杂的汽车悬架模型获得简单的单自由度模型，每个简单模型中只包括少量参数，可以进行某些悬架性能的简单分析。利用近似解耦模型，可以获得以下悬架设计的结论：

1）降低悬架刚度可以改善车辆平顺性和路面适应性，然而它增加对动挠度的要求。

2）增加悬架阻尼可以降低悬架质量频率下的共振，然而它也会增大高频冲击。

3）增加轮胎刚度可提高路面适应性，但会导致非悬架质量频率下平顺性变差。

4）对整车和半车模型对于路面不平度响应的分析表明悬架设计可以各车轮独立进行，因此，四分之一汽车悬架模型适用于研究和设计悬架系统使其对路面不平度响应达到最优性能。

5）为了研究车辆转弯对侧倾运动的影响、制动及纵向加速度对俯仰运动的影响，必须应用半车或整车模型。

参 数 表

z_x——悬架质量位移

z_u——非悬架质量位移

z_r——路面输入

m_s——悬架质量

m_u——非悬架质量

k_s——悬架刚度

b_s——悬架阻尼

k_t——轮胎刚度

b_t——轮胎阻尼

F_a——主动悬架作动力

ϕ——悬架质量的侧倾运动

θ——悬架质量的俯仰运动

I_ϕ——悬架质量侧倾惯性力矩

I_θ——悬架质量俯仰惯性力矩

l_f——从车辆质心到前轴的纵向距离

l_r——从车辆质心到后轴的纵向距离

s——拉普拉斯变换变量

$H_A(s)$——悬架质量加速度传递函数

$H_{RS}(s)$——悬架挠度传递函数

$H_{TD}(s)$——轮胎变形传递函数

A、B、L——四分之一车辆悬架状态空间模型中的矩阵

x——状态空间矢量

ω_1——悬架质量的共振频率

ω_2——非悬架质量的共振频率

ϕ_1——与悬架质量共振频率相应的模态矢量

ϕ_2——与非悬架质量共振频率相应的模态矢量

r——用于悬架系统的解耦坐标

$\tilde{P}$——质量标准化模态矩阵

M、K、C——用于质量 – 刚度 – 阻尼悬架模型的矩阵

H_1、H_2、H_3——用于质量 – 刚度 – 阻尼悬架模型的矩阵

参 考 文 献

Bastow, D., *Car Suspension and Handling*, Pentech Press Limited, 2nd Edition, 072730318X, 1987.

Rajamani, R. and Hedrick, J.K., "Performance of Active Automotive Suspensions with Hydraulic Actuators : Theory and Experiment", *Proceedings of the 1994 American Control Conference (ACC)*, Baltimore, Maryland, June 29-July 1, 94CH3390-2, Vol 2, pp. 1214-1218, 1994,

Redfield, R.C. and Karnopp, D.C., "Performance sensitivity of an actively damped vehicle suspension to feedback variation," *Journal of Dynamic Systems, Measurement and Control, Transactions ASME*, Vol. 111, No. 1, p 51-60, March, 1989.

Sharp, R.S. and Hassan, S.A., "Evaluation of Passive Automotive Suspension Systems with Variable Stiffness and Damping Parameters," *Vehicle System* Dynamics, Vol. 15, No. 6, pp. 335-350, 1986.

Thompson and Dahleh, *Theory of Vibration with Applications*, Prentice-Hall, 5th Edition, 2001.

Yue, C., Butsuen, T. and Hedrick, J.K., "Alternative Control Laws for Automotive Suspensions," *Proceedings of the American Control Conference*, pp. 2373-2378, 1988.

第11章 主动悬架

通过第 10 章对汽车被动悬架的分析可知，车辆行驶平顺性、悬架动挠度和轮胎变形传递函数之间性能上存在显著的相互关系，改善被动悬架 3 个传递函数中任何一个的性能，往往以恶化其他 2 个传递函数的性能为代价。本章将尝试使用装有电子控制执行器的主动悬架来显著提高悬架性能，探讨分时控制和主动悬架的性能，以及主动悬架和被动悬架的比较和影响主动悬架性能的因素。"不动点分析法"常常被用来理解这些性能的局限性，讨论了一种简单的天棚阻尼控制，只需要采用少量传感器测量信号，其性能能够与全状态反馈控制相媲美。最后，本章针对实际试验实现问题，研究了提供主动力的液压执行机构动力学。

11.1 引言

图 11-1 所示为一个两自由度四分之一汽车悬架系统，它表示单轮汽车系统，即汽车 4 个车轮中任何 1 个车轮的车轴和车身的运动。如图 11-1 所示，悬架包括 1 个弹簧 K_s、1 个阻尼 B_s 和主动作动力 F_a，悬架质量 m_s 等于四分之一车身质量，非悬架质量 m_u 为车轴和轮胎的等效质量，轮胎的垂直刚度为 k_t，变量 z_s、z_u 和 z_r 分别表示以静态平衡点为参考位置的悬架质量、非悬架质量和路面的垂直位移。

图 11-1 所示的两自由度四分之一汽车悬架运动方程为：

$$m_s \ddot{z}_s + b_s(\dot{z}_s - \dot{z}_u) + k_s(z_s - z_u) = F_a \tag{11-1}$$

$$m_u \ddot{z}_u + k_t(z_u - z_r) - b_s(\dot{z}_s - \dot{z}_u) - k_s(z_s - z_u) = -F_a \tag{11-2}$$

四分之一汽车主动悬架的状态空间模型为（Yue 等，1988）：

$$\dot{x} = Ax + BF_a + L\dot{z}_r \tag{11-3}$$

式中，$A = \begin{bmatrix} 0 & 1 & 0 & -1 \\ -\dfrac{k_s}{m_s} & -\dfrac{b_s}{m_s} & 0 & \dfrac{b_s}{m_s} \\ 0 & 0 & 0 & 1 \\ \dfrac{k_s}{m_u} & \dfrac{b_s}{m_u} & -\dfrac{k_t}{m_u} & -\dfrac{(b_s + b_t)}{m_u} \end{bmatrix}$; $B = \begin{Bmatrix} 0 \\ 1/m_s \\ 0 \\ -1/m_u \end{Bmatrix}$; $L = \begin{Bmatrix} 0 \\ 0 \\ -1 \\ 0 \end{Bmatrix}$

$$\tag{11-4}$$

一般来说，开发主动振动控制系统有 2 种不同途径：前馈控制和反馈控制

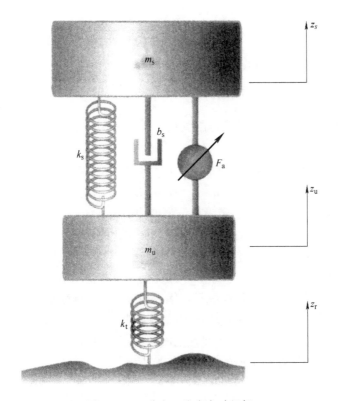

图 11-1　四分之一汽车主动悬架

（Hansen 和 Snyder，1997）。前馈控制将一个与干扰信号相关的信号作为控制器输入，产生一个控制信号驱动执行器消除干扰；反馈控制将系统响应的测量信号作用于干扰信号，驱动控制执行器弱化干扰信号的影响。理论上，前馈控制系统比反馈控制系统更优越，然而，前馈控制有一个很大的局限性，其控制器需要一个与干扰相关信号，这通常无法实现。对于前馈控制，获得与路面干扰相关的参考信号很难实现，而反馈控制器具有更广的应用范围，因此本章只考虑反馈控制策略。

11.2　主动控制：综合性能和局限性

11.2.1　传递函数

考虑以下 3 个传递函数，可用来判断悬架系统的有效性：

1）加速度传递函数：

$$H_A(s) = \frac{\ddot{z}_s(s)}{\dot{z}_r(s)} \tag{11-5}$$

2）动挠度传递函数：

$$H_{RS}(s) = \frac{z_s(s) - z_u(s)}{\dot{z}_r(s)} \tag{11-6}$$

3）轮胎变形传递函数：

$$H_{TD}(s) = \frac{z_u(s) - z_r(s)}{\dot{z}_r(s)} \tag{11-7}$$

11.2.2 LQR 算法及与 H_2 最优控制关系

考虑：

$$\dot{x} = Ax + B_1 d + B_2 u; \qquad A \in R^{nxn} \text{、} B_1 \in R^n \text{、} B_2 \in R^n \tag{11-8}$$

$$z = C_1 x + D_{12} u \qquad C_1 \in R^{mxn}, D_{12} \in R^{mx1} \tag{11-9}$$

式中 $d \in R$，是干扰输入，假定为单位强度均值为 0 的白噪声；

$u \in R$，是控制输入和在 $z \in R^m$ 中使其最小化的参量。

对于主动悬架，变量 Z 包括簧载质量加速、悬架动挠度和轮胎变形。假定参数对（A，C_1）是可测的，（A，B_2）是稳定的，以及 $D_{12}^T D_{12} > 0$。

如果上述系统的控制设计问题是：输入白噪声 d，目标是减小输出变量 z 的误差，那么，该控制设计问题被称作 H_2 最优控制问题（Levine，1996）。

解决 H_2 最优控制问题和解决线性二次型控制（LQR）问题类似。在 LQR 问题中，需要设计控制器使下面的性能指标最小：

$$J = \int_0^\infty z^T z dt = \int_0^\infty [x^T C_1^T C_1 x + 2x^T C_1^T D_{12} u + u^T D_{12}^T D_{12} u] dt \tag{11-10}$$

所有的初始条件为 $x_0 = x(0)$。

LQR 问题的解为：

$$u = -(D_{12}^T D_{12})^{-1} B_2^T P x - (D_{12}^T D_{12})^{-1} (C_1^T D_{12})^T x$$

$$= -(D_{12}^T D_{12})^{-1} [B_2^T P + (C_1^T D_{12})^T] x \tag{11-11}$$

矩阵 P 由 Riccati 方程的正半定解确定：

$$A^T P + PA + C_1^T C_1 - (B_2^T P + D_{12}^T C_1)^T (D_{12}^T D_{12})^{-1} (B_2^T P + D_{12}^T C_1) = 0 \tag{11-12}$$

上述控制输入的最佳性能指标是：

$$J_{opt} = x_0^T P x_0 \tag{11-13}$$

本章中，方程（11-11）的 LQR 解将被用作 H_2 最优控制问题的解，在存在白噪声干扰 d 的情况下，变量 z 的误差最小化。

11.2.3 基于 LQR 算法的主动悬架设计

本章第 11.2 ~ 11.7 节的论述源自 Tetsuro Butsuen 的博士论文（Butsuen，1989）。

定义二次型性能指标：

$$J = \left[\int_0^\infty \ddot{z}_s^2 + \rho_1 (z_s - z_u)^2 + \rho_2 \dot{z}_s^2 + \rho_3 (z_u - z_r)^2 + \rho_4 \dot{z}_u^2 \mathrm{d}t\right] \quad (11\text{-}14)$$

在式（11-14）中，为了调整各变量的作用，可以选择权重因子 ρ_1、ρ_2、ρ_3 和 ρ_4。

性能指标 J 可以用于标准矩阵方程（11-10）（Butsuen，1989），可得：

$$\ddot{z}_s^2 = \frac{1}{m_s^2}\left[K_s^2 x_1^2 + b_s^2 x_2^2 + b_s^2 x_4^2 + F_a^2 + 2k_s b_s x_1 x_2 - \right.$$

$$\left. 2K_s b_s x_1 x_4 - 2b_s^2 x_2 x_4 - 2k_s x_1 F_a - 2b_s x^2 F_a + 2b_s x_4 F_a\right]$$

因此：

$$\ddot{z}_s^2 + \rho_1 (z_s - z_u)^2 + \rho_2 \dot{z}_s^2 + \rho_3 (z_u - z_r)^2 + \rho_4 \dot{z}_u^2 = x^{\mathrm{T}} Q x + 2x^{\mathrm{T}} N F_a + F_a^{\mathrm{T}} R F_a$$

$$Q = \begin{bmatrix} \dfrac{k_s^2}{m_s^2} + \rho_1 & \dfrac{b_s k_s}{m_s^2} & 0 & -\dfrac{b_s k_s}{m_s^2} \\[2mm] \dfrac{b_s k_s}{m_s^2} & \dfrac{b_s^2}{m_s^2} + \rho_2 & 0 & -\dfrac{b_s^2}{m_s^2} \\[2mm] 0 & 0 & \rho_3 & 0 \\[2mm] -\dfrac{b_s k_s}{m_s^2} & -\dfrac{b_s^2}{m_s^2} & 0 & \dfrac{b_s^2}{m_s^2} + \rho_4 \end{bmatrix}; N = \begin{Bmatrix} -\dfrac{k_s}{m_s^2} \\[2mm] -\dfrac{b_s}{m_s^2} \\[2mm] 0 \\[2mm] \dfrac{b_s}{m_s^2} \end{Bmatrix}; R = \dfrac{1}{m_s^2}$$

性能指标为：

$$J = \left[\int_0^\infty (x^{\mathrm{T}} Q x + 2x^{\mathrm{T}} N u + u^{\mathrm{T}} R u)\,\mathrm{d}t\right] \quad (11\text{-}15)$$

根据对方程（11-11）的讨论，使性能指数最小化的最优控制的解是状态反馈律 $F_a = -Gx$，式中，反馈增益 G 可通过解 Riccati 方程获得：

$$(A - BR^{-1}N)^{\mathrm{T}} P + P(A - BR^{-1}N) + (Q - N^{\mathrm{T}} R^{-1} N) - PBR^{-1}B^{\mathrm{T}}P = 0 \quad (11\text{-}16)$$

$$G = R^{-1}(B^{\mathrm{T}} P + N) \quad (11\text{-}17)$$

方程（11-17）中的增益矩阵 G 由 2 部分组成：$R^{-1}B^{\mathrm{T}}P$ 和 $R^{-1}N$。注意，$R^{-1}N$ 不依赖于 Riccati 方程（11-16）的解和性能指数中的加权因子 ρ_1、ρ_2、ρ_3 和 ρ_4，但与下列因素相关（Butsuen，1989）：

1）第 1 项 $R^{-1}B^{\mathrm{T}}P$ 与性能指数采用的加权因子 ρ_1、ρ_2、ρ_3 和 ρ_4 的选择有关；

2）由于弹簧和阻尼是被动的，第 2 项 $R^{-1}N$ 完全消除了被动力 $k_s x_1 + b_s(x_2 - x_4)$。

在这种控制系统中，作用于悬架和非簧载质量的合力与被动参量 k_s 和 b_s 无关。即使改变被动参量的值，最优反馈增益也不会改变，这是由于被动力被控

制律 $R^{-1}N$ 消除了。

11.2.4 LQR 控制器的性能研究

同加权值 ρ_1、ρ_2、ρ_3 和 ρ_4 的 LQR 控制器的性能已有人做过研究（Butsuen，1989）。通过选取很小的其他变量的权重：$\rho_1 = 0.4$、$\rho_2 = 0.16$、$\rho_3 = 0.4$、$\rho_4 = 0.16$，增大对簧载质量加速度的扼制，而对性能指标中其他变量的扼制很小。相应的控制器性能指标如图 11-2、图 11-3 和图 11-4 所示，图中可见，在较宽的频率范围内，簧载质量加速度显著减少，然而，与 10Hz 共振频率下的被动悬架相比，其值没有变化。

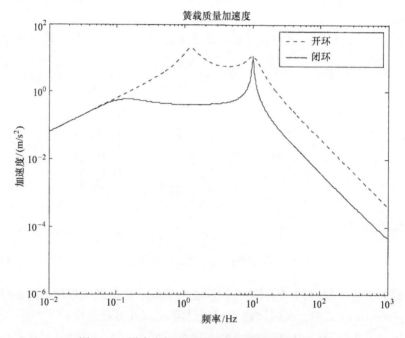

图 11-2　增大车辆平顺性权重的簧载质量加速度

选取上述权重时，悬架动挠度和轮胎变形传递函数性能较非簧载质量共振频率下的被动悬架性能差，且悬架动挠度传递函数在低频率下具有恒定渐近线，这也比被动悬架性能差。

图 11-5 ～ 图 11-7 所示为不同权重下 LQR 控制器的性能，悬架质量加速度（平顺性）权重较大，其他状态参数权重较小，分别取权重：$\rho_1 = 400$、$\rho_2 = 16$、$\rho_3 = 400$、$\rho_4 = 16$（Butsuen，1989）。

可以看出，悬架质量加速度在其共振频率 1Hz 下显著减小，而非悬架质量共振频率下平顺性性能较被动悬架没有改善。此外，在高频下上述 LQR 控制器产生 20dB/dec 侧倾振动，而悬架质量加速度传递函数为 40dB/dec。这种高频率振动能够通过在控制器传递函数中引入低通滤波器加以消除。相比被动悬架，低频时悬架动挠度显著增加。轮胎变形在悬架质量频率下也有所减小，在非悬架质量频率下没有变化。

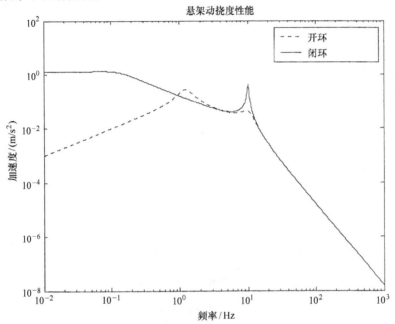

图 11-3 增大车辆平顺性权重的悬架动挠度性能

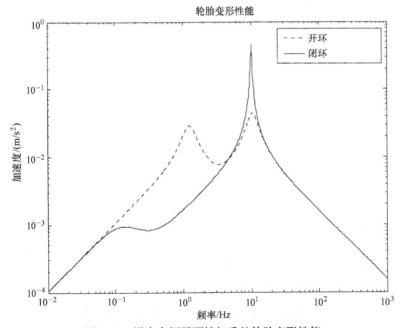

图 11-4 增大车辆平顺性权重的轮胎变形性能

悬架质量加速度

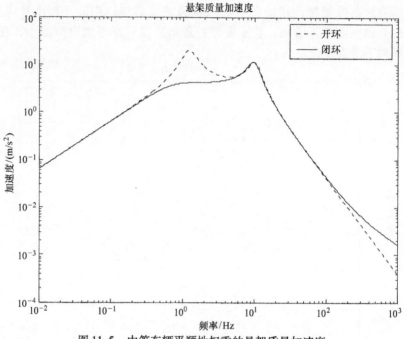

图 11-5 中等车辆平顺性权重的悬架质量加速度

悬架动挠度性能

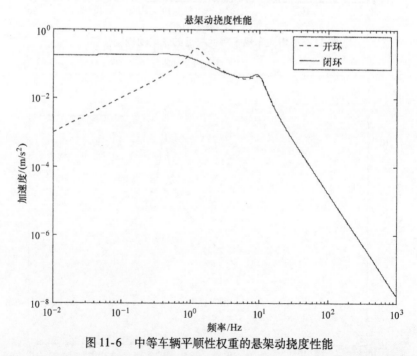

图 11-6 中等车辆平顺性权重的悬架动挠度性能

图 11-8、图 11-9 和图 11-10 所示显示了基于 LQR 设计的控制器的特性，增

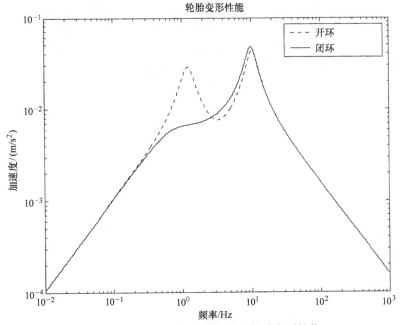

图 11-7 中等车辆平顺性权重的轮胎变形性能

加悬架动挠度和轮胎变形权重，减小悬架质量加速度（平顺性）的权重，分别取权重：$\rho_1 = 10000$、$\rho_2 = 100$、$\rho_3 = 100000$、$\rho_4 = 100$。

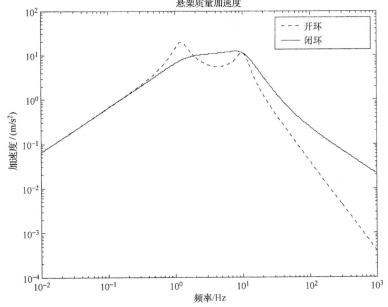

图 11-8 增加悬架和轮胎变形权重的悬架质量加速度

如图 11-9 和图 11-10 所示，悬架质量加速度传递函数中高频性能比被动悬架差得多，悬架质量高频侧倾性能和悬架质量频率下部分性能有所改善，悬架动挠度传递函数性能在悬挂和非悬架质量频率下都有所改善，而低频性能变差，轮胎变形传递函数性能在两共振频率下都有所改善。

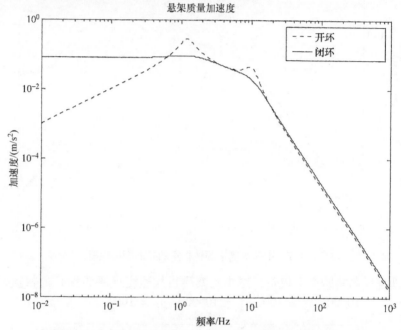

图 11-9 增加悬架和轮胎变形权重的悬架动挠度性能

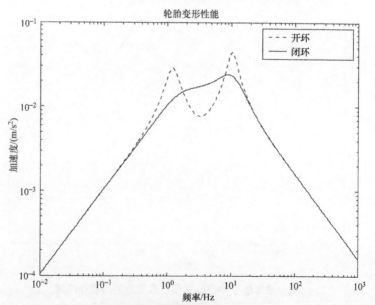

图 11-10 增加悬架和轮胎变形权重的轮胎变形性能

LQR 控制器性能可以通过第 11.3 节主动系统渐近线和第 11.4 节系统"不动点"的分析加以理解。

11.3 主动系统的渐近线

考虑如下形式的全状态反馈：

$$F_a = -g_1(z_s - z_u) - g_2\dot{z}_s - g_3(z_u - z_r) - g_4\dot{z}_u \tag{11-18}$$

将方程（11-18）代入方程（11-1）和（11-2），进行拉普拉斯变换并求解，按反馈增益 g_1、g_2、g_3 和 g_4 推导出下列闭环传递函数（Butsuen，1989）：

$$H_A(s) = \frac{s\{m_u g_3 s^2 + (b_s - g_4)k_t s + (k_s + g_1)k_t\}}{d(s)} \tag{11-19}$$

$$H_{RS}(s) = \frac{s\{g_3 m_u - (k_t - g_3)m_s\} - (g_2 + g_4)k_t}{d(s)} \tag{11-20}$$

$$H_{TD}(s) = \frac{m_u m_s s^3 + \{(b_s - g_4)m_s + (b_s + g_2)m_u\}s^2 + (k_s + g_1)(m_u + m_s)s}{d(s)} \tag{11-21}$$

$$d(s) = m_s m_u s^4 + \{(b_s + g_2)m_u + (b_s - g_4)m_s\}s^3 + \{(k_s + g_1)m_u + (k_t + k_s + g_1 - g_3)m_s\}$$

渐近线特性如下表示（Butsuen，1989）：

1）悬架质量加速度传递函数：

$$\text{主动：} \lim_{s \to 0} H_A(s) = s; \lim_{s \to \infty} H_A(s) = \left(\frac{g_3}{m_s}\right)\frac{1}{s} \tag{11-22}$$

$$\text{被动：} \lim_{s \to 0} H_A(s) = s; \lim_{s \to \infty} H_A(s) = \left(\frac{k_t b_s}{m_u m_s}\right)\frac{1}{s^2} \tag{11-23}$$

低频渐近线独立于被动和主动悬架参数。对于主动悬架系统，高频渐进线取决于轮胎变形反馈的增益 g_3 和 20dB/dec 时的侧倾性能，而对于被动悬架，取决 40 dB/dec 时的高频侧倾性能。因此，使用轮胎变形反馈会导致高频平顺性变差。

2）悬架动挠度传递函数：

$$\text{主动：} \lim_{s \to 0} H_{RS}(s) = -\frac{g_2 + g_4}{k_s + g_1}$$

$$\lim_{s \to \infty} H_{RS}(s) = \left(\frac{g_3 m_u - (k_t - g_3)m_s}{m_u m_s}\right)\frac{1}{s^3} \tag{11-24}$$

$$\text{被动：} \lim_{s \to 0} H_{RS}(s) = -\frac{m_s s}{k_s}; \lim_{s \to \infty} H_{RS}(s) = -\left(\frac{k_t}{m_u}\right)\frac{1}{s^3} \tag{11-25}$$

被动和主动悬架具有相同的高频侧倾加速度渐近线性能，但低频侧倾性能完全不同。方程（11-24）显示出全状态反馈和绝对速度反馈的一般特性，一个常值低频渐近线，而被动系统低频渐近线是下降的。

3）轮胎变形传递函数：

主动： $\lim\limits_{s \to 0} H_{TD}(s) = -\dfrac{(m_s + m_u)s}{k_t}$；$\lim\limits_{s \to \infty} H_{TD}(s) = -\dfrac{1}{s}$ (11-26)

被动： $\lim\limits_{s \to 0} H_{TD}(s) = -\dfrac{(m_s + m_u)s}{k_t}$；$\lim\limits_{s \to \infty} H_{TD}(s) = -\dfrac{1}{s}$ (11-27)

可以看出，低频和高频渐近线独立于主动悬架力。

11.4 悬架问题的不动点及其影响

方程（11-1）和（11-2）相加到：

$$m_s \ddot{z}_s + m_u \ddot{z}_u + k_t(z_u - z_r) = 0 \tag{11-28}$$

方程（11-28）独立于被动悬架和主动悬架力，这是基本方程，隔振问题和许多有意义的结论可以由此得出（Butsuen，1989）。在初始条件为 0 时，方程（11-28）的拉普拉斯变换为：

$$m_s \ddot{z}_s(s) + (k_t + m_u s^2)z_u(s) = k_t z_r(s) \tag{11-29}$$

利用方程（11-5）（11-6）和（11-7）定义的加速度、悬架动挠度和轮胎变形传递函数，可获得下列关系，设 $s = j\omega$：

$$m_s H_A(j\omega) + (k_t - m_u \omega^2)H_{TD}(j\omega) = -jm_u \omega \tag{11-30}$$

$$-m_s \omega^2 H_{RS}(j\omega) - (k_t - (m_s + m_u)\omega^2)H_{TD}(j\omega) = -j(m_s + m_u)\omega \tag{11-31}$$

$$\omega^2(k_t - m_u \omega^2)H_{RS}(j\omega) + (k_t - (m_s + m_u)\omega^2)H_A(j\omega) = j\omega k_t \tag{11-32}$$

方程（11-30）、（11-31）和（11-32）表明，不论对于被动悬架力还是主动悬架力，只要 3 个传递函数有一个被确定，其他 2 个可以通过约束方程确定这也揭示了为什么 LQR 控制算法能用于在宽频带内显著改善 3 个传递函数中任何 1 个的性能，但通常会恶化其他 2 个传递函数的性能。

方程（11-30）、（11-31）和（11-32）也可以被用来理解为什么加速度和悬架动挠度传递函数包含"不动点"，即不管主动悬架力如何选择，在某一频率下，闭环主动悬架传递函数和开环被动悬架传递函数相同。由方程（11-30）可知，加速度传递函数 $H_A(s)$ 的不动点为：

$$\omega_{inv\_1} = \sqrt{\dfrac{k_t}{m_u}} \tag{11-33}$$

$$H_A(j\omega_{inv\_1}) = j\dfrac{\sqrt{m_u k_t}}{m_s} \tag{11-34}$$

由方程（11-31）可知，悬架动挠度传递函数有一个不动点：

$$\omega_{\text{inv\_2}} = \sqrt{\frac{k_t}{m_s + m_u}} \tag{11-35}$$

$$H_{\text{RS}}(j\omega_{\text{inv\_2}}) = j\frac{m_s + m_u}{m_u}\sqrt{\frac{m_s + m_u}{k_t}} \tag{11-36}$$

由方程（11-30）和（11-31）可知，轮胎变形传递函数，除了 $w = 0$（$H_{\text{TD}}(0) = 0$），没有不动点。

由于不动点频率 $w_{\text{inv}-1}$ 基本等于非悬架质量频率（约为 $\sqrt{\frac{k_t}{m_u}}$），这就是为什么加速度性能在非悬架质量频率下没有改善。无论如何选取悬架刚度 k_s，或主动悬架控制律，加速度传递函数在非悬架质量频率下都不会改变。

11.5 基于不动点的综合性能分析

约束方程（11-28）、（11-29）和（11-30）能够解释为什么在宽频带内 LQR 算法可以显著提高 3 个传递函数中任何 1 个的性能，但会恶化其他 2 个传递函数的性能，这是因为 3 个传递函数之一被确定，就会成为另 2 个传递函数的约束条件。

本节的结论来源于 Tetsuro Butsuen（Butsuen，1989）。

11.5.1 平顺性/车辆行驶性的关系

方程（11-30）能够表示为：

$$H_A(j\omega) = \alpha_1(\omega)H_{\text{TD}}(j\omega) - jr_1\omega \tag{11-37}$$

$$\alpha_1(\omega) = r_1(\omega^2 - \omega_{\text{inv\_1}}^2) \tag{11-38}$$

$$\omega_{\text{inv\_1}} = \sqrt{\frac{k_t}{m_u}} \text{ 和 } r_1 = \frac{m_u}{m_s} \tag{11-39}$$

平顺性传递函数 $\delta H_A(j\omega)$ 的改变会导致轮胎变形传递函数 $\delta H_{\text{TD}}(j\omega)$ 的改变。根据方程（11-37），$\delta H_A(j\omega)$ 和 $\delta H_{\text{TD}}(j\omega)$ 的关系为：

$$H_A(j\omega) + \delta H_A(j\omega) = \alpha_1(\omega)H_{\text{TD}}(j\omega) + \alpha_1(\omega)\delta H_{\text{TD}}(j\omega) - jr_1\omega \tag{11-40}$$

$$\delta H_A(j\omega) = \alpha_1(\omega)\delta H_{\text{TD}}(j\omega) \tag{11-41}$$

如果：

$$\delta H_A(j\omega) = -\varepsilon H_A(j\omega) \tag{11-42}$$

则（Butsuen，1989）：

$$\delta H_{\text{TD}}(j\omega) = -\frac{\varepsilon H_A(j\omega)}{\alpha_1(\omega)} = -\frac{\varepsilon}{\alpha_1(\omega)}[\alpha_1(\omega)H_{\text{TD}}(j\omega) - jr_1\omega]$$

$$或 \delta H_{\text{TD}}(j\omega) = -\varepsilon H_{\text{TD}}(j\omega) + \frac{\varepsilon}{\alpha_1(\omega)}jr_1\omega \tag{11-43}$$

在低频（$w << w_{inv\_1}$）时，方程（11-43）中的第 2 项可以忽略，$\dfrac{\varepsilon j r_1 w}{r_1(w^2 - w_{inv\_1}^2)} \approx \dfrac{\varepsilon j w}{-w_{inv\_1}^2} \approx 0$。第 1 项占主导地位，因此，在低频时，轮胎变形和悬架质量加速度性能同时得到改善（例如，通过选取 $E = 0.9$）。

在高频时，$\dfrac{\varepsilon j r_1 w}{w^2 - w_{inv-1}^2}$ 增大到接近于 w_{inv_1}。加速度在 $w = w_{inv\_1}$ 时不可能得到改善。但 w 稍高于 w_{inv_1} 时，加速度可得到改善（例如，通过限制加速度项，只适应 LQR），然而，这会导致轮胎变形性能急剧变差。

11.5.2　平顺性/动挠度的关系

如 Butsuen（1989）文献所述，方程（11-32）可改写为：

$$H_A(j\omega) = -\frac{\omega^2(k_t - m_u\omega^2)}{k_t - (m_s + m_u)\omega^2}H_{RS}(s) + \frac{j\omega k_t}{k_t - (m_s + m_u)\omega^2} \qquad (11\text{-}44)$$

因此：

$$H_A(j\omega) = \alpha_2(\omega)H_{RS}(s) + \frac{j\omega\omega_{inv\_2}^2}{\omega_{inv\_2}^2 - \omega^2} \qquad (11\text{-}45)$$

其中：

$$\alpha_2(\omega) = -\frac{m_u}{m_s + m_u}\frac{\omega^2(\omega^2 - \omega_{inv\_1}^2)}{\omega^2 - \omega_{inv\_2}^2} \qquad (11\text{-}46)$$

因此：

$$\delta H_A(j\omega) = \alpha_2(\omega)\delta H_{RS}(j\omega) \qquad (11\text{-}47)$$

设：

$$\delta H_A(j\omega) = -\varepsilon H_A(j\omega) \qquad (11\text{-}48)$$

则：

$$\delta H_{RS}(j\omega) = -\varepsilon H_{RS}(j\omega) - \varepsilon\left(\frac{m_s}{m_u} + 1\right)\frac{j\omega_{inv\_2}^2}{\omega(\omega^2 - \omega_{inv\_1}^2)} \qquad (11\text{-}49)$$

当 $w \to 0$、$w \to w_{inv\_1}$（$w > w_{inv\_1}$）时，$\delta H_{RS}(j\omega)$ 中第 2 项占主导，因此，加速度低频性能的改善和高于非悬架质量共振频率的性能的改善（$w > w_{inv\_1}$）只能以动挠度性能的恶化为代价。

11.6　主动悬架系统的结论

根据以上前各节得出的结论可知，不论采用何种状态反馈增益，状态反馈控制性能都会存在下列局限：

1）加速度传递函数在非悬架质量频率 $w_{inv\_1} = \sqrt{\dfrac{k_t}{m_u}}$ 下有一个不动点，该频率下状态反馈不能改善车辆的平顺性。悬架质量加速度在高权重时导致在非悬架质量频率下轮胎和悬架动挠度性能变差，对车辆平顺性能没有任何改善。

2）采用轮胎变形反馈控制会导致在 20 – dB/dec 时的侧倾加速度传递函数不同于在 40 – dB/dec 时的被动悬架，这将导致高频平顺性恶化。

3）主动悬架动挠度传递函数有一个常值的低频渐近线，会导致产生比低频被动悬架较大的悬架动挠度。只要悬挂和非悬架质量速度反馈增益不为 0，就会存在该低频渐近线。

4）在 $w_{inv\_2} = \sqrt{\dfrac{k_t}{(m_s + m_u)}}$，大约 4Hz 时，悬架动挠度传递函数有不动点。该频率下主动控制不能改善悬架动挠度性能。

5）在非悬架质量频率下，改善轮胎变形性能要以增加悬架质量加速度为代价。

为在不恶化悬架动挠度和轮胎变形传递函数性能的情况下改善平顺性，应该从以下几方面考虑：

1）在悬架质量频率下，实现悬架质量加速度大幅度减小；

2）在悬架质量自然频率下，同时显著减小悬架动挠度和轮胎变形；

3）避免 3 个传递函数在非悬架质量自然频率下任何一个性能恶化；

4）通过保证高频下 40dB/dec 悬架质量侧倾加速度避免高频率振动；

5）如果可能，确保悬架动挠度传递函数没有常值低频渐近线。

11.7　简单速度反馈控制器的性能

由于在非悬架质量共振频率（10Hz）下性能改善不明显，因此，应尽可能着重改善在悬架质量共振频率（1.2Hz）下的性能。几乎所有的悬架质量共振频率性能都可以通过使用简单的速度反馈控制律得到改善，这就是通常所说的"天棚阻尼"控制，定义如下（Karnopp，1986）：

$$F_a = -k_2 \dot{z}_s \tag{11-50}$$

该控制率较为简单，并不需要全状态反馈，并能使早期的全状态反馈 LQR 控制律的几乎所有性能得到改善。注意：天棚阻尼控制是基于绝对（即惯性系）悬架质量速度而提出的。

天棚阻尼控制律的性能如图 11-11 ~ 图 11-13 所示，取反馈增益 $k_2 = 4000$。注意，在高频平顺性传递函数的侧倾振动被天棚阻尼控制器消除。

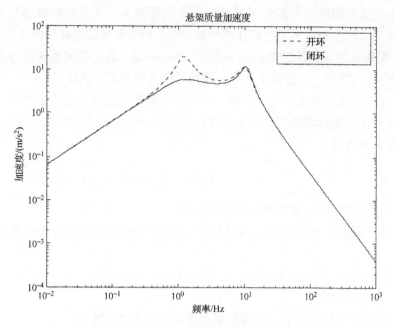

图 11-11　天棚阻尼控制的悬架质量加速度

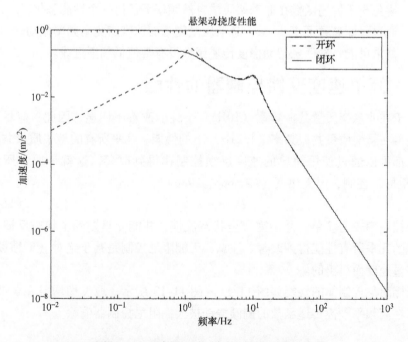

图 11-12　天棚阻尼控制的悬架动挠度性能

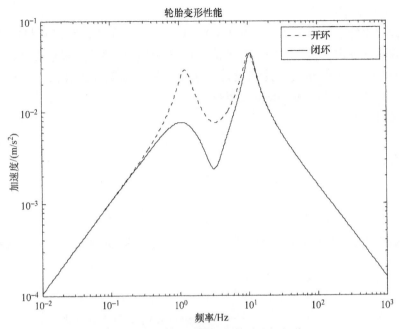

图 11-13 天棚阻尼控制的轮胎变形性能

11.8 主动悬架的液压执行器

以上进行了主动悬架的理论分析，主动悬架控制系统的设计假设作动力 F_a 为控制量，通常采用滑阀控制的电动液压执行器用来提供作动力 F_a。

在一些文献中重点讨论了电液执行器对期望作动力的跟踪控制，期望作动力满足第 11.2 ~ 11.7 节中讨论的主动悬架控制器作动力的要求（Rajamani 和 Hedrick，1994；Liu 和 Alleyne，2000；Zhang 和 Hedrick，1994）。

$$\dot{F}_a = \alpha A_p C_d wu \sqrt{\frac{P_s - \mathrm{sgn}(u)\dfrac{F_a}{A_p}}{\rho}} - \alpha A_p^2 (\dot{z}_s - \dot{z}_u) \tag{11-51}$$

式中　F_a——执行器提供的悬架力；

　　　u——滑阀相对平衡位置的运动量，构成液压执行器的控制输入。

其他参数分别为：

1）α 定义为 $\alpha = \dfrac{4\beta}{V_t}$，其中 V_t 是液压缸的体积，等于 $2V_0$，V_0 是单个液压缸的等效容积。

2）β 是液压油的体积弹性模量。

3）C_d 是伺服阀卸荷系数。

4）w 是伺服阀宽度。

5）A_p是活塞面积。

假设期望的悬架力是F_{des}，通常由第11.2~11.7节讨论的LQR控制器或天棚阻尼控制器确定，目标是确定滑阀输入u控制律确保跟踪期望悬架力。

滑模控制或其他非线性控制设计方法可确保跟踪期望的悬架力（Rajamani和Hedrick，1994；Liu和Alleyne，2000）。

定义滑模面：

$$s = F_a - F_{a\_des} \tag{11-52}$$

由微分方程（11-52）得：

$$\dot{s} = \alpha A_p C_d w u \sqrt{\frac{P_s - \text{sgn}(u)\dfrac{F_a}{A_p}}{\rho}} - \alpha A_p^2(\dot{z}_s - \dot{z}_u) - \dot{F}_{a\_des} \tag{11-53}$$

如果滑模面闭环动力学$\dot{s} = -\eta s$能够保证滑模面收敛于$s=0$，设$\dot{s} = -\eta s$得：

$$\alpha A_p C_d w u \sqrt{\frac{P_s - \text{sgn}(u)\dfrac{F_a}{A_p}}{\rho}} = -\eta s + \alpha A_p^2(\dot{z}_s - \dot{z}_u) + \dot{F}_{a\_des}\ _{\circ}$$

因此，以下的控制律能够被用来确保收敛到滑模面$s=0$：

$$u = \frac{-\eta s + \alpha A_p^2(\dot{z}_s - \dot{z}_u) + \dot{F}_{a\_des}}{\alpha A_p C_d w u \sqrt{\dfrac{P_s - \text{sgn}(u)\dfrac{F_a}{A_p}}{\rho}}} \tag{11-54}$$

注意：sgn（u）出现在方程（11-54）的分母中，其中u出现在左右两侧。sgn（u）的值由方程（11-54）的分子符号确定。因此，分子的值被首先计算出，如果分子值为负，则sgn(u)=−1；如果分子值为正，则sgn(u)=+1。式（11-54）的分母则由sgn（u）的修正值计算。

关于汽车主动悬架的液压执行器的动力学和控制已有大量文献，请读者参阅Rajamani和Hedrick（1994）、Rajamani和Hedrick（1995）、Chantranuwathanl和Peng（1999）、Liu和Alleyne（2000）、Zhang和Alleyne（2001）等资料。

11.9 本章小结

本章讨论了采用四分之一汽车悬架模型进行主动悬架控制系统的设计，控制采用LQR算法，将LQR算法和H_2最优控制算法结合起来用于抑制干扰。

车辆平顺性、悬架动挠度和轮胎变形传递函数是四分之一汽车系统重要的3个传递函数，本章研究了LQR性能指标中不同的加权因子对3个传递函数的影响。

悬架系统存在 2 个不动点，对应于平顺性和悬架动挠度传递函数，分析这些不动点有利于帮助理解任何主动悬架控制系统所获得的性能的局限性。为了在不影响悬挂动挠度和轮胎变形传递函数性能的情况下，改善平顺性，最好实现：

1）在悬架质量频率下大幅度减小悬架质量加速度；

2）同时在悬架质量自然频率下显著降低悬架动挠度和轮胎变形；

3）避免非悬架质量自然频率下 3 个传递函数的任何恶化；

4）通过确保高频时悬架质量侧倾加速度在 20dB/dec，避免高频振动；

5）如果可能，确保悬架动挠度传递函数没有常值低频渐近线。

第 11.7 节的研究表明，"天棚阻尼"控制器能够提供几乎所有的上述性能，天棚阻尼器因此能够有效地替代全状态反馈控制器。

参 数 表

z_s ——悬架质量位移

z_u ——非悬架质量位移

z_r ——路面输入

m_s ——悬架质量

m_u ——非悬架质量

k_s ——悬架刚度

b_s ——悬浮阻尼

k_t ——轮胎刚度

F_a ——主动悬架作动力

F_{semi} ——半主动悬架力

b_{semi} ——半主动减振器可变阻尼系数

b_{max} ——最大允许阻尼系数

s ——拉普拉斯变换变量

$H_A(s)$ ——悬架质量加速度传递函数

$H_{RS}(s)$ ——悬架动挠度传递函数

$H_{TD}(s)$ ——轮胎变形传递函数

A, B, L ——四分之一汽车悬架的状况空间矩阵

x ——状态空间矢量

J ——最优控制性能指标

Q_0、Q_{semi}、R、N——最优控制性能指标中所用的矩阵

ρ_1、ρ_2、ρ_3、ρ_4——最优控制性能指标中权重

$S(x)$、$R(x)$——最优控制性能指标中所用的函数

S_0、R ——最优控制性能指标中所用的矩阵

G ——LQR 解中的反馈增益矩阵

g_1、g_2、g_3、g_4——LQr 解的反馈增益

λ_1、λ_2——拉格朗日乘数

参 考 文 献

Butsuen, T., "The Design of Semi-Active Suspensions for Automotive Vehicles," *Ph.D. Dissertation*, M.I.T., 1989.

Chantranuwathanal, S. and Peng, H., "Force Tracking Control for Active Suspensions – Theory and Experiments," Proccedings of the 1999 IEEE International Conference on Control Applications, Kohala Coast-Island of Hawaii, Hawaii, USA, August 22-27, 1999.

Haddad, W.M.R., Hyland, A. and David, C., "Active vibration isolation of multi-degree of freedom systems," *Proceedings of the American Control Conference,* Vol. 6, pp. 3537-3541, 1997.

Hansen, C.H. and Snyder, S.D., *Active Control of Noise and Vibration*, Chapter 12, Chapman and Hall, ISBN 0 419 19390 1, 1997.

Hedrick, J.K. and Butsuen, T., "Invariant properties of automotive suspensions," *Proceedings of the Institution of Mechanical Engineers*, Part D: Transport Engineering. v 204 n 1 1990 p 21-27

Hyde, T.T. and Anderson, E.H., "Actuator with built-in viscous damping for isolation and structural control," *AIAA Journal*, Vol. 34, No. 1, pp. 129-135, Jan 1996.

Karnopp, D., "Theoretical Limitations in Active Vehicle Suspenions," *Vehicle System Dynamics*, Vol. 15, No. 1, pp. 41-54, 1986.

Levine, W.S., Editor, *The Control Handbook*, CRC Press, ISBN 0-8493-8570-9, 1996.

Liu, R. and Alleyne, A., "Nonlinear Force/Pressure Tracking of an Electro-Hydraulic Actuator," ASME Journal of Dynamic Systems, Measurement and Control, Vol. 122, pp. 232-237, March 2000.

Prasad, J.V.R., "Active vibration control using fixed order dynamic compensation with frequency shaped cost functionals," *IEEE Control Systems Magazine*, Vol. 11, pp. 71-78, 1991.

Rajamani, R. and Hedrick, J.K., "Performance of Active Automotive Suspensions with Hydraulic Actuators : Theory and Experiment", *Proceedings of the 1994 American Control Conference*, Baltimore, Maryland, June 29-July 1, 1994, 94CH3390-2, Vol 2, pp. 1214-1218.

Rajamani, R. and Hedrick, J.K., "Adaptive Observers for Active Automotive Suspensions - Theory and Experiment", *IEEE Transactions on Control Systems Technology*, Vol. 3, No.1, pp. 86-93, March 1995.

D. Sciulli, and D.J. Inman, "Isolation design for fully flexible systems," *Journal of Intelligent Material Systems and Structures*," Vol. 10, No. 10, pp. 813-824, October, 2000.

Wilson, D.A., Sharp, R.S. and Hassan, S.A., "Application of Linear Optimal Control Theory to the Design of Active Automotive Suspensions," *Vehicle System Dynamics*, Vol. 15, No. 2, pp. 105-118, 1986.

Yue, C., Butsuen, T. and Hedrick, J.K., "Alternative Control Laws for Automotive Suspensions," *Proceedings of the American Control Conference*, pp. 2373-2378, 1988.

Zhang, Y. and Alleyne, A., "A Novel Approach to Active Vibration Isolation with Electro-hydraulic Actuators," *Proceedings of the ASME International Mechanical Engineering Congress and Exposition*, Paper FPST-25010, New York, 2001.

第 12 章　半主动悬架

12.1　引言

半主动悬架在汽车悬架系统中利用了可变阻尼或者其他可变的耗能部件，例如双管黏性阻尼器的阻尼系数可以通过调节活塞上孔的直径来调节。

图 12-1 所示为可变孔径双管黏性阻尼器示意图，其黏性阻尼器孔径可用电子控制，当活塞在缸内移动时，它促使流体流过孔口，大孔产生较小的耗散阻力，而小孔产生较大的耗散阻力。

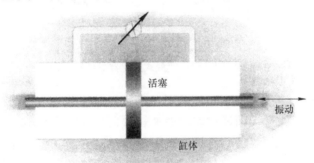

图 12-1　变量孔阻尼器示意图

使用可变孔径的阻尼器作为半主动悬架的执行器，孔的开度实时地由反馈控制律决定，执行器的阻尼受反馈控制实时调节。

另一种半主动耗散器是磁流变液式阻尼器，如图 12-2 所示，磁流变液是一种流变特性随磁场变化而改变的液态材料，一般这种变化表现为随磁场强度不断增加，其作用强度不断增大。阻尼器产生的耗散力可通过控制电磁场强度进行控制。

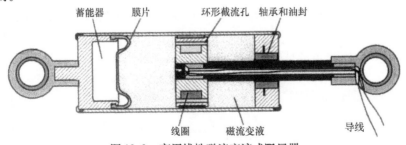

图 12-2　商用线性磁流变液式阻尼器

对于电磁线圈中不同的电流值，耗散力是液体通过磁流变液式阻尼器活塞速度的函数，如图 12-3 所示，改变电流值可以获得不同的耗散力。

本章着重探讨悬架系统可变耗散器控制系统的开发，以改善汽车悬架性能。这种使用可实时控制的可变耗散器的悬架系统称为半主动悬架系统。

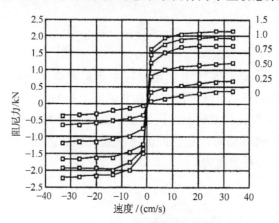

图 12-3　线性磁流变液式阻尼器的性能曲线

半主动悬架系统的优点：与主动悬架相比，半主动悬架的耗能明显减少，因为半主动悬架的能量仅消耗在实时改变耗散器的耗散力特性上。例如，能量通常被用来改变可变开度阻尼器活塞孔面积或磁流变液式阻尼器的电流，并不需要提供反向振动力。相比主动悬架，半主动悬架的另一个优势在于系统稳定性，因为它只是消耗系统能量，并不主动向悬架系统提供能量。

12.2　半主动悬架动力学模型

图 12-4 所示为四分之一汽车半主动悬架系统，可变阻尼 $b_{semi}(t)$ 的范围为：

$$0 \leqslant b_{semi}(t) \leqslant b_{max} \tag{12-1}$$

图 12-4 所示二自由度四分之一汽车悬架的运动方程为：

$$m_s \ddot{z}_s + b_s(\dot{z}_s - \dot{z}_u) + k_s(z_s - z_u) = -b_{semi}(t)(\dot{z}_s - \dot{z}_u) \tag{12-2}$$

$$m_u \ddot{z}_u + k_t(z_u - z_r) - b_s(\dot{z}_s - \dot{z}_u) - k_s(z_s - z_u) = b_{semi}(t)(\dot{z}_s - \dot{z}_u) \tag{12-3}$$

四分之一汽车半主动悬架状态空间动力学模型为（Yue 等，1988）：

$$\dot{x} = A_0 x + B F_{semi} + L \dot{z}_r \tag{12-4}$$

$$= A_0 x + N x b_{semi} + L \dot{z}_r \tag{12-5}$$

$$= A_0 x - B b_{semi}(x_2 - x_4) + L \dot{z}_r \tag{12-6}$$

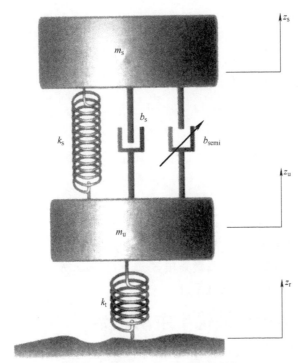

图 12-4 四分之一汽车半主动悬架

式中　$x_1 = z_s - z_u$——悬架动挠度；

　　　　$x_2 = \dot{z}_s$——悬架质量的绝对速度；

　$x_3 = z_u - z_r$——轮胎变形；

　　　　$x_4 = \dot{z}_u$——悬架质量的绝对速度；

　　　　$F_{semi}\quad = -b_{semi}(\dot{z}_s - \dot{z}_u)$，半主动力；

　　　　$x_2 = x_4$——悬架的相对速度；

$$A_0 = \begin{bmatrix} 0 & 1 & 0 & -1 \\ -\dfrac{k_s}{m_s} & -\dfrac{b_s}{m_s} & 0 & \dfrac{b_s}{m_s} \\ 0 & 0 & 0 & 1 \\ \dfrac{k_s}{m_u} & \dfrac{b_s}{m_u} & -\dfrac{k_t}{m_u} & -\dfrac{b_s}{m_u} \end{bmatrix};$$

$$B = \begin{Bmatrix} 0 \\ \dfrac{1}{m_s} \\ 0 \\ -\dfrac{1}{m_s} \end{Bmatrix};$$

$$N = \begin{bmatrix} 0 & 0 & 0 & 0 \\ 0 & -\dfrac{1}{m_s} & 0 & \dfrac{1}{m_s} \\ 0 & 0 & 0 & 0 \\ 0 & \dfrac{1}{m_u} & 0 & -\dfrac{1}{m_u} \end{bmatrix};$$

$$L = \begin{Bmatrix} 0 \\ 0 \\ -1 \\ 0 \end{Bmatrix}_\circ$$

式（12-4）、式（12-5）和式（12-6）是文献中对半主动悬架系统的几种不同表示形式，在本章中将主要采用式（12-5）的形式。

注意，Nxb_{semi} 项包括状态参数乘积 Nx 和控制输入 b_{semi}，因此半主动悬架系统不是线性的，而是一种双线性系统。

12.3　理论结论：最优半主动悬架

本节提出了关于半主动控制系统设计问题的理论模型和数学结论，首次阅读此本章时，可以跳过本节内容，更关心最终控制律的读者可以从第 12-4 节开始。本节的理论结论主要源自 Tetsuro Butsuen（Butsuen，1989）。

12.3.1　问题描述

根据式（12-5）假设路面输入 $\dot{z}_r$ 是强度为 y 的白噪声，被动系统是稳定的，即：

$$\text{Re}\{\lambda(A_0)\} < 0 \tag{12-7}$$

该系统的性能指标和前一章描述的主动系统性能指标类似：

$$J = \lim_{T \to \infty} \frac{1}{T} E\left[\int_0^T \ddot{z}_s^2 + \rho_1 (z_s - z_u)^2 + \rho_2 \dot{z}_s^2 + \rho_3 (z_u - z_r)^2 + \rho_4 \dot{z}_u^2 \right]$$

$$\tag{12-8}$$

式中　ρ_1、ρ_2、ρ_3、ρ_4——加权因子。

式（12-8）中的被积函数根据是否包含 b_{semi} 可分为 2 种情况，因此，式（12-8）可以写为（Butsuen，1989）：

$$J = \lim_{T \to \infty} \frac{1}{T} E\left[\int_0^T x^T (Q_0 + Q_{semi}) x \, dt \right] \tag{12-9}$$

Q_0 和上章的 Q 等价，由式（12-10）得出：

$$Q_0 = \begin{bmatrix} \dfrac{k_s^2}{m_s^2} + \rho_1 & \dfrac{b_s k_s}{m_s^2} & 0 & -\dfrac{b_s k_s}{m_s^2} \\[3mm] \dfrac{b_s k_s}{m_s^2} & \dfrac{b_s^2}{m_s^2} + \rho_2 & 0 & -\dfrac{b_s^2}{m_s^2} \\[3mm] 0 & 0 & \rho_3 & 0 \\[3mm] -\dfrac{b_s k_s}{m_s^2} & -\dfrac{b_s^2}{m_s^2} & 0 & \dfrac{b_s^2}{m_s^2} + \rho_4 \end{bmatrix} \tag{12-10}$$

式中，$Q_{\mathrm{semi}}(B_{\mathrm{semi}})$ 是控制输入 b_{semi} 的函数：

$$Q_{\mathrm{semi}} = \begin{bmatrix} 0 & \dfrac{k_s b_{\mathrm{semi}}}{m_s^2} & 0 & -\dfrac{k_s b_{\mathrm{semi}}}{m_s^2} \\[3mm] \dfrac{k_s b_{\mathrm{semi}}}{m_s^2} & \dfrac{(2b_s + b_{\mathrm{semi}})b_{\mathrm{semi}}}{m_s^2} & 0 & -\dfrac{(2b_s + b_{\mathrm{semi}})b_{\mathrm{semi}}}{m_s^2} \\[3mm] 0 & 0 & 0 & 0 \\[3mm] -\dfrac{k_s b_{\mathrm{semi}}}{m_s^2} & -\dfrac{(2b_s + b_{\mathrm{semi}})b_{\mathrm{semi}}}{m_s^2} & 0 & \dfrac{(2b_s + b_{\mathrm{semi}})b_{\mathrm{semi}}}{m_s^2} \end{bmatrix}$$

$$\tag{12-11}$$

性能指数也可表示为：

$$J = \int_0^\infty (x^{\mathrm{T}} Q_0 x + 2 b_{\mathrm{semi}}^{\mathrm{T}} S(x) x + b_{\mathrm{semi}}^{\mathrm{T}} R(X) b_{\mathrm{semi}}) \, \mathrm{d}t \tag{12-12}$$

式中

$$R(x) = \frac{1}{m_s^2} (x_2 - x_4)^2 = R (x_2 - x_4)^2 \tag{12-13}$$

$$S(x) \left[-\frac{k_s}{m_s^2} \quad -\frac{b_s}{m_s^2} \quad 0 \quad \frac{b_s}{m_s^2} \right] (x_2 - x_4) = -S_0 (x_2 - x_4) \tag{12-14}$$

因此 $R = \dfrac{1}{m_s^2}$；$S_0 = \left[-\dfrac{k_s}{m_s^2} \quad -\dfrac{b_s}{m_s^2} \quad 0 \quad \dfrac{b_s}{m_s^2} \right]$。

注意，如 11.2.2 小节所述，对路面白噪声输入的输出方差最小是 H_2 最优控制问题。输出矢量包含了有意义的变量：悬架动挠度、轮胎变形和悬架质量加速度。而且，H_2 最优控制问题和二次型问题有相同的结论，即式（12-12）的性能指标对所有初始条件最小化。

12.3.2 问题定义

对半主动控制设计问题的数学定义如下：

根据约束条件式（12-15）、式（12-16）和初始条件式（12-17），寻找最

优控制输入 $b_{\text{semi}}^*(t)$ 使性能指标式（12-12）最小化：

$$\dot{x} = A_0 x + N x b_{\text{semi}} \tag{12-15}$$

$$0 \leqslant b_{\text{semi}} \leqslant b_{\max} \tag{12-16}$$

$$x(0) = x_0 \tag{12-17}$$

在求解上述问题前，需要考虑无 $b_{\text{semi}}(t)$ 约束的情况（$-\infty < b_{\text{semi}}(t) < +\infty$），这是定理 12.1 的结论。

12.3.3 无阻尼约束的最优解

定理 12.1

如果没有 $b_{\text{semi}}(t)$ 约束，最优控制 $b_{\text{semi}}^*(t)$ 可表示为（Butsuen, 1989）：

$$b_{\text{semi}}^* = -R(x)^{-1}[(Nx)^{\text{T}}P + S(x)]x; \quad \text{当 } x_2 \neq x_4 \text{ 时} \tag{12-18}$$

$$b_{\text{semi}}^* = 0; \quad \text{当 } x_2 = x_4 \text{ 时} \tag{12-19}$$

式中

$$R(x) = \frac{1}{m_s^2}(x_2 - x_4)^2 = R(x_2 - x_4)^2$$

$$S(x) = -\left[-\frac{k_s}{m_s^2} \quad -\frac{b_s}{m_s^2} \quad 0 \quad \frac{b_s}{m_s^2}\right](x_2 - x_4) = -S_0(x_2 - x_4)$$

式中的变量 P 由 Riccati 方程决定：

$$P\overline{A} + \overline{A}^{\text{T}}P + \overline{Q} - PBR^{-1}B^{\text{T}}P = 0 \tag{12-20}$$

$$\overline{A} = A_0 - BR^{-1}S_0 \tag{12-21}$$

$$\overline{Q} = Q_0 - S_0^{\text{T}}R^{-1}S_0 \tag{12-22}$$

另外，最优的性能指标 J^* 是：

$$J^* = x^{\text{T}}(0)Px(0) \tag{12-23}$$

式（12-23）表明，该系统的最低消耗和全主动悬架系统一样。

证明：该定理的证明源自 Butsuen（Butsuen, 1989）。

首先注意：

$$-R(x)^{-1}S(x)x = \frac{m_s^2 S_0}{x_2 - x_4}x = \frac{[k_s x_1 + b_s(x_2 - x_4)]}{x_2 - x_4}$$

$-R(x)^{-1}S(x)x$ 项用来消除被动弹簧力和被动阻尼力。

其次，$-R(x)^{-1}(Nx)^{\text{T}}Px$ 等于 $-kx$ 的状态反馈项，实质上，该项等于 $F_{a1} = -R^{-1}B^{\text{T}}Px$ 的状态反馈项，可从主动悬架控制律式（11-17）得出。

$$F_{\text{semi}} = \{-R(x)^{-1}\lfloor(Nx)^{\text{T}}P + S(x)\rfloor x\}(x_2 - x_4) = F_{s1} + F_{s2}$$

式中 $F_{s1} = -\{R(x)^{-1}(Nx)^{\text{T}}Px\}(x_2 - x_4) = -kx$ 是状态反馈力；

$F_{s2} = -\{R(x)^{-1}(Sx)x\}(x_2 - x_4) = k_s x_1 + b_s(x_2 - x_4)$ 是消除被动弹簧和阻尼力的部分。

如果调节阻尼比 $b_{semi}(t)$，并代入实际参数值，定理 12.1 描述的如图 12-5 所示的两种系统是等效的。

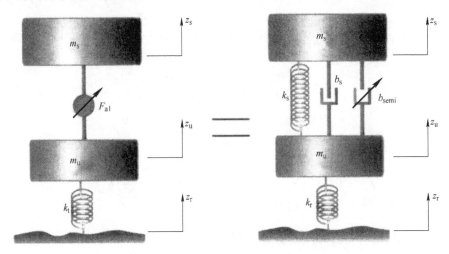

图 12-5　等效力控制和无约束调阻尼控制

在 b_{semi}^* 允许取所有实值的条件下，对于半主动悬架和主动悬架，悬架质量和非悬架质量之间的作用力等于悬架的合力。如果取消主动悬架的状态反馈元件：

$$F_{al} = -Kx = -R^{-1}B^{T}Px \tag{12-24}$$

最优半主动悬架的悬架质量和非悬架质量之间的合力为：

$$F_{semi} = -k_s x_1 - b_s(x_2 - x_4) - b_{semi}^*(x_2 - x_4) = -R^{-1}(B^{T}P)x = F_{al} \tag{12-25}$$

因此，如果半主动阻尼系数 $b_{semi}(t)$ 没有约束，半主动悬架的最优性能完全等同于全主动悬架。

下面讨论 $0 \leqslant b_{semi}(t) \leqslant b_{max}$ 的情况，同样，这些结论源自 Tetsuro Butsuen（Butsuen，1989）。

12.3.4　有约束最优解

定理 12.2

当 $0 \leqslant b_{semi}(t) \leqslant b_{max}$ 时，最优控制 b^* 为：

$$\text{则 } b^* = 0; \text{当 } \{(Nx)^{T}P + S(x)\} \geqslant 0 \text{ 时} \tag{12-26}$$

$$b^* = -R(x)^{-1}; \text{当 } -R(x)b_{max} < \{(Nx)^{T}P + S(x)\} < 0 \text{ 时} \tag{12-27}$$

$$b^* = b_{max}; \text{当 } \{(Nx)^{T}P + S(x)\} \leqslant -R(x)b_{max} \text{ 时} \tag{12-28}$$

同上，式中的矩阵 P 由 Riccati 方程（12-20）决定。

最优 J^* 为：

$$J^* = x^\mathrm{T}(0)Px(0) + \int_{\lambda_1 > 0} R(x)^{-1}\lambda_1^2 \mathrm{d}t + \int_{\lambda_2 > 0} R(x)^{-1}\lambda_2^2 \mathrm{d}t \tag{12-29}$$

式中，λ_1 和 λ_2 对于约束方程（12-11）和（12-12）是拉格朗日乘数，如下所示：

如果 $\qquad \{(Nx)^\mathrm{T}P + S(x)\} \geqslant 0$

则 $\qquad \lambda_1 = \{(Nx)^\mathrm{T}P + S(x)\}x; \lambda_2 = 0 \tag{12-30}$

如果 $\qquad -R(x)b_{\max} < \{(Nx)^\mathrm{T}P + S(x)\} < 0$

则 $\qquad \lambda_1 = 0; \lambda_2 = 0 \tag{12-31}$

如果 $\qquad \{(Nx)^\mathrm{T}P + S(x)\} < -R(x)b_{\max}$

则 $\qquad \lambda_1 = 0; \lambda_2 = -\{(Nx)^\mathrm{T}P + S(x)\}x - R(x)b_{\max} \tag{12-32}$

证明：该定理于 1989 年由 Butsuens 提出。

12.4 最优半主动悬架控制率

最优主动控制力如下：

$$F_\mathrm{a} = -Kx + k_\mathrm{s}x_1 + b_\mathrm{s}(x_2 - x_4) \tag{12-33}$$

或 $\qquad F_\mathrm{a} = -R^{-1}(B^\mathrm{T}P + S_0)x$

式中，$k_\mathrm{s}x_1 + b_\mathrm{s}(x_2 - x_4) = -R^{-1}S_0x \tag{12-34}$

是被动悬架力，并且：

$$-Kx = R^{-1}B^\mathrm{T}Px \tag{12-35}$$

是全主动系统 LQR 控制得出的最佳状态反馈分力［见第 11 章式（11-17）］。

这样，合力为 $F_\mathrm{a} = -R^{-1}(B^\mathrm{T}P + S_0)x$。

应当注意，方程（12-26）、（12-27）和（12-28）右边出现的 $(Nx)^\mathrm{T}p + S(x)$ 项等于 $\dfrac{F_\mathrm{a}}{x_2 - x_4}$。

因此，第 12.3 节推导出的最优半主动控制率按悬架变量形式可以写成：

如果 $\qquad -F_\mathrm{a}(x_2 - x_4) \leqslant 0$

则 $\qquad b_\mathrm{semi}^* = 0 \tag{12-36}$

如果 $\qquad 0 < -\dfrac{F_\mathrm{a}}{x_2 - x_4} \leqslant b_{\max}$

则 $\qquad b_\mathrm{semi}^* = -\dfrac{F_\mathrm{a}}{x_2 - x_4} \tag{12-37}$

如果 $\qquad -\dfrac{F_\mathrm{a}}{x_2 - x_4} > b_{\max}$

则 $\qquad b_\mathrm{semi}^* = b_{\max} \tag{12-38}$

相应的半主动力为：

$$F_{\text{semi}} = -b_{\text{semi}}^* (x_2 - x_4) \qquad (12\text{-}39)$$

图 12-6 所示为半主动控率示意
图。当全主动力 F_a 和悬架相对速度
$(x_2 - x_4)$ 的符号相同时，则要求主
动力和相对速度同方向，这样，该
主动力不能由耗散装置提供，因为
耗散装置只能提供与相对速度相反
方向的力，在这种情况下，半主动
装置的 $b_{\text{semi}} = 0$；当 F_a 和悬架相对
速度 $(x_2 - x_4)$ 的符号相反时，耗散
装置确实能够提供所需的作用力，

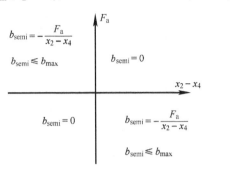

图 12-6 作为 F_a 和相对速度函数的半主动控制率

在这种情况下，半主动悬架的阻尼系数 $b_{\text{semi}} = -\dfrac{F_a}{x_2 - x_4}$，如果此值超过最大阻尼

值 $b_{\max}$，那么，设 $b_{\text{semi}} = b_{\max}$。

对本章半主动悬架控制率的归纳见表 12-1。

表 12-1 半主动悬架控制率

符号	物理意义	方程
F_a	最优全主动力	$F_a = -Kx + k_s \dot{z}_s + b_s (\dot{z}_s - \dot{z}_u)$ 见第 11 章方程（11-16）和（11-17）
b_{semi}	半主动悬架阻尼系数（变量）	$b_{\text{semi}}^* = 0$；当 $-F_a(\dot{z}_s - \dot{z}_u) \leqslant 0$ 时 $b_{\text{semi}}^* = -\dfrac{F_a}{x_2 - x_4}$；当 $0 < -\dfrac{F_a}{x_2 - x_4} \leqslant b_{\max}$ 时 $b_{\text{semi}}^* = b_{\max}$；当 $-\dfrac{F_a}{x_2 - x_4} > b_{\max}$ 且 $F_{\text{semi}} = -b_{\text{semi}}^* (x_2 - x_4)$ 时

12.5 仿真结果

图 12-7、图 12-8 和图 12-9 所示为方程（12-36）、（12-37）和（12-38）
的半主动控制律的特性。仿真时取道路输入频率为 1Hz，与被动系统相比较平顺
性、悬架动挠度和轮胎变形在 1Hz 时都有显著改善。

图 12-7、图 12-8 和图 12-9 所示为被动悬架系统的性能，系统时间响应频
率就是道路输入的频率 1Hz。但是，对于半主动悬架系统，响应中包含更高的在
1Hz 上的频率，这是因为非线性半主动控制率具有开关特性。当悬架相对速度与
主动力相对符号发生改变时，半主动悬架阻尼系数 b_s 在 0 和等效主动力之间切
换。图 12-10 所示为半主动阻尼系数和悬架质量的加速度，从图中可以清楚地

看出，高频悬架质量加速度是由于半主动阻尼系数周期性在主动力值、最大值和0之间切换，反之亦然。

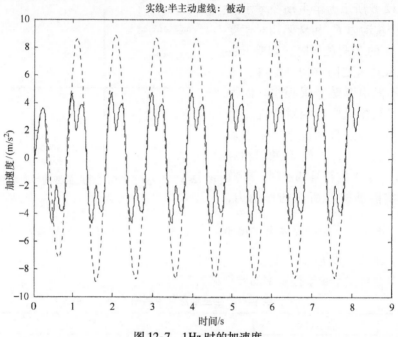

图 12-7 1Hz 时的加速度

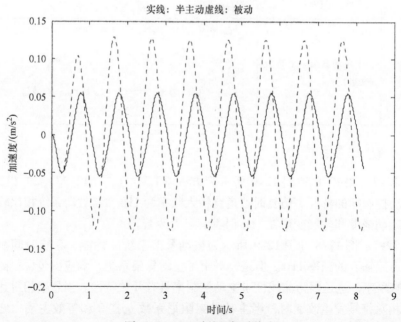

图 12-8 1Hz 时的悬架动挠度

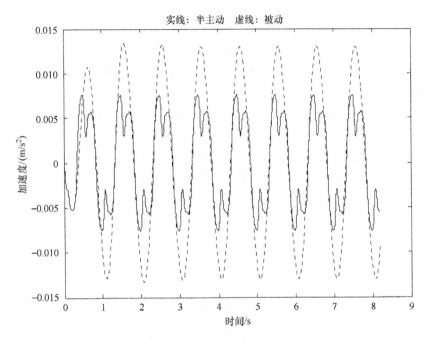

图 12-9 1Hz 时的轮胎变形

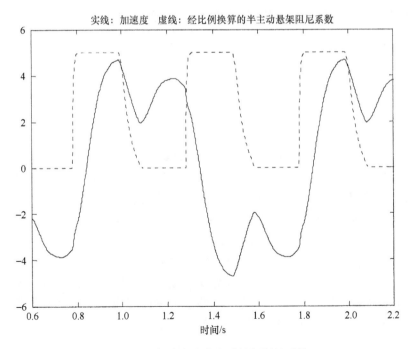

图 12-10 加速度和半主动悬架阻尼系数

12.6 半主动悬架系统传递函数的计算

由于半主动系统是非线性的，它的控制律是方程(12-36)～(12-38)的开关非线性控制，能否用闭环传递函数曲线求解该系统是不确定的。传递函数的计算分为2步：

1）外部路面输入激励问题可以表示为等效初始条件问题，半主动系统对等效初始条件的时间响应通过仿真得出；

2）获得从仿真得到的输出信号的快速傅里叶变换，经适当比例换算得出悬架质量加速度、悬架动挠度和轮胎变形的传递函数。

外部路面输入激励问题可以表示为等效初始条件问题的论证如下，闭环系统由式（12-40）给出：

$$\dot{x} = (A - BK)x + L\dot{z}_r \tag{12-40}$$

如果没有初始条件，传递函数为：

$$x = (sI - A + BK)^{-1}L\dot{z}_r \tag{12-41}$$

如果 $\dot{z}_r$ 是强度为 α 的白噪声，它的拉普拉斯变换为 α，则：

$$x = (sI - A + BK)^{-1}L\alpha \tag{12-42}$$

这相当于没有路面输入时闭环系统对初始条件的响应：

$$x_0 = L = \alpha \begin{bmatrix} 0 \\ 0 \\ -1 \\ 0 \end{bmatrix} \tag{12-43}$$

根据 Butsuen（1989）文献，尽管半主动悬架是非线性的，方程（12-42）中传递函数的输入输出幅值比与输入幅值 a 是独立的，所以闭环系统对白噪声输入 $\dot{z}_r$ 的响应可以表示为 $\dot{z}_r$ 为 0 的等效初始条件问题。

因此，获得半主动系统对方程（12-43）中给出的初始条件的时间响应，其快速傅里叶变换可得出闭环传递函数。

图 12-11 所示为半主动系统的悬架质量加速的时间响应，设初始条件为 $X_0 = \begin{bmatrix} 0 & 0 & -0.01 & 0 \end{bmatrix}^T$，路面输入为 0。图 12-12 所示为路面输入到悬架质量加速度的传递函数，通过时间响应的快速傅里叶变换得出。对半主动系统性能以及和被动系统的性能比较将在下一节中详细阐述。

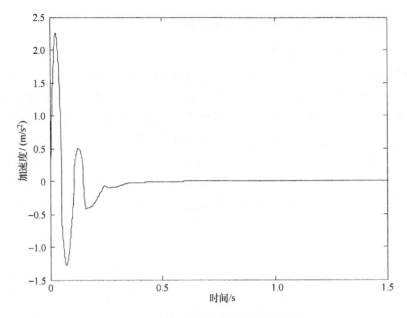

图 12-11 半主动系统对初始条件的响应

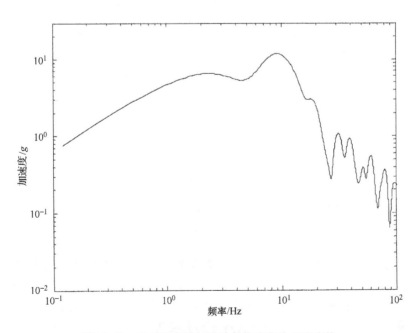

图 12-12 半主动系统对初始条件响应的 FFT 变换

12.7 半主动悬架系统的性能

12.7.1 中等权重时的平顺性

图 12-13、图 12-14 和图 12-15 所示为在性能指标中权重为 $\rho_1 = 400$、$\rho_2 = 16$、$\rho_3 = 400$ 和 $\rho_4 = 16$ 时半主动系统的性能。如前一章对全主动悬架系统的描述，对悬架质量加速度（平顺性）给予较大的重权，其他状态参量权重较小。

上述权重的半主动系统的性能与被动系统的性能比较如图 12-13、图 12-14 和图 12-15 所示。悬架质量加速、悬架动挠度和轮胎变形在第一自然频率下都有显著改善，然而，在第二自然频率下传递函数的性能没有差别。从图 12-15 中可得出，半主动系统的开关特性向悬架质量加速度传递函数引入了高频振动。

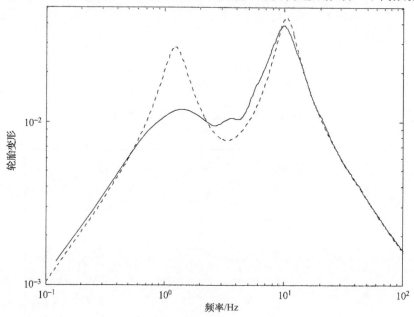

图 12-13　中等权重时性能指标的轮胎变形传递函数

12.7.2 天棚阻尼控制

本节介绍等效天棚阻尼控制的半主动系统的性能，理想的半主动力定义为：

$$F_a = -4000 \dot{z}_s \tag{12-44}$$

如前所述，半主动阻尼系数由式（12-45）～（12-47）决定：

如果

$$-F_a(x_2 - x_4) \leqslant 0$$

则

$$b^* = 0 \tag{12-45}$$

如果

$$0 < -\frac{F_a}{x_2 - x_4} \leqslant b_{max}$$

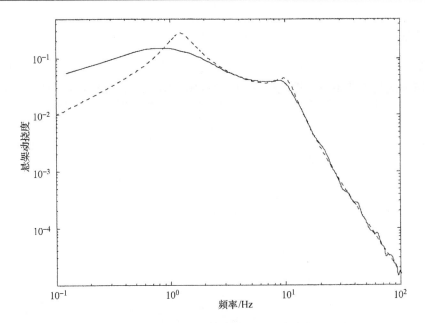

图 12-14　中等权重时性能指标的悬架动挠度传递函数

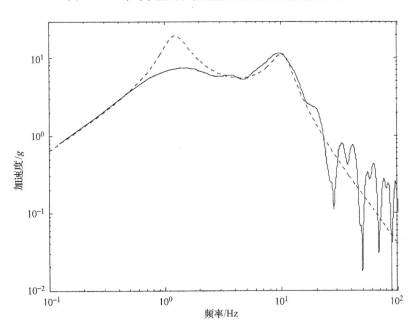

图 12-15　中等权重时性能指标的加速度传递函数

则
$$b^* = -\frac{F_a}{x_2 - x_4}$$
(12-46)

如果
$$-\frac{F_a}{x_2 - x_4} > b_{max}$$

则
$$b^* = b_{max} \tag{12-47}$$

该系统和被动系统的性能比较如图 12-16、图 12-17 和图 12-18 所示。图中

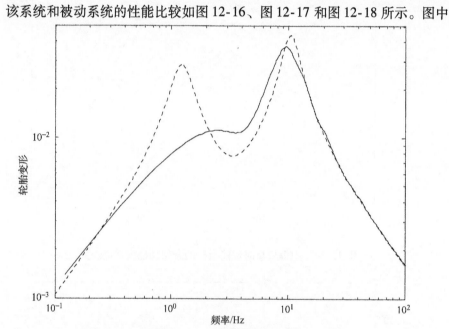

图 12-16　天棚阻尼半主动控制的轮胎变形传递函数

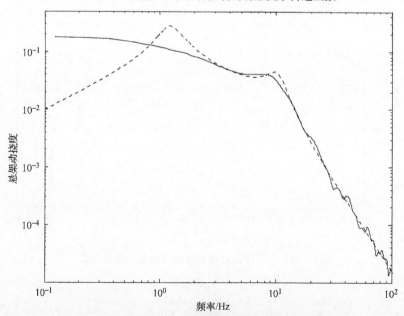

图 12-17　天棚阻尼半主动控制的悬架动挠度传递函数

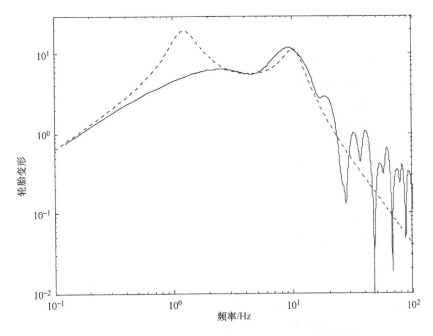

图 12-18　天棚阻尼半主动控制的加速度传递函数

可见，悬架质量加速度、悬架动挠度和轮胎变形在第一固有频率下都有非常显著的改善，在第二固有频率下没有差别。天棚阻尼的性能和第 12.7.1 节所述相似。同样，可从图 12-18 中得出，半主动系统的开关特性对悬架质量加速度传递函数引入了高频成分。

12.8　本章小结

本章重点介绍了汽车半主动悬架控制系统的开发，与全主动悬架系统相比，半主动悬架系统耗能明显减少。半主动悬架系统的能耗仅用来改变半主动悬架的实时耗散力特性，外部作用力不直接用于抵抗振动力。半主动系统的另外一个优点是其控制仅采用能源耗散方式，不会导致悬架系统的不稳定。

采用可变阻尼作为输入的半主动悬架控制系统开发是一项具有挑战性的工作，如果没有阻尼约束（即允许其取正值或负值），那么半主动悬架和全主动悬架的性能相同；有阻尼约束时，只要阻尼系数在允许的范围内，则半主动悬架最优控制的阻尼力和全主动悬架的主动力相同。

仿真结果表明，半主动系统能够显著改善行驶平顺性、悬架质量共振频率时的悬架动挠度和轮胎变形传递函数性能。由于半主动控制系统的开关特性，平顺性指标即悬架质量加速度被引入高频成分，然而，高频振动能够通过降低半主动悬架阻尼器开关频率的带宽加以减弱。

参 数 表

z_s——悬架质量位移

z_u——非悬架质量位移

z_r——路面输入

m_s——悬架质量

m_u——非悬架质量

k_s——悬架刚度

b_s——悬挂阻尼

k_t——轮胎刚度

F_a——主动悬架执行器力

F_{semi}——半主动力

b_{semi}——半主动悬架可变阻尼系数

b_{max}——允许最大阻尼系数

s——拉普拉斯变换变量

$H_A(s)$——悬架质量加速度传递函数

$H_{RS}(s)$——悬架动挠度传递函数

$H_{TD}(s)$——轮胎变形传递函数

A, B, L——四分之一汽车悬架模型的状态空间矩阵

x——状态空间矢量

J——最优控制性能指标

Q_O、Q_{semi}、R、N——最优控制性能指标矩阵

ρ_1、ρ_2、ρ_3、ρ_4——最优控制性能指标的权重

$S(x)$、$R(x)$——最优控制性能指标中使用的函数

S_0、R——最优控制性能指标中使用的矩阵

G——LQR解的反馈增益矩阵

g_1、g_2、g_3、g_4——LQr解的反馈增益

λ_1、λ_2——拉格朗日乘数

参 考 文 献

Butsuen, T., "The Design of Semi-Active Suspensions for Automotive Vehicles," *Ph.D. Dissertation*, M.I.T., 1989.

Jolly, M.R., Bender, J.W. and Carlson, J.D., "Properties and Applications of Commercial Magnetorheological fluids," *SPIE 5th Annual Int Symposium on Smart Structures and Materials*, San Diego, CA, March 15, 1998.

Karnopp, D., "Force Generation in Semi-Active Suspensions Using Modulated Dissipative Elements," *Vehicle System Dynamics*, v 16, n 5-6, p 333-343, 1987.

Rajamani, R. and Hedrick, J.K., "Semi-active Suspensions - A Comparison Between Theory and Experiments", *Vehicle System Dynamics*, International Journal of Vehicle Mechanics and Mobility, Supplement to Vol. 20, pp.504-518; Proceedings of the 12th IAVSD Symposium on The Dynamics Of Vehicles on Roads and on Tracks, Lyon, France, Aug 26-30, 1991.

Sharp, R.S. and Hassan, S.A., "Performance and Design Considerations for Dissipative Semi-Active Suspensions Systems for Automobiles," *Proceedings of the Institution of Mechanical Engineers*, Part D: Transport Engineering, Vol. 201, No. D2, pp. 149-153, 1987.

Tseng, H.E. and Hedrick, J.K., "Semi-Active Control Laws: Optimal and Sub-Optimal," *Vehicle System Dynamics*, Vol. 23, No. 7, pp. 545-569, October 1994.

Yue, C., Butsuen, T. and Hedrick, J.K. "Alternative Control Laws for Automotive Suspensions," *Proceedings of the American Control Conference*, pp. 2373-2378, 1988.

第13章 轮胎纵向力与侧向力

13.1 轮胎力

路面作用于汽车轮胎上的力和转矩对汽车的动力性有重要影响，本章重点介绍描述这些力和转矩的数学模型。

与刚性不变形车轮不同，轮胎不会与路面接触于一点，相反，汽车轮胎的变形取决于作用于轮胎上的地面法向载荷，以及与路面在被称为接触印迹的非零压力印迹区域的接触情况，如图13-1所示。

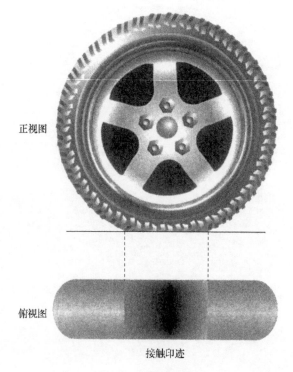

正视图

俯视图

接触印迹

图13-1 轮胎接触印迹

图13-2所示为本书中用来描述轮胎所受主要力和转矩所采用的符号规定。坐标轴的原点在接触印迹的中心，X轴为地面与轮胎宽度中心对称面（即车轮

平面）的交线，Z 轴与地面地平面法向，规定向上为正，为确保坐标轴的正方向，Y 轴规定向右为正。

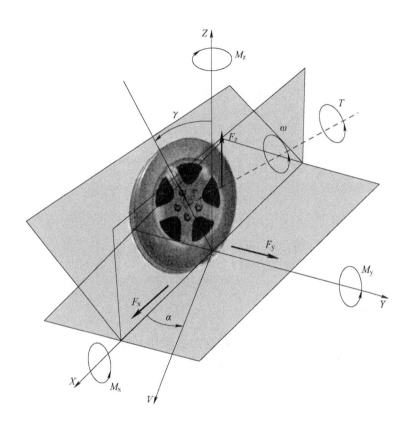

图 13-2　轮胎力和转矩

　　假设路面作用于轮胎的力位于接触印迹中心并且可以沿 3 个轴进行分解，侧向力 F_y 沿 Y 轴方向，纵向力 F_x 沿 X 轴方向，地平面法向反作用力 F_z 沿 Z 轴方向。类似地，地面作用于轮胎的转矩也可以沿 3 个轴进行分解，沿 Z 轴方向的转矩 M_z 被称为回正转矩，沿 X 轴方向的转矩 M_x 称为侧倾转矩，沿 Y 轴方向的转矩 M_y 为滚动阻转矩。

　　本章主要介绍侧向力 F_y、纵向力 F_x 和回正转矩 M_z，如图 13-3 所示。

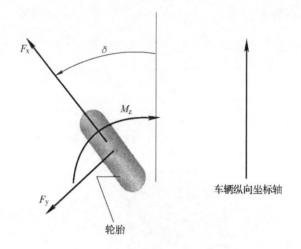

图 13-3　纵向力、侧向力和回正转矩

13.2　轮胎结构

轮胎胎体由数层具有高弹性模量的帘布层附加上低弹性模量的橡胶层组成。帘布层的几何分布，尤其是方向，在轮胎特性中起着重要作用。轮胎一般分为普通斜交轮胎和子午线轮胎（Wong，2001）。

在普通斜交帘布层轮胎中，胎体内帘线与轮胎中心线的交角一般为 40 度。相邻帘布层帘线的排列方向相反。斜交轮胎通常有 2 层或更多层帘布（重型载荷轮胎高达 20 层）。

子午线轮胎是带束胎，除了帘线之外还有一个或多个带束层。带束层是位于胎体和胎面之的一层钢丝网。每个带束层在胎面区域，除轮胎侧面区域，增加了一个附加层。除了带束层外，子午线轮胎与斜交轮胎一样有帘布层，但在帘布层中用柔软的帘线材料如聚酯纤维代替了尼龙，帘布层中的帘线方向正交于轮胎的圆周方向，在轮胎的侧壁，这些帘线的方向是径向，因此命名为"子午线"轮胎。

客车和货车目前主要采用子午线轮胎。子午线轮胎胎侧刚度低，平顺性好，与地面接触印迹积大，因此提高了车辆的稳定性和操纵性。在同等条件下，子午线轮胎的功率损耗相对普通斜交轮胎可降低 60%，并且子午线轮胎的寿命可达斜交轮胎的 2 倍（Wong，2001）。

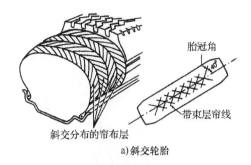

a) 斜交轮胎

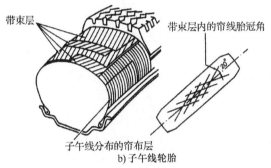

b) 子午线轮胎

图 13-4　轮胎结构

13.3　低滑移率下的轮胎纵向力

试验结果显示，在低滑移率下轮胎纵向力与滑移率成正比。

滑移率

实际车轮轴心的纵向速度 V_x 与车轮旋转的当量速度 $r_{eff}\omega_w$ 之差称为纵向滑移，即纵向滑移等于 $r_{eff}\omega_w - V_x$，定义纵向滑移率为：

$$\sigma_x = \frac{r_{eff}\omega_w - V_x}{V_x} \qquad \text{制动工况} \qquad (13-1)$$

$$\sigma_x = \frac{r_{eff}\omega_w - V_x}{r_{eff}\omega_w} \qquad \text{驱动工况} \qquad (13-2)$$

试验结果建立了由每个轮胎产生的轮胎纵向力模型，轮胎纵向力由滑移率、轮胎地面法向力（地面垂直反作用力）和路面的摩擦力系数决定。

假设轮胎与路面的摩擦系数为 1，轮胎地面法向力为常数，轮胎的纵向力作为滑移率的函数，则其典型变化如图 13-5 所示。

由图 13-5 可知，在低纵向滑移率（在干路面上小于 0.1）的情况下，轮胎纵向力与滑移率成正比，这种情况下纵向力模型可表示为：

$$F_{xf} = C_{\sigma f}\sigma_{xf} \qquad (13-3)$$

$$F_{xr} = C_{\sigma r}\sigma_{xr} \qquad (13-4)$$

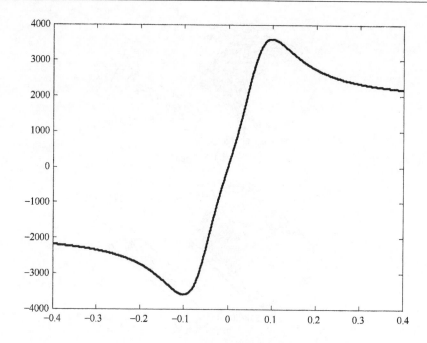

图 13-5 纵向力作为滑移率的函数

式中 $C_{\sigma f}$ 和 $C_{\sigma r}$——分别为前、后轮纵向刚度系数。

需要指出的是，在干路面上正常驾驶时纵向滑移率是很小的。

纵向力与滑移率成正比的原因可由图 13-6 得到定性解释。

图 13-6 所示的下半部分是轮胎胎面变形示意图。胎面被看成由一系列弹簧组成的模型，弹簧承受纵向变形，并且具有不变的纵向刚度，这种轮胎模型被称为"刷子"模型或"弹性基"模型（Pacejka，1991；Dixon，1991）。

设轮胎纵向速度为 V_x、转速为 ω_w，则轮胎净速度为 $r_{eff}\omega_w - V_x$，如图 13-6 所示。

首先，在驱动工况下，例如，前轮驱动的汽车，这种情况下，车轮是驱动轮，$r_{eff}\omega_w > V_x$，因此轮胎净滑动速度相对于车辆纵向速度的方向是相反的。假设滑动 $r_{eff}\omega_w - V_x$ 比较小，就会有一个胎面相对于地面不滑动的接触印迹域，称为"静态区域"，如图 13-6 所示。随着轮胎的转动，轮胎胎面就会进入接触印迹的静态区域，与地面接触点的速度为零，这是因为在接触印迹的静态区域没有滑动。胎面上部以 $r_{eff}\omega_w - V_x$ 的速度运动，因此胎面向前弯曲，并弯向车辆运动的纵向方向。胎面的最大变形与滑动速度 $r_{eff}\omega_w - V_x$ 成正比，接触持续时间与旋转速度 $r_{eff}\omega_w$ 成反比，因此，胎面的最大变形与滑动速度与旋转速度的比率，即滑移率 $\dfrac{r_{eff}\omega_w - V_x}{r_{eff}\omega_w}$ 成正比。

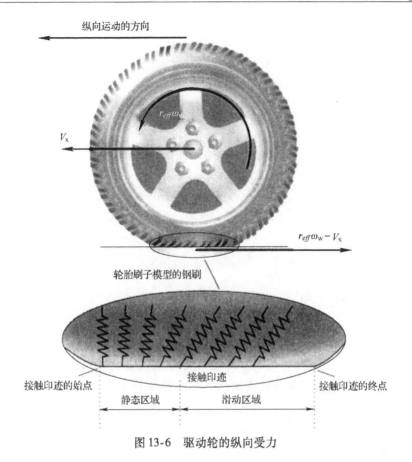

图 13-6　驱动轮的纵向受力

因此，地面作用于轮胎的净纵向力在驱动工况下方向向前，大小与车轮滑移率成正比。

在车轮为非驱动轮的情况下，纵向速度大于旋转速度（$V_x > r_{eff}\omega_w$），在该工况下，胎面的速度方向与车辆前进方向相同，因此轮胎的刚性刷向后弯曲。驱动轮上的轮胎力方向与车辆纵向速度方向相反，同样，在小滑移率下，轮胎力与滑移率成正比。

13.4　小侧偏角下的轮胎侧向力

试验结果显示，在小侧偏角下，轮胎侧向力与轮胎侧偏角成正比。

轮胎侧偏角定义为轮胎平面与轮胎速度矢量之间的夹角，如图 13-7 所示，在图中，前轮侧偏角为：

$$\alpha_f > \delta - \theta_{vf} \tag{13-5}$$

式中　θ_{vf}——前轮速度矢量与车辆纵轴的夹角；

　　　δ——前轮转角。

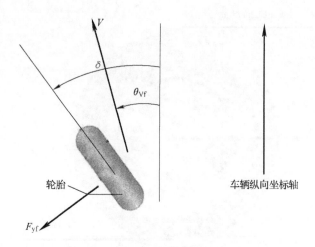

图 13-7 轮胎侧偏角和前轮侧向力

后轮侧偏角类似给出：

$$\alpha_r = -\theta_{vr} \tag{13-6}$$

式中 θ_{vr}——后轮速度矢量与车辆纵轴的夹角。

特别指出，如果车辆直行，轮胎速度角和转向角都为 0，从而侧偏角也为 0。

轮胎侧向力与侧偏角成正比的定性物理解释如下：在接触印迹的静态区域，胎面底部与地面接触并保持静态，因此胎面顶部相对于底部运动导致胎面变形。如图 13-7 所示，如果车轮轴心速度是 V_w，则速度的侧向分量是 $V_w\sin\alpha$。胎面侧偏变形幅值与侧向速度和胎面接地时间成正比，由于侧向速度与轴心速度和侧偏角成正比，而胎面接地时间与转速成反比，因此，实际上胎面侧偏变形幅值只与侧偏角成正比。

轮胎侧向力取决于胎面接地印迹侧偏变形幅值，因此，在小侧偏角下，侧向力与侧偏角成正比。

侧向力与侧偏角的关系详见第 13.6 节。

因此，车辆前轮轮胎侧向力可写作：

$$F_{yf} = C_\alpha(\delta - \theta_{Vf}) \tag{13-7}$$

在式（13-7）中，比例系数 C_α 被称为侧偏刚度，δ 是前轮转向角，θ_{Vf} 是前轮速度角。

同样，车辆后轮轮胎侧向力可写作：

$$F_{yf} = C_\alpha(-\theta_{Vr}) \tag{13-8}$$

式中 C_α——侧偏刚度；

θ_{Vr}——后轮速度角。

每个车轮的侧向速度与纵向速度的比值可用来计算车轮速度角，因此，式

（13-9）和式（13-10）可用来计算 θ_{Vf} 和 θ_{Vr}。

$$\tan(\theta_{\mathrm{yf}}) = \frac{V_{\mathrm{y}} + l_{\mathrm{f}}\dot{\psi}}{V_{\mathrm{x}}} \tag{13-9}$$

$$\tan(\theta_{\mathrm{yr}}) = \frac{V_{\mathrm{y}} - l_{\mathrm{r}}\dot{\psi}}{V_{\mathrm{x}}} \tag{13-10}$$

式中　V_{y}——车辆质心侧向速度；

　　　V_{x}——车辆质心纵向速度；

　　　$\dot{\psi}$——横摆角速度；

　l_{f} 和 l_{r}——分别是车辆质心到前后轴的纵向距离。

角度较小时采用近似值：

$$\theta_{\mathrm{Vf}} = \frac{V_{\mathrm{y}} + l_{\mathrm{f}}\dot{\psi}}{V_{\mathrm{x}}} \tag{13-11}$$

$$\theta_{\mathrm{Vf}} = \frac{V_{\mathrm{y}} - l_{\mathrm{r}}\dot{\psi}}{V_{\mathrm{x}}} \tag{13-12}$$

因此：

$$F_{\mathrm{yf}} = C_{\alpha}\left(\delta - \frac{V_{\mathrm{y}} + l_{\mathrm{r}}\dot{\psi}}{V_{\mathrm{x}}}\right) \tag{13-13}$$

$$F_{\mathrm{yf}} = C_{\alpha}\left(-\frac{V_{\mathrm{y}} - l_{\mathrm{r}}\dot{\psi}}{V_{\mathrm{x}}}\right) \tag{13-14}$$

13.5　魔术公式轮胎模型

在 13.3 节和 13.4 节中讨论了轮胎线性力学模型，当滑移率和侧偏角分别很小时能够得到较好的估计值，当侧偏角、滑移率很大时就需要一个更复杂的轮胎模型。魔术公式轮胎模型（Pacejka 和 Bakker，1993）提供了适用范围更大的计算轮胎的侧向力 F_{y}、纵向力 F_{x} 和横摆转矩 M_{z} 的方法，包括大侧偏角和滑移率以及侧向力和纵向力联合模型。

对于更简单情况，如只产生侧向力或纵向力的情况下，生成的力 Y 可以作为输入变量 X 的函数，其关系如下：

$$Y(X) = y(x) + S_{\mathrm{v}} \tag{13-15}$$

并且

$$y(x) = D\sin[C\,\mathrm{atctan}\{Bx - E(Bx - \arctan Bx)\}] \tag{13-16}$$

$$x = X - S_{\mathrm{h}} \tag{13-17}$$

式中　Y——输出变量，可以为纵向力 F_{x}、侧向力 F_{y} 及回正转矩 M_{z}；

　　　X——输入变量，包括侧偏角 α 或滑移率 σ_{x}。

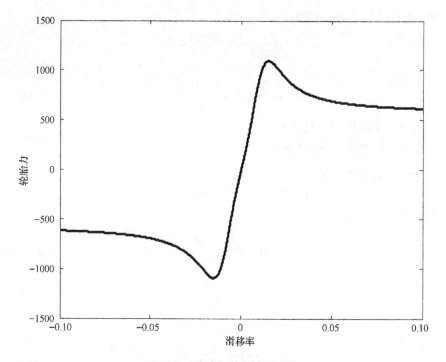

图 13-8　魔术公式轮胎力曲线

模型参数 B、C、D、E、S_h 和 S_v 命名如下：

B——刚度系数；

C——形状因子；

D——峰值；

E——曲率因子；

S_h——水平变形；

S_v——垂直变形。

经验公式和侧向力 F_y 和纵向力 F_x 测量曲线相符合，并且能分别表示滑移量的函数：侧偏角 α 和纵向滑移率 σ_x。

要更多地了解轮胎模型魔术公式和如何选择参数 B、C、D、E、S_h 和 S_v 见本书第 13.9 节。

在小侧偏角和小滑移率下，轮胎力 Y 和 X 之间的关系可近似为线性关系：

$$Y = (BCD)X \tag{13-18}$$

在式 (13-18) 中，BCD 的值表示侧偏刚度 C_α 或轮胎纵向刚度 C_σ。

13.6　统一地面法向力的轮胎侧向力模型的建立

本节建立了侧向力和参变量侧偏角、地面法向力、轮胎 - 路面摩擦系数以及轮胎弹性特性互相联系的分析模型。第 13.6.1 节讨论了小侧偏角情况下模型公式，第 13.6.2 节讨论了允许大侧偏角情况下的通用公式。

路面作用于轮胎的侧向力主要是由于侧偏角的存在，即非零侧向速度的存在。摩擦力作用于速度的反方向，如图 13-9 所示。轮胎力的大小在 $+\mu F_z$ 和 $-\mu F_z$ 之间，μ 为路面与轮胎之间的摩擦系数，F_z 为作用于轮胎的地面法向载荷。轮胎力的实际值取决于侧偏角、轮胎的刚度和弹性特性。

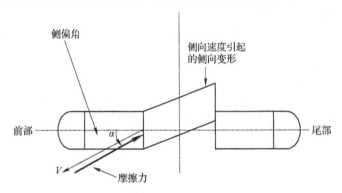

图 13-9　轮胎侧向变形和侧向力的产生

正如所知道的，轮胎材料是多层次、不均匀、各向异性、帘线 - 橡胶的复合材料，为了建立一个易用的轮胎模型，对轮胎模型的描述进行简化是必要的。

如果地面作用于轮胎的力可以被相对地面的作用位置不变的力所代替，并能抵抗给定的刚度，弹性路面模型可以简化为胎面接地区域每个微单元的独立模型（Fiala，1954；Dixon，1991）。图 13-10 所示为转向时轮胎平面图，图中显示了轮胎接地印迹中心线侧向变形，每个单元受到地面一定刚度的弹簧限制，并试图使单元恢复到中心位置。产生侧向力的弹性地面模型由 Fiala 建立（Fiala，1954）。

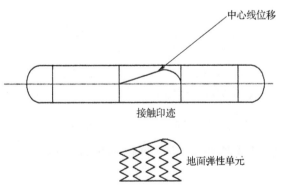

图 13-10　轮胎侧向变形和地面弹性单元

弹性基模型是最简单的模型——它允许不连续的位移分布和不连续的中心线斜率。一个更复杂的模型就是所谓的"弦模型",弦模型允许斜率不连续变化,但变形是连续的。"梁模型"均不允许不连续变化。从物理意义上说,这些模型没有直接反映轮胎真正的复杂性。然而,即使是最简单的模型,如弹性面模型,也具有许多真实轮胎所具有的特点,本章将用这种模型预测轮胎的各种性能,并说明轮胎接地印迹上产生轮胎力的机理。

13.6.1 小侧偏角下的侧向力

设轮胎侧偏角为 α,即车轮平面与速度方向的夹角,如图 13-11 所示。如第 13.4 节所述,由于摩擦力,轮胎胎面弯向与速度相反的一侧,因此,轮胎变形是由摩擦引起。

侧向摩擦力的最大值可高达 μF_z,μ 为轮胎—路面摩擦系数,F_z 为作用在轮胎上的地面法向力。摩擦力实际值取决于轮胎的变形力,但是最大值为 μF_z,如图 13-11 所示。

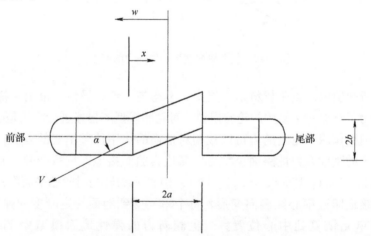

图 13-11 小侧偏角下的轮胎变形

设 c 为轮胎单位长度的侧向刚度,$\gamma(x)$ 为轮胎侧向位移,是 x 的函数,如图 13-12 所示,因此:

$$dF = c(\gamma)(dx) \tag{13-19}$$

侧向合力可按式(13-20)计算:

$$F_y = \int_0^{2a} c\gamma(x)\,dx \tag{13-20}$$

回正转矩为相对接地印迹中心的转矩可按式(13-21)计算:

$$M_z = \int_0^{2a} c\gamma(x-a)\,dx \tag{13-21}$$

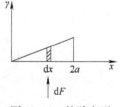

图 13-12 轮胎变形参考坐标

随着侧偏角的增大，轮胎侧偏变形量增大，因此轮胎力增大，达到允许的最大值为 μF_z。

在本节中，应考虑以下情况：

1）地面法向压力均匀分布在接触印迹上。

2）侧偏角很小，因此，作用在轮胎接触印迹的轮胎地面力小于 μF_z。

当在小侧偏角下且未发生滑移时：

$$\gamma(x) = Sx$$

式中，小侧偏角 $S = \tan\alpha \approx \alpha$。

因此：

$$F_y = \int_0^{2a} c\gamma(x)\,\mathrm{d}x = cS\frac{x^2}{2}\Big|_0^{2a}$$

作用于轮胎变形，即三角图形质心的力到接触初始点有 $\frac{2}{3}(2a)$ 的距离，因此，在接触中心点之后，至接触中心点的距离为 $\frac{1}{6}(2a)$，所以，回正转矩为：

$$M_z = \frac{F_y(2a)}{6}$$

小侧偏角下侧向力轮胎模型的总结见表 13-1。

表 13-1 小侧偏角下侧向力轮胎模型

小侧偏角下侧向力轮胎模型		
符号	名称	公式
F_y	侧向力	$F_y = C_\alpha \alpha$
M_z	回正转矩	$M_z = \dfrac{a}{3} F_y$
C_α	侧偏刚度	$C_\alpha = 2ca^2$

13.6.2 大侧偏角下的侧向力

下面讨论在侧偏角较大时，并且允许轮胎与路面之间有滑移的情况。

假设在均匀的接触压力下，压力是 x 的函数，其关系式为：

$$p(x) = p = \frac{\mu F_z}{(2a)(2b)} \tag{13-22}$$

在这种情况下，接触印迹的侧向变形形状如图 13-13 所示。

考虑侧偏角 α 的符号，侧向变形为正的 $\gamma(x)$。如果满足如下情形时，在接触印迹上将不会有滑移：

$$2ac\gamma(x) \leqslant \mu F_z \tag{13-23}$$

在没有滑移时，轮胎侧向位移的最大可能值为：

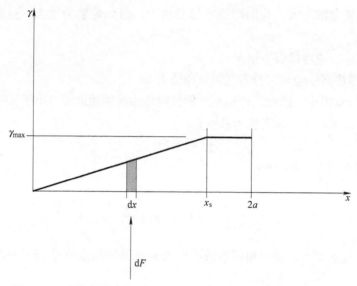

图 13-13 在大侧偏角和地面法向力均匀分布的情况下的轮胎变形

$$\gamma_{max} = \frac{\mu F_z}{c(2a)} \tag{13-24}$$

现在考虑侧偏角较大的情况下，会在接触印迹上发生滑移。存在滑移时，侧向位移按式（13-25）和（13-26）计算：

$$\gamma(x) = \frac{\gamma_{max}}{x_s} x; \ 0 \leqslant x \leqslant x_s \tag{13-25}$$

$$\gamma(x) = \gamma_{max}; \ x_s \leqslant x \leqslant 2a \tag{13-26}$$

式中 x_s——当滑移开始发生时 x 的值。

在这种情形下，侧向力可按式（13-37）计算：

$$
\begin{aligned}
F_y &= \int_0^{2a} c\gamma(x)\,dx \\
&= \int_0^{x_s} c\frac{x}{x_s}\gamma_{max}\,dx + \int_{x_s}^{2a} c\gamma_{max}\,dx \\
&= \frac{1}{2}c\gamma_{max}x_s + c\gamma_{max}(2a - x_s)
\end{aligned} \tag{13-27}
$$

定义侧向滑移如下：

$$S = \tan\alpha \tag{13-28}$$

滑移量 x_s 的初始点可按下式计算：

$$\tan\alpha = S = \frac{\gamma_{max}}{x_s}$$

因此：

$$x_s = \frac{\gamma_{max}}{S} = \frac{\mu F_z}{2acS} \tag{13-29}$$

代入 $\gamma_{max} = \dfrac{\mu F_z}{c\,(2a)}$ 和 $x_s = \dfrac{\mu F_z}{c\,(2a)\,S}$，可以得到侧向力 F_y 的二次方程关系式：

$$F_y = \mu F_z - \frac{\mu^2 F_z^2}{8ca^2 S} \tag{13-30}$$

举例说明：设接触印迹长度为 180ms，地面法向载荷为 5kN，摩擦系数为 1.0，有效刚度为 3MPa，则得出 $\alpha_{sliding} = 2.95°$，$S = 0.051$，$\gamma_{max} = 9.3mm$。

回正转矩可按下式计算：

$$M_z = \int_0^l c\gamma(x)\left(x - \frac{1}{2}l\right)dx = \frac{ca\gamma_{max}x_s}{2} - \frac{c\gamma_{max}x_s^2}{6}$$

或者：

$$M_z = \frac{\mu^2 F_z^2}{8caS} - \frac{\mu^3 F_z^3}{48c^2 a^3 S^2} \tag{13-31}$$

轮胎拖距定义为回正转矩与作用于轮胎的侧向力的比值，等效于侧向力作用在接地印迹中心线之后的轮胎拖距处，在这种情况下，轮胎拖距可按式（13-32）计算：

$$t = \frac{M_z}{F_y} = \frac{12\mu F_z ca^2 S - 2\mu^2 F_z^2}{96c^2 a^3 S^2 - 12\mu F_z caS} = \frac{6\mu F_z ca^2 S - \mu^2 F_z^2}{48c^2 a^3 S^2 - 6\mu F_z caS} \tag{13-32}$$

因此，随着侧偏角的增大，侧向力增大，而回正转矩减小，这是因为由于轮胎拖距 $S = \tan\alpha$ 的增大而趋近于零。

侧向力接近极限时，回正转矩减少，转向盘上转矩因此减少，这对驾驶人是有意义的反馈形式，尤其重要是，它发出了路面摩擦系数降低的警告。

更为真实的情况是接触压力按抛物线分布，将在第 13.7 节中探讨该问题，地面法向力均匀分布的侧向轮胎模型的总结见表 13-2。

表 13-2　地面法向力均匀分布的侧向轮胎模型

地面法向力均匀分布的侧向轮胎模型		
符号	名称	公式
x_s	滑移时接触初始点	$x_s = \dfrac{\gamma_{max}}{S} = \dfrac{\mu F_z}{2acS}$
F_y	侧向力	$F_y = \mu F_z - \dfrac{\mu^2 F_z^2}{8ca^2 S}$
M_z	回正转矩	$M_z = \dfrac{\mu^2 F_z^2}{8caS} - \dfrac{\mu^3 F_z^3}{48c^2 a^3 S^2}$
S	侧向滑移	$S = \tan\alpha$

13.7 地面法向压力抛物线分布的轮胎侧向模型的建立

接触印迹上地面法向力（压力）分布按抛物线分布会更准确，此时，压力在接触印迹上的分布由式（13-13）给出：

$$p = p_0 \left\{ 1 - \frac{w^2}{a^2} \right\} \tag{13-33}$$

式中 $w = a - x$，如图 13-14 所示；

$2a$——接触印迹的长度。

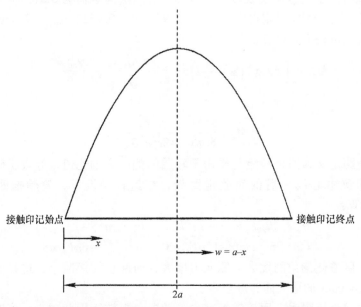

接触印记始点　　　　　　　　　　　　　　　接触印记终点

x

$w = a-x$

$2a$

图 13-14　接触印迹上地面法向压力的抛物线分布

常量 p_0 可按式（13-34）计算，地面法向力平衡要求 $\int_{-a}^{a} 2bp(w)\mathrm{d}w = F_z$：

$$p_0 = \frac{3F_z}{8ab} \tag{13-34}$$

式中 $2b$——接触印迹的宽度。

因此，地面法向压力为：

$$p(x) = \frac{3F_z}{8ab} \left[1 - \frac{(a-x)^2}{a^2} \right] \tag{13-35}$$

可以写为：

$$p(x) = \frac{3F_z}{8a^3 b} \left[x(2a-x) \right] \tag{13-36}$$

因此，在地面法向力为抛物线分布的情况下，在轮胎接触印迹区总会有滑移区域，除非侧偏角为 0。接触印迹总的侧向变形轮廓图如下图 13-15 所示。

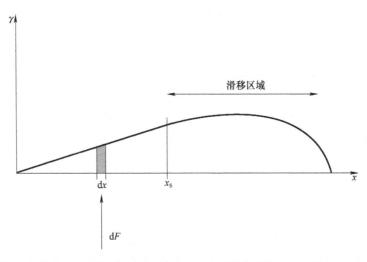

图 13-15　地面法向力为抛物线分布时接触印迹的侧向变形

设每单位面积的轮胎侧向刚度为 $k\mathrm{N/m^3}$。注意到，k 与每单位长度侧向刚度 c 有如下关系：

$$k = \frac{c}{2b} \tag{13-37}$$

考虑当侧偏角是正（$S = \tan(a) > 0$）的情况，滑移区的侧向变形可由侧向力平衡计算如下：

$$k\gamma_{\mathrm{sliding}}(x) = \mu p(x)$$

或者

$$k\gamma_{\mathrm{sliding}}(x) = \frac{3\mu F_z}{8a^3 b}\{x(2a-x)\} \tag{13-38}$$

定义

$$\theta = \frac{4a^2 bk}{3\mu F_z} \tag{13-39}$$

那么，滑移区的侧向变形为：

$$\gamma_{\mathrm{sliding}} = \frac{1}{2a\theta}\{x(2a-x)\} \tag{13-40}$$

1. 开始滑移

开始滑移时接触印迹上点 $x = x_s$ 的计算如下：

$$\gamma(x_s) = Sx_s = \frac{1}{2a\theta}x_s(2a - x_s)$$

式中 $S = \tan(a)$。

因此

$$2a\theta S = 2a - x_s$$

或者

$$x_s = 2a(1 - \theta S) \tag{13-41}$$

注意，如果 $S < 0$，式（13-41）可写为：

$$x_s = 2a(1 + \theta S) \tag{13-42}$$

由式（13-41）可得，$x_s \leqslant 2a$。事实上，只有 $S = 0$ 时，x_s 才等于 $2a$。因此，除非侧偏角为 0，即 $S = 0$，否则总会存在侧滑，在所有其他情况下，$x_s < 2a$，在接触印迹上总会存在滑移区。

2. 侧向力合力

在 $S > 0$ 的情况下，轮胎侧向力合力可按下式计算：

$$F_y = 2b\int_0^{x_s} kx \frac{\gamma(x_s)}{x_s}dx + 2b\int_{x_s}^{2a} \frac{k}{2a\theta}x(2a - x)dx$$

在上式中，第 1 项是没有滑动时作用于接触印迹的力，第 2 项是作用于滑动区域的力，因此：

$$F_y = 2bk \frac{\lambda(x_s)x_s^2}{x_s}\frac{1}{2} + \frac{2bk}{2a\theta}\Big[\frac{2ax^2}{2} - \frac{x^3}{3}\Big]_{x_s}^{2a}$$

$$= \frac{2bkx_s(2a - x_s)}{2a\theta}\frac{x_s^2}{x_s}\frac{1}{2} + \frac{2bk}{2a\theta}\Big[4a^3 - \frac{8a^3}{3} - sa_s^2 + \frac{x^3}{3}\Big]$$

$$= \frac{bk}{a\theta}\Big[\frac{4a^3}{3} - \frac{x_s^3}{6}\Big]$$

$$= \frac{8bka^3}{6a\theta}\Big[1 - \Big(\frac{x_s}{2s}\Big)^3\Big]$$

或者

$$F_y = \mu F_z\Big[1 - \Big(\frac{x_s}{2s}\Big)^3\Big] \tag{13-43}$$

将式（13-41）的 x_s 代替，得到侧向力：

$$F_y = \mu F_z\Big[1 - \frac{1}{8a^3}8a^3(1 - \theta S)^3\Big]$$

$$F_y = \mu F_z[1 - (1 - \theta S)^3]$$

$$F_y = \mu F_z[3\theta S - 3\theta^2 S^2 + \theta^3 S^3] \tag{13-44}$$

请注意，由于 $0 \leqslant x_s \leqslant 2a$，从式（13-41）和式（13-42）可得出 $|S| \leqslant \frac{1}{\theta}$，

因此，侧向力合力不能超过 μF_z。当 $S = \frac{1}{\theta}$，由式（13-44）可得 $F_y = \mu F_z$；当

$|S| \geqslant \dfrac{1}{\theta}$，则 $F_y = \mu F_z \mathrm{sgn}(S)$。$|S| = \dfrac{1}{\theta}$ 是滑移极限，它表示完全滑移情况下的最大滑移量。

因此，对侧向力的完整表达，可以更明确地写为：

$$F_y = \mu F_z [3\theta S - 3\theta^2 S^2 + \theta^3 S^3] ; \quad 当 |S| \leqslant \dfrac{1}{\theta} 时 \tag{13-45}$$

$$F_y = \mu F_z \mathrm{sgn}(S) ; \qquad\qquad 当 |S| > \dfrac{1}{\theta} 时 \tag{13-46}$$

式中，$\theta = \dfrac{4a^2 bk}{3\mu F_z}$。

3. 回正转矩

当 $S \geqslant 0$ 时，回正转矩可以由下式得到：

$$M_z = -2b \int_{-a}^{a} F_y w \mathrm{d}w$$

$$或者 \quad M_z = -2b \int_{0}^{2a} F_y (a - x) \mathrm{d}x$$

$$或者 \quad M_z = \mu F_z a \left(\dfrac{x_s}{2a}\right)^3 \left(1 - \dfrac{x_s}{2a}\right) ; 当 F_y \leqslant \mu F_z 时$$

因此，无论 S 是正值还是负值，M_z 可按式（13-47）或式（13-48）计算：

$$M_z = \mu F_z a [\theta S - 3\theta^2 S^2 + 3\theta^3 S^3 - \theta^4 S^4] ; \quad 当 |S| \leqslant \dfrac{1}{\theta} 时 \tag{13-47}$$

$$M_z = 0 ; \quad 当 |S| > \dfrac{1}{\theta} 时 \tag{13-48}$$

轮胎拖距由 M_z 和 F_y 相除得到：

$$t(S) = \dfrac{M_z}{F_y} = \dfrac{1}{3} a \dfrac{1 - 3\theta S + 3\theta^2 S^2 - \theta^3 S^3}{1 - \theta S + \dfrac{1}{3}\theta^2 S^2} ; \quad 当 |S| \leqslant \dfrac{1}{\theta} 时 \tag{13-49}$$

$$t(S) = 0 ; \quad 当 |S| > \dfrac{1}{\theta} 时 \tag{13-50}$$

因此，$M_z = t(S) F_y$。地面法向力抛物线分布的轮胎侧向模型的总结见表 13-3。

表 13-3　地面法向力抛物线分布的轮胎侧向模型

地面法向力抛物线分布轮胎侧向的模型		
符号	名称	公式
S	侧偏角的正切	$S = \tan(\alpha)$
θ	轮胎参数和地面法向力函数常数	$\theta = \dfrac{4a^2 bk}{3\mu F_z}$

（续）

地面法向力抛物线分布轮胎侧向的模型		
符号	名称	公式
F_y	侧向力	$F_y = \mu F_z \left[3\theta S - 3\theta^2 S^2 + \theta^3 S^3 \right]$；当 $\lvert S \rvert \leq \dfrac{1}{\theta}$ 时 $F_y = \mu F_z \text{sgn}(S)$；当 $\lvert S \rvert > \dfrac{1}{\theta}$ 时
M_z	回正转矩	$M_z = \mu F_z a \left[\theta S - 3\theta^2 S^2 + 3\theta^3 S^3 - \theta^4 S^4 \right]$；当 $\lvert S \rvert \leq \dfrac{1}{\theta}$ 时 $M_z = 0$；当 $\lvert S \rvert > \dfrac{1}{\theta}$ 时

13.8　轮胎侧向力与纵向力的联合产生

前面的章节讨论了在只有侧滑或纵滑存在时轮胎的侧向力和纵向力，但在侧偏角和滑移率同时存在的情况下，轮胎力公式的修改需考虑到合力矢量不能超过 μF_z。

图 13-16 所示表示从轮胎侧向力和纵向力合成分析模型得到的摩擦圆，图中右侧圆表示不同滑移率和侧偏角的轮胎侧向力和纵向力的合成；左侧圆表示纵向滑移率 $\sigma_x = 0.01$ 的曲线，而侧偏角从 0.001 增大到 0.78 弧度时的纵向力和侧向力曲线，图中可见，纵向滑移率相同时，轮胎纵向力随着侧偏角的增大而减小，因此，轮胎纵向力也随着侧向力的增大而减小，反之亦然；中间圆表示纵向滑移率 $\sigma_x = 0.11$ 的曲线，右侧圆表示纵向滑移率 $\sigma_x = 0.61$ 时的曲线。当纵向滑移率逐步增大时，轮胎产生的纵向力趋于饱和，图中所示轮胎产生的侧向力和纵向力的合矢量不能超过摩擦圆半径 μF_z。

在侧偏角和纵向滑移率都存在的情况下，以抛物线分布的地面法向作用力的轮胎联合模型可进行以下数学描述，合力大小如下（Pacejka 和 Sharp，1991）：

$$F = \mu F_z \left[3\theta\sigma - \frac{1}{3}(3\theta\sigma)^2 + \frac{1}{27}(3\theta\sigma)^3 \right]; \quad 当 \ \sigma \leq \sigma_m \ 时 \qquad (13\text{-}51)$$

$$F = \mu F_z; \quad 当 \ \sigma > \sigma_m \ 时 \qquad (13\text{-}52)$$

式中，σ 是总滑移率，σ_m 是完全滑动可达到的最大滑移率值，它可按式（13-53）计算：

$$\sigma_m = \frac{1}{\theta} \qquad (13\text{-}53)$$

式中：

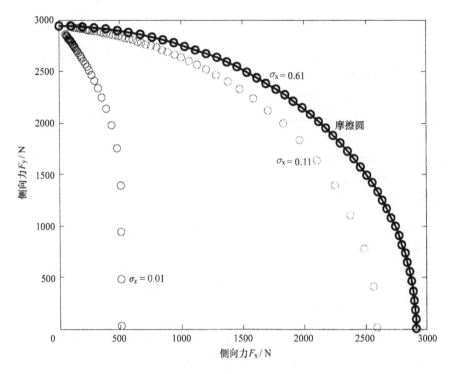

图 13-16 轮胎力摩擦圆

$$\theta = \frac{4a^2bk}{3\mu F_z} \qquad (13\text{-}54)$$

总滑移率 σ 由纵向滑移和侧向滑移合成为：

$$\sigma = \sqrt{\sigma_x^2 + \sigma_y^2} \qquad (13\text{-}55)$$

由式（13-55）定义的 σ 总是正值，同样，由公式（13-51）和（13-52）定义的力 F 也是正值。

纵向力和横向力可由下式给出：

$$F_x = \frac{\sigma_x}{\sigma}F \qquad (13\text{-}56)$$

$$F_y = \frac{\sigma_y}{\sigma}F \qquad (13\text{-}57)$$

式（13-56）和式（13-57）中 σ_x 和 σ_y 的定义如下：

$$\sigma_x = \frac{r_{\text{eff}}\omega_w - V_x}{V_x}; \ \text{加速过程} \qquad (13\text{-}58)$$

$$\sigma_x = \frac{r_{\text{eff}}\omega_w - V_x}{V_x}; \ \text{制动过程} \qquad (13\text{-}59)$$

$$\sigma_y = \frac{V_x}{r_{eff}\omega_w}\tan\alpha \qquad (13\text{-}60)$$

式中，ω_w 是车轮转速，r_{eff} 是车轮有效半径，V_x 是车辆纵向速度，F_x 和 F_y 分别与 σ_x 和 σ_y 符号相同。

表 13-4 列出了合成轮胎模型的轮胎力和回正转矩方程。

表 13-4 中合成轮胎力表达式可以简化为单纯的轮胎侧向力或纵向力表达式。

在只有侧向滑移的情况下，设式（13-55）和式（13-51）中 $\sigma_y = \tan\alpha$、$\sigma_x = 0$；在只有纵向滑移的情况下，设 $\sigma_y = 0$，由式（13-58）和（13-59）计算 σ_x，并使用式（13-55）和（13-51）。

表 13-4　联合轮胎力模型

联合轮胎力模型（根据 Pacejka 和 Sharp，1991 改编）		
符号	名称	公式
σ_x	纵向滑移率	$\sigma_x = \dfrac{r_{eff}\omega_w - V_x}{V_x}$；加速时 $\sigma_x = \dfrac{r_{eff}\omega_w - V_x}{V_x}$；制动时
σ_y	侧向滑移率	$\sigma_y = \dfrac{V_x}{r_{eff}\omega_w}\tan\alpha$
σ	总滑移率	$\sigma = \sqrt{\sigma_x^2 + \sigma_y^2}$
σ_m	完全滑移时的滑移率值	$\sigma_m = \dfrac{4a^2bk}{3\mu Fz}$
F	合力	$F = \mu F_z\left[3\theta\sigma - \dfrac{1}{3}(3\theta\sigma)^2 + \dfrac{1}{27}(3\theta\sigma)^3\right]$；当 $\sigma \leqslant \sigma_m$ 时 $F = \mu F_z$；当 $\sigma > \sigma_m$ 时
F_y	侧向力	$F_y = \dfrac{\sigma_y}{\sigma}F$
F_x	纵向力	$F_x = \dfrac{\sigma_x}{\sigma}F$
M_z	回正转矩	$M_z = \dfrac{\sigma_y}{\sigma}\mu F_z a\left[\theta\sigma - 3(\theta\sigma)^2 + 3(\theta\sigma)^3 - (\theta\sigma)^4\right]$；当 $\sigma \leqslant \sigma_m$ 时 $M_z = 0$；当 $\sigma > \sigma_m$ 时

13.9　魔术公式轮胎模型

在第 13.6 节、13.7 节和 13.8 节中建立的分析法弹性地基模型或刷子模型都是物理过程直观的，并且较符合实际，从这些模型中得出的结果与纯侧向力或纵向力作用情况下的实验数据相一致。然而，分析法模型不总是得出精确的数值（Pacejka 和 Sharp，1991），模型值在某些情况下会与试验测量结果有所不同，尤其是在大滑移率和合成滑移的情况下。不属于简单刷子模型的重要特点如下：

1）在 x 和 y 方向刚度不等。

2）压力分布不均衡、非常量。

3）摩擦系数，包括静态摩擦系数和动态摩擦系数都是非常量。

将这些因素引入物理模型后，模型复杂性就会大大增加，用一种替代方法，以获得更精确的数学模型就是使用经验表达式，一种广泛使用的经验轮胎模型是所谓的魔术公式（Pacejka 和 Bakker，1993），表达如下：

在更简单的情形下，如纵向力或侧向力只产生一个力，则产生的 Y 是输入变量 X 的函数，表达如下：

$$y = D\sin\left[C\arctan\left\{ Bx - E(Bx - \arctan Bx) \right\} \right] \tag{13-61}$$

$$Y(X) = y(x) + S_v \tag{13-62}$$

$$x = X - S_h \tag{13-63}$$

式中　Y——输出变量，即纵向力 F_x、侧向力 F_y 或回正转矩 M_z；

$\quad\quad$ X——输入变量，即侧偏角 α 或滑移率 σ_x。

模型参数 B、C、D、E、S_h 和 S_v 的含义如下：

B——刚度因子；

C——形状因子；

D——峰值因子；

E——曲率因子；

S_h——水平变形；

S_v——地面法向变形。

所给系数 B、C、D 和 E 的曲线是关于原点的反对称图形。没有水平变形 S_h 和地面法向变形 S_v，魔术公式 $y(x)$ 通常产生一条曲线经过原点 $x = y = 0$，达到最大值后趋于水平的渐近线。为了让曲线关于原点有变形，引入 2 个变形量 S_h 和 S_v（Pacejka 和 Bakker，1993），于是得到新函数 $Y(X)$，如图 13-17 所示。该公式的特点是它可以与侧向力 F_y 和纵向力 F_x 的实验测量结果相一致，而 F_y 和 F_x 是滑移变量的函数：侧偏角 α 和纵向滑移率 σ_x。图 13-17 所示在典型轮胎侧向力特点的帮助下解释了一些因素的含义：

1）系数 D 代表了轮胎力（或转矩）的峰值；

2）B、C、D 的乘积是原点处的斜率；

3）y_s 的值是在 x 较大的时候输出值 y 的接近值；

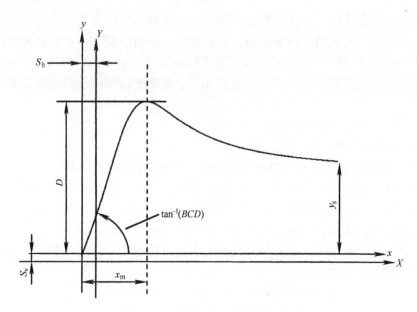

图 13-17 魔术公式中各参数的解释

4）形状因子 C 决定了出现在式（13-61）的正弦函数的变化范围，因此，它也决定了输出曲线的形状：

$$C = \frac{2}{\pi} \sin^{-1}\left(\frac{y_s}{D}\right) \qquad (13\text{-}64)$$

5）因子 B 决定了原点的斜度，因此叫作刚度因子；

6）变形量 S_h 和 S_v 解释了由于帘布层转向和锥度的存在而引起 F_y 和 F_x 曲线没有超过原点（Pacejka 和 Bakker，1993）；

7）E 被称为曲率因子，它不会改变刚度值（零点斜率或零点侧偏角）。E 也不改变峰值，但是 E 可以用来改变曲线形状，使它接近峰值曲线。E 还能决定在曲线峰值处（若有峰值）滑移率 x_m 的值：

$$E = \frac{Bx_m - \tan\left(\dfrac{\pi}{2C}\right)}{Bx_m - \tan^{-1}(Bx_m)} \qquad (13\text{-}65)$$

8）车轮外倾角可以在 $F_y - \alpha$ 曲线上产生相当大的变形，这种变形是伴随着原始曲线反对称图形的较大变形而产生的（Pacejka 和 Bakker，1993）。为了适应这种不对称，曲率因子 E 决定于横坐标 x 的符号：

$$E = E_0 + \Delta E \operatorname{sgn}(x) \qquad (13\text{-}66)$$

9）在大滑移率值处的渐近值 y_s 等于：

$$y_s = D \sin\left(\frac{\pi}{2} C\right) \qquad (13\text{-}67)$$

魔术公式中的各个参数是地面法向载荷和车轮侧倾角的表征，参数 B、C、D 和 E 可以表达为地面法向载荷 F_z 和摩擦系数 μ 的函数（Pacejka 和 Bakker，1993）：

$$D = a_1 F_z^2 + a_2 F_z \qquad (13\text{-}68)$$

$$BCD = a_3 \sin\left(a_4 \arctan\left(a_5 F_z\right)\right) \qquad \text{（侧向力）} \qquad (13\text{-}69)$$

$$BCD = \frac{a_3 F_z^2 + a_4 F_z}{e^{a_5 F_z}} \qquad \text{（纵向力）} \qquad (13\text{-}70)$$

$$E = a_6 F_z^2 + a_7 F_z + a_8 \qquad (13\text{-}71)$$

变量 $a_1, a_2, \cdots, a_8$ 是常量，由轮胎性质决定。

13.10 DUGOFF 轮胎模型

13.10.1 简介

Dugoff 轮胎模型（Dugoff 等，1969）是对 Fiala 开发的弹性基分析模型及 Pacejka 和 Sharp（1991）的侧向力 - 纵向力合成模型的补充。

Dugoff 轮胎模型为侧向力 - 纵向力联合作用下力的计算提供了方法。它假设在轮胎接触印迹上的地面法向压力均匀分布，与 Pacejka 和 Sharp（1991）建立的更真实的地面法向压力抛物线分布相比进行了简化。然而，该模型有一个明显的优势——它允许轮胎有独立的侧向刚度和纵向刚度，这是一个主要优点，因为轮胎纵向刚度可能与侧向刚度不同。

与轮胎魔术公式（Pacejka 和 Bakker，1993）相比，Dugoff 轮胎模型有个优点，就是从力平衡计算中得到分析的衍生模式。此外，侧向力和纵向力在很多公式中都与轮胎 - 路面摩擦系数有关。

Dugoff 轮胎模型的发展类似于本书第 13.6 节中在合成地面法向压力分布的情况下侧向力的产生，本书中未提及该模型的发展，只有最终的模型公式和说明。

13.10.2 模型公式

设 σ_x 为轮胎纵向滑移率、α 为侧偏角、C_σ 为轮胎侧偏刚度、C_α 为轮胎纵向刚度，则轮胎纵向力由式（13-72）给出（Guntur 和 Sankar，1980；Dugoff，1969）：

$$F_x = C_\sigma \frac{\sigma_x}{1 + \sigma_x} f(\lambda) \qquad (13\text{-}72)$$

轮胎侧向力由式（13-73）给出：

$$F_y = C_\alpha \frac{\tan(\alpha)}{1 + \sigma_x} f(\lambda) \qquad (13\text{-}73)$$

式（13-73）中的 λ 由式（13-74）给出：

$$\lambda = \frac{\mu F_z (1 + \sigma_x)}{2 \left\{ \left(C_\sigma \sigma_x\right)^2 + \left(C_\alpha \tan(\alpha)\right)^2 \right\}^{1/2}} \qquad (13\text{-}74)$$

并且：

$$f(\lambda) = (2 - \lambda)\lambda；当 \lambda < 1 时 \tag{13-75}$$

$$f(\lambda) = 1；当 \lambda \geq 1 时 \tag{13-76}$$

F_z 是当 μ 是轮胎 – 路面摩擦系数时的轮胎地面法向力。

13.10.3 Dugoff 模型的摩擦圆解释

Dugoff 模型的摩擦圆解释是由 Guntur 和 Sankar（1980）给出的。设：

$$F_{\text{x\_ul}} = C_\sigma \frac{\sigma_\text{x}}{1 + \sigma_\text{x}} \tag{13-77}$$

$$F_{\text{y\_ul}} = C_\alpha \frac{\tan(\alpha)}{1 + \sigma_\text{x}} \tag{13-78}$$

式（13-78）中，在摩擦系数 μ 没有限制的情况下，$F_{\text{x\_ul}}$ 和 $F_{\text{y\_ul}}$ 是轮胎的侧向力和纵向力。

定义：

$$F_{\text{ul}} = \frac{(F_{\text{x\_ul}}^2 + F_{\text{y\_ul}}^2)^{1/2}}{F_z} \tag{13-79}$$

如果 $\lambda > 1$，则由 λ 的定义式（13-74）可得，轮胎侧向力和纵向力小于可得到的最大摩擦力的一半（$\mu F_z/2$），在这种情况下，轮胎侧向力和纵向力等于 $F_{\text{x\_ul}}$ 和 $F_{\text{y\_ul}}$ 的值，即：

$$F_\text{x} = F_{\text{x\_ul}} \tag{13-80}$$

$$F_\text{y} = F_{\text{y\_ul}} \tag{13-81}$$

这就相当于工作点在摩擦圆之内。

如果 $\lambda < 1$，相当于工作点在摩擦圆之外，在这种情况下，侧向力和纵向力（Guntur 和 Sankar，1980）由式（13-82）和（13-83）给出：

$$F_\text{x} = \mu F_z \frac{C_\sigma \sigma_\text{x}}{\{(C_\sigma \sigma_\text{x})^2 + (C_\alpha \tan(\alpha))^2\}^{1/2}} \left(1 - \frac{\mu}{4\mu_{\text{ul}}}\right) \tag{13-82}$$

$$F_\text{y} = \mu F_z \frac{C_\alpha \tan(\alpha)}{\{(C_\sigma \sigma_\text{x})^2 + (C_\alpha \tan(\alpha))^2\}^{1/2}} \left(1 - \frac{\mu}{4\mu_{\text{ul}}}\right) \tag{13-83}$$

同样，如果 $\mu < \dfrac{\mu_{\text{ul}}}{2}$，则工作点也在摩擦圆之外，侧向力和纵向力由式（13-84）和（13-85）给出：

$$F_\text{x} = F_{\text{x\_ul}} \frac{\mu}{\mu_{\text{ul}}} \left(1 - \frac{\mu}{4\mu_{\text{ul}}}\right) \tag{13-84}$$

$$F_\text{y} = F_{\text{y\_ul}} \frac{\mu}{\mu_{\text{ul}}} \left(1 - \frac{\mu}{4\mu_{\text{ul}}}\right) \tag{13-85}$$

13.11 动态轮胎模型

能够用来计算轮胎侧向力的典型动态模型表达式见式（13-86）：

$$\tau_{lag} \dot{F}_{y\_lag} + F_{y\_lag} = F_y \tag{13-86}$$

式中　F_y——由在前几章节中提到的模型轮胎所得的侧向力；

　　F_{y_lag}——动态滞后侧向力（Guenther 等，1990；Heydinger 等，1991）。

时间常数 τ_{lag} 是松弛时间常数，由式（13-87）近似给出：

$$\tau_{lag} = \frac{C_\alpha}{KV_x} \tag{13-87}$$

式中　V_x——纵向速度；

$C_\alpha = \left. \dfrac{\partial F_y}{\partial \alpha} \right|_{\alpha=0}$，侧偏刚度；

$K = \left. \dfrac{\partial F_y}{\partial \gamma} \right|_{\gamma=0}$，轮胎侧向刚度当量。

轮胎松弛长度可由车辆速度的乘法弛豫时间常数：

$$L = \frac{C_\alpha}{K} \tag{13-88}$$

松弛长度是建立轮胎力所需的近似长度。

这个模型在低速时并非有效（注意在纵向速度方程（13-87）中分母的存在）。

同时还表明，试验测量轮胎侧向力在高速时有不完全衰减特性（Heydinger，等，1991）。

将轮胎动态模型由第一顺序轮胎侧向动力学改变为第二顺序侧偏角动力学，有助于精确捕捉轮胎动力的不完全衰减（Heydinger 等，1991）。

13.12　本章小结

本章讨论了轮胎侧向力和纵向力模型的建立。除轮胎参数外，决定轮胎力的主要变量是侧偏角、滑移率、地面法向力载荷和轮胎－路面摩擦系数。在小侧偏角情况下，轮胎侧向力与侧偏角成正比；在低滑移率下，轮胎纵向力与滑移率成正比，这一线性关系是由轮胎与地面接触印迹上的变形分析得到的。

弹性基分析模型用于描述在较大的侧偏角和滑移率下的轮胎力。当只有纵向力或侧向力产生时，弹性基分析模型更精确、适宜。对于纵向力和侧向力合成的情况，Pacejka 魔术公式轮胎经验模型可以应用。目前，魔术公式模型中对于所用参数给出了解释。适当选择参数，可使轮胎侧向力和纵向力合成时的魔术公式模型更有效。合成力作用下的另一个模型是 Dugoff 轮胎模型，它的优点是先进的分析模型。

参 数 表

1. 轮胎的相关变量

α——轮胎侧偏角

S——侧滑（ $= \tan(\alpha)$ ）

σ_x——纵向滑移率

σ_y——侧向滑移率 $= \dfrac{V_x}{r_{eff}\omega_w}\tan(\alpha)$

σ——总滑移率 $= \sqrt{\sigma_x^2 + \sigma_y^2}$

x_s——轮胎滑移初始点到边缘中心线的距离

a——接触印迹长度的一半

b——接触印迹宽度的一半

k——轮胎胎面每单位面积的侧偏刚度

$c = 2bk$——轮胎每单位长度的侧向刚度

F_y——轮胎侧向力

M_z——轮胎自回正转矩

ω_w——轮胎转速

r_{eff}——轮胎有效半径

μ——轮胎 – 路面摩擦力系数

F_z——地面法向（地面法向）载荷

θ——反向滑移极限值 $= \dfrac{4a^2bk}{3\mu F_z}$

σ_m——滑移极限值 $= \dfrac{1}{\theta}$

λ——Dugoff 轮胎模型变量

$f(\lambda)$——Dugoff 轮胎模型函数

F_{y_ul}，F_{x_ul}——Dugoff 轮胎模型变量

μ_{ul}——Dugoff 轮胎模型变量

τ_{lag}——轮胎动态模型松弛时间常数

L——轮胎松弛长度

B、C、D、E、S_v、S_h——魔术公式因子

2. 车辆的相关变量

F_{yf}、F_{yr}——前、后轮侧向力

α_f、α_r——前、后轮侧偏角

$C_{\alpha f}$、$C_{\alpha r}$——前、后轮侧偏刚度

$C_{\sigma f}$、$C_{\sigma r}$——轮胎前、后轮纵向刚度

V_x——车辆质心处纵向速度

V_y——车辆质心处侧向速度

I_z——车辆横摆转矩

m——整车质量

l_f，l_r——轮胎质心到前、后轴的距离

参 考 文 献

Bakker, E., Nyborg, L. and Pacejka, H.B., "Tyre Modelling for Use in Vehicle Dynamics Studies," *SAE Technical Paper Series*, Paper No. 870421, pp. 1-15, 1987

Dixon, J.C., *Tyres, Suspension and Handling*, Cambridge University Press, ISBN 0 521 40194 1, 1991.

Dugoff, H., Fancher, P.S. and Segal, L., "Tyre performance charecteristics affecting vehicle response to steering and braking control inputs, " *Final Report, Contract CST-460*, Office of Vehicle Systems Research, US National Bureau of Standards, 1969.

Fiala, E., "Lateral Forces on Rolling Pneumatic Tires, " *Zeitschrift V.D.I.* 96, No. 29, October 1954 (in German).

Guenther, D.A., Loeb, J.S., Ellis, J.R., and Chen, F.H., "Lateral Stiffness, Cornering Stiffness and Relaxation Length of the Pneumatic Tire," *SAE Technical Paper Series*, Paper No. 900129, SAE Congress and Exposition, 1990.

Guntur, R. and Sankar, S., "A friction circle concept for Dugoff's tyre friction model," *International Journal of Vehicle Design*, vol. 1, no. 4, pp. 373 – 377, 1980.

Heydinger, G.J., Riley, G.W. and Chrstos, J.P., "Importance of Tire Lag on Simulated Vehicle Response, " *SAE Technical Paper Series*, Paper No. 910235, 13 pages, 1991.

Pacejka, H.B. and Sharp, R.S., "Shear force development by pneumatic tyres in steady state conditions. A review of modelling aspects," *Vehicle System Dynamics*, Vol. 20, No. 3-4, pp. 121-176, 1991.

Pacejka, H.B. and Bakker, E., "The Magic Formula Tyre Model," *Vehicle System Dynamics*, v 21, Supplement, Tyre Models for Vehicle Dynamics Analysis, p 1-18, 1993

Pacejka, H.B. and Besselink, I.J.M., "Magic Formula Tyre Model with Transient Properties," *Vehicle System Dynamics*, Supplement 27, pp. 234-249, 1997.

Wong, J.Y., *Theory of Ground Vehicles*, Wiley-Interscience, ISBN 0-471-35461-9, Third Edition, 2001

Zegelaar, P.W.A., Gong, S. and Pacejka, H.B., "Tyre models for the study of in-plane dynamics," *Vehicle System Dynamics*, Vol. 23, Supplement, p 578-590, 1994.

第14章 公路车辆的轮胎－路面摩擦力测量

本章集中阐述了实时轮胎－路面摩擦系数测量系统，该系统旨在估计摩擦系数和侦测其突变值。这里的摩擦系数估计系统使用的是纵向车辆动力学和纵向运动测量系统。本章所阐述的运算法则和实验结果最大程度上与2004年 Wang 等作者发表的论文保持一致。

14.1 引言

14.1.1 轮胎－路面摩擦系数的定义

F_x、F_y 和 F_z 是作用于轮胎上的纵向力、侧向力和法向力。通常把作用于轮胎上的标准牵引力 ρ 定义为：

$$\rho: = \frac{\sqrt{F_x^2 + F_y^2}}{F_z} \qquad (14-1)$$

如果仅考虑纵向运动，假设侧向力 F_y 被忽略，则：

$$\rho: = \frac{F_x}{F_Z} \qquad (14-2)$$

从第13章关于作用于轮胎上的纵向力的讨论，可清楚地得知，ρ 是滑移率 σ_x 和轮胎－路面摩擦系数 μ 的函数。在任何给定的路面上，轮胎－路面摩擦系数 μ 定义为：在任何滑移率下，ρ 在路面能达到的最大值。

在给定法向力 F_z 的情况下，纵向力 F_x 开始会随着滑移率的增加而增加，并且在滑移率达到最佳值时，F_x 达到最大值 μF_z。如果 μ 值等于1，即对所考虑的特定轮胎，当滑移率达到最佳值时，产生的最大纵向力等于法向力 F_z；如果 μ 值小于1，产生的纵向力的最大值只是法向力 F_z 的一部分。

一些研究者认为，标准牵引力 ρ 可以作为摩擦系数。但是，本书仍将 ρ 作为标准牵引力，简单的称 μ 为轮胎－路面摩擦系数。

14.1.2 轮胎－路面摩擦力估计的意义

许多车辆控制系统，尤其是主动安全控制系统如 ABS、牵引力控制、车辆稳定性控制、碰撞预警、防撞系统、自适应巡航控制和四轮转向等系统，能够很大程度上得益于"路面自适应"，即如果真实轮胎－路面摩擦系数的信息能够实时获取，就能相应地修改控制算法去满足外部路面状况。例如，在一个自适应巡航控制系统里，从摩擦系数估计系统获得的路面状况信息能够调整与前方车辆的间距，而这正是自适应巡航系统应该维持的。在第 8 章中讨论的车辆稳定性控制中为了估计车辆横摆角速率指标值就需要轮胎－路面摩擦系数。轮胎－路面摩擦系数的估计系统对例如除雪机这样冬天使用的车辆同样有用。在冬天恶劣的路面环境下，对车辆摩擦系数的了解就能帮助改善其操作的安全性。此外，车辆操作人员能够使用该信息去调节除冰材料的用量和种类，它也可以被用来自动控制除冰材料。

14.1.3　轮胎－路面摩擦系数估计的回顾

在有关文献中，实时估计轮胎－路面摩擦系数有几种不同的途径，这些途径包括使用声控麦克风监听轮胎（Eichorn 等，1992；Breuer 等，1992）、使用光敏元件监测路面反馈（Eichorn 和 Roth，1992）。

研究人员同样也尝试利用车辆本身的运动来获取轮胎－路面摩擦系数的估计值，在该领域，已有研究提出 2 种摩擦力估计系统：

1）利用纵向车辆动力学和纵向运动测量的系统。

2）利用侧向车辆动力学和侧向运动测量的系统。

侧向系统主要用于汽车转向运动。Hahn 等在最近发表的文章中讨论了一种使用差分 GPS 信号的侧向动力学方法用于估计轮胎－路面摩擦系数。侧向测量系统在该文章中并没有被研究，对基于测量系统的车辆侧向运动的讨论是读者所关心的。

本章的主要部分讨论是基于车辆加速度和减速度系统的纵向运动，该领域内最公认的研究成果是使用"滑移斜率"来识别摩擦系数（Gustaffson，1997；Yi 等，1999；Hwang 和 Song，2000；Muller 等，2001；Wang 等，2004）。基于滑移斜率方法的研究结果将在下面作为独立一节进行讨论。除了滑移斜率方法之外，Ray 在 1997 年用卡尔曼滤波器方法对轮胎－路面摩擦系数的识别也进行了研究。

14.1.4　基于滑移斜率方法的摩擦力估计的回顾

设轮胎的纵向速度为 V_x，轮胎在旋转方向上的线速度为 $r_{eff} \omega_w$，其中 r_{eff} 是轮胎的有效半径，ω_w 是轮胎角速度，则轮胎的滑移率定义为：

$$\sigma_x = \frac{r_{eff} \cdot \omega_w - V_x}{V_x}; \quad \text{制动时} \tag{14-3}$$

$$\sigma_x = \frac{r_{eff} \cdot \omega_w - V_x}{V_x \cdot \omega_w}; \quad \text{加速时} \tag{14-4}$$

第 13 章中已讨论了，当滑移率值较小时，标准纵向附着力 $\rho = \dfrac{F_x}{F_z}$ 与滑移率 σ_x 成正比。在低滑移率 σ_x 下，ρ 与 σ_x 的比例关系被称为"滑移斜率"。在摩擦系数估计中，滑移斜率使用的基本思想就是：在低滑移率值时，轮胎－路面摩擦系数与滑移斜率成正比，因此，通过估计滑移斜率，就能估计轮胎路面的摩擦系数。

Gustafsson 在 1997 年首先提出基于滑移斜率摩擦系数的估计方法。在 Gustafsson 提到的方法中，卡尔曼滤波器被设计用来估计滑移斜率，而摩擦系数通过查询储存的图表获得。这个图表将滑移斜率与基于低滑移率区域测试数据的摩擦系数对应起来。在前轮驱动的乘用车加速度测量系统中，可用后轮 ABS 传感器提供绝对车速度参考值，前轮作为滑移车轮。假设后轮的牵引力为零，滑移率直接从前后车轮速度差来计算。标准牵引力 ρ 由估计的发动机转矩（根据所测量的喷油时间和发动机转速）和法向力计算。卡尔曼滤波器在加速阶段中递归计算出滑移斜率。在冰地、雪地、沙砾地、湿滑路面和干路面上对 4 个不同类型的轮胎进行测试，测试结构表明，当车辆的纵向滑移率足够时，估计的滑移斜率可以被用来可靠地区分不同路面的摩擦力等级。

Yi 等在 1999 年发表的论文与 Hwang 和 Song 在 2000 年发表的论文同样提供了更多的实验证据，实验表明，在正常加速阶段，滑移斜率可被用来区分不同路面。尽管如此，以上述方法中都具有一个普遍的缺点，即使用从动轮速度来估计车辆的绝对速度，这种方法在全轮驱动车辆中是不准确的，在制动过程中也是不准确的（所有的轮子都在滑移并且均提供纵向力）；另一个缺点就是，估计系统为了准确估计摩擦系数，只能工作在加速阶段、低滑移率下。

2001 年，穆勒（Muller）等人将对滑移斜率摩擦系数的估计方法扩展到了制动状态下，实验车辆的后轮制动被取消，后轮提供绝对车速，因此，只有前轮提供制动力，而制动力由制动压力传感器来测定。实车上，所有车轮均提供车轮力，因此，这种方法不能直接用于实车。

Wang 等人在 2004 年发表论文阐释了基于滑移斜率的摩擦系数估计系统的缺点。他们的摩擦力估计方法使用了差分 GPS 作为对车速测量、加速度传感器或者纵向运动测量的补充，该估计系统可用于低滑移率（线性模型）和高滑移率（非线性模型）测量中。此外，该方法还可提供前/后轮驱动和全轮驱动车辆在加速和制动下的测量数据。该摩擦系数估计系统的实验使用了安全扫雪车进行验证。安全扫雪车是冬季高速公路的维护车辆，它可以在不同工况、不同路面上工作。本章所提供的实验结果均取自于 Wang 等人在 2004 年发表的论文。

14.2 车辆纵向动力学和用于摩擦力估计中的轮胎模型

14.2.1 车辆纵向动力学

考虑如图 14-1 所示的两轮车辆模型（忽略左右轮的不同），忽略道路坡度和风速，车辆纵向动力学可表述为：

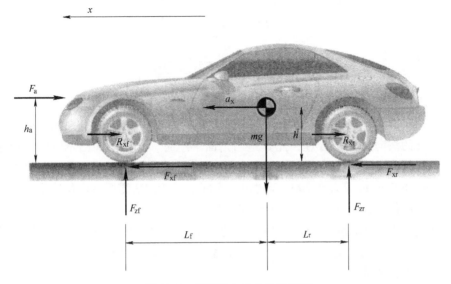

图 14-1　车辆纵向动力学示意图

$$ma_x = F_{xf} + F_{xr} - R_x - D_a V_x^2 \qquad (14-5)$$

式中　　　　　　　　　m——车辆总质量；

a_x——纵向加速度；

F_{xf} 和 F_{xr}——表示车辆前轮和后轮的牵引/制动力；

$R_x = R_{xf} + R_{xr} = C_{roll} mg$——滚动阻力；

C_{roll}——滚动阻力系数；

D_a——空气阻力常数；

V_x——车辆纵向速度。

设 L_f 为质心到前轴的距离，L_r 为质心到后轴的距离，则 $L = L_f + L_r$ 表示车辆轴距。

车轮纵向力 F_x 可按式（14-6）或（14-7）计算：

$$F_x = F_{xy} + F_{xr} = m\,|a_x| + |R_x| + |D_a V_x^2|；\quad 当 \ a_x \geqslant 0 \ （加速）时 \qquad (14-6)$$

$$F_x = F_{xy} + F_{xr} = m\,|a_x| - |R_x| + |D_a V_x^2|；\quad 当 \ a_x < 0 \ （减速）时 \qquad (14-7)$$

因此，车辆纵向加速度（减速度）a_x 用加速度传感器测量并纠偏后，车轮纵向力可以通过式（14-6）、（14-7）计算得到。

14.2.2　法向力的确定

尽可能精确地计算每个轮胎的法向力 F_z，对摩擦力估计运算是非常重要的。作用在车轮上的法向力主要是车辆重量，作用在车辆上的加速或减速惯性力使轮胎法向力重新分配。车辆在水平路面直线行驶时，通过 Gillespie 在 1992 年给出的静力模型可以计算出作用在前轮和后轮的法向力：

$$F_{zf} = \frac{mgL_r - ma_xh - D_aV^2h_a}{L}$$

$$F_{zr} = \frac{mgL_f + ma_xh + D_aV^2h_a}{L} \qquad (14\text{-}8)$$

车辆加速会引起前轮法向力减少而后轮法向力增加。

上述法向力计算方法基于静力学模型，并忽略了悬架振动带来的影响。该方法估计的法向力非常合理，尤其是当路面平坦时。当路面凹凸不平时，包含悬架动力学的动态法向力估计方法可提供计算法向力更加精确的方法，该方法由 Hahn、Rajamani 等人在 2002 年提出。实际上，该方法需要垂向加速度传感器和悬架挠度传感器，这两种传感器都很昂贵。

还应指出在车辆转向时，前后左右的各个车轮的法向力是不同的，因为所用模型是两轮车辆模型，所以在公式中不考虑左右车轮的不同。

14.2.3 轮胎模型

每个轮胎产生的纵向力取决于纵向滑移率、轮胎－路面摩擦系数和作用在轮胎上的法向力。在第 13 章中，选择合适参数的魔术公式轮胎模型，能够反映这些变量对轮胎力的影响，并讨论了法向力 F_z 和摩擦系数 μ 对魔术公式中轮胎参数 A、B、C、D 和 E 的影响。遗憾的是，由于魔术公式涉及大量参数，很难直接地、方便地用于轮胎－路面摩擦系数的识别。为了识别轮胎－路面摩擦系数，可以使用滑移斜率代替魔术公式轮胎模型。

图 14-2 所示为使用魔术公式模型得到的在多种不同路面上轮胎牵引力、制动力与滑移率的关系。如图 14-2 所示，在滑移率临界值之前，$\rho \dfrac{F_x}{F_z}$ 是滑移率 σ_x 的递增函数，ρ 一直增加到与 μ 相等之后才开始缓慢减小。

在采用滑移斜率模型来识别轮胎路面摩擦系数时，仅假设在低滑移率下，滑移斜率与轮胎路面摩擦系数成正比，即牵引力系数 ρ 与滑移率成比例，比例常数是轮胎路面摩擦系数的函数。在高滑移率下，牵引力系数是一个常数，与滑移率无关，牵引力常数值是摩擦系数的函数，因此，在高滑移率下，采用牵引力系数 ρ 为常数的轮胎模型，牵引力系数与轮胎路面摩擦系数有关。

14.2.4 牵引和制动过程中摩擦系数的估计

本节将讨论采用统一滑移斜率法进行摩擦系数的估计，它适用于在牵引、制动过程中前轮驱动、后轮驱动和全轮驱动的车辆，该方法无须知道牵引/制动力在前后轮的分配。

由 14.2.1 节和 14.2.2 节的讨论可知，对于给定的路面和法向力，各个轮胎产生的标准纵向力在低滑移率下（或者摩擦力曲线的线性部分）与滑移率成比

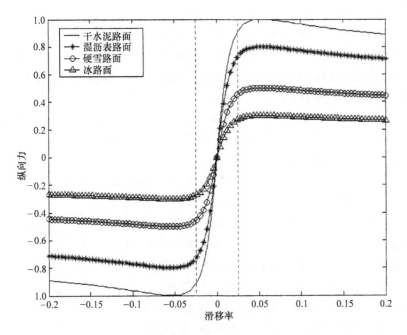

图 14-2　使用魔术公式模型得到的纵向力和滑移率的关系

例，它们之间的关系为：

$$\rho = \frac{F_x}{F_z} = K\sigma_x \qquad (14\text{-}9)$$

式中　K——滑移斜率，其值随着路况不同而不同，可用来预测轮胎路面摩擦系数 μ。

但是，式（14-9）只适用于单个轮胎，即式中纵向力 F_x、法向力 F_z 和滑移率 σ_x 均为单个轮胎的值。在纵向两轮车辆模型中，可以将左右车轮一起考虑，但在全轮驱动和制动过程中，仍然要考虑前后车轮产生不同的纵向力，因此，为在前后轮使用滑移斜率法，前后轮的轮胎力和滑移率应该分别计算。

在全轮驱动车辆中，前后车轮的滑移率和标准纵向力关系如下：

$$\rho_f = \frac{F_{xf}}{F_{z_f}} = K_f\sigma_{xf} \qquad (14\text{-}10)$$

$$\rho_r = \frac{F_{x_r}}{F_{z_r}} = K_r\sigma_{xr} \qquad (14\text{-}11)$$

$$F_x = F_{xf} + F_{xr} \qquad (14\text{-}12)$$

式中　F_x——车辆车轮的纵向力，可用第 14.2.1 节中描述的方法计算；

K_f 和 K_r——分别是前后车轮的滑移斜率，其值由前后车轮特性和地面状况决定。

综合以上3个公式可得出下式（14-13）：

$$F_x = F_{xf} + F_{xr} = K_f F_{zf} \sigma_{xf} + K_r F_{zr} \sigma_{xr} \tag{14-13}$$

在多数行车条件下，假设前后车轮路面状况一致，K_f 和 K_r 值的差别主要由轮胎特性（包括轮胎类型和前后车轮数量）决定，而轮胎特性与路面状况无关，因此，K_f 和 K_r 的关系如下：

$$K_f = \alpha K_r \tag{14-14}$$

式中　α——一个比例系数，取决于轮胎特性，与路面状况无关。

力和滑移率的关系如下：

$$F_x = F_{xf} + F_{xr} = K_f f_{zf} \sigma_{xf} + K_r F_{zr} \sigma_{xr} = K_r (\alpha F_{zf} \sigma_{xf} + F_{zr} \sigma_{xr}) \tag{14-15}$$

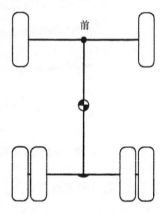

图14-3　底盘轮胎配置实例

式（14-15）中的 F_x、F_{zf}、F_{zr}、σ_{xf} 和 σ_{xr} 都能够实时测量或者计算，α 可以通过车辆的实验得到。例如，如图14-3所示，如果底盘配置是前轴有2个车轮，后轮有4个车轮（如 Wang 等人在2004年论文中使用的安全扫雪车配置），如所有轮胎均相同，则式中 $\alpha = 1/2$；如果前后车轮磨损程度和胎面花纹不同，通过实验可以得到小于0.5的 α 值。在路面摩擦系数不变情况下，α 的值在相当长时间内基本保持不变。

如果车辆是后轮驱动而不是全轮驱动，在加速过程中，由于前轮不提供驱动力，则 $\alpha = 0$；在制动过程中，由于底盘配置不同，α 值也不同。如果车辆是前轮驱动，得到 K_f 关系如下：

$$F_x = F_{xf} + F_{xr} = K_f F_{zf} s_{xf} + K_r F_{zr} s_{xr} = K_f \left(F_{zf} s_{xf} + \frac{1}{\alpha} F_{zr} s_{xr} \right) \tag{14-16}$$

式（14-16）中，在加速过程中，$\frac{1}{\alpha} = 0$ 或者 $\alpha = \infty$；在制动过程中，α 是由底盘配置决定的特定值。

根据 Wang 等人在2004年的论文，在下一章，为识别摩擦系数采用的后轮驱动车辆中，可估计运算法则的推导。同样的运算法则也可以在前轮驱动车辆中使用。

等式（14-15）用标准的函数表示为：

$$y(t) = \varphi^T(t) \theta(t) \tag{14-17}$$

式中　$y(t) = F_x$，为系统输出；

$\theta(t) = K_r$，为未知参数；

$\varphi(t) = \alpha F_{zf} s_{xf} + F_{zr} s_{xr}$，是测量回归矢量。

只有未知参数 K_r 可以实时确定，在下一节中论述识别该参数的方法。一旦滑移斜率 K_r 确定，通过分类算法，就能将它和路面状况、最大摩擦系数 μ 建立联系。

由于上述方法将前后轮的轮胎力和滑移率联系起来，无论前轮驱动、后轮驱动或全轮驱动车辆，在牵引和制动过程中，均能使用该方法识别摩擦系数。

注意，以上基于滑移斜率的方法只适用于低滑移率区域（摩擦力－滑移率曲线线性部分）。在高滑移率下和紧急制动的时候，轮胎将工作在非线性区域，在该区域内滑移斜率法将失效。在高滑移率区域，标准纵向力随着路面的不同而不同，可据此对路面进行分类。因此，在高滑移率区域，标准力 $\rho = \dfrac{F_x}{F_z}$ 能直接用来区分路面摩擦力等级。同前述滑移斜率法类似，写成标准的参数识别的形式：

$$y(t) = \varphi^{T}(t)\theta(t) \tag{14-18}$$

式中，$y(t) = F_x$ 表示测量的纵向力，$\theta(t) = \mu$ 是未知参数，$\varphi^{T}(t) = F_z^{T} = F_z$ 表示回归变量。

14.3　纵向摩擦力识别方法的总结

图 14-4 所示综合概述了本章轮胎－路面摩擦系数的估计方法。在低滑移率下，采用滑移斜率识别摩擦系数，而在高滑移率下，采用标准纵向力法。

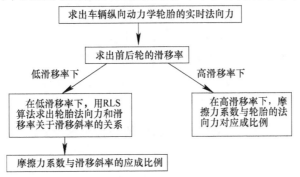

图 14-4　轮胎－路面摩擦力估计的算法总结

14.4　识别算法

14.4.1　RLS 算法

在上一节中滑移斜率模型可以表示为参数识别的形式：

$$y(t) = \varphi^{T}(t)\theta(t) + e(t) \tag{14-19}$$

式中　$\theta(t)$——估计参数矢量；

$\theta(t)$——输入回归矢量；

$e(t)$——输出值 $y(t)$ 和估计值 $\varphi^{T}(t)\theta(t)$ 的识别误差。

对于在低滑移率下轮胎路面摩擦力估计，$y(t) = F_x$ 为测量输出量，$\theta(t) = K_r$ 为未知参数，$\varphi(t) = \alpha F_{zf} s_{xf} + F_{zr} s_{xr}$ 为测量回归矢量；在高滑移率下，$y(t) = F_x$ 为测量纵向力，$\theta(t) = \mu$ 为未知参数，$\varphi^T(t) = F_z^T = F_z$ 为法向力。

RLS 算法（递归最小二乘法）Sastry 和 Bodson，1989；Gustaffson，2000；Kailath 等，2000）是对未知矢量 $\theta(t)$ 的迭代算法，对于每个采样周期，使用已有采样数据，通过反复迭代计算未知矢量 $\theta(t)$。RLS 迭代算法以模型误差的最小方差为目标。RLS 算法的步骤如下：

第1步：测量系统输出变量 $y(t)$，并计算迭代矢量 $\varphi(t)$；

第2步：计算识别误差 $e(t)$，识别误差是本次采样周期系统实际输出与模型预测输出量之差，模型预测输出量由之前采样周期的数据 $\theta(t-1)$ 预测得到：

$$e(t) = y(t) - \varphi^T(t)\theta(t-1) \tag{14-20}$$

第3步：计算增益矢量 $K(t)$：

$$K(t) = \frac{P(t-1)\varphi(t)}{\lambda + \varphi^T(t)P(t-1)\varphi(t)} \tag{14-21}$$

使用以下公式计算协方差矩阵 $P(t)$：

$$P(t) = \frac{1}{\lambda}\left[P(t-1) - \frac{P(t-1)\varphi(t)\varphi^T(t)P(t-1)}{\lambda + \varphi^T(t)P(t-1)\varphi(t)} \right] \tag{14-22}$$

第4步：计算估计参数矢量 $\theta(t)$：

$$\theta(t) = \theta(t-1) + K(t)e(t) \tag{14-23}$$

在式（14-23）中，参数 λ 被称为遗忘因子。遗忘因子能够有效地减少不再与模型相关的旧数据带来的影响，并能防止协方差发散问题，使估计参数快速跟踪系统变化。通常，λ 取值范围在 $[0.9, 1]$。遗忘因子可以直观地理解为：RLS 算法使用 $N = \dfrac{2}{1-\lambda}$ 的序列值更新当前的估计算法（Gustaffson，2000）。当 $\lambda = 1$ 时，RLS 算法会使用从起始数据点到当前估计点的所有数据。λ 取值越小，参数收敛越快。然而，减小 λ 会增加估计过程对对噪声的敏感度，引起估计参数的波动。因此，RLS 算法需要在快速跟踪系统变化和抗干扰能力之间取得平衡，这种平衡将在下一节中重点讨论。

14.4.2 可变增益的 RLS 算法

在传统的具有常数遗忘因子的 RLS 算法中，在快速收敛和对干扰信号的敏感程度之间存在相互关系。如果遗忘因子较大（如 $\lambda = 0.995$），收敛的速度会比较慢，但估计参数比较稳定，并且收敛后没有严重的振荡；如果遗忘因子比较小（如 $\lambda = 0.9$），估计参数收敛会很快，收敛速度快使估计系统更灵敏，能对路况的突然变化做出响应，这对车辆控制系统是非常重要的，但收敛速度快是以牺牲抗干扰能力为代价的。参数估计值将围绕其真实值振荡，更多细节请参考 Wang 等人在 2004 年发表的论文。

在 Gustaffson 2000 年的论文中，将变参数估计算法与卡尔曼滤波算法结合起来，使卡尔曼滤波器的协方差矩阵项增大，并增加了参数转换过程中滤波器的跟踪能力。

类似地，Wang 等人在 2004 年发表的论文中提出，将变参数估计算法与普通 RLS 估计系统结合起来，该方法被认为可以解决上述收敛速度与抗干扰能力的平衡题。

有关文献中有几种变参数估计算法，Wang 等人在 2004 年发表的论文采用了 CUSUM 变参数估计算法，该算法可以监测辨识错误 $e(t) = y(t) - \varphi^{\mathrm{T}}(t)\theta(t-1)$。在一定时间内，如果辨识错误的绝对值大于特定阈值，将产生警告信号。算法的递推公式如下：

$$a_{\mathrm{t}} = \max(a_{\mathrm{t}-1} + |e_{\mathrm{t}}| - d, 0) \qquad (14\text{-}24)$$
$$a_0 = 0 \qquad (14\text{-}25)$$

变参数估计算法的输入是普通的 RLS 辨识误差 e_{t}，输出是警告信号 a_{t}。如果变参数估计算法的输出 $a_{\mathrm{t}} > h$，则矩阵项 $P(t)$ 将增加一常量因子，以跟踪摩擦系数的突变。$P(t)$ 项增量会一直保持直到辨识误差的绝对值降到特定值以下且 a_{t} 变为 0。漂移参数 d 用于较大的高通辨识误差，忽略小误差。阈值 h 用来决定警告信号应该何时引起增益放大。

参数转换过程中，采用较大的遗忘因子 $\lambda = 0.995$ 能够得到较快的收敛速度。变参数估计算法检测出较大的辨识误差并产生警告信号，引起增益放大，并使滑移斜率估计值快速收敛于其真值。滑移斜率估计值收敛于其真值以后，辨识误差变得足够小，使变参数估计器对其进行高通滤波，同时，警告信号消失，之后，协方差矩阵恢复到正常值，并排除干扰信号的影响。

在 Wang 等人 2004 年发表的论文中有变参数估计算法使用的实例。

14.4.3　参数迭代条件

摩擦系数估计值的精度取决于估计器输入信号的性质，输入信号包括纵向力（牵引/制动过程）和滑移率。纵向力或滑移率非常小时，得到的数据将会在轮胎力 - 滑移率曲线始点附近，此处估计值有很大的随机性。此外，通过加速度传感器输出的信号来计算纵向力，如果加速度或减速度比较小，信噪比也将比较小，将导致摩擦系数的估计值偏大。为了得到较好的估计值，当测量的加速度的绝对值小于 $0.3\mathrm{m/s}^2$，且滑移率的绝对值小于 0.005 时，摩擦系数将不再更新。Wang 等人在 2004 年发表的论文中得到的实验结果验证了上述阈值对摩擦系数估计迭代的可靠性。

14.5　加速度传感器偏差的估计

在本章的摩擦力辨识算法中，使用式（14-6）和（14-7）可以得到实时轮胎纵向力,其中加速度传感器起到关键作用。由于温度、供电电压和安装方位的变化,加速度传感器会产生较大偏差。为精确地计算车辆加速度/减速度,加速度传感器输出信号的误差需要被估计或者消除。传感器融合的方法能够实时估计加速度传感器的误差,该方法将加速度传感器信号和 GPS 信号相融合,再通过卡尔曼滤波器进行滤波。该方法被 Wang 等人在 2004 年采用,如下述。

车辆的纵向速度能够由差分 GPS (DGPS) 信号得到:

$$V_{x\_GPS} = \dot{x} \tag{14-26}$$

通过 DGPS 位置信号的不同数据可以得到式(14-26)中精确的 $\dot{x}$,但速率非常慢,通常更新速率在 10Hz 左右。另一方面,可以通过对测量的纵向加速度 V_{x_acc} 求积分得到车辆的纵向速度。由于加速度信号存在偏差,通过加速度传感器的输出信号求积分得到的速度通常也会有偏差。GPS 和加速度传感器两种信号结合起来可以提供估计加速度传感器误差的途径。Bevly 等人在 2000 年的论文中在陀螺仪误差估计中采用了该方法。在下列状态空间系统中,加速度传感器的测量值 $\dot{V}_{x\_acc}$ 作为输入,GPS 信号 V_{x_GPS} 作为输出,系统的状态参数包括估计纵向速度 $\hat{V}_x$ 和估计加速度传感器误差 $\dot{\hat{V}}_{x\_acc\_b}$:

$$\begin{pmatrix} \dot{\hat{V}}_x \\ \dot{\hat{V}}_{x\_acc\_b} \end{pmatrix} = \begin{pmatrix} 0 & -1 \\ 0 & 0 \end{pmatrix} \begin{pmatrix} \hat{V}_x \\ \dot{\hat{V}}_{x\_acc\_b} \end{pmatrix} + \begin{pmatrix} 1 \\ 0 \end{pmatrix} \dot{V}_{x\_acc+w} \tag{14-27}$$

$$V_{x\_GPS} = \begin{pmatrix} 1 & 0 \end{pmatrix} \begin{pmatrix} \dot{\hat{V}}_x \\ \dot{\hat{V}}_{x\_acc\_b} \end{pmatrix} + e$$

式中 w 和 e——分别是待求过程的噪声和测量噪声。

卡尔曼滤波器中时间迭代和测量迭代为:

$$\hat{x}_{t+1|t} = A\hat{x}_{t|t} + Bu_t \tag{14-28}$$

$$P_{t+1|t} = AP_{t|t}A^T + Q \tag{14-29}$$

$$\hat{x}_{t|t} = \hat{x}_{t|t-1} + K_t(y_t\hat{C}x_{t-1}) \tag{14-30}$$

$$P_{t+|t} = P_{t|t-1} - K_tCP_{t|t-1} \tag{14-31}$$

式中 $Q_t = Cov(w)$,是随机噪声 w 的协方差矩阵;

$K_t = P_{t|t-1}C^T(CP_{t|t-1}C^T + R_t)^{-1}$,是卡尔曼增益;

$P_{t|t}$——状态估计的协方差矩阵;

$A = \begin{pmatrix} 0 & -1 \\ 0 & 0 \end{pmatrix}$、$B = \begin{bmatrix} 1 & 0 \end{bmatrix}^T$、$C = \begin{bmatrix} 1 & 0 \end{bmatrix}$ 和 $\hat{x}_{t|t}\begin{pmatrix} \hat{V}_x \\ \dot{\hat{V}}_{x\_acc\_b} \end{pmatrix}$——分别是系统

状态。

图 14-5 所示为 Wang 等人 2004 年论文中扫雪车的加速和减速过程实验结果。卡尔曼滤波器用来估计加速度传感器的偏差，四阶数字低通滤波器用来降低加速度传感器信号的高频噪声。如图 14-5 所示，卡尔曼滤波器和低通滤波器均能很好的估计加速度传感器的偏差。

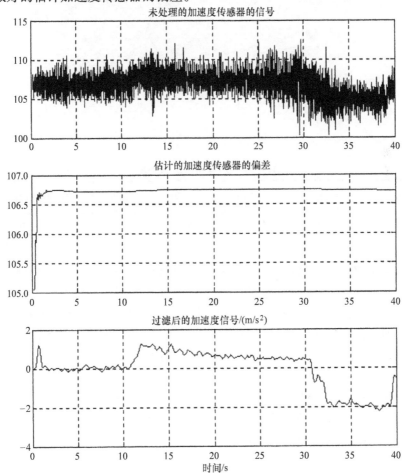

图 14-5　加速度传感器的偏差和加速度估计的实验结果

14.6　试验结果

本节总结了 Wang 等人 2004 年关于轮胎－路面摩擦力的识别的研究结果，试验的完整描述请参考原文。

14.6.1　系统硬件和软件

试验车辆是由 Navistar 国际货车公司制造的扫雪车，如图 14-6 所示。扫雪车摩擦系数辨识算法的主要参数见表 14-1。

图 14-6　实验用扫雪车

表 14-1　扫雪车的主要参数

参数	总质量/kg	L_f/m	L_r/m	质心高度/m	车辆前部面积/m²
数值	9834	2.339	2.716	1.2	6.0

为让实时试验使用已设计好的摩擦系数估计器,扫雪车装备了差分 GPS 系统、加速度传感器和 ABS 轮速传感器。Mathworks 公司的 xPC 系统作为实时系统,并配备了一台主机(东芝 4200 笔记本)和一个目标机(戴尔 GX110)。实验硬件的详细叙述请参考 Wang、Alexander 和 Rajamani 2004 年的论文。

设计了估计算法之后,进行了大量的实验用来改善和验证估计系统的性能。本节给出一些实验结果。

14.6.2　干混凝土路面试验

该部分的试验是在晴天进行的,地点在 MnRoad 研究机构的干混凝土测试跑道上,跑道是铺设良好的混凝土路面,并完全干燥,因此,路面的摩擦等级较高。

1. 加速(牵引)试验

基于摩擦系数估计方法得到的滑移斜率用于估计不同起步速度的加速度。试验开始阶段,车速保持恒定速度 6s,让低通滤波器初始化和卡尔曼滤波器估计加速度传感器偏差,之后,车辆开始加速。图 14-7 所示为以 9m/s 初始速度开始加速后,滑移斜率的估计结果。结果显示,在干混凝土路面上加速,滑移斜率收敛于 9.8。

2. 加速、制动混合试验

在相同的干混凝土路面上,进行了连续加速和制动试验,试验结果如

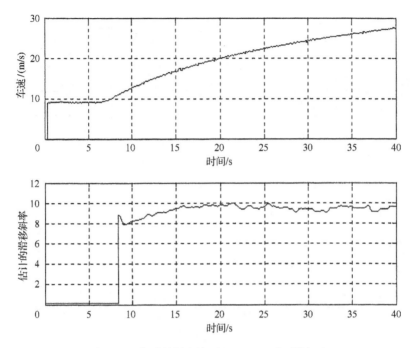

图 14-7　在干混凝土路面上，9m/s 时开始加速

图 14-8所示。扫雪车以恒定速度行驶一段时间，使滤波器初始化和估计加速度传感器偏差，加速 20s，然后制动 10s，结果显示，滑移斜率均收敛于 9.8。

　　结果显示，低滑移率时的加速和制动过程，滑移斜率始终收敛于 9.8，因此，能够使用该滑移斜率值来识别路面是否为干混凝土路面，对于干混凝土路面可识别摩擦系数 μ 是否接近于 1。

14.6.3　覆盖有疏松雪的混凝土路面试验

　　该试验仍然在 MnRoad 研究机构的混凝土测试跑道上进行，但是是在大雪天之后的第 2 天，跑道上的雪已被清除，但没有铺撒盐或沙子，路面仍然有被风吹起的一层薄雪覆盖。试验路面条件如图 14-9 所示，图中右边的跑道作为试验跑道，因为路面轻微湿滑，预计摩擦系数 μ 显著小于 1。

　　加速、制动混合试验。与之前的试验类似，仍然在相同的干混凝土路面进行连续加速和制动试验，试验结果如图 14-10 所示。扫雪车以一定速度行驶一段时间，使滤波器初始化和估计加速度传感器偏差，之后连续加速 16s 再制动 16s。结果显示，滑移斜率收敛于 7.0 左右。注意，由于轮速低于阈值，估计器大约在 32s 的时候停止更新滑移斜率，这样，系统一直保持停止更新前的估计值。

　　试验结果显示，在低滑移率下的加速和制动过程中，滑移斜率收敛于 7.0，

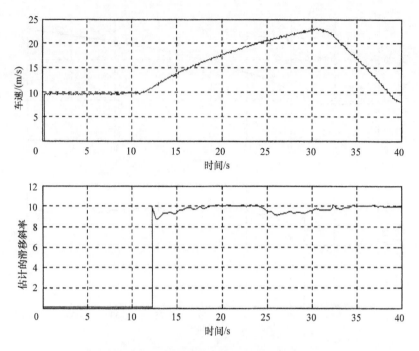

图 14-8 加速和制动过程的滑移斜率

图 14-9 第 14.6.3 节所用实验路面

这与在干混凝土路面上滑移斜率收敛于 9.8 差别较大，因此，使用该滑移斜率值来区分路面是否在轻微湿滑路面上或者摩擦系数值 μ 是否为 0.7。

14.6.4 两种不同摩擦等级材料组成的路面上的试验

本节实验的目的就是测试系统的瞬时响应特性及其侦测路面摩擦力等级突

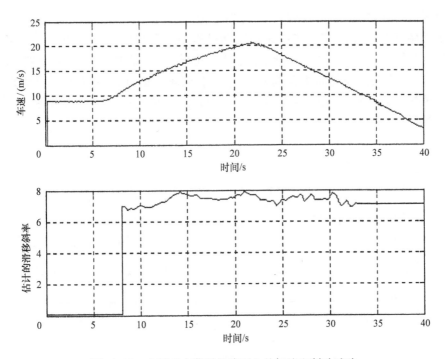

图 14-10　在覆盖有薄雪的路面上的加速和制动试验

变的能力。试验在明尼苏达高速公路安全和研究中心的跑道上进行（St. Cloud, Minnesota），试验跑道由两种摩擦力等级路面组成，一种是干沥青路面，另一种是冰路面，跑道的过渡部分如图 14-11 所示。

图 14-11　第 14.6.5 节试验所用的跑道

制动、加速混合试验。扫雪车在干沥青路面上的加速和在跑道过渡路面上的制动过程如图14-12所示。之前的试验中，在干沥青路面上，轮胎工作在低滑移率的线性区域，在加速和制动过程中，滑移斜率可以用来区分路面摩擦力等级。车辆在冰路面上制动时，轮胎会立即抱死，滑移率将达到100%，轮胎工作在轮胎力学特性的非线性区域。因此，标准力可以用来区分路面摩擦力等级。试验结果显示，车辆到达冰路面后，摩擦系数估计值很快收敛到0.22。

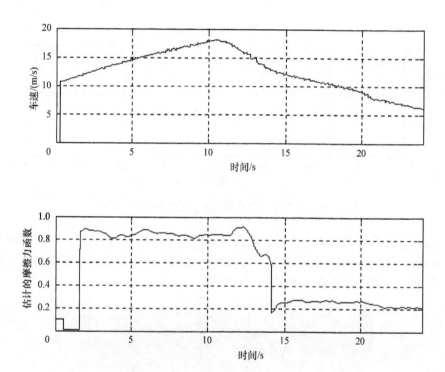

图 14-12 过渡路面上制动时系统的响应

14.6.5 紧急制动试验

本节进一步验证在高滑移率区域的系统性能（力-滑移率曲线的非线性部分）。扫雪车在 MnRoad 研究机构的干混凝土路面紧急制动时的试验结果如图14-13所示。由于轮胎不在线性区域工作，标准力可以直接用来区分路面摩擦力等级。车辆紧急制动后，摩擦系数估计值收敛于0.96。

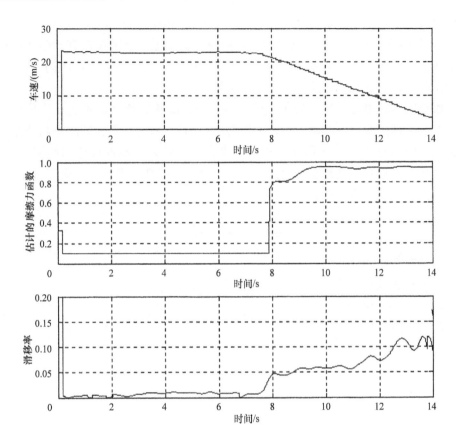

图 14-13　紧急制动实验结果

14.7　本章概述

本章主要讨论了轮胎－路面摩擦系数实时测量系统，旨在估计路面摩擦力水平和快速侦测摩擦系数的突变。文献表明，基于车辆的摩擦力估计系统有 2 种：

1）利用车辆纵向动力学和纵向运动测量的系统。

2）利用车辆侧向动力学和侧向运动测量的系统。

本章只讨论了纵向运动的系统，该系统可以在车辆加速、减速中使用。通过估计标准纵向力－滑移率曲线的滑移斜率，可在低滑移率下实时估计摩擦系数，在高滑移率下，可只用标准纵向力估计轮胎路面摩擦系数。

Wang 等人在 2004 年的论文中提出了实时估计算法，该算法适用于车辆加速和制动过程，并且在包括高滑移率的高滑移率区域内能可靠工作。改进后的系统可以在前轮驱动、后轮驱动和全轮驱动车辆中使用。本章概括了 Wang 等人在 2004 年论文的试验结果，包括各种不同路面的数据，试验用车辆是冬季道路维护车辆，即扫雪车。实验结果表明系统工作可靠，在各种不同路面上进行的各种试验中，系统能够迅速估计出摩擦系数。

改进的系统也有一定的局限，即它需要一定的轮胎滑移率才能正确估计摩擦系数。滑移率太小（车辆行驶过程经常出现的），系统将不会即时更新摩擦系数信息。使用差分 GPS 的限制是更新速率慢，且缺乏大范围误差的纠偏能力。使用加速度传感器估计轮胎纵向力的系统也存在局限性，系统对车辆垂直振动、路面输入和偏差误差很敏感。

参 数 表

F_x——纵向力

F_{xf}——前轮纵向力

F_{xr}——后轮纵向力

F_y——侧向力

F_z——法向力

F_{zf}——前轮法向力

F_{zr}——后轮法向力

ρ——标准牵引力

μ——轮胎路面摩擦系数

σ_x——滑移率

σ_{xf}——前轮滑移率

σ_{xr}——后轮滑移率

r_{eff}——轮胎有效半径

V_x——纵向速度

ω_w——车轮角速度

D_a——空气阻力常数

R_x——滚动阻力

R_{xf}——前轮滚动阻力

R_{xr}——后轮滚动阻力

h——空气阻力作用高度

L_f——质心到前轴距离

L_r——质心到后轴距离

L——轴距

K——滑移斜率

α——车轮滑移斜率系数

K_f——前轮滑移斜率

K_r——后轮滑移斜率

$e(t)$——RLS 算法的误差

$\theta(t)$——RLS 算法的参数估计

$\varphi(t)$——RLS 算法的迭代变量

λ——RLS 算法中的遗忘因子

$P(t)$——RLS 算法中的协方差矩阵

$K(t)$——RLS 算法中的增益矢量

a_t，a_0——变参数估计算法中的参数

V_{x_GPS}——GPS 信号中的纵向速度

$\dot{V}_{x\_acc}$——加速度传感器信号中的纵向加速度

$\hat{V}_x$——纵向速度的估计值

$\dot{\hat{V}}_{x\_acc\_b}$——加速度传感器的偏差估计值

参 考 文 献

Breuer, B., Eichhorn, U. and Roth, J., "Measurement of tyre/road friction ahead of the car and inside the tyre," *Proceedings of AVEC'92 (International Symposium on Advanced Vehicle Control)*, pp. 347–353, 1992.

Bevly, D., Gerdes, J.C., Wilson, J. and Zhang, G., "The Use of GPS Based Velocity Measurements for Improved Vehicle State Estimation," *Proceedings of the American Control Conference*, Chicago, Illinois, pp. 2538-2542, June 2000.

Eichhorn, U. and Roth, J., "Prediction and Monitoring of Tyre/Road Friction," *Proceedings of FISITA*, London, 1992, pp. 67-74.

Pasterkamp, W.R. and Pacejka, H.B., "The Tyre as a Sensor to Estimate Friction," *Vehicle System Dynamics*, vol. 27, 1997, pp.409-422.

Gustaffson, F., "Slip-Based Tire-Road Friction Estimation," *Automatica* Vol. 33 (6), pp1087-1099, 1997.

Fancher, P.S., Ervin, R.D., Winkler, C.B. and Gillespie, T.D., "A Factbook of the Mechanical Properties of the Components for Single-Unit and Articulated heavy Trucks," *The University of Michigan Transportation Research Institute Report*, Dec. 1986.

Gillespie, T.D., *Fundamentals of Vehicle Dynamics*, Society of Automotive Engineers, Inc., 1992.

Germann, S., Würtenberger, M. and Daiß, A., "Monitoring of the Friction Coefficient Between Tyre and Road Surface," *Proceedings of the third IEEE Conference on Control Applications*, pp. 613-618, 1994.

Gustafsson, F., *Adaptive Filtering and Change Detection*, John Wiley & Sons, Ltd. Chichester, England, 2000.

Hahn, J.O., Rajamani, R. and Alexander, L., "GPS-Based Real-Time Identification of Tire-Road Friction Coefficient," *IEEE Transactions on Control Systems Technology*, Vol 10, No. 3, May 2002.

Hwang, W. and Song, B.S., "Road Condition Monitoring System Using Tire-road Friction Estimation," *Proceedings of AVEC 2000*, Ann Arbor, Michigan, pp 437-442, Aug. 2000.

Kailath, T., Sayed, A.H. and Hassibi, B., *Linear Estimation*, Prentice Hall, 2000.

Müller, S., Uchanski, M. and Hedrick, J.K., "Slip-Based Tire-Road Friction Estimation During Braking," *Proceedings of 2001 ASME International Mechanical Engineering Congress and Exposition*, New York, 2001, pp. 213-220.

Pacejka, H.B. and Bakker, E., "The Magic Formula Tyre Model," *Vehicle System Dynamics*, v 21, Supplement, Tyre Models for Vehicle Dynamics Analysis, p 1-18, 1993

Page, E.S., Continuous Inspection Schemes, *Biometrika*, Vol. 41, pp. 100-115, 1954.

Rajamani, R., "Radar Health Monitoring for Highway Vehicle Applications," *Vehicle System Dynamics*, Vol. 38, No. 1, pp. 23-54, 2002.

Ray, L.R., "Nonlinear Tire Force Estimation and Road Friction Identification: Simulation and Experiments", *Automatica*, Vol. 33, No. 10, pp. 1819-1833, 1997.

SAE, "Vehicle Dynamics Terminology," SAE J670e, *Society of Automotive Engineers Handbook*, 2000.

Sastry, S. and Bodson, M., *Adaptive Control: Stability, Convergence, and Robustness*, Englewood Cliffs, NJ: Prentice-Hall, 1989.

Uno, T., Sakai, Y., Takagi, J. and Yamashita, T., "Road Surface Recognition Method Using Optical Spatial Filtering," *Proceedings of AVEC*, pp. 509-515, 1994.

Wang, J., Alexander, L. and Rajamani, R., "Friction Estimation on Highway Vehicles Using Longitudinal Measurements", *ASME Journal of Dynamic Systems, Measurement and Control*, Special Issue on Sensors, Vol. 126, No. 2, pp. 265-275, June 2004.

Yi, K., Hedrick, J.K. and Lee, S.C., "Estimation of Tire-Road Friction Using Observer Based Identifiers," *Vehicle System Dynamics*, Vol. 31, p. 233-261, 1999.

第15章　侧倾动力学与侧翻预防

由车辆侧翻导致的事故死亡率在高速公路交通事故中占很高比例，尽管只有 3% 的车辆事故会导致侧翻，但在所有死亡人数中有 33% 是车辆侧翻引起的（NHTSA，2011），因此，进行有关防侧翻技术的研究具有重要意义（Liu 等，1997；Odenthal 等，1999；Chen 和 Peng，2001；Carlson 和 Gerdes，2003；Liebemann 等，2004；Yoon 等，2007；Piyabongkarn 等，2010）。

15.1　防车辆侧翻的评价等级

国家公路交通安全管理局提出所有新车的防侧翻评价等级，是新车评估程序（NCAP 机构完成）的一部分，该评估信息面向客户公开。防侧翻评价等级从一颗星到五颗星，一颗星表示有 40% 或更多的侧翻可能性，五颗星表示只有 10% 或更低的侧翻可能性。最初，NCAP 在 2001～2003 年期间提出的防侧翻评价等级仅仅作为车辆静态稳定指标（Boyd，2005；TRB，2002）。车辆静态稳定性由式（15-1）决定：

$$SSF = \frac{l_w}{2h} \tag{15-1}$$

式中　l_w 和 h——轮距和车辆质心的高度，可分别基于地面进行测量，如图 15-1 所示。

对式（15-1）定义的 SSF 进行推导可得到瞬时平衡方程，如图 15-2 所示，图中指出车辆在稳态转向时，会产生一个侧向力 a_y，左边内侧车轮垂直载荷为 F_{zl}，右边外侧车轮垂直载荷为 F_{zr}，车辆的重量标为 mg，假设路面坡度为 0，ma_y 是离心力力，该力使系统成为一个准静态系统。假定某时刻右外车轮的接地点为 A，侧倾角 φ 很小，则有：

$$ma_y h + F_{zl} l_w - mg\frac{l_w}{2} = 0 \tag{15-2}$$

因此，左内侧车轮的力可由式（15-3）计算：

$$F_{zl} = \frac{mg\dfrac{l_w}{2} - ma_y h}{l_w} \tag{15-3}$$

当车辆的侧向力为 0 时，内侧车轮的垂直载荷为 $\frac{mg}{2}$，从式（15-3）也可以得出。当车辆的侧向加速度增大时垂直载荷会减小，直到侧向加速度足够大垂

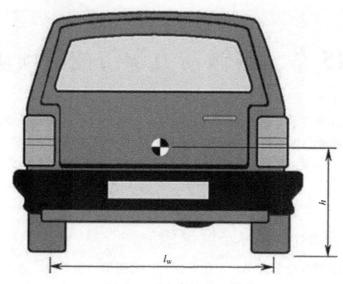

图 15-1 车辆静态稳定条件

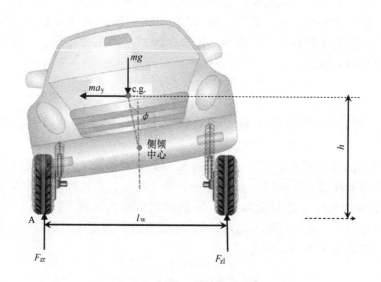

图 15-2 稳态转向侧翻瞬间平衡

直载荷减小为 0，在这一状态下内侧车轮举升离开地面，该状态被看作是侧翻的初始点。因此内侧车轮离开地面时的侧向加速度可通过将式（15-3）中的 F_{zl} 置为 0 获得：

$$a_{y\_lift-off} = \frac{l_w}{2h}g \tag{15-4}$$

式（15-4）中$\dfrac{l_w}{2h}$项称作静态稳定系数（SSF），SSF 越低，侧向加速度等级越低，侧翻就越容易发生。

自 2003 年以来，NHTSA 增加了操纵动力学性能测试，并使用 SSF 系数来计算车辆防侧翻评价等级。

一般地，侧翻可分为倾斜侧翻和运动侧翻。绝大部分的侧翻是倾斜侧翻，是由施加于车辆上的外部作用力造成的，例如，由于路牙和防护栏对车辆的影响导致的侧翻，由于轮辋陷入便道、凹坑或者泥水中导致的侧翻等等；另一方面运动侧翻是由于紧急转向造成的，例如，以高速在弯曲道路上行驶，或者进行快速变换车道，结果轮胎上产生的侧向力使得车辆发生运动侧翻。

自 2004 年以来，J 形转向操纵测试和鱼钩测试被 NHTSA 用作操纵动力学性能测试来评估车辆的瞬态特性。用操纵动力学性能测试评价车辆性能，可避免车辆在驾驶操纵中出现运动侧翻，但是，由于运动侧翻在所有侧翻中只占很小的部分，所以也需要使用 SSF 系数来划分车辆防侧翻评价等级。

需要指出，SSF 系数表征了倾斜侧翻和运动侧翻 2 种情况。SSF 系数的缺点是它只涉及几何特性，而不包括悬架特性或者电子稳定性控制（ESC）造成的影响，这二者可以降低车辆的侧翻特性。

操纵动力学性能测试的结果弥补了 SSF 系数的不足，能帮助确定车辆的防侧翻评价。在侧翻等级计算中，SSF 系数仍比操纵动力学性能测试发挥更多的作用。

1. J 形转向操纵

利用斜坡函数转向输入，NHTSA 用 J 形转向操纵表现车辆转向避让障碍物的防撞操纵（Forkenbrock 等，2003）。在汽车厂商和其他部门组织的测试项目中，这是一种常用的测试操纵。由于不同车辆的转向传动比之间存在差别（Forkenbrock 等，2002；Boyd，2005），轴距和线性范围的不足转向特性也要考虑，对所有车辆规定等价的转向盘转角，而且转向盘转角要使车辆在水平路面上在 50mile/h（80km/h）的速度下产生一个 0.3g 的稳态侧向加速度。对于规定的车辆，首先使用 0.3g 侧向加速度，这是因为：

1）得到该侧向加速度的转向角是不同的，而且对任何给定的车辆来说，这个转向角相当小。

2）在加速度较低的情况下，稳定性控制干预不会影响测试结果。

加速度为 0.3g 时转向角位移很小，将其乘以 8 倍因子来反映侧倾严重程度，这样通常会产生大约 330°的转向盘转角（Forkenbrock，2002），转向盘角速度为 1000°/s。图 15-3 所示说明了试验中依靠程序控制转向设备进行自动转向盘输入的 J 形转向操作。

试验操作开始时，车辆以略高于设定的期望速度直线行驶。驾驶人松开节

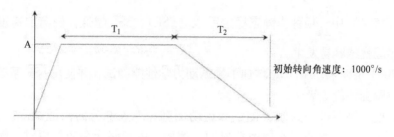

初始转向角速度：1000°/s

图 15-3　NHSTA 的 J 形转向操纵

A—SS* 加速度为 0.3g 时转向盘转角　SS—转角比例因子　T_1—4s 暂停　T_2—2s

气门，汽车滑行至试验速度，然后驾驶人发出转向盘转向输入指令。通常，用于 J 形转向操纵试验的速度是 35 ~ 60mile/h[⊖]，以 5mile/h 为增量，直到达到试验条件。试验条件指车辆内侧车轮抬升 2in 或更多，或者两车轮没有举起而试验以最高速度完成。如果两个车轮被举升，车速按照 1mile/h 的步长减小，直到车轮停止举升。检测到两个车轮被举升的最低车速，则另外两个试验在该车速下进行，两轮刚被举升。

2. 鱼钩操纵试验

鱼钩操作试验的早期版本由 Toyota 开发，由 Nissan 和 Honda 加以改进（Forkenbrock 等，2003）。图 15-4 所示描述了根据程序控制转向设备进行指令操纵的自动转向盘输入的鱼钩操作。自 1997 年以来，NHTSA 使用了几个不同的版本进行试验。目前的试验版本包括侧倾角速度反馈，以记录反向转向与车辆第一次正向转向达到最大侧倾角时的时间。车轮初始转角量和反向转角量是对称的，可以用转向盘转角乘 6.5 计算。同时，这个转向盘转角要使 50mile/h 过水平铺设路面上产生稳态侧向加速度 0.3g。当转向盘转角乘以这个比例因子可以得到 0.3g 加速度，其结果大约是 270°（Forkenbrock，2002；Boyd，2005）。如同 J 形转向试验，上述过程是一个弥补车辆间不同转向比、轮距和不足转向特性的客观方式。鱼钩操纵试验中的保持时间（指从完成初始转角开始到反向转角开始的时间长度）通过侧倾角速度来定义，由于试验条件不同，侧倾角速度需通过对车辆的计算来获得，侧倾角速度是实时监测的。当侧倾角速度达到 ±1.5°/s 时，开始施加反向转角。初始转角和反向转角对应的转向盘角速度是 720°/s。

相似于 J 形操纵试验，鱼钩操纵试验开始时，车辆以略高于设定的速度直线行驶（Boyd，2005）。驾驶人松开油门，滑行至目标车速，然后激活指令式转向

⊖　1mile≈1.6km

盘输入，如图 15-4 所示。鱼钩形操纵试验的常用输入速度范围是 35 ~ 60mile/h，以 5mile/h 为增加步长，直到达到终止条件。终止条件包括车辆内侧车轮被举升 2in 或更多，或者两车轮没有举起而试验以最大操纵速度完成。如果检测到两个车轮被举起，车速按照 1mile/h 的步长减小，直到检测不到该举起。一旦检测到最小车轮举起车速，将其记录下来，则另外两个试验按照该最小速度进行从而验证试验重复性。鱼钩试验中，NHTSA 得出，在试验完成前过大的转向（本质上，相当于图 15-4 中 " −T₁"）使得某些车辆达到最大侧倾角，即对初始转角输入的响应。因为保持时间的长度对鱼钩操纵稳定性有重要影响，其将导致两轮举起，所以对某些车辆过大转向可能严重妨碍反向转向时间。为了更好地确保较高操纵苛刻性，许多在转向输入乘 6.5 时不会导致两轮举起的车辆，在试验时转向角乘数降为 5.5。这种改变是为了增加不同操作过程中观测的停留时间。一些车辆在鱼钩试验中导入较低转向角（乘数为 5.5），而不导入较高转向角（乘数为 6.5）。对 NCAP，NHTSA 采用两种转向角来完成鱼钩操作练习（Boyd，2005；Forkenbrock 等，2002）。

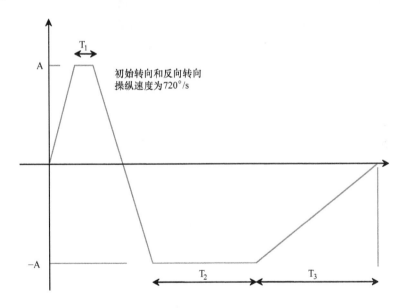

图 15-4   NHSTA 的鱼钩操纵

A—SS* 加速度为 0.3g 时的转向盘转角位置   SS—转角比例因子

T₁—从转向盘转角初值输入到侧倾速度为 ±1.5°/s 时的时间

T₂—3s 停顿   T₃—2s

15.2 一自由度的侧倾动力学模型

最简单的车辆侧倾动力学模型只有一个自由度，如图 15-5 所示。首先，与车辆底盘相比，假设车桥和轮胎质量为 0，换句话说，车辆只包括簧载质量，设非簧载质量为 0。同时，设车辆行驶在水平路面上，坡度为 0。这种简单假设在后面会代之以得到更精确的模型。一自由度只考虑侧倾角 ϕ，如图 15-5 所示。

a) 车辆一自由度侧倾动力学模型

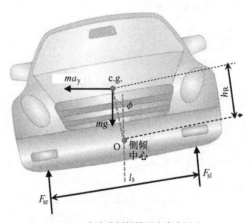

b) 一自由度侧倾模型中车身运动

图 15-5 侧倾动力学模型和车身运动

整车质量为 m，绕 c. g. 的侧倾转动惯量为 I_{xx}，左右悬架距离为 l_s，簧载质量质心距侧倾中心的距离为 h_R，车辆侧向加速度为 a_y，左右悬架作用力分别是 F_{sl} 和 F_{sr}，总的侧向轮胎力为 F_{lat}。根据车辆侧向动力学，有 $F_{lat} = ma_y$。应指出达朗贝尔力 $F_{lat} = ma_y$ 施加在图 15-5 所示的车辆质心 c. g. 处，车辆为准静态系统。对 O 点取矩，侧向动力学方程写为：

$$\begin{aligned}(I_{xx}+mh_R^2)\ddot{\phi} &= \sum M_x \\ &= F_{lat}h_R\cos\phi + mgh_R\sin\phi + F_{sl}\frac{l_s}{2} - F_{sr}\frac{l_s}{2}\end{aligned} \tag{15-5}$$

或者

$$(I_{xx}+mh_R^2)\ddot{\phi} = F_{lat}h_R\cos\varphi + mgh_R\sin\phi + \frac{l_s}{2}(F_{sl} - F_{sr}) \tag{15-6}$$

悬架作用力 F_{sl} 和 F_{sr} 分别作用在两侧的悬架弹簧上，如图 15-6 所示。由侧倾导致的作用在左侧的簧载变化量如下：

$$Z_{sl} = \frac{l_s}{2}\sin\phi \tag{15-7}$$

作用在右侧的簧载变化量：

$$Z_{sr} = -\frac{l_s}{2}\sin\phi \tag{15-8}$$

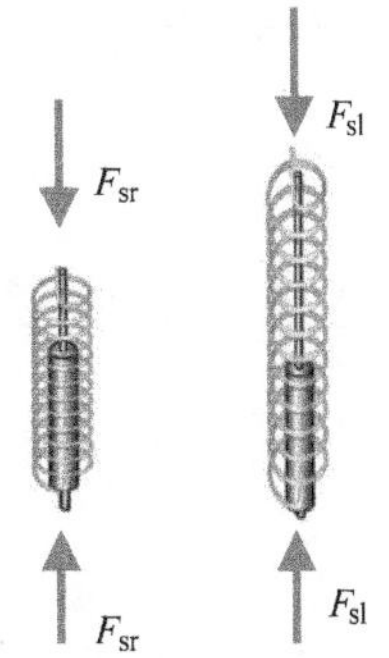

图 15-6　悬架作用力

而且，动态悬架作用力为：

$$F_{sl} = -k_s\frac{l_s}{2}\sin(\phi) \tag{15-9}$$

$$F_{sr} = k_s\frac{l_s}{2}\sin(\phi) \tag{15-10}$$

由式（15-9）和式（15-10）得：

$$F_{sl} - F_{sr} = -k_s l_s \sin(\phi) \tag{15-11}$$

将式（15-11）代入式（15-6）得：

$$(I_{xx}+mh_R^2)\ddot{\phi} = F_{lat}h_R\cos\phi + mgh_R\sin\phi - \frac{1}{2}k_s l_s^2\sin\phi \tag{15-12}$$

式（15-12）没有考虑阻尼力。考虑悬架阻尼与刚度的侧向动力学参考式（15-13）：

$$(I_{xx}+mh_R{}^2)\ddot{\phi} = F_{lat}h_R\cos\phi + mgh_R\sin\phi - \frac{1}{2}k_s l_s^2\sin\phi - \frac{1}{2}b_s l_s^2\dot{\phi}\cos\phi \tag{15-13}$$

这里的侧倾动力学是基于具有侧向加速度项 a_y 的侧向动力学。通过简化根据侧向轮胎力和侧向动力学建立的扩展项，可以避免侧倾运动与侧向运动的复杂耦合项。此外，假定变量 a_y 可测，为已知输入。

不考虑侧倾角，左右轮胎作用于路面的静态力是$\frac{mg}{2}$，作用于路面的全部轮胎力（包括动态力和静态力）为：

$$F_{zl} = \frac{mg}{2} + F_{sl} = \frac{mg}{2} - k_s \frac{l_s}{2}\sin\phi - b_s \frac{l_s}{2}\dot\phi\cos\phi \quad (15\text{-}14)$$

$$F_{zr} = \frac{mg}{2} + F_{sr} = \frac{mg}{2} + k_s \frac{l_s}{2}\sin\phi + b_s \frac{l_s}{2}\dot\phi\cos\phi \quad (15\text{-}15)$$

1. 悬架作用力方向

在一自由度模型的推导中，假设悬架作用力总是垂直作用在簧载质量上，如图15-5所示，于是等式（15-16）给出簧载质量的侧倾运动：

$$(I_{xx} + mh_R^2)\ddot\phi = F_{lat}h_R\cos\phi + mgh_R\sin\phi + \frac{l_s}{2}(F_{sl} - F_{sr}) \quad (15\text{-}16)$$

悬架作用力总是作用在垂直方向，如图15-7a所示。

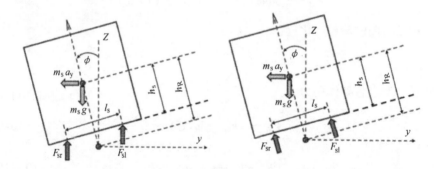

a)悬架作用力保持垂直　　　　　　b)悬架作用力垂直于簧载质量

图15-7 悬架作用力的不同方向

此时簧载质量的侧向动力学由式（15-17）给出：

$$(I_{xx} + mh_R^2)\ddot\phi = F_{lat}h_R\cos\phi + mgh_R\sin\phi + \frac{l_s}{2}(F_{sl} - F_{sr})\cos\phi - (F_{sl} + F_{sr})(h_R - h_s)\sin\phi$$

$$(15\text{-}17)$$

因为 $F_{sl} + F_{sr} = mg$，所以：

$$(I_{xx} + mh_R^2)\ddot\phi = F_{lat}h_R\cos\phi + mgh_s\sin\phi + \frac{l_s}{2}(F_{sl} - F_{sr})\cos\phi \quad (15\text{-}18)$$

因此式（15-16）和式（15-18）的主要差别是在重力项系数中用 h_s 代替 h_R，2个模型相似。

因为参数 h_s 和 h_R 无法精确给出，所以2式的差别并不重要。为了保证描述的一致和便于理解，簧载质量的侧倾动力学用式（15-16）来表达，其他章节也如此。

2. 引入路面坡度

接下来将考虑引入路面坡度，如图15-8所示，路面坡度角为 ϕ_r，并假设其

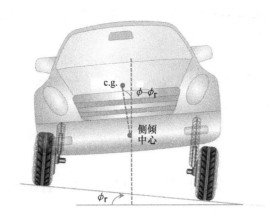

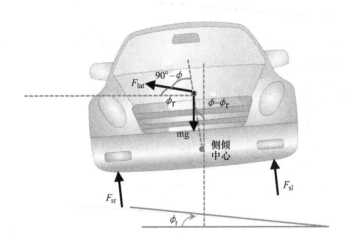

图 15-8　侧倾动力学和车身自由度示意图

正方向为侧倾角反方向。

对侧倾中心取矩得出：

$$(I_{xx} + mh_R^2)\ddot{\phi} = F_{lat}h_R\cos\phi + mgh_R\sin(\phi - \phi_r) - F_{sr}\frac{l_s}{2} + F_{sl}\frac{l_s}{2} \quad (15\text{-}19)$$

为了表述侧向轮胎力 F_{lat} 与车辆侧向加速度的关系，建立车辆的侧向动力学。根据侧向动力学，考虑坡度的平动方程改为：

$$m(\ddot{y} + V_x\dot{\psi}) = F_{yf} + F_{yr} - mg\sin\phi_r \quad (15\text{-}20)$$

$$F_{lat} = F_{yf} + F_{yr} = m(\ddot{y} + V_x\dot{\psi} - g\sin\phi_r) \quad (15\text{-}21)$$

非簧载质量上的侧向加速计可以读出总侧向加速度和部分侧向重力（带有

正负符号）引起的加速度，所以，用侧向加速计测出的侧向加速度为（Piya-bongkarn 等，2009）：

$$a_{y,meas} = \ddot{y} + V_x\dot{\psi} - g\sin\phi_r \qquad (15-22)$$

因此，由于路面坡度，方程 $F_{lat} = ma_{y,meas}$ 包含侧向力和重力沿坡道的分力 2 个方面的影响。将 $F_{lat} = ma_{y,meas}$ 代入方程（15-19）得：

$$(I_{xx} + mh_R^2)\ddot{\phi} = ma_{y,meas}h_R\cos\phi + mgh_R\sin(\phi - \phi_r) - F_{sr}\frac{l_s}{2} + F_{sl}\frac{l_s}{2}$$

$$(15-23)$$

接下来再代入动态悬架作用力 F_{sl} 和 F_{sr}，得到包含路面坡度角的侧倾动力学方程：

$$(I_{xx} + mh_R^2)\ddot{\phi} = ma_{y,meas}h_R\cos\phi + mgh_R\sin(\phi - \phi_r) - \frac{1}{2}k_s l_s^2\sin\phi - \frac{1}{2}b_s l_s^2\dot{\phi}\cos\phi$$

$$(15-24)$$

有坡度角方程与无坡度角方程的区别只是重力转矩项 $mgh_R\sin(\phi - \phi_r)$，$mgh_R\sin\phi$ 项被 $mgh_R\sin(\phi - \phi_r)$ 项所代替。

15.3　四自由度侧倾动力学模型

四自由度模型需要考虑：

1）簧载质量的垂向位移，用 z_s 表示。

2）簧载质量的侧倾角位移，用 ϕ 表示。

3）左侧非簧载质量的垂向位移，用 z_{ul} 表示。

4）右侧非簧载质量的垂向位移，用 z_{ur} 表示。

四个自由度 z_{ul}、z_{ur}、z_s 和 ϕ 如图 15-9 所示。z_{rl} 和 z_{rr} 是作用于系统的路面输入变量。考虑路面激励，由路面颠簸和路面坑洼导致的侧倾运动以及侧向加速度引起的侧倾运动，可以通过该模型进行分析。

设 z_{ul}、z_{ur} 和 z_s 可以通过静平衡位置测出，左右两侧的悬架动态作用力分别记作 F_{sl} 和 F_{sr}，左右两侧的动态轮胎力分别记为 F_{tl} 和 F_{tr}，如图 15-10 所示。

簧载质量和 2 个非簧载质量垂向力平衡，得到如下方程：

$$m_s\ddot{z}_s = F_{sl} + F_{sr} \qquad (15-25)$$

$$m_u\ddot{z}_{ul} = -F_{sl} + F_{tl} \qquad (15-26)$$

$$m_u\ddot{z}_{ur} = -F_{sr} + F_{tr} \qquad (15-27)$$

簧载质量的侧倾动力学方程用第 15.2 节中描述的方程来给出：

$$(I_{xx} + mh_R^2)\ddot{\phi} = m_s a_y h_R\cos\phi + m_s gh_R\sin\phi + \frac{l_s}{2}(F_{sl} - F_{sr}) \qquad (15-28)$$

给出悬架动态作用力：

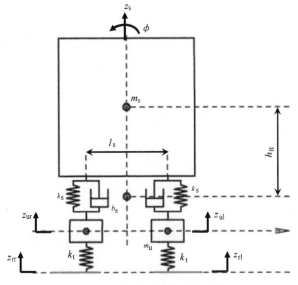

图 15-9　四自由度侧倾动力学模型

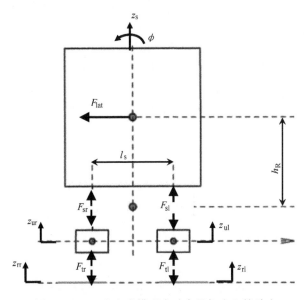

图 15-10　四自由度模型中动态悬架力和轮胎力

$$F_{\text{sl}} = -k_{\text{s}}(z_{\text{sl}} - z_{\text{ul}}) - b_{\text{s}}(\dot{z}_{\text{sl}} - \dot{z}_{\text{ul}})$$
$$= -k_{\text{s}}\left(z_{\text{s}} + \frac{l_{\text{s}}}{2}\sin\phi - z_{\text{ul}}\right) - b_{\text{s}}\left(\dot{z}_{\text{s}} + \frac{l_{\text{s}}}{2}\dot{\phi}\cos\phi - \dot{z}_{\text{ul}}\right)$$

$$(15\text{-}29)$$

$$F_{sr} = -k_s(z_{sr} - z_{ur}) - b_s(\dot{z}_{sr} - \dot{z}_{ur})$$

$$= -k_s\left(z_s - \frac{l_s}{2}\sin\phi - z_{ur}\right) - b_s\left(\dot{z}_s - \frac{l_s}{2}\dot{\phi}\cos\phi - \dot{z}_{ur}\right)$$

$$(15\text{-}30)$$

动态轮胎力是:

$$F_{tl} = -k_t(z_{ul} - z_{rl}) \tag{15-31}$$

$$F_{tr} = -k_t(z_{ur} - z_{rr}) \tag{15-32}$$

根据式 (15-29) 和式 (15-30), 则有:

$$F_{sl} - F_{sr} = -k_s l_s\sin\phi - b_s l_s\dot{\phi}\cos\phi + k_s(z_{ul} - z_{ur}) + b_s(\dot{z}_{ul} - \dot{z}_{ur}) \tag{15-33}$$

将式 (15-33) 代入式 (15-28) 得:

$$(I_{xx} + m_s h_R^2)\ddot{\phi} = m_s a_y h_R\cos\phi + m_s g h_R\sin\phi$$

$$- \frac{k_s l_s^2}{2}\sin\phi - \frac{b_s l_s^2}{2}\dot{\phi}\cos\phi$$

$$+ \frac{k_s l_s}{2}(z_{ul} - z_{ur}) + \frac{b_s l_s}{2}(\dot{z}_{ul} - \dot{z}_{ur}) \tag{15-34}$$

因此, 完整的运动学方程为:

$$m_s\ddot{z}_s = -k_s\left(z_s + \frac{l_s}{2}\sin\phi - z_{ul}\right) - b_s\left(\dot{z}_s + \frac{l_s}{2}\dot{\phi}\cos\phi - \dot{z}_{ul}\right)$$

$$- k_s\left(z_s - \frac{l_s}{2}\sin\phi - z_{ur}\right) - b_s\left(\dot{z}_s - \frac{l_s}{2}\dot{\phi}\cos\phi - \dot{z}_{ur}\right) \tag{15-35}$$

$$m_u\ddot{z}_{ul} = k_s\left(z_s + \frac{l_s}{2}\sin\phi - z_{ul}\right) + b_s\left(\dot{z}_s + \frac{l_s}{2}\dot{\phi}\cos\phi - \dot{z}_{ul}\right) - k_t(z_{ul} - z_{rl})$$

$$(15\text{-}36)$$

$$m_u\ddot{z}_{ur} = k_s\left(z_s - \frac{l_s}{2}\sin\phi - z_{ur}\right) + b_s\left(\dot{z}_s - \frac{l_s}{2}\dot{\phi}\cos\phi - \dot{z}_{ur}\right) - k_t(z_{ur} - z_{rr})$$

$$(15\text{-}37)$$

并且

$$(I_{xx} + m_s h_R^2)\ddot{\phi} = m_s a_y h_R\cos\phi + m_s g h_R\sin\phi$$

$$- \frac{k_s l_s^2}{2}\sin\phi - \frac{b_s l_s^2}{2}\dot{\phi}\cos\phi$$

$$+ \frac{k_s l_s}{2}(z_{ul} - z_{ur}) + \frac{b_s l_s}{2}(\dot{z}_{ul} - \dot{z}_{ur}) \tag{15-38}$$

作用于地面的全部轮胎力包括 2 部分: 与重力有关的静态力和动态力, 则包括这 2 部分的路面轮胎力写为:

$$F_{zl} = F_{tl} + \frac{m_s}{2}g + m_u g \qquad (15\text{-}39)$$

$$F_{zr} = F_{tr} + \frac{m_s}{2}g + m_u g \qquad (15\text{-}40)$$

式中　m_u——分布在车辆左右两侧的全部非簧载质量；

　　　m_s——车辆的簧载质量。

15.4　侧翻指数

侧翻指数是一个实时变量，它表明车辆侧翻的可能性，可通过主动防侧翻系统计算得到，从而触发差动制动来阻止侧翻。侧翻指数的精确计算对于保证实时预防侧翻是很重要的，同时也要确保非必要时不触发主动防侧翻系统。

定义侧翻指数的常用方法是基于车辆实时左右轮胎垂直载荷的差值。图 15-11 所示给出了车辆簧载质量侧倾运动示意图，车辆侧倾运动产生的轮胎垂向力 F_{zl} 和 F_{zr} 之间的差值被定义为侧翻指数 R（Liu 等，1997）：

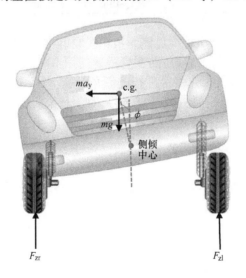

图 15-11　基于侧向载荷转移的侧翻指数

$$R = \frac{F_{zr} - F_{zl}}{F_{zr} + F_{zl}} \qquad (15\text{-}41)$$

当簧载质量产生正的侧倾角时（图 15-11），右侧（外侧）车轮的垂向力增加，同时左侧（内侧）的垂向力减少。在侧倾角足够大的情况下，内侧车轮的垂向力减小为0，导致内侧车轮离开地面，此时，$F_{zl}=0$，左侧车轮举起，$R=\dfrac{F_{zr}-F_{zl}}{F_{zr}+F_{zl}}=1$；同样，反向侧倾角足够大时，右侧车轮举起，$F_{zr}=0$，$R=-1$。

因此，车轮举起时，$R=1$ 或者 $R=-1$。当车辆转向角为0，直线行驶时，$F_{zl}=F_{zr}$，侧倾指数的值 $R=0$。

在相关文献中，侧倾指数的另外几个名称是载荷转移率和侧向载荷转移率。

方程（15-41）中的侧翻指数不能直接实时计算，因为轮胎力 F_{zl} 和 F_{zr} 不易测得，所以不得不通过使用侧倾动力学模型来获得侧翻指数估计值，侧倾动力学模型将 $F_{zr}-F_{zl}$ 和 $F_{zr}+F_{zl}$ 变量转化为容易测量的变量。

根据一自由度侧倾动力学模型得到的公式（15-14）和式（15-15），轮胎力是：

$$F_{zl}+F_{zr}=mg \tag{15-42}$$

$$F_{zr}-F_{zl}=k_s l_s \sin\phi + b_s l_s \dot{\phi}\cos\phi \tag{15-43}$$

则侧翻指数为：

$$R=\frac{F_{zr}-F_{zl}}{F_{zr}+F_{zl}}=\frac{k_s l_s \sin\phi + b_s l_s \dot{\phi}\cos\phi}{mg} \tag{15-44}$$

式（15-44）需要测量簧载质量侧倾角和侧倾角速度。然而，侧倾角在绝大多数现有车辆上无法测到，侧倾角的测量需要使用 LVDTs 或者其他相关位移传感器，通过测量左右悬架的位移量进行侧倾角计算。这类传感器价格昂贵，大多数乘用车上没有使用。况且，式（15-44）对于悬架需要假设弹簧和阻尼器为线性特性，需要更多的悬架参数。

$k_s l_s \sin\phi + b_s l_s \dot{\phi}\cos\phi$ 项可以在一定的假设条件下进一步利用一自由度侧倾动力学模型估计。

在侧倾动力学公式（15-13）中，设 $\ddot{\phi}=0$，忽略动态力的转移，则有：

$$\frac{1}{2}kl_s^2\sin\phi + \frac{1}{2}bl_s^2\dot{\phi}\cos\phi = ma_y h_R\cos\phi + mgh_R\sin\phi$$

$$kl_s\sin\phi + bl_s\dot{\phi}\cos\phi = \frac{2ma_y h_R\cos\phi + 2mgh_R\sin\phi}{l_s} \tag{15-45}$$

假定 $l_s=l_w$，则估计侧翻指数为：

$$R=\frac{2a_y h_R\cos\phi + 2gh_R\sin\phi}{l_s g}=\frac{2h_R}{l_w g}a_y\cos\phi + \frac{2h_R}{l_w}\sin\phi \tag{15-46}$$

式（15-46）的侧翻指数包括车辆的侧向加速度 a_y（在非簧载质量上测量）和车辆侧倾角 ϕ。非簧载质量不会发生侧倾运动，侧向加速度计安装在非簧载上面，为保证其方向和车辆的侧向加速度方向基本一致。式（15-46）里的参数需要知道侧倾中心与整车质心的高度以及轮距。

侧倾角较小时，可以忽略。假设 $\phi \approx 0$，$\cos\phi = 1$，小侧倾角计算式（15-46）的侧翻指数近似为：

$$R_{\text{approx}} = \frac{2h_R a_y}{l_w g} \tag{15-47}$$

式（15-47）中的指数只需测量侧向加速度，所有装备电子稳定系统的车辆上都能测量该侧向加速度。

如图 15-12 所示，一辆 SUV 车在圆形轨道中稳态转向，式（15-46）侧翻指数 R 和它的近似值 R_{approx} 很接近，也可以看出 2 条曲线的差随着侧向加速度的增大而增大，以至在紧急转弯操控时产生更大的误差，而且，质心越高误差越大，所以，通过侧倾角估计，则由式（15-46）比式（15-47）得到的侧翻指数更精确。

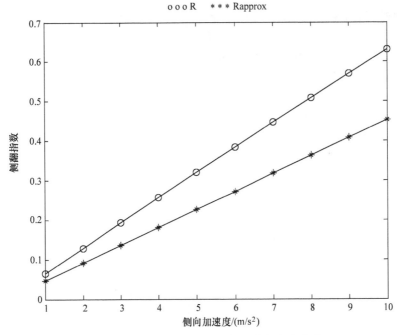

图 15-12　侧翻指数 R 和只含有侧向加速度的侧翻指数 R_{approx}

这里需指出，质心高度是一个常数，它只能通过车辆上乘客和货物载荷的变化来改变。

侧倾角和质心高度估计算法可以在 Rajamani 等在 2009 年及近期发表的刊物上找到。

15.5 防止侧翻

一旦根据计算得出的实时侧翻指数识别出车辆接近侧翻，需要启动有效的防侧翻措施。在没有完全侧翻的侧倾中，可通过增加车辆的悬架刚度来防止侧翻，利用制动来降低车速，利用差动制动来减小横摆速度和车速。防侧翻常常是车辆电子稳定控制系统的扩展功能（Piyabongkarn 等，2010；Liebemann 等，2004）。这里，防侧翻是通过差动制动或者差速驱动产生横摆转矩实现。

假设一车辆在路面上沿圆周行驶，图 15-13 所示给出了车辆行驶的轨迹，包括直线行驶轨迹和半径为 300m 的圆形行驶轨迹。图 15-14 所示是 3 种不同车速 15m/s、30m/s 和 40m/s（即 33.75mile/h、67.5mile/h 和 90mile/h）下的侧翻指数。如图 15-14 所示，在 15m/s 时 R 为 0.1，而在 30m/s 时 R 为 0.38、40m/s 时 R 为 0.66。因为以 3 种不同车速驶过相同的轨迹，所以圆形轨迹的半径是相同，但横摆角速度 $\dot{\psi} = \dfrac{V_x}{R}$ 随车速而变化。

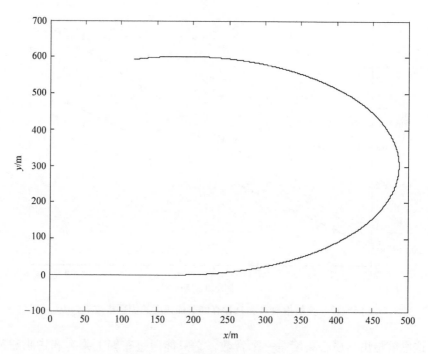

图 15-13　车辆完成圆形运动轨迹

因此，稳态侧向加速度为

$$a_{y\_ss} = V_x \dot{\psi} = \frac{V_x^2}{R}$$

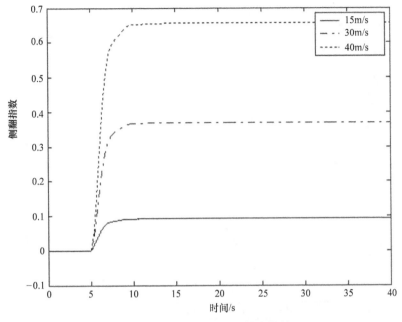

图 15-14　不同车速下的侧翻指数

在低速时显著降低，这就是为什么车速降低时侧翻的可能性会随之显著降低。

不降低车速而减小横摆角速度也可以减小侧翻的可能性。NHTSA 动态侧翻评估测试验证了在不同的车速下车辆的侧翻性，例如，在 56 ~ 80km/h 的速度范围内评价了鱼钩操纵性能。巡航控制用来保持鱼钩操纵时恒定的车速。不降低车速，ESC 系统会利用差动制动降低横摆角速度。巡航控制系统控制节气门开度，进而保持车速的稳定。

图 15-15 ~ 图 15-18 是鱼钩操纵试验的仿真结果。如图 15-4 所示，当有前轮转角输入时，可以在到达预设的横摆角速度时启用 ESC 系统。首先通过驾驶人的转向输入计算期望的横摆角速度，这一部分见第 8 章，随后期望横摆角速度不断增加，侧翻指数达到一个最大临界值。根据侧翻指数定义：

$$R = \frac{2h_{\mathrm{R}}a_{\mathrm{y}}}{l_{\mathrm{w}}g} \tag{15-48}$$

如果侧翻指数保持临界值 $R_{\mathrm{threshold}}$ 以下，则相关最大允许侧向加速度为：

$$a_{\mathrm{y}} \leqslant \frac{R_{\mathrm{threshold}}l_{\mathrm{w}}g}{2h_{\mathrm{R}}} \tag{15-49}$$

设侧向加速度项等于向心加速度，$a_{\mathrm{y}} = V_{\mathrm{x}}\dot{\psi}$，作此假设，平动滑移项 $\ddot{y}$ 可被忽略。

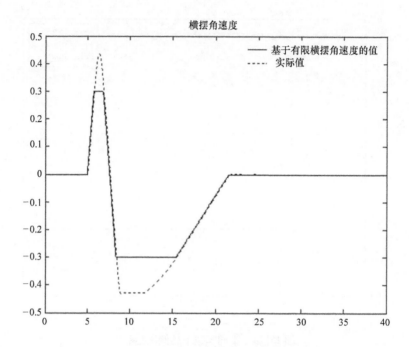

图 15-15　横摆角速度的实际值和边界值

$$V\dot{\psi}_{\text{des}} \leqslant \frac{R_{\text{threshold}}l_{\text{w}}g}{2h_{\text{R}}} \tag{15-50}$$

通过横摆稳定性控制，逼近期望的横摆角速度，因此，防侧翻就成为电子稳定性控制的一部分。

因为平动滑移和侧倾角在侧翻指数中都被忽略，所以在图 15-16 中对仿真结果给出了 ±0.3rad/s 的边界。仿真基于一辆 SUV，质心高度为 0.8m。在仿真中使用巡航控制，使得整个仿真过程中纵向速度大约保持为 15m/s。如前所述，差动制动被用在 ESC 中，来逼近期望横摆角速度。仿真结果中虚线表示开环的鱼钩操纵试验，实线表示使用了 ESC 的鱼钩操纵试验。如图 15-15 所示，基于限制横摆角速度的 ESC，使得横摆角速度被控制在 0.3rad/s 范围内。

如图 15-16 所示，无 ESC 时，系统侧翻指数达 0.8，通过 ESC 系统控制横摆角速度，侧翻指数最大值为 0.55；同样，图 15-17 所示中有 ESC 系统控制时侧倾角较小，因此侧翻性在控制横摆角速度的 ESC 系统中显著降低；如图 15-18 所示，由于横摆角速度不同，基于 ESC 系统驶过的轨迹与无 ESC 系统驶过的轨迹不同，如果在低横摆角速度得到同样的轨迹，则应该通过降低纵向车速来实现。

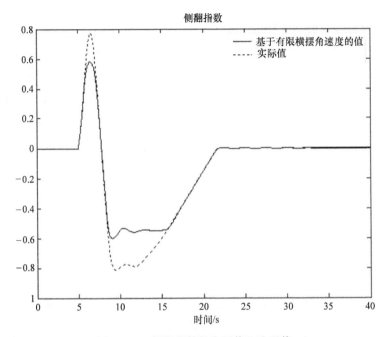

图 15-16　侧翻指数的实际值和边界值

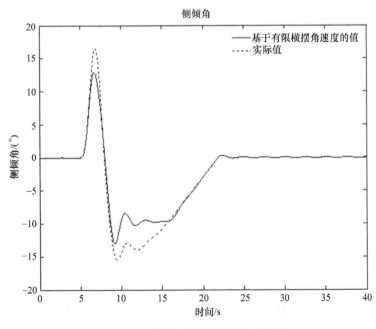

图 15-17　侧倾角的实际值和边界值

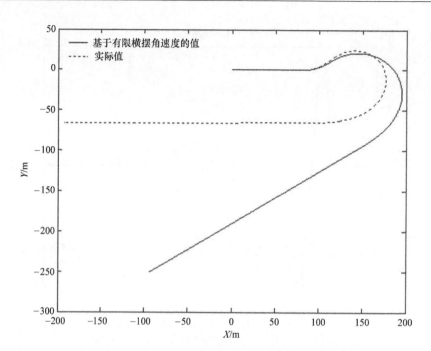

图 15-18　车辆轨迹的实际路径和基于有界横摆角速度的名义路径

15.6　本章小结

本章主要讲述了 NHTSA 使用静态稳定因数（*SSF*）和动态操纵测试进行防侧翻等级评价，提出了车辆侧倾动力学模型，提出了具有侧向加速度响应的一自由度侧倾动力学模型，提出了具有侧向加速度和路面垂直输入响应的四自由度模型侧倾动力学模型。

侧翻指数是一个实时变量，可说明车辆侧翻的可能性。计算侧翻指数的基本算法是基于检测车轮抬起和利用内外侧车轮垂向力的差值。可通过侧向加速度和侧倾角用公式来估计侧翻指数。

如果侧翻指数超出临界值，表明侧翻危险性很高，防侧翻控制被激活。防侧翻作为 ESC 的系统功能发挥作用，利用差动制动降低车速和横摆角速度来防止侧翻。

参　数　表

SSF——静态稳定因数

l_w——轮距

l_s——左右悬架横向距离

h——整车质心距离地面的高度

h_R——整车质心距离侧倾中心的高度

h_s——整车质心距离悬架位置的高度

a_y——整车侧向加速度

a_{y_meas}——侧向加速度计的测量信号

$a_{y\_lift-off}$——轮胎离地时侧向加速度

a_{y_ss}——圆形弯道的稳态侧向加速度

m——整车质量

m_s——车辆簧载质量

m_u——车辆左右两边各自的非簧载质量

I_{xx}——绕质心的转动惯量

g——重力加速度

F_{lat}——侧向轮胎力的合力（包括前后轮）

F_{sl}——左侧悬架的动态力

F_{sr}——右侧悬架的动态力

F_{tl}——左侧轮胎的动态力

F_{tr}——右侧轮胎的动态力

F_{zl}——左侧轮胎的合力

F_{zr}——右侧轮胎的合力

ϕ——侧倾角

ϕ_r——路面坡度

z_s——车辆质心的垂直位移

z_{sl}——左侧簧载质量的垂直位移

z_{sr}——右侧簧载质量的垂直位移

z_{ul}——左侧非簧载质量的垂直位移

z_{ur}——右侧非簧载质量的垂直位移

z_{rl}——左侧路面位移输入

z_{rr}——右侧路面位移输入

V_x——车辆纵向速度

$\dot{\psi}$——车辆横摆角速度

$\dot{\psi}_{des}$——期望车辆横摆角速度

$\dot{y}$——车辆侧向平移速度

k_s——悬架刚度

b_s——悬架阻尼系数

k_t——轮胎刚度

R——侧翻指数

R_{approx}——侧翻指数近似值

$R_{thteshold}$——起始防侧翻的侧翻指数临界值

参 考 文 献

Boyd, P.L., "NHTSA's NCAP Rollover Resistance Rating System," Paper # 05-0450, Proceedings - *19th International Technical Conference on the Enhanced Safety of Vehicles*, Washington, D.C., June 6-9, 2005, Available on NHTSA web site, http://www-nrd.nhtsa.gov/pdf/esv/esv19/05-0450-O.pdf.

Chen, B. and Peng, H., "Differential braking based rollover prevention for sport utility vehicles with human-in-the-loop evaluations," *Vehicle System Dynamics*, Vol. 36, No. 4-5, pp. 359-389, 2001.

Carlson, C.R. and Gerdes, J.C., "Optimal Rollover Prevention with Steer by Wire and Differential Braking," *Proceedings of the ASME International Mechanical Engineering Congress and Exposition*, pp. 345-355, November, 2003.

Forkenbrock, G.J., Garrott, W.R., Heitz, M. and O'Harra, B.C., "Experimental Examination of J-Turn and Fishhook Maneuver that may Induce On-Road Untripped Light Vehicle Rollover," *SAE Paper*, No. 2003-01-1008, 2003.

Forkenbrock, G.J., Garrott, W.R., Heitz, M. and O'Harra, B.C., "A Comprehensive Experimental Examination of Test Maneuvers that May Induce On-Road, Untripped Light Vehicle Rollover – Phase IV of NHTSA's Light Vehicle Rollover Research Program," *NHTSA Technical Report*, DOT HS 809 513, October 2002.

Hac, A., Brown, T. and Martens, J., "Detection of Vehicle Rollover," *SAE Technical Paper Series*, 2004-01-1757, SAE World Congress, 2004.

Lew, J.Y., Piyabongkarn, D. and Grogg, J.A., "Minimizing Dynamic Rollover Propensity with Electronic Limited Slip Differentials," *SAE Transactions Journal of Passenger Cars: Mechanical Systems*, pp. 1183-1190, SAE book number V115-6, 2006.

Liebemann, E.K., Meder, K., Schuh, J. and Nenninger, G., "Safety and Performance Enhancement: The Bosch Electronic Stability Control (ESP)," *SAE Paper*, No. 2004-21-0060, 2004.

Liu, P.J., Rakheja, S. and Ahmed, A.K.W., "Detection of Dynamic Roll Instability of Heavy vehicles for Open-Loop Rollover Control," *SAE Paper*, No. 973263.

NHTSA, USDOT, *Fatality Analysis Reporting System* (FARS), http://www-fars.nhtsa.dot.gov/Main/index.aspx, accessed June 2011.

Odenthal, D., Bunte, T. and Ackermann, J., "Nonlinear Steering and Braking Control for Vehicle Rollover Avoidance," *Proceedings of the European Control Conference*, 1999.

Piyabongkarn, D. Rajamani, R., Grogg, J. and Lew, J., "Development and Experimental Evaluation of a Slip Angle Estimator for Vehicle Stability Control," *IEEE Transactions on Control Systems Technology*, Vol. 17, No. 1, pp. 78-88, January 2009.

Piyabongkarn, D., Rajamani, R. and Lew, J.Y., "Active Driveline Torque Management Systems – Individual Wheel Torque Control for Active Automotive Safety Applications," *IEEE Control Systems Magazine*, Vol. 30, Issue 4, pp. 86-102, August 2010.

Rajamani, R., Piyabongkarn, D., Tsourapas, V. and Lew, J.Y., "Real-Time Estimation of Roll Angle CG Height for Active Rollover Prevention Applications," *Proceedings of the American Control Conference*, 2009.

Takano, S. and Nagai, M., "Dynamic Control of Large Vehicles for Rollover Prevention," pp. 85-89, *Proceedings of IEEE IVEC*, 2001.

Transportation Research Board (TRB), *the National Academies*, Special Report 265, "The National Highway Traffic Safety Administration's Rating System for Rollover Resistance: An Assessment," 2002.

Yoon, J., Kim, D. and Yi, K., "Design of a Rollover Index Based Vehicle Stability Control Scheme," *Vehicle System Dynamics*, Vol. 45, No. 5, pp. 459-475, May 2007.

第16章 油电混合动力汽车的动力学与控制

混合动力汽车拥有两个或两个以上的动力源。目前市场上的混合动力汽车大多使用油电混合，其动力可以由内燃机和电机其中之一单独提供，也可以由两者同时提供。

与传统的发动机单独驱动汽车相比，油电混合动力车能够显著降低燃料消耗和尾气排放。其油耗改善的主要原因：

1）在一些混合动力车中，发动机和电机可以同时驱动车轮运行，这就允许发动机尺寸可以适当减小，并且可以根据行驶平均转矩需求来选择如何设计发动机，而峰值转矩可以由电机额外提供。

2）另外，有些混合动力汽车的发动机不与车轮直接连接，而是先作为一个发电机给电池充电，电池再给电机提供动力驱动汽车行驶。由于发动机没有与车轮直接连接，可以始终运行在最佳转速 – 转矩工作点上，使运行效率更加高效，从而减少耗油量。

3）混合动力汽车在减速时，电机可反转作为发电机，这就是所谓的制动能量回收，用来取代摩擦制动器使汽车减速。制动能量回收系统使得一部分动能得以回收再利用，而对于常规汽车来说，摩擦制动器仅会将汽车动能以热量的形式浪费掉。

4）其他减少燃油消耗的手段还包括使汽车在等待交通信号时完全关闭发动机，不但可以节省燃油，而且消除了因发动机空转而产生的大量尾气排放。

峰值功率（当驾驶人将加速踏板踩到底以获得最大加速度时的发动机功率）是评价普通汽车发动机的一个重要指标，但是大多数驾驶人使用峰值功率的时间不到所有行驶时间的1%，一种典型的150hp发动机可以在10s内把速度从0mile/h加速到60mile/h。而混合动力汽车，像丰田普锐斯只需要76hp就能够获得相同的加速能力，因为发动机尺寸越小，其燃油经济性越高。

16.1 混合动力系统的类型

油电混合动力汽车中常见的动力系统类型如下：

1. 并联式混合动力系统

顾名思义，并联式混合动力汽车是指发动机和电机能够同时驱动车轮，这是由于采用了图16-1所示的传动系统。并联式混合动力汽车可以实现制动能回收对电池充电，在整车需求功率很低时，发动机也会对电池充电。

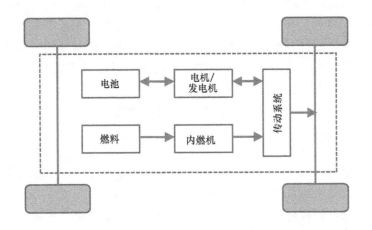

图 16-1　并联混合动力汽车动力系统示意图

　　并联混合动力汽车的发动机动力在传递到车轮时不需要转变为电功率，这就避免了由于机电能量转换而造成的效率降低现象，但是，不同于串联式混合动力，其发动机无法始终运行在最佳转速 – 转矩工作条件下，根据转速、转矩需求，其工作点分布在很广的范围内。

　　本田 Insight、Civic 和 Accord 都采用并联式混合动力系统。

　　2. 串联式混合动力系统

　　串联式混合动力汽车只依靠电机驱动车轮。电机接收从电池和发电机装置传递的电功率，其中发电机由发动机驱动，如图 16-2 所示。由控制系统实时确

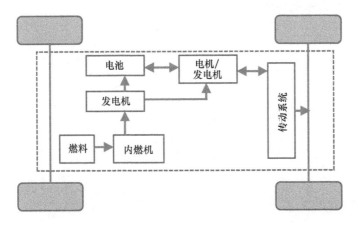

图 16-2　串联式混合动力汽车动力系统示意图

定电池组和发动机每时每刻所分别提供的动力比例。发动机驱动发电机可以对电池充电，当进行制动能量回收（减速）时，电机反转成为发电机也可对电池充电。

普通汽车发动机的工作点会被迫在较广的范围内分布，而在串联式混合动力汽车中，发动机能始终在最佳效率点上工作，这是因为此时发动机只是单纯向电池充电，而不需要为了满足不同的功率、转矩、转速需求而改变工作点，因而串联式混合动力汽车也不需要多级变速系统。

为了完全满足车辆驾驶需求，相对于并联式混合动力汽车，串联式混合动力汽车需要更大的电池和电机，其发动机通常小于传统汽车，因为发动机只需要满足平均功率，峰值功率由电池和电机来满足。串联式混合动力汽车比并联式混合动力汽车昂贵，因为其需要更大功率的电池和电机以及一个单独的发电机，但是由于其不需要变速器，因此传动系统结构比较简单。

串联式混合动力系统比较适用于那些行驶时起停次数较多的车辆，比如公交车或其他城市车辆。

3. 混联式混合动力系统

混联式混合动力系统综合了串联式和并联式混合动力系统的优点和结构，发动机能够直接驱动车轮（如同并联式混合动力系统），也能够与车轮断开，只由电机驱动汽车行驶（如同串联式混合动力系统）。这种结合方式可以使发动机更多地在最佳工作点附近运行。在低速时，基于汽车走走停停的情况，优先考虑使发动机工作在高效区，因此这时应表现为串联式混合动力系统；在高速时，串联式混合动力系统则显得效率不高，发动机应直接与车轮连接，使得机电转换的能量损失最小。这种混合动力系统更加昂贵，因为其结构更加复杂，并且需要一个先进的控制系统，混联式结构比单独串联式和并联式结构具有更好的工作效果，其动力系统如图16-3所示。

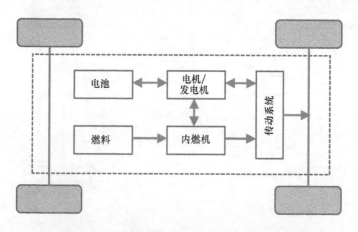

图16-3　混联式混合动力汽车动力系统示意图

丰田普锐斯是最广为人知的混联式混合动力汽车之一。

4. 其他动力源

除了汽油机和电机，其他运用在混合动力汽车的动力源类型包括液压系统、燃料电池和气压促动系统（Wu 等，2002；Rodatz 等，2005；Vahidi 等，2006）。美国环境保护署（EPA）在 2006 年与企业合作推出了一种采用串联式液压混合动力的 UPS 货车（US EPA，2006），实验室测试证明，这种液压混合动力汽车的燃油经济性提高了 60% ~ 70%，二氧化碳排放量减少了 40% 以上。截止到 2010 年，UPS 已经从 EPA 购买了 7 辆这种货车并投入使用。

16.2　动力系统的动态模型

16.2.1　并联式油电混合动力汽车的动态仿真模型

1. 纵向动力学

并联式油电混合动力汽车的纵向动力学与其他汽车一样，可以表示为：

$$m\dot{V}_x = F_x - C_a V_x^2 - R_x - mg\sin\theta \tag{16-1}$$

式中　V_x——车辆纵向速度；

　　　F_x——轮胎纵向总牵引力；

　　　R_x——滚动阻力；

　　　θ——道路坡度角；

　　　m——汽车总质量；

　　　C_a——空气阻力系数。

为了确定车轮总驱动转矩，可通过车轮动力学方程得到。汽车车轮动力学方程可表示为：

$$I_w\dot{\omega}_w = T_d - T_{fbrake} - r_{eff}F_x \tag{16-2}$$

式中　I_w——车轮转动惯量；

　　　T_d——提供给驱动轮的总驱动转矩；

　T_{fbrake}——总摩擦制动转矩；

　　　r_{eff}——有效轮胎半径。

2. 动力分配比

驾驶人对加速踏板的动作指令、实际车速、目标车速、目标车距以及其他纵向控制条件被用于确定驱动轮的总驱动转矩 T_d，车轮驱动转矩 T_d 由并联的发动机和电机通过传动装置共同提供，即：

$$T_d = \frac{1}{R}(T_{ICE} + T_{EM}) \tag{16-3}$$

式中　R——传动装置齿轮传动比；

　　T_{EM}——电动机转矩；

T_{ICE}——发动机转矩。

注意 $R<1$，为车轮转速与发动机/电机转速之比。

把变量 $u=\dfrac{T_{EM}}{RT_d}$ 作为控制输入，这是电机所提供的转矩占总驱动转矩的比例，称为动力分配比。

发动机输出的转矩 T_{ICE} 由已知的总需求转矩和控制输入来确定，如何确定总需求转矩将在第 16.6 节中加以讨论。

3. 发动机油耗

电机和发动机转速为：

$$\omega_{EM}=\omega_{ICE}=\frac{1}{R}\omega_w \tag{16-4}$$

发动机燃油消耗率的数学模型可以是一个与发动机转矩和转速有关的函数：

$$\dot{m}_F=f(T_{ICE},\omega_{ICE}) \tag{16-5}$$

通常使用 map 图来计算一辆给定汽车的油耗，map 图提供了不同 T_{ICE} 和 ω_{ICE} 所对应的 $\dot{m}_f$ 值，第 16.2.2 节中提供了丰田混合动力汽车普锐斯燃油消耗率 map 图。

4. 电机和动态 SOC

电池输出给电机的放电功率为：

$$P_{batt}=\eta^k T_{EM}\omega_{EM} \tag{16-6}$$

式中　η——机电转化效率，且：

$$k=-1；当\ T_{EM}\geqslant 0\ 时 \tag{16-7a}$$

$$k=1；当\ T_{EM}<0\ 时 \tag{16-7b}$$

注意：当 $T_{EM}\geqslant 0$ 时，电池放电功率是正的；当 $T_{EM}<0$（制动能回收）时，电池放电功率为负。

电池电量状态动态数学模型为：

$$\frac{d}{dt}SOC=-\frac{I_{batt}}{Q_{batt\_o}} \tag{16-8}$$

式中　SOC——电池电量状态；

　　　I_{batt}——电池电流；

　　　Q_{batt_o}——电池充满电时的电量。

电池系统放电功率动态数学模型为：

$$P_{batt}=V_{oc}I_{batt}-R_{batt}I_{batt}^2 \tag{16-9}$$

式中　V_{oc}——电池开路电压；

　　　R_{batt}——电池内阻和终端电阻；

　　　I_{batt}——可以通过求解二次多项式（16-9）得到：

$$I_{batt} = \frac{V_{oc} \pm \sqrt{V_{oc}^2 - 4P_{batt}R_{batt}}}{2R_{batt}} \tag{16-10}$$

在式（16-10）的 2 个解中，只有一个是有意义的解，这个解为：

$$I_{batt} = \frac{V_{oc} - \sqrt{V_{oc}^2 - 4\eta^k T_{EM}\omega_{EM}R_{batt}}}{2R_{batt}} \tag{16-11}$$

式中　R_{batt}——电池电阻，与电池 SOC 和温度有关的函数。

因此，SOC 动态数学模型又可表示为：

$$\frac{d}{dt}SOC = -\frac{V_{oc} - \sqrt{V_{oc}^2 - 4\eta^k T_{EM}\omega_{EM}R_{batt}}}{2R_{batt}Q_{batt\_o}} \tag{16-12}$$

16.2.2　混联式油电混合动力汽车的动态仿真模型

丰田普锐斯利用了混联式混合动力传动系统，综合了并联式和串联式传动系统的优点和结构。行星齿轮系统使得发动机可以在必要时直接驱动车轮，也可以与车轮断开以便只给电池充电。

1. 行星齿轮系统

丰田普锐斯 THS－II 系统的动力分配装置为一个行星齿轮，它能够将发动机转矩传递给发电机和车轮，如图 16-4 所示，发动机与行星齿轮架连接，通过使用合适的行星轮，可以实现发动机与电机、发电机分别连接，或与两者同时连接，因此，行星架可以将转矩传递给齿圈和太阳轮。太阳轮与发电机连接，可以给电池充电。齿圈与电机使用相同传动轴，通过减速器驱动前桥。驱动车轮的总转矩为齿圈转矩和电机转矩之和。

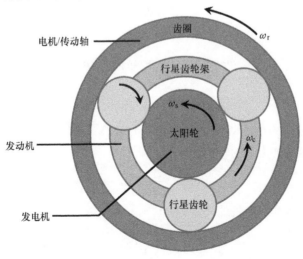

图 16-4　基于行星齿轮的动力分配系统

齿圈、太阳轮和行星架的转速满足关系式（16-13）：

$$\omega_s R_s + \omega_r R_r = \omega_c (R_s + R_r) \tag{16-13}$$

式中 R_r 和 R_s——分别是齿圈和太阳轮的半径；

ω_s、ω_r 和 ω_c——分别为太阳轮、齿圈和行星架的旋转角速度。

由于发电机与太阳轮连接，电机与齿圈共用一条传动轴，车轮通过减速器与齿圈连接，而发动机又与行星齿轮架连接，因此，可以得到 $\omega_s = \omega_G$、$\omega_c = \omega_{ICE}$ 以及：

$$\omega_r = \frac{1}{r_{final}} \omega_w \tag{16-14}$$

式中 r_{final}——主减速器减速比。

因此有：

$$\omega_G R_s + \omega_w \frac{R_r}{r_{final}} = \omega_{ICE}(R_s + R_r) \tag{16-15}$$

这就意味着在 ω_G、ω_w 和 ω_{ICE} 中只有 2 个为独立变量。

根据式（16-15），发动机转速和车轮转速的关系不仅仅取决于齿数比，还受发电机转速 ω_G 影响。可以选择 ω_{ICE} 和 ω_w 为式中的 2 个独立变量，因而动力分配装置成为一种连续可调的无级变速器（CVT）。在 CVT 中，传动比由 ω_G 值确定，因此，动力分配传动系统也被称为电子变速器（Liu 和 Peng，2008；Kimura 等，1999）。

用 ρ 来表示太阳轮和齿圈的传动比：

$$\rho = \frac{R_s}{R_r} \tag{16-16}$$

把式（16-15）的 R_r 分解，由此得出：

$$\omega_G \rho + \omega_w \frac{1}{r_{final}} = \omega_{ICE}(1 + \rho) \tag{16-17}$$

或者

$$\omega_G \frac{\rho}{1+\rho} + \left(\frac{\omega_w}{r_{final}}\right)\frac{1}{(1+\rho)} = \omega_{ICE} \tag{16-18}$$

从发动机传递到齿圈的转矩为：

$$T_r = \frac{1}{1+\rho} T_{ICE} \tag{16-19}$$

从发动机传递到发电机的转矩为：

$$T_G = \frac{\rho}{1+\rho} T_{ICE} \tag{16-20}$$

传动轴通过减速比为 r_{final} 的主减速齿轮与齿圈连接，因此，施加在车轮上的总驱动转矩为：

$$T_d = \frac{1}{r_{final}}(T_r + T_{EM}) = \frac{1}{r_{final}}\left(\frac{1}{1+\rho}T_{ICE} + T_{EM}\right) \tag{16-21}$$

电机转速和车轮转速是成正比的，即：

$$\omega_{EM} = \frac{1}{r_{final}}\omega_w \tag{16-22}$$

2. 整车动力学模型

汽车的纵向动力学与其他汽车一样，可以表示为：

$$m\dot{V}_X = F_x - C_aV_x^2 - R_x - mg\sin\theta \tag{16-23}$$

3. 车轮动力学模型

汽车车轮动力学模型可表示为：

$$I_w\dot{\omega}_w = T_d - T_{fbrake} - r_{eff}F_x \tag{16-24}$$

4. SOC 动态模型

电池对电机的放电功率和发电机对电池的充电功率可以表示为：

$$P_{batt} = \eta^k T_G\omega_G + \eta^k T_{EM}\omega_{EM} \tag{16-25}$$

式中　η——机电转化效率，且：

$$k = -1；\text{放电时}$$

$$k = 1；\text{充电时}$$

电池 SOC 动态数学模型为

$$\frac{d}{dt}SOC = -\frac{I_{batt}}{Q_{batt\_o}} \tag{16-26}$$

电池系统动态放电功率为

$$P_{batt} = V_{oc}I_{batt} - R_{batt}I_{batt}^2 \tag{16-27}$$

I_{batt} 可以通过求解二次多项式（16-27）得到：

$$I_{batt} = \frac{V_{oc} \pm \sqrt{V_{oc}^2 - 4P_{batt}R_{batt}}}{2R_{batt}} \tag{16-28}$$

在式（16-28）的两个解中，只有一个是可行解，这个可行解为：

$$I_{batt} = \frac{V_{oc} - \sqrt{V_{oc}^2 - 4(\eta^k T_G\omega_G + \eta^k T_{EM}\omega_{EM})R_{batt}}}{2R_{batt}} \tag{16-29}$$

电池电阻 R_{batt} 是与电池 SOC 和温度有关的函数。

因此 SOC 动态模型可表示为：

$$\frac{d}{dt}SOC = -\frac{V_{oc} - \sqrt{V_{oc}^2 - 4(\eta^k T_G\omega_G + \eta^k T_{EM}\omega_{EM})R_{batt}}}{2R_{batt}Q_{batt\_o}} \tag{16-30}$$

5. 发动机油耗

由于混合动力系统设计的主要目标是降低油耗，因此需要提供发动机不同工作条件下燃油消耗率的特性图，以便于分析发动机动态模型。根据参考资料（Meisel，2006），丰田普锐斯THS-II动力系统的发动机特性图如图16-5所示，图上每一条轮廓代表的是在一系列不同转矩和转速下燃油消耗量的等值线。图中的"基础工作线"是在给定的发动机功率下的最小BSFC（燃油消耗率，g/kW-hr）轨迹，这条工作线代表了给定发动机功率下的最佳发动机转速-转矩组合。

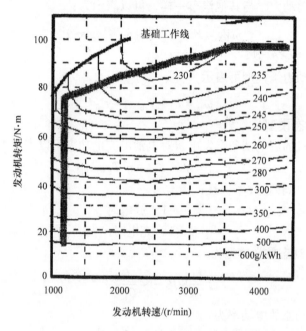

图16-5　THS-II动力系统（Meisel，2006）1.5L发动机特性图

发动机特性图可由二维表来表示，对于图16-5所示的发动机特性图，发动机转速和转矩可以分别作为查找表中的列矢量和行矢量数据。

例如，发动机转矩矢量：

发动机转矩（N·m）（行）：[0 10 20 30 40 50 60 70 80 90 100]；

发动机转速矢量：

发动机转速（r/min）（列）：[1000 1500 2000 2500 3000 35004000 4500]。

由此可以得到矩阵形式的燃油消耗率（g/kW-hr），矩阵中的每个数值分别对应于不同的发动机转速-转矩组合，这个矩阵可以由图16-5所示的数据得到。

矩阵中2个相邻数值之间的工作点所对应的燃油消耗量可以插值法计算得到。

混联式混合动力系统有2个独立的控制输入，它们分别是发电机转速和发动机提供功率的所占比例。对于所确定的发动机功率值，可以使发动机在最高效率转速下工作，此时发动机转速与车轮转速不成比例，可以只通过调节发电机转速来改变发动机转速。根据式（16-18），为了得到发电机和发动机转速，首先确定发电机转矩，继而可以通过式（16-20）确定发动机转矩。一旦发动机转矩和转速已知，燃油消耗率就可以根据发动机特性图得到。

16.3　能量管理控制技术基础

16.3.1　动态规划概述

动态规划算法是求解多级决策问题最优化的一种数学方法，基于贝尔曼优化原理，可描述如下（How，2008）：

如果一个问题的最优解经过了中间状态 (x, t)，那么从 (x, t) 状态开始的相同问题的最优解也会在相同路径上延续下去。

为了了解贝尔曼原理在求最优解问题上的用法，考虑图 16-6 所示的例子，在这个问题中，一个人想要从 A 点出发到达 Z 点，从每个节点出发经过每个路径所需要的成本已在图中标出，目标是寻找成本最小的路径。

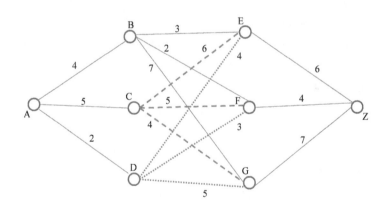

图 16-6　动态规划图解

可以看出从 A 点到 Z 点共有 9 条可行路径，分别如下：

ABEZ，ABFZ，ABGZ

ACEZ，ACFZ，ACGZ

ADEZ，ADFZ，ADGZ

在 B 点，从 B 点到 Z 点不同的路径所对应的成本为：

BEZ：$3 + 6 = 9$

BFZ：$2 + 4 = 6$

BGZ：$7 + 7 = 14$

因此从 B 到 Z 最佳的选择路径是 BFZ，成本是 6。

在 C 点，从 C 点到 Z 点不同的路径所对应的成本为：

CEZ：6＋6 ＝ 12

CFZ：5＋4 ＝ 9

CGZ：4＋7 ＝ 11

因此从 C 到 Z 最佳的选择路径是 CFZ，成本是 9。

在 D 点，从 D 点到 Z 点不同的路径所对应的成本为：

DEZ：4＋6 ＝ 10

DFZ：3＋4 ＝ 7

DGZ：5＋7 ＝ 12

因此从 D 到 Z 最佳的选择路径是 DFZ，成本是 7。

为了从 A 点到达 Z 点，最优路径可能经过 B、C 或 D 的任意一点，根据贝尔曼最优化原理，如果最优路径经过 B 点，那么最优路径必须包括 BFZ（从 B 到 Z 的最佳选择）。同样地，如果最优路径经过 C 点，那么必须包括 CFZ，如果经过 D 点，必须包括 DFZ。因此，最优路径只需要通过比较 ABFC、ACFZ 和 ADFZ 就可以确定。

ABFZ 路径成本＝A 到 B 成本＋从 B 点出发的最优成本＝4＋6＝10

ACFZ 路径成本＝A 到 C 成本＋从 C 点出发的最优成本＝5＋9＝14

ADFZ 路径成本＝A 到 D 成本＋从 D 点出发的最优成本＝2＋7＝9

因此最优解是 ADFZ。

动态规划如何应用在混合动力汽车的控制系统设计中，首先考虑图 16-7 所示的并联混合动力汽车的控制决策示意图，图中表示了每一时刻所有可选的动力分配比，在时间点 1，可供选择的有 A_1，A_2，$A_3 \cdots A_n$，这里 A_1，A_2，A_3，$\cdots$ A_n 表示电机提供的转矩所占比例，比如，$A_1 = 0.1$，$A_2 = 0.2$，$A_3 = 0.3$ 等，初始状态可以为纯电动启动，动力分配比为 $A_1 = 1$。

从一个时间点到下一个时间点的成本 α_1，α_2，$\alpha_3 \cdots \alpha_n$ 取决于行驶工况和车辆模型。设目标车速、目标加速度以及道路坡度在最优控制问题全过程中已知，那么每个时间点所对应的总需求转矩可以被计算得到。根据总需求转矩，发动机需求转矩的可取值也可确定，根据发动机转矩和转速可以确定燃油消耗率。在每一时刻选择如何分配动力时，将由发动机燃油消耗率所决定的成本 α_1，α_2，$\alpha_3 \cdots \alpha_n$ 作为考虑因素，在选择动力分配比时还应保证电池 SOC 不超过其上下限。

对于每个 X_i，计算其到 Z 点的最优成本，如果总体最优路径经过了 X_i，那么这条总体最优路径也必将包括从 X_i 到 Z 的最优路径。根据这个规律来寻找从 W_i 到 Z 的最优路径，以相同的方式继续寻找从 V_i 到 Z 的最优路径，如此一直从后

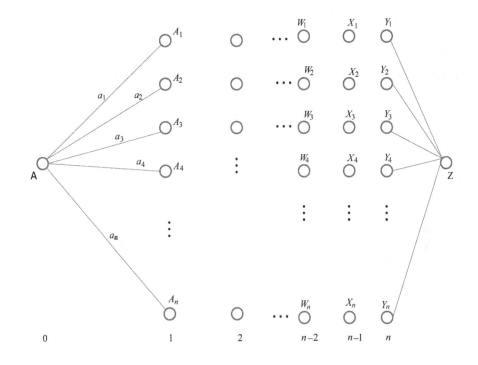

图 16-7　混合动力汽车控制系统动态规划设计

往前推到初始状态 A，找到总体最优路径选择方案。

　　当然，现在的问题是怎样才能提前预知行驶工况（车速、加速度、道路坡度），因为要解决动态规划问题必须从最终状态开始逐步向前推导，那么整段行程的行驶工况如何得到呢？问题可以通过以下方法解决：

　　1）混合动力汽车不同的能量管理算法是在相同的标准驾驶循环（比如 EPA 城市循环工况或者 EPA 公路循环工况）下进行比较的，这样，整段行程包括行驶工况就可以提前预知，这些循环工况会在第 16.4 节中详细讨论。

　　2）通过驾驶人在 GPS 导航系统中输入目的地，就可以大致预知这段行程的行驶工况。当然，即使路线和车速限制已知，交通拥堵程度这个因素依然会极大影响行驶工况，在这种情况下，通过无线手段实时更新路况信息就可以确定这段路程的最优能量管理控制方法，这是非常有用的。

　　3）当没有可用的路况信息时，可以做出类似于这样的假设：认为在假定的时间区间内车速不变。

　　在状态变量和控制变量被离散为有限单元时，动态规划问题可以得到数值解。在每一步进行优化搜索时，将每个状态变量网格点处对应的成本作为目标函数，用线性插值来评估其他中间时刻的成本。Kang 等（2001）提供了一种通过 Matlab 来得到动态规划问题数值解的方法。

16.3.2 模型预测控制概述

模型预测控制（MPC）或者说滚动时域控制是一种控制设计技术，它利用一个模型来寻找有限时域内受约束最优控制问题的数值解（Camacho 和 Bordons，2007）。

举例说明模型预测控制的设计，受限考虑一种线性离散模型，描述如下：

$$x(k+1) = Ax(k) + B_1 u(k) + B_2 w(k) \qquad (16\text{-}31)$$

$$y = Cx(k) \qquad (16\text{-}32)$$

在这里以线性系统(16-31)和(16-32)为例，便于首次接触模型预测控制读者的理解，在式（16-31）中的 2 个输入中，假设 $w(k)$ 是已知的外部输入，而 $u(k)$ 是控制输入，需要通过模型预测控制来确定。对于并联混合动力系统来说，$w(k)$ 可以是每个时刻的车轮和电机转速，而状态变量 $x(k)$ 可以是电池 SOC。

此控制设计的目的是使性能指标最小，以二次性能指标函数为例，其惩罚跟踪误差和控制能量为：

$$J = y(N)^\mathrm{T} Sy(N) + \sum_{j=0}^{N-1} y(j)^\mathrm{T} Qy(j) + u(j)^\mathrm{T} Ru(j) \qquad (16\text{-}33)$$

在时间范围 N 内定义性能指标，函数 $y(N)^\mathrm{T} Sy(N)$ 表示最终成本，可以用来惩罚与最终期望状态之间的误差。对于混合动力汽车来说，最终成本可以是对最终 SOC 值的约束，比如规定初始 SOC 值与最终 SOC 值相等。

再增加对状态变量和控制变量的约束：

$$u_{\min} \leqslant |u| \leqslant u_{\max} \qquad (16\text{-}34)$$

$$g(x, u) = 0 \qquad (16\text{-}35)$$

状态约束被用来避免不希望的事件发生，例如，当模型预测控制应用于自适应巡航控制（Bageshwar 等，2004）时，严格的状态约束能够尽可能避免碰撞事件发生。

如果没有控制变量和状态变量约束条件，不考虑干扰信号 $w(k)$，并假设时间区间 N 为无穷大，那么，上述问题就相当于一个线性二次型最优控制问题，并且能得到解析解。

在对系统添加约束和未知的干扰信号之后，可以在有限的时间范围内求得数值解，求解过程如下所示。

模型预测的状态演变被描述为：

$$x(k) = A^k x(0) + \sum_{i=0}^{k-1} A^i B_1 u(k-1-i) + \sum_{i=0}^{k-1} A^i B_2 w(k-1-i)$$

$$(16\text{-}36)$$

因此，输出 $y(k)$ 为：

$$y(k) = CA^k x(0) + \sum_{i=0}^{k-1} CA^i B_1 u(k-1-i) + \sum_{i=0}^{k-1} CA^i B_2 w(k-1-i)$$

$$(16-37)$$

式（16-37）可以用矩阵形式表达为：

$$Y = \overline{A} x(0) + \overline{B}_1 U + \overline{B}_2 W \tag{16-38}$$

式中

$$Y = \begin{bmatrix} y(1) \\ y(2) \\ y(3) \\ \vdots \\ y(N) \end{bmatrix} \tag{16-39}$$

$$U = \begin{bmatrix} u(0) \\ u(1) \\ u(2) \\ \vdots \\ u(N-1) \end{bmatrix}; W = \begin{bmatrix} w(0) \\ w(1) \\ w(2) \\ \vdots \\ w(N-1) \end{bmatrix} \tag{16-40}$$

$$\overline{A} = \begin{bmatrix} CA \\ CA^2 \\ CA^3 \\ \vdots \\ CA^N \end{bmatrix} \tag{16-41}$$

$$\overline{B}_1 = \begin{bmatrix} CB_1 & 0 & 0 & \cdots & 0 \\ CAB_1 & CB_1 & 0 & \cdots & 0 \\ CA^2 B_1 & CAB_1 & CB_1 & \cdots & 0 \\ \vdots & \cdots & \vdots & \cdots & \vdots \\ CA^{N-1} B_1 & CA^{N-2} B_1 & \cdots & \cdots & CB_1 \end{bmatrix}$$

$$\overline{B}_2 = \begin{bmatrix} CB_2 & 0 & 0 & \cdots & 0 \\ CAB_2 & CB_2 & 0 & \cdots & 0 \\ CA^2 B_2 & CAB_2 & CB_2 & \cdots & 0 \\ \vdots & \cdots & \vdots & \cdots & \vdots \\ CA^{N-1} B_2 & CA^{N-2} B_2 & \cdots & \cdots & CB_2 \end{bmatrix} \tag{16-42}$$

性能指标可以重写为：

$$J = y(N)^{\mathrm{T}} S y(N) + y(0)^{\mathrm{T}} Q y(0) + \cdots + y(N-1)^{\mathrm{T}} Q y(N-1) + u(0)^{\mathrm{T}} R u(0) + \cdots$$
$$+ u(N-1)^{\mathrm{T}} R u(N-1) \tag{16-43}$$

或者：

$$J = y(0)^{\mathrm{T}} Q y(0) + Y^{\mathrm{T}} \overline{Q} Y + U^{\mathrm{T}} \overline{R} U \tag{16-44}$$

式中

$$\overline{Q} = \begin{bmatrix} Q & 0 & 0 & \cdots & 0 \\ 0 & Q & 0 & \cdots & 0 \\ 0 & 0 & \ddots & \cdots & 0 \\ \vdots & \cdots & \vdots & Q & 0 \\ 0 & 0 & \cdots & 0 & S \end{bmatrix} \tag{16-45}$$

$$\overline{R} = \begin{bmatrix} R & 0 & 0 & \cdots & 0 \\ 0 & R & 0 & \cdots & 0 \\ 0 & 0 & \ddots & \cdots & 0 \\ \vdots & \cdots & \vdots & R & 0 \\ 0 & 0 & \cdots & 0 & R \end{bmatrix} \tag{16-46}$$

将方程（16-38）代入（16-44）得：

$$J(U, y(0)) = y(0)^{\mathrm{T}} Q y(0) + \{\overline{A} x(0) + \overline{B}_1 U + \overline{B}_2 W\}^{\mathrm{T}} \overline{Q} \{\overline{A} x(0) + \overline{B}_1 U + \overline{B}_2 W\} + U^{\mathrm{T}} \overline{R} U \tag{16-47}$$

$$J(U, x(0)) = x(0)^{\mathrm{T}} \{C^{\mathrm{T}} Q C + \overline{A}^{\mathrm{T}} \overline{Q} \overline{A}\} x(0) + U^{\mathrm{T}} H U + 2G U + W^{\mathrm{T}} \overline{B}_2^{\mathrm{T}} \overline{Q} \overline{B}_2 W$$
$$+ 2G_2 W + 2U^{\mathrm{T}} \overline{B}_1^{\mathrm{T}} \overline{Q} \overline{B}_2 W \tag{16-48}$$

式中

$$H = \overline{R} + \overline{B}_1^{\mathrm{T}} \overline{Q} \overline{B}_1 \tag{16-49}$$

$$G = x(0)^{\mathrm{T}} \overline{A}^{\mathrm{T}} \overline{Q} \overline{B}_1 \tag{16-50}$$

$$G_2 = x(0)^{\mathrm{T}} \overline{A}^{\mathrm{T}} \overline{Q} \overline{B}_2 \tag{16-51}$$

$x(0)^{\mathrm{T}} \{C^{\mathrm{T}} Q C + \overline{A}^{\mathrm{T}} \overline{Q} \overline{A}\} x(0)$ 是恒定的，独立于控制变量之外，同样 $W^{\mathrm{T}} \overline{B}_2^{\mathrm{T}}$ $\overline{Q} \overline{B}_2 W$ 和 $2G_2 W$ 也独立于控制变量之外，因此，将其最小化为：

$$\min_U U^{\mathrm{T}} H U + 2G(x(0)) U + 2W^{\mathrm{T}} \overline{B}_2^{\mathrm{T}} \overline{Q} \overline{B}_1 U \tag{16-52}$$

施加给输入的不等式约束为：

$$L_{\mathrm{IN}} U \leqslant M_{\mathrm{IN}}(x(0)) \tag{16-53}$$

等式约束为：

$$L_{EQ} U = M_{EQ}(x(0)) \tag{16-54}$$

需要知道整个时间范围内的干扰输入 $w(k)$。

根据初始条件 $x(0)$，求解式（16-52）的最小化问题，得到最优控制序列

$$U = \begin{bmatrix} u(0) \\ u(1) \\ u(2) \\ \vdots \\ u(N-1) \end{bmatrix}$$

然而只有控制序列的第 1 个输入 $u(0)$ 是实际应用于这个空间模型的，随后，状态被检测更新生成分别对应于时间点 $j(j=1,2,\cdots,N)$ 的新的最优序列

$$U_j = \begin{bmatrix} u(j) \\ u(j+1) \\ u(j+2) \\ \vdots \\ u(j+N-1) \end{bmatrix}$$

只有第 1 个控制变量 $u(j)$ 实际应用于工程模型。

基于 Matlab 仿真实现。Matlab 中的二次规划函数可以被用于得到上述模型预测控制的最优序列，二次规划函数可以对如下指定问题求最小值：

$$\min_U \frac{1}{2} u^T H u + F^T u \text{ 使得 } Lu \leq b,\ L_{eq}u = b_{eq},\ lb \leq u \leq ub$$

式中 H、L 和 L_{eq} 是矩阵，f、b、b_{eq}、lb、ub 和 u 为矢量。

通过 $u = quadprog(H, f, A, b)$ 得到矢量 u，可以在 $Au \leq b$ 的约束下，使 $\frac{1}{2} u'Hu + F'x$ 有最小值。

通过 $u = quadprog\ (H, f, A, b, A_{eq}, b_{eq})$ 可以在满足等式约束 $A_{eq}u = b_{eq}$ 的条件下解决前述问题。如果没有不等式存在，可以使用以下设置：$A = [\ ]$ 和 $b = [\ ]$。

$u = quadprog\ (H, f, A, b, A_{eq}, b_{eq}, lb, ub)$ 定义了一组设计变量 u 的上下限，使得 u 的解在 $lb \leq u \leq ub$ 范围内，如果没有等式存在，可以使用以下设置：$A_{eq} = [\ ]$ 和 $b_{eq} = [\ ]$。

16.3.3　等效燃油消耗的最小策略

等效燃油消耗的最小策略（ECMS）将全局性能指标最小化问题转变为瞬时最小化问题，使得在每一个时刻都能求得最小值。对于混合动力汽车来说，ECMS 不同于前两节提到的动态规划和模型预测技术，不需要预先知道未来的工作条件。

基于瞬时等效油耗来定义性能指标：

$$J(t, u) = \Delta E_f(t, u) + s(t) \Delta E_e(t, u) \tag{16-55}$$

式中　$\Delta E_f(t, u)$ 和 $\Delta E_e(t, u)$——时间间隔 Δt 内的燃油能量消耗和电能消耗；

　　　　$s(t)$——等效因子，决定了燃油能量与电能之间的比例。

因此，可以将性能指标等效为：

$$J(t, u) = \dot{m}_\mathrm{f}(t, u) + s(t)\frac{P_\mathrm{elec}}{Q_\mathrm{lhv}}(t, u) \qquad (16\text{-}56)$$

式中 $\dot{m}_\mathrm{f}(t, u)$——瞬时耗油率；

         P_elec——电力系统瞬时功率消耗；

         Q_lhv——单位质量的燃料所包含的能量（燃料低热值）。

控制输入的可变化范围是确定的，此范围被离散成一组可选值，例如，动力分配比的可选值可以是 0.1，0.2，…，1.0。对于每个可选值，通过计算式（16-56）计算性能指标值，使性能指标值达到最低的可选值则被选为最优控制输入。

应该注意性能指标中表示电能消耗的符号可以是正或负（制动回收），这取决于控制输入的值。

ECMS 的燃油经济性能很大程度上受等效因子 $s(t)$ 选择的影响，对于特定的时间 t，如果 $s(t)$ 太大，电能转换消耗值就会被高估，相应地导致燃油消耗量增加；另一方面，如果 $s(t)$ 太小，燃油消耗量则被高估，导致耗油量减少，而电量消耗过快，电池 SOC 降低。

为了确保动力可持续性，应适当选择等效因子 $s(t)$，当 SOC 较低时，提高对电能消耗的惩罚，而当 SOC 较高时，降低惩罚，这就要求控制系统整合进一个 SOC 传感器或一个实时估值器来估计电池 SOC。

研究者们（Sciarretta 等，2004）已经证明了只要能够在电池充放电时，分别选择相应的等效因子 s_ch 和 s_disch，ECMS 就能得到与动态规划一样的优化效果。s_ch 和 s_disch 的最佳值由循环工况来确定，这样其优化效果才能接近于动态规划控制系统的优化效果。由于等效因子 s_ch 和 s_disch 取决于被选中的驾驶工况，因此，实际上也需要提前知道整个循环工况。

Pisu 和 Rizzoni、Gu 和 Rizzoni 等人提出了预测循环工况的可行方法。Pisu 和 Rizzoni（2007）提出的方法是基于行驶条件数据，利用回归模型来预测未来的行驶条件，而 Gu 和 Rizzoni（2006）的方法是利用模式识别法来从一组已经预存在系统中的循环工况（城市、公路等）中识别出当前的循环工况类型。

16.4 循环工况

循环工况是通过随时间变化的速度图表来描述的标准化驾驶模式。以城市循环工况和公路循环工况为例，图 16-8 和图 16-9 所示分别是它们的行驶工况图。

图 16-8 所示的 EPA 城市循环工况表示了汽车在城市驾驶条件下发动机冷运

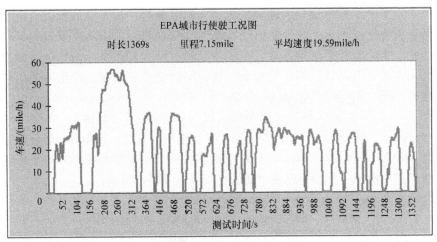

图 16-8　EPA 城市循环工况（EPA，2011）

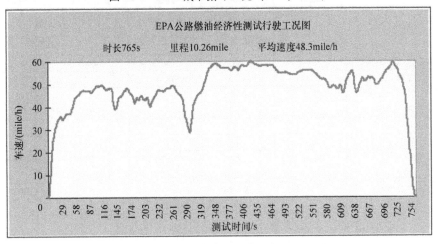

图 16-9　EPA 公路循环工况（EPA，2011）

行以及汽车在拥堵时的起停工况。

图 16-9 所示的 EPA 公路循环工况表示汽车在乡村公路和洲际公路驾驶条件下发动机热运行以及长时间在通畅的交通状况下行驶。

每个品牌汽车的燃油经济性是通过 EPA 在实验室控制条件下运行一系列循环工况后进行测定而得到的。对于 2007 年以前的汽车，只用城市和公路工况来确定燃油经济性，2008 年开始又在城市和公路之外增加了高速，使用空调和低温环境 3 个测试项目，以供制造商们对其原型车进行测试，并将测试结果提交给 EPA。EPA 评审结果表明，大约 10% ~ 15% 能通过国家车辆和燃料排放实验室的测试。

在实验室里，将汽车驱动轮安放在测功机上来模拟驾驶环境，根据空气阻力和汽车重量来调整驱动轮所需要的能量，然后通过一位专业的驾驶员根据标准循环工况来运行汽车。对于使用碳基燃料（例如汽油、柴油或天然气等）的汽车，用一个软管与排气管连接，收集测试过程中发动机排除的尾气，测出尾气中的碳含量，进而计算燃料消耗量，这比用油量表更精确，但是不适用于非碳基燃料汽车，例如燃料电池汽车和电动汽车。

图 16-8 所示的 EPA 城市道路循环工况（UDDS）通常被称为"LA4"或者"the city test"，代表城市驾驶环境，用于轻型汽车的测试。公路燃油经济性循环工况（HWFET）代表在 96km/h 下的驾驶环境。EPA 重型车城市测功循环工况用于重型车的测试，详细的速度时间表可以从以下网站得到：

http：//www.epa.gov/nvfel/testing/dynamometer.htm

表 16-1 循环工况总表（自 EPA 网站，2011 年 5 月）

行驶属性目录	测试目录				
	城市	公路	高速	使用空调	冷环境
行驶类型	在城市中走走停停低速行驶	在公路上自由行驶	速度更快，加速减速更急	在较热的环境温度下使用空调	城市室外低温环境
最高车速/(mile/h)	56	60	80	54.8	56
平均车速/(mile/h)	21.2	48.3	48.4	21.2	21.2
最大加速度/[(mile/h)/s]	3.3	3.2	8.46	5.1	3.3
仿真里程/mile	11	10.3	8	3.6	11
时间/min	31.2	12.75	9.9	9.9	31.2
停靠站	23	无	4	5	23
急速时间	总时间的 18%	无	总时间的 7%	总时间的 19%	总时间的 18%
发动机起动①	冷	热	热	热	冷
实验室温度/℉	68~86	68~86	68~86	95	20
汽车空调	关	关	关	开	关

① 汽车发动机冷起动时不会达到最佳工作效率。

16.5 性能指标、约束条件和控制系统的模型设计

1. 性能指标

一般来说，在混合动力汽车能量管理系统中，性能指标可以用于动态规划或者模型预测控制设计，如式（16-57）：

$$J = \int_0^{t_f} L[t, u(t)] dt + \phi[SOC(t_f)] \qquad (16-57)$$

式中 $L[t, u(t)]$——用来惩罚油耗；

$\phi[SOC(t_f)]$——用来惩罚行程或循环工况结束时电池 SOC 降低。

例如，函数：

$$L[t, u(t)] = \dot{m}_f[t, u(t)] \qquad (16-58)$$

使得最简化的性能指标 J 等于在时间 t_f 内的燃料消耗质量，为了说明排放性

能，性能指标可以包括考虑了加权因子的每个特定污染物的排放速率（Johnson 等，2000）。对于缸内直喷发动机，通常只用燃料消耗率作为性能指标。

函数：

$$\phi[SOC(t_f)] = \alpha[SOC(t_f) - SOC(0)]^2 \tag{16-59}$$

可以用来惩罚电池最终 SOC 和初始 SOC 的差。但是二次成本函数不但惩罚 SOC 的降低，也会惩罚 SOC 的升高。而 SOC 的升高可以供汽车以后的使用，不应该被惩罚，所以最终成本函数可以改为线性函数：

$$\phi[SOC(t_f)] = -\alpha[SOC(t_f) - SOC(0)] \tag{16-60}$$

这可以以积分形式改写为：

$$[SOC(t_f)] = -\alpha\int_0^{t_f} \frac{\mathrm{d}}{\mathrm{d}t}SOC(t)\,\mathrm{d}t \tag{16-61}$$

进而性能指标变为：

$$J = \int_0^{t_f}\left\{\dot{m}_f[t, u(t)] - \alpha\frac{\mathrm{d}}{\mathrm{d}t}SOC(t)\right\}\mathrm{d}t \tag{16-62}$$

式中

$$\alpha = \frac{E_{batt,max}}{Q_{lhv}}\frac{C_{elec}}{C_{fuel}} \tag{16-63}$$

式中　C_{fuel}——燃油释放每单位能量所需的成本（$/kWh）；

　　　C_{elec}——电力释放每单位能量所需的成本（$/kWh）；

　　　Q_{lhv}——每单位质量燃料所包含的能量；

　　$E_{batt,max}$——电池充满电时可以容纳的能量。

计算最终成本时，单位质量是燃油消耗质量与给电池充电所消耗的等效燃油质量之和。根据 SAE J1711 标准中每加仑汽油 38kW·h 查表得到加权因子的值。

2. 约束条件

在最优问题中的约束条件为：

1）电池 SOC 必须保持在允许范围内：

$$SOC_{min} \leqslant SOC(t) \leqslant SOC_{max} \tag{16-64}$$

2）控制变量（动力分配比）也必须保持在一定范围内：

$$u_{min} \leqslant u(t) \leqslant u_{max} \tag{16-65}$$

3）如果混合动力车不是插电式，那么在行程结束时其电量不会有较大变动，可以给电池 SOC 施加约束，例如：

$$SOC(t_f) = SOC(0) \tag{16-66}$$

3. 状态变量

在动态规划算法中，计算复杂度随最终时间 t_f 的增加线性增加，而随状态变量（Sciaretta 和 Guzzella，2007）数目的增加指数增加。因此，不管行驶里程有多长，只要状态变量的数量足够小，总能分析并得到最优控制律。

因此，为了求解最优控制问题，通常选择只有一个状态变量的模型，第 16.2 节中（第 16.2.1 节和 16.2.2 节）已经描述了用于控制器的仿真和评价的完整模型。

对于并联式混合动力汽车，SOC 动态变化状态方程可用式（16-67）来描述：

$$\frac{\mathrm{d}}{\mathrm{d}t}SOC = -\frac{V_{oc} - \sqrt{V_{oc}^2 - 4\eta^k T_{EM}\omega_{EM}R_{batt}}}{2R_{batt}Q_{batt\_o}} \tag{16-67}$$

对于混联式混合动力汽车，SOC 动态变化状态方程可用式（16-68）来描述：

$$\frac{\mathrm{d}}{\mathrm{d}t}SOC = -\frac{V_{oc} - \sqrt{V_{oc}^2 - 4\left(\eta^k T_G\omega_G + \eta^k T_{EM}\omega_{EM}\right)R_{batt}}}{2R_{batt}Q_{batt\_o}} \tag{16-68}$$

此模型可以按时间进行线性化和离散化，获得一个离散化模型，用于动态规划或模型预测控制设计。

对于并联式混合动力汽车来说，动力分配比是唯一的控制输入。

在混联式混合动力汽车中，发电机转速和发动机提供的动力比均为控制输入。发电机转速是可以确定的，因而可以根据发动机所需功率得到发动机最佳转速，这也就确定了发动机转矩。为了获得所需的发动机转速，用式（16-18）来计算相应的发电机转速，控制发电机转矩使其提供所需发电机转速。相应的发动机转矩又可以从式（16-20）得到。因此，对于发动机功率的每一个可选值，可自动获得相应的发电机转速使发动机高效运行，这样就只剩发动机提供的动力比作为唯一的控制输入，它可以由动态规划、模型预测控制或等效燃油消耗最低策略得到。

16.6 并联式混合动力汽车控制系统设计

并联式混合动力汽车的控制系统设计过程如下：

1. 首先计算车轮所需转矩和车速。

设汽车纵向期望速度为 V_x，纵向期望加速度为 a_x，则所需的牵引力 F_x（纵向车轮力）为：

$$F_x = ma_x + CV_x^2 + R_x + mg\sin\theta \tag{16-69}$$

式中 θ ——道路坡度角；

R_x ——滚动阻力。

把 4 个车轮的滚动方程结合起来用一个等效车轮来表示：

$$I\dot{\omega}_w = T_d - T_{fbrake} - r_{eff}F_x \tag{16-70}$$

因此，车轮所获得需求驱动转矩为：

$$T_d = I\dot{\omega}_w + r_{eff}(ma_x + CV_x^2 + R_x + mg\sin\theta) \tag{16-71}$$

车轮需求转速为：

$$\omega_{\text{w}} = \frac{V_{\text{x}}}{r_{\text{eff}}} \tag{16-72}$$

2）设定一个电动机和发动机动力分配比的值，这个控制输入值可以被定义为：

$$u = \frac{T_{\text{EM}}}{RT_{\text{d}}} \tag{16-73}$$

式中　T_{EM}——电机提供的转矩；

T_{d}——车轮总转矩。

计算在这个动力分配比下发动机和电机的转矩和转速，对于这个控制输入值 u，由电机提供的转矩为：

$$T_{\text{EM}} = uT_{\text{d}}R \tag{16-74}$$

由发动机提供的转矩为：

$$T_{\text{ICE}} = (1 - u)T_{\text{d}}R \tag{16-75}$$

式中　T_{ICE}——发动机提供的转矩；

R——传动比（一般小于 1）。

发动机转速为：

$$\omega_{\text{ICE}} = \frac{V_{\text{x}}}{Rr_{\text{eff}}} \tag{16-76}$$

同样，电机转速为：

$$\omega_{\text{EM}} = \frac{V_{\text{x}}}{Rr_{\text{eff}}} \tag{16-77}$$

3）利用已经得到的发动机转矩和转速，计算燃油消耗率。发动机燃油消耗率可制成图表用于查询，如同第 16.2.2 节中所介绍的一样。

$$\dot{m}_{\text{f}} = f(T_{\text{ICE}}, \omega_{\text{ICE}}) \tag{16-78}$$

4）利用已经得到的电机转矩和转速，根据式（16-12）计算电池 SOC。

5）根据特定的控制输入值，根据式（16-78）计算性能指标。对于基于等效油耗的控制设计，性能指标的计算是基于瞬时等效油耗值：

$$J = \int_{0}^{t_{f}} \left\{ \dot{m}_{\text{f}}[t, u(t)] - \alpha \frac{\text{d}}{\text{d}t} SOC(t) \right\} \text{d}t \tag{16-79}$$

6）对于所有控制输入值，重复上述计算过程。

7）确定使得性能指标取得最小值且满足系统约束的最优控制输入。

使性能指标（等效油耗）取得最低值的控制输入被选为每个时间点的最优控制输入。

动态规划算法是从最后状态开始计算每个控制输入对应的性能指标，流程在第 16.3.1 节中有详细描述。

在模型预测控制中，SOC 动态方程被用在系统模型中。在计算每个时间点的最优控制输入时，这个方程在每个工作点被线性化。并联式混合动力汽车将动力分配比和电机输入转矩 T_{EM} 作为控制输入，将电机转速 ω_{EM} 作为已知的外部输入，计算线性矩阵 H、L 和 L_{eq}，矢量 f、b、b_{eq}、lb 和 ub，然后根据第16.3.2节中所描述的来计算最优动力分配比。

16.7 本章小结

本章介绍了混合动力汽车几种典型的动力传动系统，对于并联式和混联式，介绍了可以用于设计控制系统和仿真分析的动态模型。介绍了混合动力汽车能量管理系统的设计，包括动态规划策略、模型预测控制策略以及瞬时油耗最小策略。最后介绍了并联式混合动力汽车能量管理系统设计步骤。

参 数 表

V_x——车辆纵向速度

m——汽车总质量

F_x——车轮纵向总牵引力（车轮纵向力之和）

C_a——空气阻力系数

R_x——滚动阻力

g——重力加速度

θ——道路坡度角

I_w——车轮转动惯量

ω_w——车轮转速

ω_{EM}——电机转速

T_d——提供给驱动轮的总驱动转矩

T_{fbrake}——车轮总摩擦制动转矩

T_{ICE}——发动机转矩

T_{EM}——电机转矩

T_G——提供给发电机的转矩

T_r——提供给齿圈的转矩

r_{eff}——有效轮胎半径

u——控制输入，一般为动力分配比

R——齿轮传动比

r_{final}——主减速器减速比

ρ——行星齿轮系中太阳轮与齿圈传动比

$\dot{m}_f$——燃油消耗率

P_{batt}——电池放电功率

I_{batt}——电池电流

V_{OC}——电池开路电压

R_{batt}——电池内阻和终端电阻

η——机电转化效率

Q_{batt_o}——电池充满电时的电量

Q_{lhv}——每单位燃料质量能量（燃料低热值）

ω_r——齿圈转速

ω_c——行星齿轮架转速

ω_G——发电机转速

J——各种控制设计方法所用的性能指标

$s(t)$——等效因子

s_{ch}——电池充电等效因子

s_{disch}——电池放电等效因子

SOC——电池荷电状态

参 考 文 献

Ambuhl, D. and Guzzella, L., "Predictive Reference Signal Generator for Hybrid Electric Vehicles," *IEEE Transactions on Vehicular Technology*, Vol. 58, No. 9, pp. 4730-4740, November 2009.

Bageshwar, V.L., Garrard, W.L. and Rajamani, R., "Model Predictive Control of Transitional Maneuvers for Adaptive Cruise Control Vehicles," *IEEE Transactions on Vehicular Technology*, Vol. 53, No. 5, pp. 1573-1585, September 2004.

Camacho, E.F. and Bordons, C., *Model Predictive Control*, 2nd edition, p. 405, Springer, 2007.

Gu, B. and Rizzoni, G., "An Adaptive Algorithm for Hybrid Electrical Vehicle Energy Management Based on Driving Pattern Recognition," *Proceedings of the 2006 ASME International Mechanical Engineering Congress and Exposition*, 2006.

How, J., *Principles of Optimal Control*, Class Notes, Open Courseware, MIT, 2008. Available online at:
http://ocw.mit.edu/courses/aeronautics-and-astronautics/16-323-principles-of-optimal-control-spring-2008/

Johnson, V.H., Wipke, K.B. and Rausen, D.J., "HEV Control Strategy for Real-Time Optimization of Fuel Economy and Emissions," *Proceedings of the SAE*, Paper 2000-01-1543, 2000.

Kang, J.M., Kolmanovsky, I. and Grizzle, J.W., "Dynamic Optimization of Lean Burn Engine Aftertreatment," *ASME Journal of Dynamic Systems, Measurement and Control*, Vol. 123, No. 2, pp. 153-160, June 2001.

Kimura, A., Abe, T. and Sasaki, S., "Drive Force Control of a Parallel-Series Hybrid System," *JSAE Review*, Vol. 20, No.3, pp. 337-341, July 1999.

Lin, C.C., Peng, H., Grizzle, J.W. and Kang, J.M., "Power Management Strategy for a Parallel Hybrid Electric Truck," *IEEE Transactions on Control Systems Technology*, Vol. 11, No. 6, pp. 839-849, 2003.

Liu, J. and Peng, H., "Modeling and Control of a Power-Split Hybrid Vehicle," *IEEE Transactions on Control Systems Technology*," Vol. 16, No. 6, pp. 1242-1251, 2008.

Meisel, J., "An Analytic Foundation for the Toyota Prius THS-II Powertrain with a Comparison to a Strong Parallel Hybrid-Electric Powertrain," *2006 SAE World Congress, Publication* 2006-01-0666, 2006.

Musardo, C., Rizzoni, G., Guezennec, Y. and Stacia, B., "A-ECMS: An Adaptive Algorithm for Hybrid Electric Vehicle Energy Manegement," *European Journal of Control*, Vo. 11, No. 4-5, pp. 509-524, 2005.

Pisu, P. and Rizzoni, G., "A Comparative Study of Supervisory Control Strategies for Hybrid Electric Vehicles," *IEEE Transactions on Control Systems Technology*, Vol. 15, No. 3, pp. 506-518, 2007.

Rodatz, P., Paganelli, G., Sciarretta, A. and Guzzella, L., "Optimal Power Management of an Experimental Fuel Cell/ Supercapacitor-Powered Hybrid Vehicle," *Control Engineering Practice*, Vol. 13, No. 1, pp. 41-53, January 2005.

Sciarretta, A., Back, M. and Guzzella, L., "Optimal Control of Parallel Hybrid Electric Vehicles," *IEEE Transactions on Control Systems Technology*, Vol. 12, No. 3, pp. 352-363, 2004.

Sciarretta, A. and Guzzella, L., "Control of Hybrid Electric Vehicles," *IEEE Control Systems Magazine*, pp. 60-70, April 2007.

Toyota, "Toyota Hybrid System THS-II," Brochure available on Toyota's web site, Accessed on June 22, 2010, web site:
http://www.toyota.co.jp/en/tech/environment/ths2/SpecialReports_12.pdf, May 2003.

US Environmental Protection Agency, "World's First Full Hydraulic Hybrid in a Delivery Truck," EPA420-F-06-054, available at
http://www.epa.gov/otaq/technology/420f06054.htm, June 2006

Vahidi, A., Stefanopoulou, A. and Peng, H., "Current Management in a Hybrid Fuel Cell Power System: A Model-Predictive Control Approach," *IEEE Transactions on Control Systems Technology*, Vol. 14, No. 6, pp. 1047-1057, November 2006.

Wu, B., Lin, C-C., Filipi, Z., Peng, H. and Assanis, D., "Optimization of Power Management Strategies for a Hydraulic Hybrid Medium Truck," *Proceedings of the 2002 Advanced Vehicle Control Conference*, Hiroshima, Japan, September 2002.

EPA, Driving Cycles: http://www.fueleconomy.gov/feg/fe_test_schedules.shtml, 2011.

北京市版权局著作权合同登记　图字：01-2014-6203 号。

图书在版编目（CIP）数据

车辆动力学及控制/（美）拉杰什·拉贾马尼（Rajesh Rajamani）主编；王国业，江发潮，张露译. —2 版. —北京：机械工业出版社，2018.1
（2025.2 重印）

（汽车先进技术译丛. 汽车创新与开发系列）

书名原文：Vehicle Dynamics and Control

ISBN 978-7-111-58637-1

Ⅰ.①车…　Ⅱ.①拉…②王…③江…④张…　Ⅲ.①汽车动力学
Ⅳ.①U461.1

中国版本图书馆 CIP 数据核字（2017）第 300404 号

机械工业出版社（北京市百万庄大街 22 号　邮政编码 100037）
策划编辑：孙　鹏　责任编辑：孙　鹏
责任校对：刘志文　封面设计：鞠　杨
责任印制：单爱军
北京虎彩文化传播有限公司印刷
2025 年 2 月第 2 版第 6 次印刷
169mm×239mm·22.5 印张·2 插页·420 千字
标准书号：ISBN 978-7-111-58637-1
定价：169.00 元